Vollständiges Manuskript

Neuauflage zum 100. Jahrestag des Ersten Weltkriegs durch die Familie von Dominik RICHERT.

Erstveröffentlichung durch Angelika Tramitz und Berndt Ulrich - München
Knesebeck und Schuler 1989 mit ISBN 3-926901-15-2

Die Kopie der Schulhefte von Dominik Richert wurde von Jean Claude Faffa angefertigt.

Die von"[........]" umrahmten Sätze entsprechen den Auslassungen von Sätzen oder Kapiteln aus der Erstausgabe von Knesebeck u. Schuler, 1989.

The 9 original notebooks are presented to the public for a permanent exhibition at the HIGH ALSACE of the Great War Memorial at 43 rue de Bâle in Dannemarie 68210 France.Herausgegeben von

Familie Richert

ISBN 978-2-9565862-2-7
Copyright numero YTN61JA

Dominik Richert

Die Kriegsbücher von Dominik Richert, Bauer, aus St Ulrich / Elsaß 1914-1918

Dokument Original komplett ohne Auslassung.

1. 9-13 August 1914 : Mulhouse
2. 19 August 1914 : Saarburg
3. August September 1914 juli 1915 : Toul
4. Oktober-november 1914 : Douai
5. April 1915 : Zwininin Berg
6. Mai-Juni 1915 : Ostgalizien

Dominik Richerts Kriegsreise 1914 - 1918

Hinweis auf der Karte

Es gibt eine große Anzahl von Orten, die im Buch genannt werden, und viele haben ihre Namen seit der Zeit des Schreibens geändert. Um dem Leser zu helfen, haben wir neben der auf der vorherigen Seite abgedruckten Karte auch eine umfangreichere Karte erstellt, die im Internet unter folgender URL frei zugänglich ist: http://goo.gl/maps/hZFAF.

Für diejenigen, die über internetfähige Smartphones verfügen, kann die Karte auch durch Scannen des untenstehenden QR-Codes angezeigt werden.

Meine Erlebnisse im Kriege 1914 1918

Im Alter von 20 Jahren wurde ich am 16.Oktober 1913 zum Militär eingezogen und der 1.Kompanie, Infanterieregiment 112, welches in Mülhausen (Elsaß) in Garnison lag, zugeteilt. Nach etwa einem halben Jahre waren wir Rekruten durch den in der deutschen Armee üblichen Drill zu kriegstüchtigen Soldaten ausgebildet. Mitte Juli 1914 kam unser Regiment nach dem Truppenübungsplatz Heuberg an der badisch-württembergischen Grenze, um die Gefechtsübungen in größerem Maßstabe zu lernen. Wir wurden dort manchmal aufs gemeinste herumgejagt und geschliffen.

Am 29.Juli 1914 [..hatten wir morgens Brigadeexerzieren..] nachmittags hatte die Feldartillerie Scharfschießen. Da es uns erlaubt war zuzusehen, ging ich auch hin, denn ich war der Meinung, daß ich diese Gelegenheit vielleicht nie mehr im Leben haben würde. Das Schießen vor Ort war wirklich interessant. Ich stand hinter den Geschützen und konnte das Platzen der Schrapnells sowie die Einschläge der Granaten bei den aufgestellten Zielen genau sehen. Von dem drohenden Kriege hatten wir Soldaten nicht die geringste Ahnung. Am 30.Juli 1914 gingen wir, durch den Dienst sehr ermüdet, frühzeitig zu Bett. Etwa um 10 Uhr abends wurde die Tür plötzlich aufgerissen und vom Kompaniefeldwebel der Befehl zum sofortigen Aufstehen gegeben, da der Ausbruch des Krieges unvermeidlich sei. Wir fuhren aus dem Schlafe auf, keiner war im ersten Moment vor Überraschung fähig, ein Wort zu sprechen. Krieg, wo, mit wem? Natürlich waren sich bald alle einig, daß es wohl wieder gegen Frankreich gehe. Da fing einer das Lied »Deutschland, Deutschland über alles« zu singen an. Fast alle fielen ein, und bald tonte das Lied aus Hunderten von Soldatenkehlen in die Nacht hinaus. Mir war es absolut nicht ums Singen, denn sofort dachte ich, daß man im Kriege nichts so gut wie totgeschossen werden kann. Das war eine äußerst unangenehme Aussicht. Auch war mir bange, wenn ich an meine Angehörigen und meine Heimat dachte, die hart an der Grenze liegt und daher der Gefahr ausgesetzt war, zerstört zu werden.

Eiligst wurde nun gepackt, und noch in der N acht ging's nach dem im Donautale gelegenen Bahnhof Hausen. Da kein Zug für uns da war, marschierten wir ins Lager zurück, bis gegen nächsten Abend, um dann in einem überfüllten Zuge, zusammengepfercht wie Salzheringe in der

Tonne, nach unserer Garnisonsstadt Mülhausen zurückzufahren. Morgens um 6 Uhr, 1. August 1914, kamen wir an und marschierten in die Kaserne. Bis Mittag sollte Bettruhe sein, jedoch bereits um 9 Uhr wurde ich mit noch mehreren Kameraden geweckt. Wir empfingen auf der Kammer die Kriegsmontur, alles nagelneu vom Kopf bis zu den Füßen, dann erhielt jeder von uns 120 scharfe Patronen. Nachher mußten wir in die Waffenmeisterei, wo unsere Seitengewehre geschliffen wurden.

Da kamen mein Vater und meine Schwester nochmals zu mir, um mir Geld zubringen und Abschied zu nehmen. Nun kam der Befehl, daß kein Zivilist mehr den Kasernenhof betreten darf. Ich erhielt dann die Erlaubnis, vor dem Kasernentor noch mit meinen Angehörigen zu sprechen. Es war ein schwerer Abschied, denn man wußte nicht, ob wir uns wiedersehen würden. Wir weinten alle drei. Beim Fortgeren ermahnte mich mein Vater, ja immer recht vorsichtig zu sein, und daß ich mich nie freiwillig zu irgendetwas melden sollte. Diese Mahnung war eigentlich nicht nötig, denn meine Vaterlandsliebe war nicht so groß, und der Gedanke, den sogenannten Heldentod zu sterben, erfüllte mich mit Grauen.

Nun wurde ich mit noch 8 Mann zur Wache bei der Stationskasse kommandiert. Andere Soldaten standen am Bahnhof Wache, wieder andere patrouillierten nach allen Richtungen den Gelesen entlang. Am 3. August kreiste in großen Hohen ein französischer Flieger über der Stadt. Alle Soldaten knallten in die Höhe. Jeden Augenblick glaubten wir, daß er abstürzen würde, aber ruhig zog er seine Kreise. Eine Menge Zivilisten hatten sich auf dem Bahnhofsplatz angesammelt, um zuzusehen. Plötzlich schrie einer der Zivilisten: »A Bumma!« (»Eine Bombe!«) Schreiend lief der Haufen Zivilisten auseinander und verschwand im Bahnhof und in den umliegenden Gebäuden. Ich selbst sprang ebenfalls in den Bahnhof und erwartete jeden Augenblick das Explodieren der Bombe. Alles blieb still. Da wagte ich mich unter dem Dach hervor, schaute in die Höhe und sah einen Gegenstand herunterkommen, an dem etwas flatterte. Bombe ist das doch sicher keine, dachte ich. In Wirklichkeit war es ein schöner Blumenstrauß, hauptsächlich aus Vergissmeinnicht bestehend, der von einem rot-weib-blauen Band zusammengehalten war. Ein Gruß Frankreichs an die elsässische Bevölkerung.

Am 4. August verließen zwei Züge, angefüllt mit deutschen Beamten, Mülhausen in Richtung Baden. Wir hatten von ihnen mehrere Flaschen Wein erhalten, die wir uns wohl schmecken ließen. Da hieß es, daß nicht nur Krieg zwischen Deutschland und Frankreich sei, sondern zwischen Deutschland, Osterreich- Ungarn und der Türkei einerseits und Frankreich, Rußland, Belgien, England und Serbien andererseits. 0 ja, dachte ich, das wird was abgeben. Am 5. August marschierte ich mit einer kleinen Abteilung nach Exbrücke. Wir lagen 2 Tage auf dem sogenannten Kolberg nördlich des Dorfes. Am 7. August sah ich die ersten Franzosen, es waren Patrouillen, die durch die Kornfelder kamen. Wir beschossen uns gegenseitig, doch gab's auf keiner Seite Verluste. Das Pfeifen der Kugeln regte mich anfangs sehr auf. Da bekamen wir den Befehl, uns bis über den Rhein nach Neuenburg zurückzuzahlen, und marschierten dahin. Mit Tagesgrauen marschierten wir über die Rheinschiffbrücke. Beim Friedhof von Neuenburg schlugen wir unser Zeltlager auf, todmüde legten wir uns hin, um zu schlafen und uns von dem Marsche auszuruhen. Dort blieben wir 2 Tage, bis zum 9. August, liegen. Mehrere Regimenter Soldaten waren nun dort ver sammelt. Und es war ein schönes militärisches Bild, das sieh dem Auge bot.

Nummer 1 auf der Karte

Am 9. August morgens hieß es: »Fertigmachen! Antreten!« Nun ging's wieder über die Rheinbrücke in den großen Hardt Wald hinein. Es wurde uns nicht gesagt, was los sei oder wohin wir gehen würden. [..Tagsüber lagen wir im Hardtwald..] Alle Unteroffiziere mußten zum Hauptmann gehen, Befehl empfangen. Dann gab jeder Gruppenführer seiner Gruppe den Befehl bekannt: Die Franzosen haben die Linie Habsheim - Rixheim - Napoleonsinsel- Baldersheim und so weiter besetzt. Wir müssen gegen Abend angreifen und sie zurückwerfen. Unser Regiment hat die Aufgabe, das Dorf Habsheim, Rixheim und die dazwischen liegenden Rebhügel zu erstürmen. Plötzlich war jedes Lachen, jeder Humor wie weggeblasen, denn keiner glaubte, die heutige Nacht zu erleben, und von der in patriotischen Schriften so oh gerühmten Kampfbegeisterung und dem Draufgängertum sah man herzlich wenig. Nun hieß es weitermarschieren. Auf dem Straßenrand lag der erste Tote, ein französischer Dragoner, der einen Lanzenstich in die Brust erhalten hatte. Ein schauderhafter Anblick: die blutende Brust, die verglasten Augen, der offene Mund sowie die verkrallten Hände. Wortlos marschierte alles vorüber.

[..Wir. Verließen nun die Straße und marschierten nach links einem Waldweg entlang. Dort lagen..] In der Nähe von unseren Schießständen lagen 6 tote deutsche Infanteristen, alle auf dem Gesicht. Wir mußten nun im Walde ausschwärmen und bis gegen den Wald und vorgehen und uns dann hinlegen. Ich lag in der 2. Schützenlinie. Vor uns am Waldrand standen die Flugzeugschuppen des Habsheimer Exerzierplatzes. Also mußten wir über den 1200 m breiten, deckungslosen Exerzierplatz vorgehen. Ich dachte: Die Franzosen knallen uns weg, sobald wir vorgehen.

»Sprung auf! Marschmarsch!« schallte das Kommando. Die 1. Linie erhob sich und rannte zum Walde hinaus. Ein Reservefeldwebel blieb liegen. ich weiß nicht, war's aus Feigheit oder war er vor Angst. ohnmächtig geworden.

DIE SCHLACHT BEI MÜLHAUSEN

Sofort als die 1.Schützenlinie vor dem Waldrand erschien, prasselte es ihnen aus dem etwa 1200 m entfernten Gebüsch schon entgegen. Die Kugeln zischten über uns hinweg, zischten durch das Laub oder klatschten in die Bäume. Mit klopfendem Herzen schmiegten wir uns alle an den Waldboden, 50 dicht wir nur konnten. » Zweite Linie, Sprung auf! Marschmarsch!« Wir erhoben uns und sprangen aus dem Walde. Sofort zischten uns die Kugeln um die Ohren. Die 1. Linie hatte sich hingelegt und hielt die Gebüsche lebhaft unter Feuer. Schon lagen einzelne Gefallene und Schwerverwundete hinter der ersten Linie herum. Leichter Verwundete rannten zwischen uns durch, zurück in den schützenden Wald. Unsere Artillerie beschoß mit Schrapnells die zwischen Rixheim und Habsheim gelegenen Rebhügel. Das Sausen der Geschosse war für uns neu. Das Krachen, Knattern und Zischen brachte uns in eine nicht geringe Aufregung. Plötzlich sauste es dicht über uns: Zwei französische Granaten explodierten kaum 20 m hinter uns. Im Laufen schaute ich mich um, und als ich den Rauch und die umherfliegenden Rasenstücke sah, dachte ich: Wenn mir so eine zwischen die Beine flöge, o weh!

» In die erste Linie einschwärzen! « scholl das Kommando. Wir sprangen hin und ließen uns in den Lücken der 1. Linie zu Boden fallen. Wir mußten nun das uns gegenüberliegende Gebüsch unter Feuer nehmen. Wie oft schon hatten wir mit Platzpatronen in Friedenszeit Sturmangriffe auf jenes Gebüsch gemacht; doch damals war der Feind durch rote Flaggen markiert. Heute war es leider ganz, ganz anders. »Der Armbruster ist gefallen«, sagten sich die Soldaten gegenseitig in der Schützenlinie. Er war ein Soldat meines Jahrganges. Das regte noch mehr auf. [..A., ein 23jahriger Schreiner, ist laut Stammrolle des 112. Infanterieregiments bei diesem Gefecht nicht gefallen, wurde an diesem Tag aber durch einen Brustschuß schwer verwundet..] Zing, schlug eine Kugel längs neben mir das Gras weg. 30 cm weiter nach links, und aus war's mit mir gewesen. -Sprung auf! Marschmarsch !« Alles stürzte vorwärts, sofort prasselte es uns noch viel Ärger entgegen. Wieder stürzten einzelne getroffen, manchmal mit schrecklichem Aufschrei, zu Boden. »Stellung, Feuer aufnehmen! 1., 3., 5., 7., 9. Gruppe springt! 2., 4., 6., 8. und 10. Gruppe schießt inzwischen Schnellfeuer !- So ging's nun abwechselnd vor. Als wir uns dem Gebüsch näherten, horten die Franzosen mit Schießen auf. Als wir uns durch das Gebüsch gewunden hatten, sahen wir eben die letzten Franzosen beim Bahnhof Habsheim verschwinden.

Das waren die ersten Franzosen, die ich beim Angriff zu sehen bekam. Im Gebüsch sah ich nur zwei Tote liegen.

Als wir nun über das freie Feld gegen Habsheim vorgingen, bekamen wir wieder starkes Feuer aus dem Bahnhof und von den Rebbergen herunter. Jedoch nur ganz wenige wurden getroffen. Als wir mit Hurra den Bahnhof stürmten, waren die Franzosen schon wieder gewichen. Wir waren dort auch zu sehr in der Übermacht. Nun ging's zum Sturm auf die Rebhügel. Anfangs prasselte uns ein starkes Feuer entgegen, doch als wir bald oben waren, flüchteten die Franzosen in die Reben und waren verschwunden. Die französische Stellung bestand nur' aus einem etwa 50 cm tiefen Graben, dahinter lag ein Haufen Weißbrot und ein Fäßchen Rotwein. Beides war bald in unseren Mägen verschwunden. Selbst der größte Patriot fand das französische Weißbrot besser als unser Kommißbrot.

[Die Franzen verteigten immer noch das nun rechts von uns liegende Dorf Rixheim, lebhaftes Gefechtsfeuer prasselte dort. Wir mußten nun Rixheim von der Flanke angreifen..] Inzwischen war es Nacht geworden. In den Reben fanden wir einen jungen, ohnm ächtigen Franzosen. Im Scheine angezündeter Streichhölzer sahen wir, daß er einen Oberschenkelschuß erhalten hatte. Ein Badenser aus annheim wollte ihn totschlagen, ich und mein Kamerad Ketterer aus Mülhausen hatten Mühe, den Unhold von seinem Varhaben abzuhalten. Da wir sofort weiter vor mußten, ließen wir den Franzosen liegen.

Als wir mit Hurrageschrei auf Rixheim losstürmten, mußten sich die Franzosen zurückziehen, um nicht in Gefangenschaft zu kommen. Trotzern wurden beim Häuserabsuchen noch Gefangene gemacht, die sich vor Angst verkrochen hatten. Die meisten Soldaten waren wie verrückt und wollten überall im Dunkel Franzosen gesehen haben. Eine blödsinnige Knallerei ging los, auf Bäume und alles Mögliche, sogar auf Schornsteine auf den Dächern wurde geschossen. Überall zischten und schwirrten die Kugeln herum, so daß man nirgends seines Lehens sicher war. Der größte Soldat des Regiments, der 2 m lange Hedenus, stürzte zu Tode getroffen zu Boden. [..H. war ein 19 jahriger Gymnasiast, laut Stammrolle am 10. August 1914 um 10.30 Uhr durch Brustschuf gefallen..] Einzelne Hauser waren in Brand geraten und beleuchteten die Umgebung. Die Verwundeten beider Parteien wurden aufgelesen, die Toten blieben liegen.

Wir mußten uns sammeln, marschierten in Richtung Mülhausen und mußten dann auf den Wiesen etwa 1km vor Rixheim übernachten. Da wir alle naß Schwitzen waren, empfanden wir die Kühle der Nacht unangenehm und hatten großes Verlangen nach unseren Strohsäcke in der Kaserne. Doch müde, wie man war, schlief man bald ein. Durch Schüsse und über uns schwirrende Geschosse wurden wir aufgeschreckt. »Was ist los?« schrie alles im Dunkel durcheinander. Da die Schüsse in unserem Rücken bei dem Dorfe Rixheim aufblitzten, immer zahlreicher wurden und sogar ein Maschinengewehr anfing zu rattern, hieß es: »..Die Franzosen sind in unserem Rücken«. Es gab ein unbeschreibliches Durcheinander. Gellend tönten die Aufschreie der Getroffenen. Die Offiziere befahlen uns, eine Linie zu bilden, uns hinzulegen und die Stellen, wo die Schüsse aufblitzten, kräftig unter Feuer zu nehmen.

Mehrere Minuten knallte alles drauflos. Da hieß es plötzlich, es sind ja Deutsche. »Feuer einstellen!« Wir mußten nun Deutschland, Deutschland über alles. singen, damit die Soldaten bei Rixheim hören sollten, daß wir Deutsche seien. Herrgott, war das ein Gesang! Fast alle drückten das Gesicht in den Rasen, um möglichst gedeckt zu sein. Langsam flaute das Feuer ab. Die Offiziere lärmten und schimpften. Aber die armen Gefallenen konnten sie nicht mehr lebendig machen. Wir hatten durch die deutschen Kugeln so viele Verluste wie von den französischen.

Am folgenden Morgen marschierten wir nach der Napoleonsinsel. Überall sah man einzelne Tote, Deutsche und Franzosen, umherliegen, ein grauenerregender Anblick. Wir marschierten bis Sausheim, machten kehrt, dieselbe Strecke zurück nach Mülhausen, wo wir um 10 Uhr abends unter den Klängen der Regimentsmusik einzogen. Die Einwohner verhielten sich ruhig, und ich glaubte in vielen Gesichtern zu lesen, daß unsere Rückkehr unerwünscht war. Die nächsten 2 Tage bezogen wir Alarmquartier in unserer Kaserne und konnten ausruhen. Die meisten wollten nun weiß Gott was für Heldentaten vollbracht und eine Unmenge Franzosen totgeschossen haben. Besonders diejenigen rissen das Maul am weitesten auf, die während des Gefechts am meisten Angst gehabt hatten.

Nummer 2 auf der Karte

Am 12. August marschierten wir in Richtung Baden, überschritten beim Isteiner Klotz den Rhein und wurden mitten in der Nacht in dem badischen Dorf Einzeldingen in Scheunen einquartiert. Am folgenden Tag wurden wir an der Bahn verladen. [und furhren nach Freiburg] In Freiburg erhielten wir eine Unmenge Liebesgaben, hauptsächlich Schokolade, Zigarren, Zigaretten und Obst Nun ging´s weiter, kein Mensch wußte, wohin. Alle möglichen Gerüchte wurden laut: nach Nordfrankreich, Belgien, Serbien, Rußland und so weiter. Jedoch alle hatten sich getauscht, denn bei Straßburg fuhren wir wieder über den Rhein und mußten morgens bei Tagesgrauen in Zabern den Zug verlassen. Sofort marschierten wir die Zaberner Steige hinauf nach Pfalzburg (Lothringen). Es war ein herrlicher, klarer Sommermorgen und die Aussicht an einigen Stellen über die elsässische Ebene wunderbar. Wir blieben in höchster Alarmbereitschaft, selbst kein Stiefel durfte ausgezogen werden. In der Ferne horten wir Kanonenschüsse. Also schien auch hier etwas los zu sein.

Gegen Abend ging's weiter in Richtung Saarburg. Auf einer Höhe mußten wir Schützengraben ausheben, eine richtige Schinderei, mit den kleinen Spaten konnte man den harten, trockenen Lehmboden nur mit großer Anstrengung wegarbeiten. [..Vor uns lag in einer Mulde das Dorf Rieding, weiter zurück das Städtchen Saarburg..] Bei Anbruch der Nacht entlud sich ein schweres Gewitter über der Gegend, es wurde stockfinster, und ein wolkenbruchartiger Regen ging nieder. Keiner hatte mehr einen trockenen Faden am Leibe. In den Stiefeln hatte sich das Wasser derart angesammelt, daß wir dieselben ausleeren konnten. Wir hockten oder standen auf dem Felde umher und fingen vor Nasse an zu schnattern wie Gänse. »Alles nach Rieding, Quartier suchen!« Wir tappten über das nun nasse Feld und kamen endlich auf die Straße, die ins Dorf führte. Es war derart mit Soldaten überfüllt, daß wir lange kein freies Plätzchen unter Dach fanden.

Ketterer aus Mülhausen, Gautherat aus Menglatt und ich hielten uns zusammen: »In der Kirche gibt's sicher noch Platz«, meinte Ketterer. Wir gingen hin, jedoch dasselbe Bild. Die Soldaten hatten die Altarkerzen angezündet, so daß die Kirche ziemlich erleuchtet war. Überall in den Banken und in den Gängen Truppen. Sogar auf dem Altare lagen oder saßen die Soldaten herum. Wir verließen die Kirche und kamen am Dorfende zu einem Haus, dessen Haustür verschlossen war. In der Scheune kampierten Husaren. Wir rüttelten an der Türklinke, niemand kam. Ketterer polterte mit dem Gewehrkolben, zuerst leise, dann immer stärker, an die Haustür. Endlich fragte jemand: »Wer ist denn draußen?« - »Drei Soldaten, Elsässer«, sagte ich, »möchten sich gerne einquartieren. Wir sind zufrieden, wenn wir am Boden schlafen können.« Die Tür ging" auf. Wir mußten in die Küche. »Herrgott, seid ihr naß!« klagte die Frau, machte uns unaufgefordert heiße Milch, gab uns Brot und Butter dazu, das wir uns wohl schmecken ließen. Die freundliche Frau sagte uns, dass sie nur ein freies Bett habe. Wir zogen uns dann alle drei nackt aus und krochen ins Bett. Die gute Frau halte unsere nassen Kleider und trocknete sie am Ofen. Als wir am folgenden Morgen erwachten, waren alle Soldaten aus dem Dorfe verschwunden. Die Frau brachte uns unsere trockenen Kleider, und wir mußten noch frühstücken. Jeder wollte dann der Frau für ihre Bemühungen 1 Mark geben [..Tagessold eines Soldaten: 53 Pfennig..]; sie wollte jedoch nichts. Dankend nahmen wir Abschied. Nun gingen wir auf die Suche nach unserer Kompanie, die wir auf der Höhe trafen, wo wir am vorhergehenden Abend einen Schützengraben ausgehoben hatten.

Am Mittag marschierten wir nach dem Dorfe Bühl, hielten, marschierten weiter, hielten wieder und so weiter. Von vorne marschierten mehrere Regimenter Bayern - Infanterie, Artillerie, Kavallerie - an uns vorüber, zurück. Kein Mensch wußte, woran er war. Endlich marschierten auch wir zurück und mußten hinter dem Dorfe Rieding an einem Waldrand in einer sumpfigen Mulde einen Schützengraben ausheben. Wo man hinsah, arbeiteten Liniensoldaten am Grabenbau. Batterien wurden versteckt eingebaut. Bald war uns allen klar, daß wir hier die Franzosen aufhalten sollten. Mehrere Tage vergingen ohne Zwischenfall. Am 18. August kamen französische Granaten angeflogen; diejenigen, die in unserer Nähe in den Sumpfboden einschlugen, explodierten nicht, während andere auf dem harten Ackerboden mit lautem Krach zersprangen.

19. AUGUST 1914 - SCHLACHT BEI SAARBURG

In der Nacht vom 18. zum 19. August hatten die Franzosen die vor unseren Linien liegenden Dörfer sowie das dazwischen liegende Gelände besetzt. Am Morgen in der Frühe wurde bei uns der Befehl zum allgemeinen Angriff gegen die Franzosen gegeben. Mit einem Schlag war alles Lachen, aller Humor wie weggeblasen. Alle Gesichter hatten denselben ernsten, gespannten Ausdruck. Was wird der Tag bringen? Ich glaube nicht, daß einer an das Vaterland oder an sonstigen patriotischen Schwindel dachte. Die Sorge um das eigene Leben drängte alles andere in den Hintergrund.

Auf der Straße, die bergab etwa 500 m von uns nach dem Dorfe Rieding führte, fuhr in schnellstem Tempo die etwa 80 Mann starke Radfahrer-Kompanie unseres Regiments auf das Dorf los. Kaum war sie hinter den ersten Häusern verschwunden, als eine tolle Schießerei im Dorfe losging. Die ganze Kompanie wurde vernichtet, bis auf 4 Mann. Plötzlich setzte das deutsche Artilleriefeuer ein, die Franzosen antworteten. Die Schlacht hatte begonnen. Mit geladenem Gewehr und umgehängter Tornister knieten wir im Graben und warteten mit klopfendem Herzen auf weitere Befehle. »Das Bataillon geht geduckt im Graben nach der Straße hinüber. Weitersagen!« Alles setzte sich mit gebücktem Oberkörper in Bewegung. Mehrere französische Granaten schlugen dicht beim Graben ein, so daß man sich sekundenlang auf den Grabenboden warf. Wir erreichten nun die Straße und krochen - meist auf allen vieren - den Straßengraben entlang vorwärts. Nur zu bald hatte uns die französische Artillerie entdeckt. Plötzlich ein Sausen, ein Blitz über uns, ein Schrapnell war geplatzt, doch keiner wurde getroffen. Ssst-bum-bum, kamen sie nun angeflogen. Aufschreie hier und dort, mein zweiter Vordermann schrie auf, stürzte zu Boden, walzte sich herum und schrie jammernd um Hilfe. Das regte auf.

»Vorwärts, marschmarsch!« Alles rannte nun im Straßengraben vorwärts, doch die französischen Geschosse waren schneller, die Verluste häuften sich. "Bataillon nach links heraus, kompanieweise mit 4 Schritt Abstand, in Schützenlinien schwärmt. Marschmarsch!- In kaum 2 Minuten war das Bataillon ausgeschwärmt, im Laufschritt ging's weiter. Die französische Infanterie, von der wir nichts sehen konnten, eröffnete nun ein lebhaftes Feuer auf uns. Wieder gab es Verluste. Vom Laufen und von der Aufregung klopfte das Herz bis zum Halse hinauf. Wir stürmten den Bahnhof Rieding. Vor unserer Übermacht mußten die Franzosen an dieser Stelle weichen. Einige Gefangene blieben in unserer Hand. Hinter der Bahn Böschung mußten wir gedeckt liegenbleiben und konnten wieder Atem schöpfen. Überall hörte man das Donnern der Geschütze, das Bersten und Krachen der Granaten sowie das Geknatter der Infanterie und Maschinengewehre. Oh, wenn wir nur lange in dieser Deckung liegenbleiben könnten dachte ich. Ja, Kuchen! Ein anderes Bataillon schwärmte von rückwärts bei uns ein.»1. Bataillon Infanterieregiment 112 zieht sich gedeckt nach links rüber!« Wir gelangten nun in eine Mulde, erreichten einen Wald und gingen etwa 2 km im Bogen herum, um das Dorf Bühl, welches von den Franzosen tapfer verteidigt wurde, von der Seite anzugreifen. Kaum verlief unsere 1. Linie den schützenden Wald, als schon die französischen Granaten angesaust kamen. Sie waren gut gezielt, und die Erdschollen schwirrten brummend um unsere Köpfe, richteten jedoch in unseren aufgelösten Linien wenig Schaden an. Wir mußten ein flaches Tal durchqueren, durch welches ein Bach floß. Da die Wiesen gar keine Deckung boten, blieb uns nichts übrig, als im Bache hinter der jenseitigen Böschung Deckung zu suchen. Wir standen fast 2 Stunden bis an den Leib im Wasser, duckten uns dicht an die Böschung, während die Schrapnells die Erlen und Weiden über unsern Köpfen in Fetzen rissen. Wir bekamen aus dem Walde mehrere Linien Verstärkung und rnußten zum Angriff auf die Höhe vorgehen. Ein prasselndes Infanteriefeuer knatterte uns entgegen. Mancher arme Soldat fiel ins weiche Öhmdgras. [..Südwestdeutsch Öhmd: Heu, die zweite Mahd..] Weiter vorzugehen war unmöglich. Alles warf sich zu Boden und suchte sich mit Spaten und Händen einzugraben. Zitternd, dicht an den Erdboden geschmiegt, lag man da, jeden Augenblick den Tod erwartend. Da hörte ich auf der Hohe furchtbare Explosionen, hob ein wenig den Kopf und schaute hinauf. Große, schwarze Rauchwolken schwebten dort oben, neue Rauchwolken schossen in die Höhe, Erdschollen flogen umher. Die deutsche Fuß-Artillerie hielt die Höhe stark unter Feuer. Wir konnten nun die Höhe und das Dorf mit wenigen Verlusten nehmen. In einem ausgehobenen Keller auf einem Bauplatz suchten wir gegen die französische Artillerie Deckung. Neben mir lag ein badischer Reservist, Vater von zwei Kindern. Er zog eine Zigarre hervor, beim Anzünden sagte er zu mir:»Wer weiß, es ist vielleicht die letzte,« Kaum hatte er diese Worte gesprochen, als ein Schrapnell über uns platzte. Ein Splitter durchschlug den Tragriemen des Tornisters auf der Brust und drang ins Herz. Der Reservist stieß einen Schrei aus, schnellte hoch und fiel tot hin. Zwei andere Soldaten und unser Hauptmann wurden verwundet. Wir blieben bis gegen Abend im Keller liegen. Dann ging's weiter; ohne auf Widerstand zu stoßen, besetzten wir die südwestlich von Bühl gelegenen Höfe.

Wir sollten dort die Nacht verbringen. Todmüde, abgehetzt, naß von Schweif und Bachwasser legte sich alles hin. Ich selbst halte in der Nähe stehende Hafergarben, breitete zwei in einer Furche aus und deckte mich mit zwei anderen zu. Ich schlief bald ein. Plötzlich gingen ein Geschrei und eine Schießerei los. »Sofort drei Linien bilden! Erste liegen, zweite knien, dritte stehen! Sofort Schnellfeuer nach vorne eröffnen!« Alles rannte nun hin, im Nu waren die Linien gebildet, und die Franzosen, die einen Gegenangriff machten, wurden mit einem furchtbaren Schnellfeuer empfangen. Trotzdem kamen sie stellenweise bis in die deutschen Linien, wo im Dunkel mit dem Bajonett gekämpft wurde. Schließlich zogen sich die Franzosen wieder zurück, und die Ruhe kehrte wieder ein. Ich selbst hatte mich an der ganzen Sache nicht beteiligt und drückte mich so tief wie möglich in meine Hafergarben. Lange konnte ich nicht einschlafen. Das Jammern, Um-Hilfe-Rufen und Stöhnen der Verwundeten ging mir sehr zu Herzen. Schließlich schlief ich wieder ein. Um 2 Uhr morgens kam endlich die Feldküche, es gab Essen: heißen Kaffee und Brot. Der heiße Kaffee schmeckte herrlich, man hatte kalt in den feuchten Kleidern bekommen. Da etwa die Hälfte der Mannschaften fehlte, erhielt man, so viel man wollte. Ich füllte noch meine Feldflasche für den folgenden Tag. Dann kroch ich wieder in meine Hafergarben und erwachte erst, als mir die Sonne ins Gesicht schien. Ich stand auf. Welch ein Anblick bot sich mir! Vor uns lagen tote und verwundete Franzosen, so weit man blicken konnte. Die toten Deutschen lagen auch noch da, die Verwundeten waren schon weggeschafft. Ich ging zu den nächsten französischen Verwundeten und verteilte ihnen meine Feldflasche Kaffee. Wie diese Armen dankten! Deutsche Sanitätswagen fuhren heran, die die verwundeten Franzosen wegführten. Die Toten waren zum Teil entsetzlich anzusehen, teils lagen sie auf dem Gesicht, teils auf dem Rücken. Blut, verkrallte Hände, verglaste Augen, verzerrte Gesichter. Viele hielten die Gewehre krampfhaft in der Hand, andere hatten die Hände voll Erde oder Gras, das sie im Todeskampf ausgerissen hatten. Ich sah viele Soldaten beisammenstehen an einer Stelle, ging hin, und es bot sich da ein entsetzliches Bild. Ein deutscher und ein französischer Soldat lagen da halb kniend gegeneinander. Jeder hatte den anderen mit dem Bajonett durchbohrt und waren so zusammengesunken

Nun wurde ein Korpsbefehl verlesen: Gestern wurden die Franzosen in 100 km Breite von Metz bis zum Donon angegriffen und trotz tapferer Gegenwehr zurückgeworfen, so und so vide Gefangene fielen in unsere Hand, Geschütze wurden erbeutet. Die Verluste werden auf jeder Seite auf 45000 Mann geschätzt. Unseren Soldaten gebühre volles Lob für ihren Mut und ihr Heldentum, und der heiße Dank ihres Vaterlandes sei ihnen gewiß und so weiter und so weiter.

Mut, Heldentum, ob es das wohl gibt? Ich will es fast bezweifeln, denn im Feuer sah ich nichts als Angst, Bangen und Verzweiflung in jedem Gesicht geschrieben. Von Mut, Tapferkeit und dergleichen überhaupt nichts, denn in Wirklichkeit ist's doch nur die furchtbare Disziplin, der Zwang, der den Soldaten vorwärts und in den Tod treibt.

20. AUGUST 1914

Ich mußte dann mit einem Unteroffizier und 10 Mann nach Bühl, Munition holen, um die verschossene zu ersetzen. Nahe dem Dorfe stand ein Feldkreuz. Eine Granate hatte den Kreuzesstamm in Kniehöhe des Heilandes sowie das Querholz weggerissen. Der Heiland stand unversehrt mit ausgestreckten Händen da. Ein erschütterndes Bild, wortlos gingen wir weiter.

Etwa um 10 Uhr morgens hieß es: »Alles fertigmachen, vorwärts!« In mehreren Schützenlinien ging's nun wieder den Franzosen entgegen. Bald kamen einzelne Granaten herangeflogen, eine schlug in die dort stehende Ferme [..Pachthof in Frankreich, Gut..], die alsbald lichterloh brannte. Kein Mensch dachte ans Löschen. Weit vorn sah ich ein Pferd mit hängendem Kopfe in einem Haferfelde stehen. Beim

Hinzukommen sah ich, daß dasselbe bei seinem toten Reiter, einem französischen Kavalleristen, stand und selbst an einem hinteren Beine und am Bauch schwer verwundet war. Aus Mitleid scholl ich ihm eine Kugel in den Kopf. Tot brach es zusammen. Einige Schritte weiter trat ich im Hafer auf etwas Weiches. Es war eine abgerissene Hand, an der noch ein Fetzen vom Hemdärmel hing. Unweit davon lag neben einem Granatloch die zerrissene Leiche eines französischen Infanteristen, jedenfalls der Eigentümer der abgerissenen Hand.

Beim Weitervorgehen erhielten wir starkes Granatfeuer. Im Laufschritt eilte alles hinter den steilen Abhang eines vor uns liegenden etwa haushohen Hügels. Die Granaten schlugen nun entweder oben auf der Höhe ein oder sausten über uns hinweg. Nun ging's aber los mit Schrapnells, die fast alle über uns platzten. O diese verflixten 75er-Kanonen! Wie der Teufel kamen die Geschosse herangesaust. Man hatte nicht einmal Zeit, sich zu Boden zu werfen. In einer Sekunde: Abschuß, Sausen und Krepieren. Vor Angst hielten wir die Tornister über unsere Köpfe, doch gab es bald mehrere Verluste. Unser Major namens Müller gab uns ein Beispiel großer Unerschrockenheit. Eine Zigarre rauchend, ging er zwischen uns, die platzenden Schrapnells nicht achtend, hin und her, uns aufmunternd, keine Angst zu haben. Etwa 500 m links, rückwärts von uns, fuhr eine deutsche Batterie auf. In wenigen Minuten war dieselbe von der französischen Artillerie zusammengeschossen. Nur wenige Kanoniere konnten sich durch Davonlaufen retten. Allmählich horte das Schießen auf, wir gingen weiter vor und brachten die Nacht im Walde bei dem Dorfe Hatten zu.

21.AUCUST 1914-GEFECHT BEI LÖRCHINGEN

Morgens in der Frühe ging's nun wieder weiter, in einem Tale der Ortschaft Löschungen zu. Ein Leutnant Vogel, ein verdrießlicher, schlecht aussehender, heiserer Mensch, führte seit der Verwundung unseres Hauptmanns die Kompanie alleine nach Löschungen. lm Dorfe angekommen, meldeten vorausgeschickte Patrouillen: »Auf der Höhe links von dem Dorfe, fast in unserem Rückert, zurückgehende französische Infanterie. « lm Laufschritt ging's das Dorf hinauf, und wir besetzten dort eine mit einer starken Mauer umgebene Gärtnerei. Die Franzosen, die in etwa 400 m Entfernung ahnungslos auf uns zukamen, wurden plötzlich von einem furchtbaren Feuer überschüttet. Viele stürzten, andere warfen sich hin und erwiderten das Feuer. Doch konnten sie uns nichts anhaben, da wir durch die Mauer gedeckt waren. Da hielten einzelne, dann immer mehr die Gewehrkolben in die Hohe, zum Zeichen, daß sie sich ergeben wollten. Wir hörten auf mit Schießen. Da sprangen mehrere Franzosen auf, um zu fliehen. Sie wurden zusammengeschossen. Mich dauerten die armen Menschen. Ich konnte es nicht fertigbringe-, auf sie zu schießen. »Vorwärts, marschmarsch! « schrie Leutnant Vogel. »Wir wollen den Rest der Bande Gefangennehmen! « Alles kletterte über die Mauer und lief den Franzosen zu. Diese schossen nicht mehr. Da plötzlich von rückwärts ein Sausen. Bum, zerplatzte ein großes Schrapnell über uns, mehrere folgten. Wie vom Blitze getroffen, stürzten mehrere Mann zu Baden. Alles wollte nun zurücklaufen, Deckung suchen, denn wir wurden von unserer eigenen Fußartillerie beschossen, und das regte auf. Leutnant Vogel schrie: »Vorgehen! « Als einige Soldaten zögerten, schoss er kurzerhand vier derselben nieder, zwei waren tot, zwei verwundet. Ein guter Kamerad von mir namens Sand war einer der Verwundeten. (Der Leutnant Vogel wurde zwei Monate später in Nordfrankreich von eigenen Soldaten erschossen.) [..Der 23jahrige Zuckerfabrikarbeiter Sand wurde laut Stammrolle am 21. August 1914 bei Löschungen durch Schuf ins rechte Schienbein verwundet. Der 1871 geborene Feldwebelleutnant Vogel, im Zivilleben Oberpostassistent, wurde Ende 1914 nicht erschossen: Zwei Tage nach dem Gefecht kam er zur Etappe nach Belgien, wo er bis 1917
blieb..] Die Franzosen kamen nun, zitternd vor Angst, mit erhobenen Händen zu uns gelaufen. lm Laufschritt ging's zurück nach Lörchingen, wo wir uns in Kellern und so weiter Deckung suchten. Gegen Abend gingen wir, unsere Gefangenen mitnehmend, in das

weiter zurückliegendes Dorf Hessen, wo wir, in Obstgarten schlafend, die Nacht verbrachten.

22. / 23. / 24. AUGUST 1914

Morgens in der Frühe Alarm, Kaffeetrinken, Abmarsch nach vorne. Verflucht, dachte ich, jeden Tag muß man nun den Tod suchen. Mit welchem Widerwillen ich weiterging, kann ich nicht beschreiben.

Wir erreichten nach einigen Kilometern Marsch die französische Grenze. Der deutsche Grenzpfahl mit dem Adler war von den Franzosen umgebrochen worden. Ich dachte, daß vielleicht beim Grenzüberschreiten hurra gebrüllt werden muß, Doch wortlos tappten wir weiter. Jeder dachte wohl, ob er die Grenze wieder rückwärts überschreiten werde. Wir marschierten bis in die Nacht hinein und kampierten auf einem freien Ackerfelde.

Den Morgengruß brachte ein französischer Flieger, der 2 Bomben abwarf. Jedoch wurde niemand verletzt. Die Feldküche blieb aus, der Hunger stellte sich ein. Vor uns lag ein Dorf. Wir hofften, dort etwas Lebensmittel zu finden, durften es jedoch nicht betreten und marschierten dicht an demselben vorbei. Wir rissen in den Pflanzungen gelbe Rüben aus, schüttelten im Vorbeigehen einige Mirabellen von den Baumen, das war unser Frühstück. Doch Hunger ist der beste Koch, das sollten wir noch öfters erfahren. Folgen dieser Verpflegung: Durchfall- und wie! Über die Hälfte der Mannschaften litt daran. Viele meldeten sich deswegen krank und wären lieber ins Lazarett spaziert, als langer im Feld den Helden zu spielen. Ja, Lazarett! Vom Bataillonsarzt ein Opiumtropfen auf einem Stückchen Zucker und marsch, ran an den Feind! Ach, wie gerne hatten wir uns nun im Kasernenhofe schleifen lassen! Und die Betten! O ihr Strohsäcke, wie glücklich wären wir nun, auf euch unsere Glieder trocken und warm ausstrecken zu können! Weiter, ohne Ruh, ohne Rast.

Am Mittag wurde in einem Dorf haltgemacht. Eine wahre Treibjagd auf die Hühner begann. Kaninchen wurden aus Kisten und Ställen geholt, der Wein aus den Kellern, der Speck und Schinken aus dem Kamin. Ich suchte die Eiernester und trank 6-8 Eier aus. Ich ging dann in ein Haus. In der Stube standen auf den Milchschafen [..Schaft: süddeutsch für Gestellbrett, Schrank..] Reihen von Milchtopfen. Ich langte hinauf und erwischte einen mit süßer Sahne gefüllten Topf. Wie das schmeckte, so süß und kühl! Im schönsten Trinken erblickte ich hinter der Stubentür eine ältere Frau, die bleich und zitternd dastand. Obwohl ich kein Verbrechen begangen hatte, schämte ich mich, ohne weiteres die Sahne wegzunehmen. Ich wollte der Frau eine halbe Mark geben, sie wollte jedoch nichts und gab mir noch ein großes Stück Brot. Die Frau war die einzige Zivilperson, die ich im Dorfe sah. Entweder hatten sich die Einwohner vor Angst verkrochen oder waren geflohen. Antreten, weiter! Mehrere Kompanien gingen ausgeschwärmt vor, wir folgten als Reserve. Pang, päng, ging's vorne wieder los. Es war die Franzosen-Nachhut, die leichten Widerstand leistete. Unsere Kompanie brauchte nicht einzugreifen. Beim weiteren Vorgehen sahen wir einige gefallene Deutsche herumliegen. Wir gingen weiter und übernachteten in einem großen Gebirgswald. An der Unruhe und Aufregung der Offiziere konnte man merken, daß für den folgenden Tag etwas in Aussicht war.

25 AUGUST 1914- ÜBERGAG ÜBER DIE MEURTHE

Morgens in der Frühe fingen deutsche Batterien ununterbrochen zu schießen an. Drüben hörte man den Einschlag der Granaten. Wir standen marschbereit im Walde und warteten. Die Kompanieführer ließen nun ausschwärmen. Meine Kompanie stand in der 2. Schützenlinie. »Vorwärts, marsch! « Alles setzte sich in Bewegung. Vorne schimmerte es hell durch den Baum, der Wald hörte dort auf. Kaum zeigte sich die 1. Linie am Waldrand, als die französische Infanterie ein rasendes Schnellfeuer eröffnete. Der Wald selbst wurde von der französischen Artillerie mit Granaten und Schrapnells belegt. Zwischen und über uns krepierten die Dinger, man lief wie verrückt hin und her. Dicht neben mir wurde einem Soldaten der Arm abgerissen, einem anderen der halbe Hals durchgeschlagen. Er stürzte hin, gluckste ein paarmal, das Blut schoß ihm aus dem Munde. Er war tot. Eine in der Mitte getroffene Tanne stürzte zu Boden, man wusste nicht, wo man sich verstecken sollte. » Zweite Linie vorwärts!« Am Waldrand angekommen, sah ich vor mir ein ziemlich tiefes Tal, welches von einem Flüsse, einer Straße und einer Bahn durchzogen wurde: das Tai der Meurthe. Das Dorf und die Höhen jenseits des Flusses waren von den Franzosen stark besetzt. Sehen konnte man nur einzelne, sie lagen gedeckt. Überall sah man die Rauchwolken der deutschen Granaten emporschießen. Beiderseits von uns brachen die deutschen Schützenlinien aus dem Wald hervor, sausend kamen die französischen Artilleriegeschosse angeflogen und forderten ihre Opfer. In dem

Krachen und Knattern hörte man fast keine Kommandos mehr. Im Laufschritt ging es hinunter ins Tal, wo wir endlich im Straßengraben etwas Deckung fanden. Etwa 200 m vor uns befand sich die Straßenbrücke über dem Fluss. Beim weiteren Vorrücken drängte alles nach der Brücke, die Franzosen überschütteten dieselbe mit einem Hagel von Schrapnells, Infanterie- und Maschinengewehrfeuer. Haufenweise stürzten die Anstürmenden getroffen zu Boden. An ein Hinüberkommen war nicht zu denken. Zitternd lag ich auf der deckungslosen Wiese neben der Straße in der Nähe des Flusses. Zu rühren traute ich mich nicht, Ich dachte, mein letztes Stündlein sei gekommen, und sterben wollte, wollte ich nicht. Ich betete zu Gott um Hilfe, so beten kann man nur in größter Lebensgefahr. Es war ein angstvolles, zitterndes Flehen aus tiefstem Herzen, ein inbrünstiges, qualvolles Schreien nach oben. Wie ganz anders ist so ein Gebet in höchster Not im Vergleich zum sonstigen Beten, das meistens doch nur aus einem gewohnheitsmäßigen, oft gedankenloses Hersagen besteht.

 Rums, dicht neben mir hatte eine Granate eingeschlagen, prasselnd fielen Splitter und Erdschollen hernieder. Ein Sprung, im Granatloch lag ich! Plumps, sprang ein anderer Soldat, ebenfalls Deckung suchend, auf mich. Doch ich war zuunterst und ließ mich nicht verdrängen. »Vorwärts, zum Sturm Durch den Fluss!« schollen die Kommandos durch das Getöse. Alles sprang auf, ohne langes Besinnen in den Fluß, um hinter der jenseitigen Uferböschung Deckung zu bekommen. Das Wasser reichte An die Brust, doch das wurde weiter nicht beachtet. Mehrere Mann wurden im Wasser von einem Schrapnell getroffen und fortgespült. Kein Mensch half ihnen, jeder hatte mit sich selbst zu tun. Am Dorfrand waren mehrere Hauser in Brand geschossen; durch die Hitze gezwungen, mußten die Franzosen stellenweise die Verteidigung des Dorfrandes aufgeben. Wir mußten nun zum Bajonettangriff, die Franzosen mußten weichen. Gefangene wurden gemacht. Waschnaß, erschöpft suchten wir hinter den Häusern Deckung, um etwas auszuruhen. Nach und nach hörte das Schießen ganz auf. Gegen Abend mußten wir den links vor dem Dorfe gelegenen bewaldeten Hügel angreifen. Wir kehrten nach Thiaville zurück, um zu übernachten. Ich lag mit vielen Kameraden in einer Scheune im weichen Öhmd. Es war eine gewitterschwere Nacht. Rauschend stürzte der Regen auf die Dachziegel. Infolge des Krachens der zusammenstürzenden, in Brand geschossenen Hauser konnte man trotz aller Müdigkeit keinen Schlaf finden. Viel Vieh war noch in den brennenden Ställen angebunden und brüllte vor Todesangst in allen Tonarten. Entsetzlich! Endlich schlief ich ein. Nach Mitternacht hörte ich in der Scheune rufen: »Gruppe Heuchele soll sofort herunterkönnen!- Dazu gehörte auch ich. Wir kletterten hinunter, die nassen Kleider klebten am Körper. Wir 8 Mann mit dem Unteroffizier mußten einige hundert Meter vor dem Dorf Feldwache beziehen. Dort standen oder kauerten wir bei strömendem Regen und starrten und lauschten in die stockdunkle Nacht hinaus. Endlich graute im Osten der Morgen. Was wird der neue Tag bringen?

26. AUGUST 1914- WALDGEFECHT BEI THIAVILLE

Als es hell wurde, warteten wir auf Ablösung, doch niemand kam. Einige Schritte von uns stand ein kleines Haus, das wir im Dunkel gar nicht bemerkt hatten, In einer Hecke daneben lag ein toter, vom Regen vollständig durchnässter deutscher Infanterist. Im Hofe des Häuschens lagen zwei tote französische Infanteristen. Neben dem einen lag ein Portemonnaie, ich hob es auf. Es enthielt zwei 20-Franken- Stücke in Gold. Ich hatte jedoch gar keinen Sinn mehr nach Geld und warf es weg. Wahrscheinlich hatte einer der Franzosen sein Geld hergeben wollen, damit er verschont würde.
Vom Dorfe her ritt eine Dragonerabteilung heran und an uns vorbei, der Straße entlang dem etwa 400 m entfernten Walde zu. Infanteriekompanien folgten. Wir mußten uns unserer Kompanie anschließen. In unseren nassen Kleidern tappten wir hinterher. Kein Mensch fragte uns, ob wir etwas gegessen oder getrunken hatten. Vorne im Walde knallten Schüsse. Verflucht, schon wieder! Die Dragoner, die aus dem Wald in vollem Galopp zurückgesprengt kamen, machten unserem Brigadegeneral, Generalmajor Stenger, die Meldung, daß sie auf Franzosen gestoßen seien. Der General erteilte nun den Kompanieführern folgenden Befehl [..über den sich in unmilitärischen Akten nichts ermitteln ließ..], der jeder Kompanie vorgelesen wurde: »Heute werden keine Gefangenen gemacht. Verwundete sowie gefangene Franzosen werden erledigt.« Die meisten Soldaten waren starr und sprachlos, andere wieder freute dieser völkerrechtswidrige, niederträchtige Befehl. »Ausschwärmen, vorwärts, marsch!« Gewehr im Arm ging's dem Wald zu, in denselben hinein, meine Kompanie in der zweiten Schützenlinie. Kein Schuß fiel. Schon hofften wir, die Franzosen, welche die Dragoner beschossen hatten, hätten sich zurückgezogen. Päng-päng-päng, ging's los. Einzelne Kugeln kamen bis zu uns geflogen und fuhren klatschend in die Bäume. Morgens

in der Frühe waren frische Ersatztruppen angekommen, die in die Kompanie eingeteilt wurden. Diese Soldaten, die noch keine Kugel pfeifen gehört hatten, machten fragende, ängstliche Gesichter. Da das Feuer stärker wurde, mußten wir in die vordere Linie ein schwärmen. Jeden Baum, jeden Strauch als Deckung benutzend, ging's weiter. Mehrere Schützenlinien folgten uns. Die französischen Alpenjäger und Infanteristen mußten anfangs trotz tapferer Gegenwehr weichen. Immer wieder setzten sie sich hinter Bäumen und in Wallgräben fest und knallten uns entgegen. Die Verluste häuften sich.

Die verwundeten Franzosen blieben liegen und gerieten in unsere Hand. Zu meinem Entsetzen gab es bei uns solche Ungeheuer, welche die armen, um Gnade flehenden, wehrlosen Verwundeten mit dem Bajonett erstachen oder erschossen. Ein Unteroffizier meiner Kompanie namens Schirk, Kapitulant [ins Moderne übersetzt: ein Zeitsoldat; ehemals im deutschen Heer ein Soldat, der sieh durch Vertrag über die gesetzliche Dienstzeit hinaus verpflichtete] des älteren Jahrgangs, schoß hohnlachend einem im Blut liegenden Franzosen durch das Gesäß, dann hielt er dem in Todesangst um Gnade flehenden Unglücklichen den Gewehrlauf vor die Schläfe und drückte los. Der Arme hatte ausgelitten. Aber nie kann ich das in Todesangst verzerrte Gesicht vergessen. Einige Schritte weiter lag wieder ein Verwundeter, ein junger hübscher Mensch, in einem Waldgraben. Unteroffizier Schirk lief auf ihn zu, ich hinterher. Schirk wollte ihn niederstechen, ich parierte den Stoß und schrie in höchster Aufregung: »Wenn du ihn anrührst, verreckst!« Verdutzt schaute er mich an, und meiner drohenden Haltung nicht trauend, brummte er etwas und folgte den anderen Soldaten. Ich warf mein Gewehr zu Boden, kniete mich bei dem Verwundeten nieder. Er fing an zu weinen, faßte meine Hände und küßte sie. Da ich gar nichts französisch sprechen konnte, sagte ich, auf mich deutend: »Alsacien Kamerad!« und gab ihm durch Zeichen zu verstehen, daß ich ihn verbinden wolle. Er hatte kein Verbandszeug. Seine beiden Waden waren von Gewehrschüssen durchbohrt. Ich entfernte seine Gamaschen, schnitt mit dem Taschenmesser die roten Hosen auf und verband mit meinem Verbandspäckchen die Wunden. Ich blieb dann neben ihm liegen, teils aus Mitleid, teils wegen der Deckung, die ich im Graben hatte. Ich hob ein wenig den Kopf, konnte die vorgehenden Truppen nicht mehr sehen. Ununterbrochen zischten Kugeln durch den Wald. Sie schlugen Zweige ab und fuhren in Stämme und Äste. Ganz in der Nahe standen einige Heidelbeersträucher, die voll von reifen Beeren hingen, welche ich pflückte und aß, Sie waren das erste Essen seit etwa 30 Stunden.

Da hörte ich Schritte hinter mir. Es war der Kompaniefeldwebel Penquitt, in der Kaserne ein sehr gefährlicher Qualgeist, der jedesmal, wenn er zu sprechen begann, ein paarmal stotterte. Mit Erhobener Pistole schrie er mich an: »A-a-aas, verfluchtes, willst du machen, daß du nach vorne kommst!- Was wollte ich machen? Nahm mein Gewehr und ging. Ein paar Schritte weiter stellte ich mich hinter einen Baum, um zu sehen, ob er dem Verwundeten etwas anhaben wolle. Mein Entschluß war, ihn sofort niederzuschreien, wenn er den Franzosen töten wollte. Er betrachtete ihn und ging weiter. Ich lief nun schnell vor ihm her durch dichtes Brombeergebüsch. Darin lagen 6-8 Franzosen, alle auf dem Gesicht. Ich merkte gleich, daß sie sich nur lotstellten. Fliehen konnten sie nicht mehr, denn die deutschen Linien waren vor ihnen. Ich berührte den einen mit dem Bajonett und sagte: »Kamerad.. Ängstlich schaute er mich an. Ich bedeutete ihm, ruhig liegen zu bleiben, was er mit eifrigem Kopfnicken bejahte. Tote und Schwerverwundete lagen zerstreut im Walde umher. Das Knattern und Knallen wollte kein Ende nehmen. Leichtverwundete rannten an mir vorbei, rückwärts. Ich schlich mich, immer Deckung suchend, in die Gefechtslinie. Mit Hurra ging's wieder weiter vor, die Verluste häuften sich schrecklich. [..Ich stand mit dem Schuhmacher hinter einer Buche , die jedoch nicht genug Deckung für beide bot . Schuhmacher wollte hinter eine etwa 5 m weiter entfernte Tanne springen, tot auf das Gesicht und rührte kein Glied mehr..]

Beim weiteren Vorgehen kamen wir an eine breite Schlucht. Die Franzosen kletterten im Zurückweichen den jenseitigen Hang hinauf. Viele le von ihnen wurden wie Hasen abgeschossen- sen. Manche der Getroffenen rollten den Abhang hinab. Als wir die Schlucht überschritten hatten, bekamen wir plötzlich von einer Anhöhe, die mit jungen Tannen bepflanzt war, ein furchtbares Feuer Alles sprang hinter Baume oder warf sich zu Boden. Einige flohen. Major Müller schrie, den Degen schwingend: » Vorwärts, Kinder l- und brach dann sofort tot zusammen. [..Major M, Jahrgang 1863, fiel bei diesem Gefecht nach 31 Jahren Militärdienst..] Nun wurde es oben in den jungen Tannen lebendig. Ganze Scharen von Alpenjäger n liefen mit gefälltem Bajonett auf uns ZU. Wir machten kehrt. lm schnellsten Tempo ging es zurück. Ich lief mit etwa 6 Mann zusammen, vier davon stürzten aufschreiend zu Boden. Ich nahm mir nicht die Zeit, mich nach ihnen umzuschauen. Unsere Verwundeten blieben fast alle liegen. Ich schnallte im schnellsten Laufen meinen Tornister los und schmiß ihn weg. Weiter zurück hörte ich 2- bis 3mal meinen Namen rufen. Mich umsehend, sah ich meinen guten Stubenkameraden Schnur, Landwirtssohn aus Wangen am Bodensee, auf einem Zelt liegen, welches von Sanitätern an Tragstangen befestigt worden war. Die Sanitäter ließen ihn liegen und liefen davon. Sofort rief ich 3 Kameraden herbei. Wir nahmen die Stangen auf die Schultern, und im Laufschritt ging's nun rückwärts, Für den armen Schnur war dies ein echter Leidensweg. Die Zeltschnüre rutschten zusammen. Schnur saß mit dem Hintern im tiefen Zelt, die Beine und der Kopf schauten oben hinaus. Dabei schwenkte das Zelt zwischen uns immer hin und her. » Haltet! Um Gottes willen langsamer! « stöhnte er, aber wir liefen immer weiter, um aus dem Bereich der Kugeln zu kommen. Offiziere hielten nun alle zurücklaufenden Soldaten an und zwangen sie, eine Linie zu bilden, um die Franzosen abzuwehren. Wir vier durften den Verwundeten nach dem Verbandsplatz bringen, der in einer kleinen Ferme nahe am Waldrand sich befand. Die Ferme war von Verwundeten derart überfüllt, daß wir gezwungen waren, Schnur im Hofe niederzulegen. Er hatte einen Schuf ins Kreuz erhalten und war vom Blutverlust sehr geschwächt. Da es wieder zu regnen anfing, suchte und fand ich ein leeres Plätzchen in der Küche, und wir trugen Schnur hinein. Gott, wie sah es in diesem Haus aus! Blut, Ächzen, Stöhnen, Beten! Meinem Kameraden gute Besserung wünschend, verlief ich dieses Haus des Elends. (Drei Monate später starb Schnur in einem Lazarett in Straßburg.) [..Laut Stammrolle: verwundet am 26. August 1914 durch Oberschenkelschuß, verstorben am 2. Dezember 1914 infolge Oberschenkelschuß, Amputation und Blutvergiftung..] [Eben kam mein Stubenkamerad Wötje, früher ein lustiger Hannoveraner, aus dem Walde gehumpelt. Er stützte sich beim Gehen auf sein Gewehr. » Was hast du, Wöltje? « schrie ich. » Beide Schenkel duchgeschossen! « antwortete er. » Dort ist der Verbandsplatz «, sagte ich, doch er war derart aufgeregt und verängstigt, daß er sich nicht aufhalten lassen wollte und hinkte weiter nach rückwärts..]

Da ich seit etwa 30 Stunden oder mehr nichts als ein paar Heidelbeeren gegessen halte, regte sich der Hunger. Da nichts Eßbares bei der Ferme aufzutreiben war, ging ich in den Wald zurück, um Heidelbeeren zu suchen. Don lag ein roter Franzose. Ich schnallte den Tornister auf und entnahm eine Büchse Fleisch und ein Päckchen Zigaretten. Einige Schritte weiter lag ein roter Deutscher. Ihm schnallte ich den Tornister ab, um meinen weggeworfenen zu ersetzen. In demselben befanden sich die eiserne Portion sowie ein reines Hemd. Ich zog sofort mein dreckiges, naßgeschwitztes aus und zog das reine an. Dann aß ich die Büchse des Franzosen mit unglaublicher Gier auf. Das Scheißen im Walde verstummte. Langsam senkte sich der Abend hernieder. Die Kompanien sammelten sieh am Waldrand, meine Kompanie bestand noch aus etwa

40 Mann. Über 100 waren geblieben! Meine Kameraden Gautherat und Ketterer waren auch noch da. Die waren schlauer gewesen als ich und hatten sich gleich nach Beginn des Gefechts im Gebüsch verkrochen. Die Nacht verbrachten wir an einem Bergabhang unter strömender Regen. Stumpfsinnig, todmüde, halb verzweifelt hockten wir herum.

27. AUGUST 1914

Morgens sollte eine Patrouille, bestehend aus einem Leutnant und 8 Mann, die Leiche des Majors Müller aus dem Walde holen. Bald hörten wir aus der Richtung, die sie eingeschlagen hatten, Schüsse. Keiner kehrte zurück. Wie Soldaten erzählten, hatte auch Major Müller zwei verwundete Franzosen mit der Pistole erschossen. Gut, daß ihn sein Schicksal erreichte. Auch der Unteroffizier Schick fehlte [..der 22 jährige Metzger wurde bei diesem Gefecht laut Stammrolle schwer verwundet..], ebenso ein Reservist, der ebenfalls einen Verwundeten erschoss.

Ich ging nun nach Thiaville, um einige Kochgeschirre Wasser zu holen zum Kaffeekochen. Neben der Straße stand eine Batterie des 76. Feldartillerieregimentes. Die Mannschaften empfingen eben Essen von der Feldküche. »Richert, wo lauscht uma?« schrie ein Kanonier. Es war der Jules Wiron aus Dammerkirch. »Hasch Hunger?" fragte er mich. Als ich bejahte, empfing er noch eine gehörige Portion für mich, welche mir trefflich mundete, dann füllte er aus einer großen Korbflasche, die auf der Protze [.Vorderwagen von Geschützen.] stand, mein Kochgeschirr mit gutem Weißwein. [..Ich bedankte mich, füllte die anderen Kochgeschirre mit Wasser und ging nach dem Rest der Kompagnie zurück Dort trank ich mit Gautherat und Ketterer den Wein..]

Gegen Mittag gingen wir zurück über die Meurthe und marschierten etwa 5 km talabwärts nach dem Städtchen Baccarat, das 2 Tage zuvor von den Deutschen erobert worden war. Heiß muß der Kampf besonders an der Meurthe-Brücke gewesen sein. Das Geschäftsviertel auf der westlichen Seite des Flüsschens war total verbrannt, der Kirchturm durchlöchert. Im Stadtgarten mussten wir unsere Zelte aufschlagen und konnten dort 2 Tage ausruhen. Neben unseren Zelten war ein Massengrab, in dem über 70 Franzosen ruhten. Daneben war ein bayerischer Major beerdigt. Alle Hühner, Kaninchen und Schweine, welche noch aufzutreiben waren, wurden trotz des Protestes verschiedener Einwohner gestohlen und geschlachtet Der noch vorhandene Wein wurde ebenfalls aus den Kellern gestohlen, und überall sah man betrunkene Soldaten. Mit frischen, aus

Deutschland kommenden Soldaten wurden die Kompanien wiederaufgefüllt.

Dann ging's wieder vorwärts, zuerst aufwärts in Richtung Ménil. Links und rechts auf dem Straßenrand lag eine Unmenge von den Franzosen weggeworfener Tornister, Gewehre, eine Trommel und Trompeten weiter oben gingen wir durch den Wald, überall lagen tote deutsche und französische Alpeninfanteristen im Gebüsch. Sie fingen bereits an zu verwesen und strömten einen entsetzlichen Geruch aus. Auf einer Anhöhe jenseits des Waldes mul3ten wir Schützengraben ausheben. Da es heiß war, schickte mich mein Unteroffizier mit mehreren Essgeschirren auf die Suche nach Wasser. Ich fand solches in einem Straßengraben in der Mulde hinter uns. Ich trank sofort 3 bis 4 Becher voll und füllte die Kochgeschirre. Es kam mir nach dem Trinken vor als habe das Wasser einen faulen, widerlichen Geschmack, glaubte, daß das langsame Fließen daran schuld sei. ein entsetzlicher Gestank kam mir in die Nase. Neben einem Weidengebüsch sah ich einen toten Franzosen, der bereits in Verwesung übergegangen war. Die Stirne, welche von einem Granatsplitter aufgerissen war, schaute zum Wasser heraus und war mit Maden und kleinen Würmern bedeckt. Ich hatte das durch den Toten sickernde Wasser getrunken! Es erfaßte mich ein furchtbarer Ekel, so dass ich mich mehrmals erbrechen mußte. [..Ich leerte darn die Kochgeschirre aus, um sie weiter oben nun mit reinem Wasser zu füllagen noch drei Tage im Schützengraben. Außer einigen zu uns geflogenen Schrapnels bleib alles ruhig. Vor uns in einer Mulde lag das halbverbrannte Dorf Menil, weiter zurück das Dorf Anglemont, nach rechts rüber das Dorf St.Barbe.

Am 4 Tag morgens in der Frühe kamen mehrere Bataillone Verstärkung. Wir sollten die Dörfer Menil, Anglemont sowie den im Hintergrund liegenden Wald angreifen und nehmen. Uns allen graute davor. Heimadressen wurden ausgetauscht, Fotografien der Lieben daheim betrachtet und viele beteten leiss. In allen Gesichtern lag tiefer Ernst, Angst und Grauen...]

DER ANGRIFF AUF MÉNIL UND ANGLEMONT

Nummer 3 auf der Karte

Gegen 10 Uhr morgens liefen Offiziere und Melder umher und brachten den Befehl zum sofortigen Angriff. »Fertigmachen, Tornister umhängen, Kompanie in Schützenlinie ausschwärmen!« Sechs Schützenlinien wurden gebildet. »Vorwärts, marsch!« Alles setzte sich in Bewegung. Unsere Artillerie beschoß die beiden Dörfer. Wir lagen noch 3 Tage im Schützengraben. [..Wir waren bereits dicht bei Menil ohne daß ein Schuß der Franzosen fiel..] Wir drangen in das Dorf. Kein Franzone war zu sehen, das Dorf war nicht besetzt. Fin entsetzlicher Gestank ließ uns im Laufschritt das Dorf passieren. In vielen Häusern war das Vieh in den Ställen mitverbrannt und nun bereits in der Sommerhitze in Verwesung übergegangen.

Nun ging's weiter in Richtung Anglemont. Vor uns liefen viele Ochsen, Kühe und Kälber hin und her. Viel Vieh lag tot auf dem Boden. Es hatte auf den Kleefeldern zuviel jungen Klee gefressen und war an Aufblähung verendet. Anderes Vieh war durch Geschosse getötet worden. Als wir uns dem Dorfe Anglemont näherten, wurden wir plötzlich von der französischen Artillerie stark mit Schrapnells beschossen. Das Infanteriefeuer setzte ebenfalls ein. Wir konnten nur sprungweise vorwärtskommen. Hinter einer Böschung sammelten wir uns, dann ging's im Laufschritt, mit gefälltem Bajonett, unter Hurrageschrei auf das Dorf los. Die Franzosen verteidigten sich tapfer, rnußten aber vor unserer Übermacht weichen.

Gleich bei einem der ersten Hauser saß ein verwundeter Franzose auf einem Schubkarren. Ein Soldat meiner Kompanie wollte ihn erschießen. Auf meinen energischen Protest hin stand er davon ab. Ein hinzukommender Sanitäter verband die Wunde. Die französische Artillerie konzentrierte ihr Feuer auf das Dorf. Ich sprang hinter einen hohen, mit Mauersteinen gebauten Scheunengiebel, wo schon eine ganze Anzahl Soldaten in Deckung stand. Plötzlich über uns eine Explosion, Mauersteine stürzten herab, mehrere Soldaten wurden von ihnen zu Boden geschlagen. Eine Granate war durch das Dach geflogen und an der Mauer geplatzt, ein großes Loch in die Wand reißend. Nirgends war man mehr sicher. Ich legte mich unter den Stamm eines schräg stehenden dicken Apfelbaumes. Da kam der Befehl zum weiteren Vorgehen.

Kaum waren wir vor dem Dorfe sichtbar, als auch schon die Franzosen wie wahnsinnig zu schießen begannen. Auf allen Seiten schlugen

Granaten ein. Schrapnells streuten ihren Bleiregen aus der Luft. Sausen, Zischen, Krachen, Rauch, umherfliegende Erdschollen und Getroffene. Eine Granate schlug etwa 3 m rechts vor mir ein, unwillkürlich bückte ich mich und hielt den linken Arm schützend vors Gesicht. Rauch und Erdschollen trafen mich. Ein Splitter hatte meinen Gewehrkolben unten am Schloß weggeschlagen. Meine beiden Nebenmänner lagen tot am Boden. Ich selbst blieb wie durch ein Wunder unverletzt, hob schnell das Gewehr eines Gefallenen und sprang in das gar nicht tiefe Granatloch. Ich wollte drinnen liegenbleiben, denn ich war sehr erschreckt. »Na, Richert, weiter.« - Es war ein Unteroffizier meiner Kompanie. Was wollte ich machen? Ich mußte mit. Über Klee-, Kartoffel- und Turnipsäcker [Saatrübenäcker..] ging's weiter vorwärts, Die französische Infanterie über schüttete uns mit Geschossen vom Walde her. Wir warfen uns in die Ackerfurchen, mußten jedoch immer weiter. Dabei riß eine Infanteriekugel eine tiefe Rinne in das Holz meines Gewehres dicht unter der Hand. Infolge des immer zunehmenden Feuers und der Verluste war es unmöglich, weiter vorzukommen. Ich warf mich in eine Ackerfurche, in der schon mehrere Mann lagen. Ein Glück für uns, daß die Acker quer zum Walde liefen, 50 hatten wir doch etwas Deckung.

Die Regimenter und Kompanien waren beim Vorgehen durcheinandergekommen. Neben mir lag ein Grenadier des badischen Grenadierregiments. Ich nahm meinen Spaten heraus, um mich einzugraben. Der Boden war hart und trocken, ich konnte nur mit größter Mühe im Liegen ein Loch graben. Ein neben mir liegender Soldat meinte, er könne in der Furche jenseits des Ackers besser graben, da dort ein Kartoffelacker war und der bebaute Boden nicht so hart sei wie hier auf dem Kleeacker. »Bleib hier und zeig dich nicht!« sagte ich. »Wo sich jetzt etwas regt, knallen die Franzosen drauflos, denn im Feld ist jetzt niemand mehr sichtbar.« - »Ach was, ich bin in einem Sprung drüben!« Sein Gewehr in der Hand, sprang er auf. Peng-pratsch. Mehr als 20 Schüsse fielen. Kugeln zischten über mich. Der Soldat stürzte aufs Gesicht und rührte sich nicht mehr. Ich konnte nur seine Beine sehen. Der Oberkörper lag in der jenseitigen Furche.

Der Reservist Berg rutschte nun neben mich. »Richert, gib mir deinen Spaten«, sagte er. Ich gab ihn hin. Ein Grenadier sagte zu Berg: »Wenn du fertig bist, gibst du mir den Spaten, nicht wahr?« Ich rollte mich in meinem Loch zusammen und nickte ein, bis mich eine in der Nähe einschlagende Granate aufschreckte. Berg lag bereits in seinem fertigen Loche, der Grenadier arbeitete nun mit dem Spaten. Ich schlief wieder ein. »Richert, guck doch mal nach, was der Grenadier macht!« sagte Berg.

Der Grenadier kniete in der Furche mit dem Rücken gegen mich, hielt den Kopf gesenkt und den Spaten in den Händen, rührte sich aber nicht. »He, Kamerad!« rief ich, kroch zu ihm und rüttelte ihn. Da fiel er auf die Seite und stöhnte. Eine Infanteriekugel hatte oberhalb des Ohres den Kopf durchbohrt. Das Gehirn stand in Bleistiftform etwa 3 cm heraus. Ich wickelte einen Verband um den Kopf, trotzdem ich wußte, daß hier nichts mehr zu helfen war. Nach und nach ging das Stöhnen in ein Röcheln über, das immer schwächer wurde. Nach etwa 2 Stunden war er tot. Wir blieben liegen, bis es dunkelte.

Da kam der leise Befehl: »Alles zurückziehen, in Anglemont sammeln!« Jeder suchte nun so schnell wie möglich ins Dorf zu kommen. Man hörte Verwundete flehend um Hilfe rufen: »Um Gottes willen, lasst mich nicht liegen, ich habe Frau und Kinder zu Hause!« Manche wurden mitgenommen, andere blieben liegen. Hier hieß es eben: Jeder ist sich selbst der Nächste! In Anglemont wimmelte alles durcheinander »Infanterieregiment 112, 1. Kompanie hier sammeln!« hörte ich meinen Kompanieführer rufen. Ich ging hin, einer nach dem anderen kam. Viele, viele fehlten. »1. Kompanie, Infanterieregiment 112 hier sammeln!« rief der Kompanieführer nochmals. Noch ein einzelner kam. Kein Wort wurde gesprochen. Alle dachten an ihre gefallenen Kameraden. »Ohne Tritt, marsch!« Die zusammengeschmolzenen Kompanien tappten in die Nacht hinaus, rückwärts, Das Dorf wurde vollständig geräumt.

Auf einer Höhe hinter dem Dorfe mußten wir einen Schützengraben graben, eine verteufelte Schinderei in dem harten Lehm! Gegen Mitternacht wurde ich mit noch einem Mann und einem Unteroffizier als Patrouille vorgeschickt, um auszukundschaften, ob Anglemont schon wieder von den Franzosen besetzt sei. Die Nacht war dunkel. Vorsichtig im Straßengraben vorwärtschleichend, hörten wir sich uns nähernde Schritte. Wir drückten uns dicht an die Straßenböschung. Eine 8 Mann starke französische Patrouille ging langsam auf dem Straßenbankett kaum 1m vor' uns vorüber, bemerkte uns aber nicht. Ruhig blieben wir liegen. lm Dorfe hörten wir Laufen und Französisch-Sprechen. Dies gab uns Gewißheit, daß die Franzosen das Dorf wieder besetzt hatten. Kurze Zeit darauf fielen in Richtung (der Deutschen Schüsse. Keuchend kamen 6 Franzosen zurückgerannt. Zwei fehlten. Wir gingen zurück und erstatteten Meldung. An Schlaf war in jener Nacht nicht zu denken. Gegen Morgen endlich konnten wir von der Feldküche Essen holen.

Als die Franzosen am folgenden Morgen unseren Graben sahen, schickten sie Granaten herüber. Gleich eine der ersten war ein Volltreffer, welche 3 Mann zerriß. Wir blieben dort einige Tage liegen. Eine deutsche Batterie Feldartillerie, welche gedeckt hinter uns auffuhr, wurde in wenigen Minuten von der französischen Artillerie in Fetzen geschossen. Es war ein schauderhafter Anblick, wenn man bei mondhellen Nachten die Stelle passieren mußte. Bald ging man im großen Bogen um die Batterie herum, da der Gestank nicht auszuhalten war. Ans Beerdigen schien niemand zu denken.

Eines Nachts versuchten die Franzosen einen Angriff auf unsern Graben, wurden aber abgewiesen. Am folgenden Tag fiel mein Kamerad Rein Camill aus Hagenbach, ein Granatsplitter spaltete ihm den Kopf. [..R., laut Stammrolle Ziegeleiarbeiter, gefallen am 5. September 1914 durch Granatsplitter..] Rogert Alfons aus Obersept wurde am Bein schwer verletzt. Die Franzosen hatten sich wieder in den Wald zurückgezogen. Eines Abends kam der Befehl: »Angreifen! « Mein Stubenkamerad Urs sagte: »Richert, ich komme nicht mehr nach Hause, ich fühl's « Ich suchte es ihm auszureden, er jedoch beharrte darauf. Nur 2 dünne Schützenlinien stark gingen wir vor. Ich war wütend. Was sollten wir paar Mann zwecklos uns totschießen lassen! [..Wir hielten uns mehr rechts, gingen an Anglemont vorbei, dem Walde zu.] Einzelne Schüsse fielen. Zing, zischten die Kugeln uns um die Ohren. Mein Nebenmann stürzte lautlos tot zu Boden. »Ooooh ! « schrie der Unteroffizier Liesecke warf sein Gewehr weg und schüttelte die Hand. Ein Finger war ihm abgeschossen worden [..laut Stammrolle Verwundung am 10. September 1914 durch Schuf in die linke Hand..]. Tak-tak-tak, rasselte ein MG drüben. »Hinlegen, eingraben! « Alles lag am Boden und fing an zu buddeln. Mein Kamerad Uts wurde mit noch 2 Mann nach einem etwa 300 m vor uns liegenden Erlen- und Weidengebüsch geschickt, um festzustehen, ob noch Franzosen dort seien. Langsam sank der Abend nieder. Die Patrouille war noch immer nicht zurück. »Die drei nächsten Leute « dazu Gehörte auch ich »begeben sich sofort nach dem Gebüsch, um nachzusehen, wo die 3 Mann geblieben sind! « befahl der Kompanieführer. Wir erschraken nicht wenig, doch wir mußten gehen. Mit der größten Vorsicht schlichen wir dem Gebüsch zu, oft liegenbleibend, um zu lauschen. Nichts war zu hören. Finster hob sieh das Gebüsch im Dunkel ab. Endlich kamen wir an und gingen, den Finger am Drücker, mit vorgehaltenem Bajonett in das Gebüsch. Da horten wir leises Röcheln. Vor uns lag Uts tot [..laut Stammrolle am 10. September 1914 um 7 Uhr vormittags durch Brustschuf beim Patrouillengang gefallen, einige Schritte weiter der röchelnde Soldat in den letzten Zügen. Er hatte einen Bauchschuß erhalten. Von dem dritten fehlte jede Spur. Wir liefen zurück und erstatteten dem Kompanieführer Bericht. Dann legten wir uns wieder in die Linie. »Alles leise zurückgehen Weitersagen. « kam der Befehl von links; dies machte uns glücklich. Alle erhoben sieh, in schnellen Sehritten ging's rückwärts.

Inzwischen war's stockdunkel geworden, man tappte in Ackerfurchen und Granatlöchern herum, mancher stürzte zu Boden. [Doch wir wußten die Richtung nach unserem Graben] Mehrere Male fingen vor mir gehende Soldaten plötzlich zu laufen an. Was haben denn die? Dachte ich, ging weiter, fing aber bald selbst an zu laufen. Ein entsetzlicher Leichengeruch kam mir in die Nase. »Atem anhalten! Weglaufen!« Diesel' Geruch kam von Toten, die bereits in Verwesung übergegangen waren und die man im Dunkel nicht liegen sah. Endlich erreichten wir unseren Graben und besetzten ihn. Ein Gefühl der Sicherheit überkam uns, Fast alle Soldaten murrten: »So ein Blödsinn! Vorgehen, ein paar Mann sich totschießen lassen und dann wieder zurückgehen, ohne Ziel und Zweck!« - »Alles da?« fragte der Kompanieführer. » Jawohl!« - »Die Kompanie geht mit Sack und Pack zurück und sammelt sich bei der Kirche von Ménil! « Was soll das bedeuten? fragten sich die Soldaten. Wir hingen die abgelegten Tornister wieder um, nahmen die Gewehre, kletterten zum Graben hinaus und tappten durch das Dunkel Ménil zu. Armer Kamerad Uts, nun liegst du tot in jenem Gebüsch, doch du hast das Kriegselend hinter dir, bist fast glücklicher als ich, dachte ich. Als wir in Ménil ankamen, wimmelte es dort von Soldaten. Überall dieselbe Frage: »Was ist denn eigentlich los? « - »Kompanien sammeln! « tönten Befehle durch die Nacht. Wir traten ein, mehrere Bataillone marschierten an uns vorbei, rückwärts. » Ohne Tritt, marsch!- Im Walde oberhalb Baccarat wurde Halt gemacht. [...Im Walde rings hem das Rufen der Fahrer der Artillerie, die Pferde antreibend...] Mehrere Batterien Bagagen fuhren an uns vorbei, rückwärts. »1. Kompanie Infanterieregiment 112 bildet die Nachhut! « Also hatten wir die Gewißheit: Die Gegend, die zu erobern Tausenden armen Soldaten das Leben gekostet hatte, wurde geräumt. [..Als alles an uns vo beimarschiert war, marschierten auch wir ab..] Der Gedanke, zurückzubleiben und die Ankunft der Franzosen abzuwarten, um mich zu ergeben, wirbelte mir im Kopf herum. Aber die verfluchte Disziplin hielt mich davon ab. Und vielleicht schießen oder stechen mich die Franzosen tot, aus Wut, wenn sie ihre ausgeraubten und zerstörten Dörfer sehen. Also ging ich weiter. Als wir in Baccarat die Meurthe-Brücke überschritten, bereiteten einige Pioniere die Sprengung vor. Kaum hatten wir den Ort verlassen, als mit gewaltiger Explosion die Brücke in die Luft flog.

Wir marschierten noch etwa 20 km weiter zurück und kamen endlich in einem Dorfe an, wo haltgemacht wurde und wir Kaffee und Brot empfingen. Einige Stunden Ruhe. Dann ging's mit dem Schanzzeug auf eine vor dem Dorf gelegene Höhe. Dort wurde ein Schützengraben gebaut. Wir freuten uns schon, hier liegenbleiben zu können. In weiter Ferne vor uns hörten wir das Bum, Bum der Französischen Artillerie. Also hatten sie doch nichts von unserem Rückzug gemerkt und beschossen unsere leeren Gräben. Beim Anbruch der Nacht hieb es schon wieder: »Fertigmachen- Wir hockten und warteten. Was gibt's schon wieder? Vor- oder zurück? Von rückwärts hörten wir heranmarschierende Truppen. Es war ein Reserveregiment, das uns ablöste.

Wir marschierten zurück, die ganze Nacht.Am Morgen bei Tagesanbruch passierten wir bei Deutsch-Avricourt die französisch-lothringische Grenze. [In dem Dorf Auzondange wurden wir in Scheunen einquartiert.] marschierten die folgenden 6 Tage durch ganz Lothringen über Mörchingen, Rémilly, Metz nach Vionville. Von Metz hörten wir in der Ferne schon wieder Kanonendonner, und gegen Abend waren wir demselben ganz nahe. Brrr, eine Gänsehaut lief über den Rücken, das Grauen vor der Zukunft. In Vionville verbrachten wir die Nacht. Ich schleppte eine Welle [..Bündel, Garbe] Stroh in eine ausgeraubte Épicerie [..Lebensmittelladen..] und legte mich mit meinem Kameraden Gautherat darauf. Vor Tagesanbruch Alarm. Alles sprang vom Schlafe auf, Tornister angehängt, Gewehr in die Hand, raus und antreten, alles in wenigen Minuten. Jeder erhielt einen Becher heißen Kaffee und ein Stück trockenen Karo (Kommißbrot). [..Als wir gegessen hatten, Vorwärts, Marsch!..] Der Morgen war unfreundlich, regnerisch und neblig. Wir waren vielleicht eine Stunde marschiert, da hieß es: » ausschwärmen- Der Nebel verschwand, die Sonne kam zum Vorschein. Vor uns lag in etwa 400 m Entfernung ein Wald. Darauf zu ging's. Zing-zing, zischte es uns von dort um die Ohren. » Vorwärts, marsch, marsch, zum Sturm! « schrien die Offiziere. Wir rannten gegen den Wald, den Oberkörper geduckt, vorwärts, Einzelne Mann fielen. Tsching, bum, bum, Schrapnels, und wie genau gezielt. Verfluchte 75er-Kanonen! Die Franzosen zogen sich zurück. Wir besetzten den Wald. In einer schmalen Wiesenmulde zwischen zwei Wäldern ging es weiter vor. Abseits stand der dicke Bataillons-Arzt, der immerfort schrie, wahrscheinlich, um uns Mut zu machen: die Festung Maubeuge ist gefallen   Tsching, bum, platzten Schrapnels über der Mulde. lm Laufschritt ging es weiter, um von der gefährlichen Stelle wegzukommen. Da hieß es, der Bataillons Arzt sei gefallen.

Als wir aus dem Walde traten bekamen aus einem kleinen Fichtenwäldchen, das auf einer Höhe vor uns lag, starkes Infanteriefeuer. Wir sprangen in den Wald zurück, krochen an den Waldrand und nahmen das Fichtenwäldchen stark unter Feuer. Das Feuer der Franzosen wurde schwächer und hörte ganz auf. Wir gingen vor und besetzten das Wäldchen. Die Franzosen hatten sich verduftet. Es ging gegen Abend, wir mußten die im Wäldchen liegenden toten Franzosen begraben. Es waren alles alte Soldaten, so gegen 40 Jahre alt. Die armen Menschen, jedenfalls fast durchwegs Familienväter, dauerten mich. Man konnte mit dem besten Willen kein ordentliches Grab schaufeln; 30 cm Erde, dann Kreidefelsen. Wir legten sie hinein, ihr Körper schnitt gerade mit dem Erdboden ab. Wir bedeckten sie mit etwas Erde. Die traurige Arbeit war zu Ende. Kein Mensch schaute nach, um Namen oder sonstige Erkennungszeichen festzustellen, und so figurieren diese Armen wohl auf der Listerder Vermißten.

Die Nacht verbrachten wir im Fichtenwäldchen. Ein kalter Wind wehte, Regenschauer gingen nieder, wir wurden pudelnaß, es fror uns sehr. Für was? Für wen? Eine ohnmächtige Wut überkam mich. Das half alles nichts. Zähneklappernd, der Verzweiflung nahe, hockte ich auf einigen von mir heruntergebogenen Fichtenästen und starrte in die Nacht hinaus, dachte an die Heimat, an meine Angehörigen und an mein Bett. Es überkam mich eine unglaubliche Sehnsucht nach der Heimat und meinen Lieben. Ich mußte weinen. [..Werde ich auch wiedersehen? Kaum-Kriegsende, kaum zu denken wann..] Mich durchzuckte der Gedanke: Hab' ich eigentlich noch eine Heimat, leben meine Eltern noch? Oder wo sind sie? Seit Kriegsausbruch hatte ich einen Brief von dort erhalten, datiert vom Anfang August. Was alles konnte dort seither passiert sein! So nahe der Grenze! Vielleicht alles zerschossen, verbrannt, die Angehörigen geflohen. Wohin? Diese Ungewissheit quälte mich fürchterlich. Nun war das Maß der Leiden voll, zu der Ungewißheit meiner Zukunft noch die Sorgen um Angehörige und Heimat. An Schlaf konnte ich nicht mehr denken. Ich stand auf, lief vor dem Wäldchen hin und her, schlug mit den Händen um mich, um so etwas warm zu bekommen. Endlich graute der Morgen. Wie würde ein Becher heißer Kaffee guttun! Keine Feldküche, nichts.

Wir gingen nun nach dem vor uns liegenden Dorfe Flirey. Die Kaninchen- und HühnerSchlächterei ging wieder los. Es wurde alles weggenommen, als wenn überhaupt keine Eigentümer da wären. Man sah fast keinen Menschen, fast alles hatte sich bei unserer Ankunft versteckt. Ich ging in einen Stall, um vielleicht etwas Milch von einer Kuh melken zu

können. Mit Mühe und Not brachte ich vielleicht einen halben Liter heraus. Inzwischen holten andere Soldaten die Hühner samt den Kaninchen zum Stall heraus, Da ging die Türe auf, ängstlich kam ein alter Bauer in den Stall. Als er die leeren Kaninchenkisten und den Hühnerstall sah, schlug er die Hände über dem Kopf zusammen und sagte: » Mon Dieu, mon Dieu! « Der Mann dauerte sich nun, irgendetwas zu kochen. Die einen kochten Kaninchen, andere rupften Hühner, einige plünderten eben einen Bienenstand, si stürzten die Körbe um und bohrten mit den Seitengewehren den Honig heraus, dabei eine Menge Bienien, die an dem kühlen Morgen nicht fliegen konnten, zerquetschend. Wieder andere schüttelten die Zwetschgen von den Bäumen. Da holte ich mir auch einige Handvoll. Nachher riß ich einige Kartoffelstauden im Garten aus, nahm die Kartoffeln, schälte sie, tat sie in das Kochgeschirr, gab etwas Wasser und Salz dazu, und nun ging's ans Kochen. Da ich große Lust auf Honig hatte, holte ich mir auch ein wenig und tat ihn in den Kochgeschirrdeckel. Als nun eben mein Wasser war m war, kam der Befehl: »Fertigmachen
54
weiter « Gegessen oder nicht gegessen, danach wurde nicht gefragt. Ich schüttete das heiße Wasser ab, die Kartoffeln ließ ich drin, in der Hoffnung, sie bei nächster Gelegenheit fertig zu kochen, stülpte den Deckel auf das Kochgeschirr, und weiter ging's, zum Dorf hinaus, den Franzosen entgegen.

Wir passierten noch das Dorf Essey. Kaum waren wir zum Dorf hinaus, ging der Tanz wieder los. Französische Schrapnells flogen heran, zum Glück am Anfang über uns hinaus. Bald bekamen wir aus dem vor uns liegenden Wald schwaches Infanteriefeuer, und nun gab es einzelne Getroffene. Unsere Artillerie beschoß den Wald. Die französische Infanterie zog sich zurück. Wir besetzten den Wald. Der Wald war von einem schmalen Wiesentale, etwa 200 m breit, durchzogen. Quer durch ging ein ziemlich hoher Eisenbahndamm, den wir besetzten. Plötzlich bekamen wir aus dem gegenüberliegenden Walde starkes Infanteriefeuer; der neben mir stehende Reservist Kalt wurde getroffen und kollerte den Bahndamm hinab. Dasselbe Schicksal erlitten mehrere andere. Wir schossen nun über die Schienen in den Wald. Franzosen konnten wir keine sehen. Bald wurde ihr Feuer aber so stark, daß keiner mehr wagte, den Kopf zu heben und zu schieben. Nach einer starken Beschießung unserer Artillerie verstummte das französische Feuer.

Etwa eine Stunde später kam der Befehl, Offizier Stellvertreter Bohn [..ein Lehramtspraktikant von 32 Jahren, 1908 als Einjährig-Freiwilliger eingetreten..] solle mit 4 Mann den Wald absuchen; ich hatte das Pech, dieser Patrouille zugeteilt zu werden. Mit bangem Herzen betraten wir den Wald, jeden Augenblick in der Gefahr, von einer Kugel niedergestreckt zu werden. Vorsichtig schlichen wir durch das niedrige, dicht stehende Gehölz und kamen dann zu einer geraden Schneise (Durchhau) vor. [..wo man bis zum jenseitigen Waldrand sah. Von Franzosen sahen wir keine Spur. Uns Immer in das Gebüsch drückend, gingen wir in der Schneiße vor..] Auf einmal erblickte ich etwas Rotes, etwa 20 m vor uns im Gebüsch. Ich machte mich schußfertig. Da sich das Rote nicht bewegte, gingen wir vorsichtig darauf zu Var uns lag neben einem Granatloch ein älterer Franzose, dem ein Bein beim Knie total abgerissen war, Mit einem Hemd war der Beinstumpf umwickelt. Der arme Mensch war schon ganz gelb im Gesicht vom Blutverlust und sehr schwach. Ich kniete mich neben ihn, machte seinen Tornister unter seinen Kopf und gab ihm aus meiner Feldflasche Wasser zu trinken. Er sagte »Merci- und deutete mir an den Fingern, daß er drei Kinder zu Hause habe. Der Arme dauerte mich sehr, aber ich mußte ihn verlassen, nachdem ich noch auf ihn deutete und sagte: » Allemand hospital. « Er lächelte schwach und schüttelte den Kopf, als wollte er sagen, daß dies für ihn nicht mehr in Betracht käme. Langsam schlichen wir nun bis zum jenseitigen Waldrand. Offizierstellvertreter Bohn schickte mich mit noch einem Mann zurück mit der Meldung, daß der Wald frei sei. Beim Passieren des Verwundeten sah ich, daß derselbe den Rosenkranz in der Hand hielt und betete. Mit der einen Hand deutete er auf seine Zunge zum Zeichen, daß er Durst habe. Ich gab ihm den Rest Wasser aus meiner Feldflasche. Als wir etwa eine halbe Stunde später mit der Kompanie vorbeikamen, lag er tot da, noch immer den Rosenkranz in der Hand haltend.

Wir besetzten nun den Waldrand, ich stand beim Eingang der Schneise und schaute über die hügelige Gegend vor uns. Da sah ich einen Franzosen auf etwa 500 m Entfernung. Als er mich erblickte, legte er sich nieder; gleich sah ich den Dunst seines Schusses aufsteigen, und knapp 1m vor mir klatschte die Kugel in den Boden. Nun verkroch ich mich schleunigst im Gebüsch und versuchte, ein Loch zur Deckung zu graben. Der Boden bestand aber aus einem derartigen Wurzelgeflecht, daß dies unmöglich war. Nun knatterte eine Salve, und prasselnd zischten die Kugeln durch das Gebüsch. Da wir gar nicht gedeckt waren, gab es bald Tote und Verwundete. Mein Stubengefreiter Mündiger bekam eine Kugel durch die Schlagader am linken Oberarm, so daß das Blut wie aus einer Röhre vorne am Ärmel herausschoß. [..Der Maurer M., damals 23 Jahre alt, wurde laut Stammrolle am 25. September 1914 bei Essey durch Oberarmschuf verwundet...] Schnell band ich ihm den Arm oberhalb der

Wunde ab, schnitt mit dem Taschenmesser den Ärmel ab und verband ihm die Wunde. Um aus dem Feuer herauszukommen, führte ich ihn mit noch einem Kameraden zurück. Nun schickte uns die schwere Artillerie der Forts von Toul ihre Zuckerhüte [Soldatensprache: Granate schweren Kalibers], gurgelnd sausten sie über uns hinweg und explodierten mit furchtbarem Krachen zurück im Walde. Als wir zu dem Bahndamm kamen, wo unsere Toten noch vom Morgen lagen, wollte ich der Bahn entlang das Dorf Essey erreichen. Der Verwundete beharrte jedoch darauf, nach der in der Nähe vorbeiführenden Straße zu gehen. Ich wollte ihm nicht widersprechen, und so gingen wir den Bahndamm entlang der Straße zu. Kaum hatten wir einige Schritte zurückgelegt, als unter schrecklichem Krach eine der großen Granaten auf dem Bahnkörper platzte. Erde, Splitter, Steine und Schienenteile sausten über unseren Kopf, und wir wurden in Rauch und Staub ganz eingehüllt. Zum Glück wurde keiner verletzt. Hätte der Verwundete vorher meinen Rat befolgt, auf der Bahn entlangzugehen, so wären wir alle drei zerrissen worden. Der Verwundete, der vorher mehrere Male vor Schwäche zusammengesunken war, konnte nun so laufen, daß ich ihm kaum folgen konnte. Dann brach er aber doch wieder auf den Wiesen zusammen. Gegen Abend erreichten wir das Dorf Essey, wo wir den Verwundeten dann zum Arzt brachten.

 Da ich keine Lust mehr hatte, nach vorne zu gehen, beschloss ich, im Dorfe zu übernachten. Ich ging zu einer Frau und verlangte einige "Pommes de terre«, Als ich sie bekam, gab ich ihr 2 »Nickel«. Wie mich die Frau erstaunt ansah! Denn das war ihr wohl noch nicht vorgekommen, von deutschen Soldaten etwas bezahlt zu bekommen. Sie nahmen, was sie wollten, einfach weg. Ich machte nun ein Feuerchen im Hofe und kochte die Kartoffeln. Die Frau brachte mir dann noch einen Liter Milch heraus. Als ich bezahlen wollte, nahm sie das Geld nicht, sondern deutete mir, ich solle nur ruhig trinken. Da ich großen Hunger hatte, schmeckte es mir vorzüglich. Nachher legte ich mich in der Scheune aufs Stroh, um die Nacht zu verbringen. Es war für mich ein Vergnügen, in Sicherheit, trocken und warm zu schlafen.

 In der Nacht erwachte ich durch das Geräusch auf der Straße zurückmarschierender Truppen. Ich stand auf und fragte, was es für Truppen seien. Es war mein Bataillon. Schnell hing ich meinen Tornister um und schloss mich ihnen an. Etwa 1km hinter dem Dorfe wurde auf der Höhe haltgemacht, eine Linie gebildet und angefangen, einen Schützengraben auszuheben. Eine schwierige Arbeit, da man nichts sah und in etwa 30 cm Tiefe auf harten Kalkstein stein stieß. Gegen Morgen waren wir doch

1m tief. Unser Graben führte durch ein Rebstück. Ich aß von den halbreifen Trauben. Die Folge waren Leibschmerzen und Durchfall. Die Hälfte der Truppen durfte nun in den weiter zurückliegenden Wald, um zu schlafen; es waren die letzten Septembertage 1914.

Gegen Mittag wurde Post verteilt, und ich erhielt den ersten Brief aus meiner Heimat, die seit Kriegsbeginn von den Franzosen besetzt war. Wie glücklich war ich zu lesen, daß meine Angehörigen noch gesund und zu Hause seien. Da mein Heimatdorf nur etwa 8 km hinter der Front lag, befürchtete ich immer, dasselbe sei von den Einwohnern verlassen

Am nächsten Abend mussten wir wieder in den Graben. In der Nacht machten die Franzosen einen Angriff; ohne daß man einen sehen konnte, schoß man in die Nacht hinaus. Da es hieß, sie seien dicht vor unserer Stellung, schoß unsere Artillerie auch sehr kurz. Nach und nach hörte die Schießerei auf. Als der Morgen graute und die 4 Mann Vorposten, die etwa 50 m vor uns in einem kurzen Grabenstück lagen, nicht zurückkamen, wurde ich mit noch einem Mann vorgeschickt, um zu sehen, was los sei. Wir krochen dahin. Alle vier lagen, teils die Gewehre noch im Anschlag, tot da. Sie waren von der zu kurz schießenden deutschen Artillerie getroffen worden, das zeigten ihre Verwundungen am Hinterkopf und auf dem Rücken. Dabei war auch mein Stubenkamerad namens Sandhaas. [..Laut Stammrolle ist der 22 jährige Zigarrenmacher S. bei Essey am 27. September 1914 durch einen Bauchschuf getötet worden..] Wir ließen sie liegen, krochen zurück und erstatteten Bericht.

Am Tage blieb die Hälfte der Mannschaften im Graben, die andere Hälfte ging zurück, um Unterstände zu bauen für die Reserven. Da es am Nachmittag heiß war, arbeiteten wir in Hosen und Hemd. Bald kreiste ein französischer Flieger über uns, der uns in unseren weißen Hemden entdeckt hatte. Er flog wieder zurück, und bald dachte niemand mehr an ihn. Aber plötzlich sauste es heran, und etwa 8 Granaten schlugen in uns und hart neben uns ein. Sofort erhob sich ein schreckliches Wehgeschrei, da viele getroffen waren. Die meisten liefen nach allen Richtungen davon. Ich selbst duckte mich, so tief ich konnte, in das ausgehobene Loch. Schon kam die zweite Lage. Eine der Granaten zersprang auf dem Erdhaufen über mir, den ich selbst hinausgeschaufelt hatte. Eine andere schlug in die auf der Seite zusammengesetzten Gewehre, eine ganze Anzahl zermalmend. Nun rannte ich, so schnell mich meine Füße tragen konnten, davon, mit vor das Gesicht gehaltenen Händen durch das Gebüsch. Schon krepierte hinter mir die dritte Lage. Bald kam ich an einen Eisenbahndamm, wo ich mich in einem Durchlass verkroch, in dem schon einige Kameraden kauerten. Nachdem das Schießen aufgehört hatte, näherten wir uns langsam der Arbeitsstelle. Die ganz zerrissenen Leichname einiger Kameraden lagen da und mehrere Schwerverwundete. Ein guter Kamerad von mir namens Kramer hatte den Bauch aufgerissen, so daß die Gedärme heraushingen. Er bat und flehte mich an, ihn doch totzuschießen, da er es vor Schmerzen nicht mehr aushalten könne, Seinen Wunsch konnte ich mit dem besten Willen nicht erfüllen. Nun kam der Bataillonsarzt, verband zuerst den Kompanieführer, dem ein Bein in der Mitte der Wade abgerissen worden war. Dann untersuchte er Kramer, legte die Gedärme zurecht, nähte zu und gab uns den Befehl, den Verwundeten zurückzutragen. Wir machten aus Stangen eine Tragbahre, legten Mäntel und Zelte darauf, hoben den Verwundeten behutsam darauf und trugen ihn zurück, wo er gleich mit einem Krankenwagen weiter zurücktransportiert wurde. Zwei Monate später schrieb er mir, daß er vollständig geheilt sei, da die Gedärme nicht verletzt und nur die Haut und der Bauchspeck aufgerissen waren. [..Laut Stammrolle ist K. zwei Tage nach seiner Verwundung am 27. September 1914 verstorben..]

[..Die nächste Nacht war ich an der Reihe mit Essenholen. Wir gingen.mehrere einen Waldpfad entlang . Plötzlich riß eine Infantriekugel das Messingblech auf dem Helm , auf dem die Helmspitze befestigt ist , entzwei, 2 cm tiefer und wär's mit mir gewesen...] In der letzten Septembernacht wurden wir von andern Truppen abgelöst und marschierten 35 km zurück nach Metz. Bei Tagesanbruch kamen wir dort an und wurden in der Vorstadt Longeville in einem Kinosaale einquartiert. Drei Stunden wurde geschlafen, dann sollte Gewehrreinigen, anschließend Gewehrappell sein. Ich zog es vor, mir einen gemütlichen Tag zu machen, bestieg die Tram und fuhr in die Stadt. Ich hatte großes Verlangen nach einem guten Mittagessen, da mir das ewige Einerlei der Feldküche zuwider war. Es schmeckte mir vortrefflich, so daß ich in drei verschiedenen Wirtschaften zu Mittag aß. [..Nachher ging ich noch in eine Konditorei, wo ich noch Milchkaffe und Kuchen zu mir nahm] Dann besah ich mir die Stadt, besonders den schonen Dom, kaufte noch ein Quantum Schokolade und Dauerwurst und ging abends wieder zur Kompanie. Der Feldwebel schnauzte mich an. [.Na, wo waren Sie bloß heute? »Ich habe mir Metz angesehen » gab ich ihm ganz gemütlich zur Antwort..] Am Tage waren Ersatztrupen aus Deutschland gekommen, um die großen l.ücken aufzufüllen. Dabei befand sich auch August Zanger aus Struth. Da wir früher schon gute Freunde waren, freute uns dieses Zusammentreffen sehr. Wir gingen gleich zum Feldwebel mit der Bitte, in die gleiche Gruppe eingeteilt zu werden, was auch geschah.

DIE REISE NACH NORDFRANKREICH

Nummer 4 auf der Karte

Am 2.Oktober 1914 wurden wir verladen und fuhren mit der Bahn die Mosel entlang bis Trier. Eine schöne Fahrt durch die hintere Eifel bis Aachen durch Belgien über Lüttich, Brüssel und Mons nach Nordfrankreich. Belgien ist ein sehr schönes, reiches Land mit einer großen Industrie und vielen Bergwerken. [Das Lard wird von.sehr vielen Eisenbahnen und Kanälen durchzogen] Dort sah ich auch die ersten Windmühlen. Die Bevölkerung betrachtete uns mit unfreundlichen Blicken, was gar nicht zu verwundern war. Wir wurden zwischen Valenciennes und Douai ausgeladen und rückten dann in die Stadt Douai ein, die kurz vorher von den Franzosen geräumt worden war. In der Kürassier-Kaserne wurden wir einquartiert. Unser Regimentskommandeur hielt im Kasernenhof eine Rede, in der er sagte, der schlimmste Krieg wäre für uns vorbei; wir hätten jetzt nur noch Engländer und Schwarze vor uns. Wir wurden bald eines anderen belehrt.

Von Douai rückten wir dann vor, durch eine schöne, reiche Gegend. [...Kohlenbergwerke, Zuckerfabriken, Städte, Dörfer, Arbeiterkolonien, eines reihte sich ans andere] Die Landstraßen waren fast durchweg mit Steinen gepflastert. In der Gegend von Richebourg stießen wir das erstemal mit Engländern zusammen. In einem dreckigen Straßengraben sollten wir uns an sie heranschleichen. Bei einer Einfahrt auf die Acker mußten wir über die Einfahrt springen, um jenseits davon wieder den Graben zu erreichen. Bald bemerkten uns die Engländer. Jeder, der den Sprung machte, bekam einen Hagel von Kugeln zugeschickt. Bald lagen mehrere Tote auf der Einfahrt. Die letzten fünf fielen alle. Nun war die Reihe an mir. Da es der sichere Tod gewesen wäre, weigerte ich mich, trotz des Lämens der Vorgesetzten. Ein Unteroffizier gab mir den direkten Befehl, den Sprung zu machen. Ich sagte ganz kaltblütig zu ihm, er sollte mir's mal vormachen, wozu ihm aber auch der Mut fehlte. So blieben wir bis nachts liegen.

Den nächsten Morgen bei Tagesanbruch griffen wir nun Richebourg an, und die Engländer muhten zurück. Auber ihren Verwundeten erwischten wir dort keinen einzigen Gefangenen. Fast in allen Häusern konnte man sich zu Tisch setzen, die Engländer hatten für uns gekocht. In einem großen Kessel kochte ein Schwein, welches wir unter uns verteilten.

Überall auf den Feldern lagen deutsche Kavalleristen mit ihren Pferden, die bei den Patrouillengefechten gefallen waren. Gegen Abend bildeten wir vor dem Dorfe eine Linie und gruben uns in Schützenlöcher ein, welche von 1 bis 4 Mann besetzt wurden. Gegen Mitternacht wurden Zanger, ein 18jahrigel' Freiwilliger und ich auf Vorposten geschickt. Wir hockten in einem Graben neben einem Feldweg. [..Ich beobachtete geradeaus, die beiden anderen links und rechts] Auf einmal hörten wir links Gehen. Gleich tauchten drei Gestalten im Dunkel auf. Jeder von uns nahm einen aufs Korn. Die beiden jungen Krieger wollten gleich schießen, und ich hatte Mühe, sie davon abzuhalten. Denn ich wußte ja nicht, waren es Deutsche oder Engländer. Ich lief sie auf etwa 10 m herankommen. Das Gewehr immer schussfertig, schrie ich dann: »Halt! Parole!« Wie die drei zusammenfuhren! Sie gaben aber sofort die richtige Parole. Es waren 3 Mann meiner Kompanie, die den Horchposten links von uns besetzt hatten, abgelöst worden waren und sich im Dunkel verlaufen hatten. Nun waren wir sehr froh, nicht geschossen zu haben. Bald nachher wurden auch wir abgelöst. Nachdem ich eine Weile in meinem Schützenloche geschlafen hatte, kam plötzlich der Vorposten zurückgelaufen mit einer Mitteilung: "Die Engländer kommen! « Es ging nun eine wütende Knallerei los. Unsere jungen Soldaten verknallten, so schnell sie konnten, ihre Munition. Ich gab 5 Schuß ab. Da ich aber von Engländern keine Spur sah noch hörte, sparte ich meine Munition. Am Morgen wurde eine Patrouille vorgeschickt, um das Gelände nach toten Engländern abzusuchen. Aber was fanden sie? Zwei tote Kühe und ein Kalb. Dieser Angriff war natürlich leicht abzuschlagen. Dann mußte jeder seine Munition vorzeigen, und die keine mehr hatten, wurden von den Vorgesetzten gehörig ausgeschimpft. Nun wurde die Hälfte der Grabenbesatzung herausgezogen und dem Regiment 114 zu Hilfe geschickt. Unsere Stellung war dadurch sehr geschwächt. Zudem waren noch viele ins Dorf gegangen, um nach Lebensmitteln zu suchen. Plötzlich fing die englische Artillerie an, uns stark zu beschießen. Granaten und Schrapnells zersprangen in großer Anzahl. [.Tod und Verderben umhersprühend ..] Bald tauchten vor uns englische Infanterielinien auf, die sich sprungweise näherten. Wir nahmen sie kräftig unter Feuer. Da sie aber in großer Übermacht waren, zogen wir uns zurück. [Mancher von uns fiel, bevor er im Zurücklaufen die Häuser erreichen konnte…] In einem mit Weidenstümpfen bepflanzten Ablaufgraben ging's nun im Laufschritt zurück, während die englischen Schrapnells immerfort über uns platzten. Mancher von uns fiel, bevor er im Zurücklaufen die Hauser erreichen konnte.

Ein Schrapnell schlug über meinem Kopf den oberen Teil eines morschen Weidenstumpfes ab. Durch den Knall und den Schreck flog ich der Linge nach in den dreckigen Graben, erhob mich jedoch sofort wieder, um aus der gefährlichen Schußlinie herauszukornmen. Die Engländer besetzten nun das Dorf, machten aber keinen Versuch, uns weiter zu verfolgen. Wir gruben uns wieder ein und lagen einige Tage dem Feinde gegenüber. Man mußte sehr vorsichtig sein, denn die Tommys, wie wir die Engländer nannten, waren gute Schützen. Wo sich einer von uns zeigte, hatte er schon was weg.

Dann wurden wir abgelöst und kamen 3 Tage in Ruhe, in das Dorf Douvrin. Sofort ging die Kaninchen-, Hühner- und Schweineschlachterei wieder los. Kurz: Alles EB- und Trinkbare wurde weggenommen. Unser Zug war in einer Schule einquartiert. Uns gegenüber, jenseits der Straße, befand sich eine große Wein- und Likörhandlung. Die Offiziere hatten einen Posten davorgestellt, um den Mannschaften den Zutritt zu verwehren, Und natürlich, daß alles für sie erhalten bliebe. Wir sahen, daß der Posten oft in den Keller ging. Schließlich war er so betrunken, daß er am Tor niedersank und einschlief. Die Situation ausnützend, holten Zanger und ich uns mehrere Liter Anisette [Anislikör]. Bald ging's im Keller aus und ein wie in einem Taubenschlag, und bis gegen Abend blieb für die Offiziere wenig mehr zum Holen.

Am dritten Tage um Mittag hieß es wieder abmarschieren. Zuerst ging's zur Kirche, wo sich das ganze Infanterieregiment 112 sammelte. Da die Kirche bereits überfüllt war, nahmen mehrere Kompanien vor derselben Aufstellung. Ein Feldgeistlicher hielt eine kurze Ansprache und gab uns die allgemeine Absolution. Dann ging's wieder weiter. Wir passierten mehrere von den Einwohnern verlassene Dörfer. [Dann kamen wir an einen Kanal, die Brücke über denselben war zerstört. Da in der Nähe ein beladenes Kohlenschiff lag, wurde dasselbe mit Enden die Ufer berührten und wir gut den Kanal überschreiten .konnten Wir marschierten weiter und..] beim Anbruch der Nacht wurde haltgemacht auf einem Zuckerrübenfeld, um dort zu übernachten. Keiner von uns ahnte, daß dies für viele die letzte Nacht ihres Lebens sein werde.

Da die Nacht ziemlich kalt war, waren wir froh, als es gegen Morgen weiterging. Bald tauchten aus dem Dunkel Häuserreihen auf. Wir befanden uns in dem Städtchen La Bassée und hörten in den Carsten Soldaten arbeiten, die Deckungen bauten. Da fragte eine Stimme aus dem Dunkel: » Welches Regiment ist das? Welche Kompanie? « - » 112, die 1 .« - » Ist der Zanger dabei? « Auf die bejahende Antwort kam er gelaufen, und zwei Brüder lagen sich weinend in den Armen. War das ein Wiedersehen! Wir weinten alle drei, da schon lange keiner eine Nachricht aus der Heimat erhalten hatte. Charles begleitete uns bis an das jenseitige Ende des Städtchens, wo er von uns Abschied nahm. Bald hieß es: » Halt !

22.OKTOBER 1914-DER ANGRIFF AUF DAS DORF VIOLAINES

Wir mußten im Dunkel auf dem Felde Schützenlinien bilden. Nun ging's vorwärts. Da der Morgen zu grauen begann, sahen wir vor uns Häuser und Obstbäume auftauchen. Es war das Dorf Violaines. Wir steckten unsere Bajonette auf die Gewehre, und im Laufschritt ging es auf das Dorf los. Unsere jungen Soldaten schrien »Hurra«, wie sie es auf dem Exerzierplatze gelernt hatten, statt sich ruhig zu verhalten. Durch das Geschrei wurden die Engländer im Dorfe alarmiert. Bald knallten uns einzelne Schüsse entgegen, eine Minute später prasselte es uns aus allen Fenstern, Türen, hinter Hecken und Mauern entgegen. Gleich eine der ersten Kugeln traf meinen Nebenmann in den Bauch. Mit einem furchtbaren Schrei stürzte er zu Boden. Zanger August drehte sich nach mir um und rief: » Nickl, bist du getroffen? « lm selben Moment durchbohrten 3 Kugeln seinen Tornister und das Kochgeschirr, oh ne ihn zu verletzen. Sein Nebenmann stürzte mit einem Schulterschuf zu Boden. So schnell wir konnten, liefen wir hinter eine Dornenhecke. Alles duckte sich hinter die Hecke, die die Engländer nun unter starkes Feuer nahmen mehrere Kameraden rührten sich bald nicht mehr. lm Verein mit neu hinzukommenden Schützenlinien durchbrachen wir die Hecke und stürmten durch die Gärten auf die Häuser los, wobei noch mancher von uns getroffen wurde. Da wir in der Übermacht waren, wichen die Engländer zurück. Wir sprangen zwischen den Häusern durch auf die Straße und konnten noch einen Engländer erwischen, der eben die neben der Straße sich hinziehend Kirchhofsmauer überklettern wollte. Durch die uns umzischenden Kugeln waren wir genötigt, zwischen den Häusern Schutz zu suchen. Der Engländer glaubte, wir würden ihn erschießen, doch wir gaben ihm zu verstehen, daß wir ihm nichts tun würden, worauf er sehr glücklich war und uns sein Geld geben wollte. Wir nahmen es aber Nicht an.

Ein hinzukommender Leutnant zwang uns, weiter vorzugehen. Weiler unten stand auf der Straße ein englischer Munitionswagen, unter welchem ein Engländer lag, der auf die von der anderen Seite des Dorfes heranrückenden Deutschen schoß. Ich berührte ihn von hinten mit dem Bajonett. Er schaute sich um. Bei unserem Anblick erschrak er sehr. Aber statt sich zu ergeben, sprang er auf der anderen Seite unter dem Wagen hervor und wollte fliehen. Wir schrien ihm »Halt« nach, er aber lief weiter. Da schoß ihn Tambour Richert aus Reichweiler nieder. [Tambour R., ein 1891 geborener » Cementeur «, wurde drei Tage später verwundet. Lm Mai 1915 fiel er im Gefecht bei Liévin. ..] Etwas weiter zurück stand eine englische Revolverkanone im Straßengraben, welche uns mit ihren Geschossen überschüttete. Einige gut gezielte Schüsse streckten die Bedienungsmannschaft nieder.

    Das Regiment sammelte sich im Dorfe, und nun ging es zum Sturm auf einen etwa 300 m hinter dem Dorfe liegenden englischen Schützengraben. Ein furchtbares Maschinengewehr- und Infanteriefeuer empfing uns. Granaten und Schrapnells zersprangen zwischen und über uns. Trotz der großen Verluste stürmten wir den Graben. Zum Teil hielten die Engländer die Hände hoch, viele flohen. Sie wurden aber fast alle auf dem deckungslosen, ebenen Felde niedergeschossen. Um aus dem Artilleriefeuer zu kommen, nahmen Zanger und ich einen Verwundeten und schleppten ihn ins Dorf zurück, wo wir ihn zu den Ärzten trugen. Wir verkrochen uns dann in einem Keller, in dem von den Bewohnern des Hauses allerhand Lebensmittel aufgestapelt waren. In einer Ecke hockten ängstlich eine Frau und ein etwa 20 jähriges Mädchen, die vor uns sehr Angst hatten. Wir gaben ihnen durch Zeichen zu verstehen, daß sie vor uns keine Angst zu haben brauchten. Wir lebten 3 Tage ganz gemütlich beisammen. Wir machten einen Ofen in dem Keller, das Ofenrohr zum Kellerloch hinaus, und nun kochten die beiden Frauen Hühner und Kaninchen, die wir abends im Dorfe holten. Das Dorf lag dauernd unter englischem Artilleriefeuer. Unser Haus bekam mehrere Treffer, und einmal flogen Backsteine die Kellertreppe hinunter. Am dritten Tag gegen Abend polterten Schritte die Kellertreppe hinab. Es war ein Leutnant, der Regimentsadjutant. » Ihr verfluchten Drückeberger, wollt ihr machen, daß ihr rauskommt! « Schrie! er uns an. Wir packten unsere Sachen zusammen. Das Mädchen namens Céline Copin gab uns zum Andenken noch einige ledaillen der heiligen Muttergottes.

    Auf der Straße standen etwa 60 Mann, die sich alle in den Kellern verkrochen hatten. Der Regimentsadjutant führte uns zum Regimentskommandeur, welcher uns eine geh6rige Strafpredigt hielt, die uns aber ganz gleichgültig ließ. Unser Regiment war inzwischen etwa 5 km vorgekommen. [und hielt das Dorf Rue du vert setzt„,] Wir erfuhren nun, daß der Tag von Violaines unsere Kompanie über 100 Mann gekostet hatte. Über 2/3 des Bestandes. Da wieder Ersatz aus Deutschland gekommen war, trafen wir sehr viele unbekannte Gesichter. Wir lagen in einer Scheune, um die Nacht zu verbringen. Unser neuer Kompanieführer hielt eine Rede, die ich noch genau im Gedächtnis habe, nämlich: »Ich bin der Oberleutnant Nordmann, ich habe die Führung der 1/112 übernommen. Ich bitt' mir aus, daß jeder seine Pflicht tut. Der sie nicht tut, den soll der

Teufel holen! Wegtreten!« [N. geboren 1885, war zu diesem Zeitpunkt seit neun Jahren beim Militär..]

Am anderen Morgen, als es noch dunkelte, wurden wir zu Gruppen eingeteilt, dann ging's gedeckt nach einer etwa 200 m vor' dem Dorfe liegenden Ferme. Von dort sollten wir gruppenweise, das heißt zu je 8 Mann, über das Feld zu einigen Weidenbaumen springen und uns dort eingraben. Wir wußten nicht, wo die Engländer lagen. Die erste Gruppe sprang, bald fing es an zu knallen. Wir sahen gleich, daß 3 Mann stürzten. Die anderen liefen hinter einen im Felde stehenden Weizenhaufen. Nun mußte die zweite Gruppe springen, der auch Zanger und ich zugeteilt waren. Mit welchen Gefühlen ich mich zum Laufen anschickte, kann ich niemandem beschreiben. Aber das furchtbare Muß. Da gab's keine Widerrede. Ein kurzes Stoßgebete, und los ging's. Kaum wurden wir sichtbar, als es schon wie ein Bienenschwarm uns um zischte Mein Vordermann stutzte, warf die Arme in die Höhe und stürzte auf den Rücken. Ein anderer stürzte aufs Gesicht. Schnell wollte ich hinter den Weizenhaufen springen. Da sah ich, daß von der ersten Gruppe kein Mann außer dem Unteroffizier Luneg mehr am Leben war. Wir warfen uns nun auf die Erde und drückten das Gesicht in den weichen Ackerboden. Die ganze englische Grabenbesatzung richtete nun ihr Feuer auf uns. Rundherum schlugen die Kugeln ein, so daß die Erde über uns spritzte. Ein englisches MG setzte nun ein. Kauern eine Handbreit sausten die Kugeln über uns, einer nach dem anderen blieb tot liegen. Ich glaubte, auch mein letztes Stündlein habe geschlagen, dachte noch an die Lieben daheim und betete. Der neben mir liegende Zanger sagte: »Hier können wir nicht liegenbleiben«, richtete sich etwas auf und sah etwa 50 m vor uns einen Feldweg, auf dessen beiden Seiten sich Graben befanden. Mit einem Satz sprangen wir auf und stürzten dem rettenden Graben entgegen. Trotzdem die Engländer ein knatterndes Schnellfeuer auf uns richteten, kamen wir wie durch ein Wunder unversehrt an. Hinterher kam auch der Unteroffizier Kretzer, unser Gruppenführer, herangesprungen. Da der Graben an dieser Stelle sehr flach war, krochen wir auf dem Bauche nach einigen von den Engländern verlassenen Schützenlöchern. Bei diesem Vorkriechen bekam Unteroffizier Kretzer einen Schuß durch das Kreuz, sagte noch »Grüßen Sie ... « zu mir und war lot. [Der Maurer K., 22 Jahre alt, starb nach Angaben der Stammrolle am 23. Oktober 1914 bei Violaines durch Kopfschuss. Angeblich wurde die Eintragung allerdings bereits am 22. April 1914 (!) vorgenommen,,]

Zanger und ich waren mm die einzigen Überlebenden unserer Gruppe. Da die in der Ferme gebliebene Kompanie unser Schicksal sah, wagte niemand mehr, auf das Feld zu kommen. Und so blieben wir beide den ganzen Tag alleine in den Schützenlochern liegen. Die Engländer belegten nun das Dorf den ganzen Tag mit Artilleriefeuer, während kein einziges Geschoß in unsere Nähe kam. Als wir uns anschickten, bei Anbruch der Nacht zur Kompanie in die Ferme zu gehen, kam dieselbe, um die am Morgen bestimmten Stellungen zu besetzen. Die Mannschaften staunten sehr, uns beide noch lebend zu finden.

Wir mußten nun eine Linie bilden und einen Schützengraben aufwerfen. Jeder arbeitete, so schnell er konnte, um in die Erde zu kommen, denn beständig pfiffen einzelne englische Infanteriekugeln durch das Dunkel. Nun ring es an zu regnen; ich hing mir ein aufgefundenes englisches Gummizelt um die Schultern. Als der Graben tief genug war, holte ich für mich und Zanger vom Weizenhaufen 2 Garben, um darauf zu schlafen. Unterwegs stolperte ich zweimal über Tote. Als ich eine Weile im Graben geschlafen hatte, erwachte ich, da ich kalt fühlte. Ich spürte, daß ich längs im Wasser lag, das sich von dem störenden Regen im Graben gesammelt hatte.

Nun kam der Sergeant Hutt. Zanger, ich und noch 2 Mann mussten Unteroffizier Kretzer begraben gehen. Es war ein guter Freund von Hutt. [Auch der Maurer H. überlebte den Krieg nicht; er wurde im März 1915 verwundet und starb drei Monate später im Alter von 23 Jahren.] Wir suchten lange in der stockfinsteren Nacht, bis wir die Leiche fanden. Wir scharrten nun die klebrige, nasse Ackererde mit unseren Spaten weg, wickelten den Toten in sein Zelt, das wir vom Tornister schnallten, legten ihn in das keine 30 cm tiefe Grab und scharrten ihn zu. Als wir glaubten fertig zu sein, fühlte Zanger mit den Händen, ob Kretzer überall mit Erde bedeckt sei. Da schauten noch die Stiefelspitzen und die Nase zur Erde heraus, welche dann noch zugedeckt wurden. Zanger nahm nun das Seitengewehr des Toten, steckte es quer durch die Lederscheide und steckte es so in Form eine Kreuzes auf das Kopfende des Grabes.

Kaum waren wir wieder im Graben, als der Befehl kam, leise vorzugehen. Wir kamen dann durch eine mit mannshohem Schilf bewachsene Niederung. Bis wir uns durch das Schilf gewunden hatten, waren wir alle bis auf die Haut durchhaut. Der Regen fiel unaufhörlich. Nun kam der Befehl: »Halt! Eingraben!« Ich und Zanger gruben nun schnell ein Loch. Als wir fertig waren, mussten wir etwa 10m weiter vor, da die Linie nicht gerade war. Da die englischen Infanteriekugeln von vorne, links und rechts über uns pfiffen, warfen wir die Erde rund um uns, zur besseren Deckung. Als der Morgen graute, schaute ich vorsichtig nach den Engländern hinüber und sah ihren Graben etwa 150 m vor uns. Als die Engländer nun die Erdhaufen vor sich sahen, knallten sie eine Weile wie wahnsinnig darauf los. Sie ließen nach, und ich sah, daß einer der jungen Soldaten, der mit noch zwei anderen das Loch neben uns besetzt hatte, vorsichtig nach den Engländern hinüberschaute. Schnell rief ich ihm zu, sich zu ducken, was er auch tat. Doch die Neugierde war zu groß. Nach einer Weile wollte er wieder hinüberschauen. Kaum wurde sein Kopf sichtbar, als er, in die Stirn getroffen, tot niederstürzte. Die beiden Kameraden wollten un die Leiche hinter sich auf das Feld legen, da in dem Loch Zuwenig Platz war. Dabei kam der eine zu hoch und erhielt einen Schuf in den Rücken. Er stürzte tot in das Loch, und die Leiche des anderen kollerte auf ihn. Nun- waren zwei Tote und ein Lebender in dem Loche. Die Engländer schossen mit Schrapnells auf uns, doch keiner wurde verletzt. Es war sehr langweilig, den ganzen Tag so im Loch zu hocken. Wir lagen in einem Runkelrübenfeld. Um mir die Zeit zu vertreiben, steckte ich mein Seitengewehr auf die Flinte, stach eine Runkelrübe an und zog sie so ins Loch. Dann steckte ich von unten das Seitengewehr in die Rübe, setzte meinen Helm darauf und lief das Ganze über die Deckung hinausschauen. Die Engländer glaubten, es sei ein Kopf, und schossen bald lustig drauflos. Bald waren Rübe und Helm wie ein Sieb durchlöchert.

In der folgenden Nacht stellten wir dann einen durchgehenden Schützengraben fertig. Gegen Morgen kam das 3. Bataillon zur Verstärkung und der Befehl zum Angriff auf die englische Stellung. Ein wahnsinniges Unternehmen. Die Offiziere zogen die Revolver und trieben uns aus dem Graben. Kaum waren wir sichtbar, als die Engländer auf uns zu schießen begannen. Viele von uns stürzten gleich zu Boden. Der Rest machte kehrt und rannte wieder zurück in den Graben. Die Schwerverwundeten blieben liegen, manche stöhnten und jammerten bis gegen Abend, bis auch sie starben. Trotzdem wurde 2 Tage später, als neue Verstärkung herankam, noch mal angegriffen. Trotz großer Verluste kamen wir bis an den englischen Graben. Es war aber unmöglich hineinzukommen, denn die Engländer standen Mann an Mann und schossen uns nieder. Es blieb nichts übrig, als so schnell wie möglich wieder unseren Graben zu erreichen. Das Feld zwischen den beiden Graben war ganz mit Toten und Verwundeten überstreut, welch letzteren niemand Hilfe ringen konnte. Zanger und ich kamen beide wieder heil davon. Die nächsten Tage blieben wir uns ruhig gegenüberliegen. Da es oft regnete und das Regenwasser sich in den Schützengräben sammelte, gab es einen derartigen Schlamm, daß man sich bald nicht mehr bewegen konnte.

Nun hieß es auf einmal, der englische Graben sei von Schwarzen, Indirn besetzt. [*Engländer wie Franzosen setzten Kolonialtruppen ein.*] Und wirklich sahen wir hie und da einen Turban, ihre Kopfbedeckung. Da wir diesen nicht gut trauten, mußte die Hälfte von uns nachts Posten stehen. In einer dunkln Nacht sprang plötzlich einer der Indier in unseren Graben und hielt die Hände in die Höhe. Niemand hatte ihn kommen hören. Er zeigte immer nach den Engländern hinüber und machte mit der Hand das Zeichen des Halsabschneidens. Ein Einjähriger, der Englisch verstand, wurde herbeigeholt, und da der Indier auch etwas Englisch sprechen konnte, konnten sich beide verständigen. Der Indier sagte, daß er und seine Kameraden die Engländer hassen würden, sie wollten alle zu uns kommen und gegen die Engländer kämpfen. Wir glaubten ihm und ließen ihn wieder laufen, um, wie er sagte, seine Kameraden zu holen. Wir lauschten in die Nacht hinaus, ob sie denn noch nicht kämen. Bald zeigte uns ein schallendes Hohngelächter von drüben, daß der Schwarze uns zum Besten gehalten hatte. [....Am Nächten Tage wollte unsere schwere Artillerie den feindlichen Graben beschießen, jedoch gingen die Granaten zu kurz. Die erste zersprang mitten in u nserem Graben. Drei Soldaten wurden von ihr zerrissen und ihre Körperteile hoch in die Luft geschleudert. .Die Inder lachten und jolten vor Freude, als sie dies sahen. Die zweite Granate explodierte einige Meter hinter dem Graben. Nun heiß es: Wer sich freiwillig melde, zurück ins Dorf zu gehen um von dort die Batterie telefonisch über das zu kurze Schießen zu benachrichtigen, der bekomme das Eiserne Kreuz. Es meldete sich nur ein Mann, der Gefreite Himmelhahn, Er kroch in einem Entwässerungsgraben, der jedoch nicht tief genug war ihn zuzudecken nach rückwärts. Kaum hatte er etwa 50 m zurückgelegt, als die Inder ihn entdeckten. Mehrere Schüsse knallten. Wir sahen den Dreck neben ihm aufspritzen. Bald lag er ruhig da. Als wir ihn am Abend in den Graben schleppten stellten wir im Scheine von Taschenlampten fest, daß er von zwei Kugeln durchbort. war. Wir legten ihn in ein Granntloch hinter unseren Graben und deckten ihn zu. Eines Morgens nach einer Regennacht, fehlten sechs Gewehre. Die Inder hatten sie von vorne durch die Schießscharten gezogen und sind geflohen, ohne daß die Grabenposten etwas merkten. Wir blieben etwa 15 Tage ohne abgelöst zu werden in den Gräben . Da es oft regnete, war darin ein solcher Dreck und Schlamm, daß man überall stecken und kleben blieb. Nirgends ein trockenes Plätzchen, wo man sich hinlegen oder hinsetzen konnte! Dazu war man dauernd bis auf die Haut naß. Die Füße wurden überhaupt nie warm. Viele Soldatenlitten an Schnupfen, Husten, Heiserkeit usw. Die Nächte wollten kein Ende nehmen. Kurz, es war ein Leben zum Verzweifeln. Dabei gab es jeden Tag duch Schrapnels einige Verluste, Besonders das Essenholer nachts war gefährlich, da die Gegend ganz eben war und die englischen Posten mit Gewehren und Maschinengewehren das Gelände hinter unserem Graben ab streuten. Eines Nachts fehlte der Essenholer unserer Gruppe. Wir warteten bis gegen Morgen! Als er immer noch nicht kam, gingen ihn einige Mann suchen. Bald fanden sie ihn tot auf dem Felde liegen. Die Kochgeschirre lagen halb ausgeleert neben ihm. Die Nacht darauf kam wieder ein armer Kamerad ums Leben, feldgenderweise: Er holte im Dorfe eine Welle Stroh und wollte die Grabenwand in den Graben hinunterrutschen. An dieser Stelle stand ein Gewehr mit aufgepflanztem Bajonett angelehnt. Beim Hinabrutschen drang ihm dasselbe von unten in den Körper bis zum Hals. Er stieß noch einenfurchtbaren Schrei aus und war tot...]

Da hieß es auf einmal: »Wir werden abgelöst.. Und wirklich, die nächste Nacht besetzte das Infanterieregiment 122 den Graben, und wir marschierten zurück. Es war ein schönes, freies Gefühl für uns, als wir uns außer Schussweite befanden. [..Dann wurde Halt gemacht, von der Feldküche Essen geholt und bei Tagesanbruch ging es weiter zurück..]

Auf dem Schlachtfelde von Violaines lagen noch die Leichen der vor' 3 Wochen gefallenen Engländer. Wir sahen mehrere Raben auf ihnen sitzen, die ihre Mahlzeit hielten. Die gefallenen Deutschen waren alle begraben. Im Städtchen La Bassée bezogen wir Quartier. Aber wie sah es dort aus! Wer's nicht gesehen hat, kann sich keine Vorstellung machen. Einwohner waren keine mehr zu sehen. In allen Häusern und Zimmern lag alles drunter und drüber. Kleider, Hüte, Photographien, kurz: alles, was in den Zimmern war, lag kreuz und quer durcheinander. Man sah au ich eine Menge unsittlicher Bilder und Schriften umherliegen. Die Möbel waren größtenteils zerschlagen worden und als Brennmaterial benutzt. In einem Kleiderstoffgeschäft rissen die Soldaten Streifen von den Stoffrollen, um sich Wikkelgamaschen zu machen. In einem Hutgeschäft wollte ich mir eine Mütze mit Ohrenklappen hole n, um mich später im Graben etwas gegen die Kälte schützen zu können. In dem Laden war dasselbe Bild: Mützen, Hüte, Strohhüte, Zylinder. Alles lag etwa einen halben Meter hoch auf dem Boden, und darüber schritten die Soldaten mit ihren dreckigen Stiefeln.

[.. Das Haus daneben war eine Glas und Porzelangeschirrhandlung .Dort lag alles in Scherben am Boden, ich sah nichts mehr, das ganz war, Außer einigen Branntweingläschen in einer Ecke. In einem Kleiderstoffgeschäft rissen die Soldaten Streifen von den Stoffrollen, um sich Wickelgamaschen zu machen...] Wir lagen 8 Mann in einem Zimmer, in der Nähe der Kirche. In der Nacht wurden wir durch ein furchtbares Gepolter geweckt. Das Haus zitterte wie bei einem Erdbeben. .[Da darn allen ruhig blieb, schliefen wir wieder ein. Am Morgen sahen wir die Ursache des Gepolters..] Der Kirchturm, der früher einige Artillerietreffer abbekommen hatte, war zusammengestürzt. Wir waren 3 Tage in La Bassée und benutzten die Zeit, um unsere Kleider zu trocknen und einigermaßen vom Dreck zu befreien. Dann ging's wieder in die Gräben. Wir lagen nun etwa 1km nördlicher als vorher. Vor uns lagen die Dörfer Festubert und Givenchi. Wir hatten wieder Indier vor uns und lagen ihnen etwa 80 m gegenüber. Bald hatten wir einige Tote und Verletzte, die alle durch die Schießscharten getroffen wurden. Es musste drüben ständig ein Indier im Anschlag stehen, der bei jeder Bewegung bei uns drauflosschoß. Zanger und ich gaben uns alle Mühe, um den Ker! ausfindig zu machen. Wir konnten seinen Standort aber nicht entdecken. Da fiel eines Nachts Schnee. Durch die englischen Schießscharten konnten wir an der hinteren Grabenwand Schnee sehen. Sobald ein Indier nun durch die Schießscharte beobachtete, verschwand der weiße Schneefleck. So hatten wir bald den Stand des indischen Schützen entdeckt. Ich schob mein Gewehr in die Schießscharte, zielte und schoß, traf aber nicht, denn dicht daneben spritzte der Schnee weg. Der Indier verschwand hinter der Schiebscharte, und der weiße Fleck wurde sichtbar. Nun legte sich Zanger auf die Lauer. Bald verschwand drüben wieder der weiße Fleck, der Indier beobachtete wieder. Zanger schoß, der Indier war getroffen. Nun hatten wir etwas mehr Ruhe. Es kam der Befehl, den Graben der Indier zu stürmen. Unsere Pioniere gruben Sappen -das sind Zickzackgräben - bis dicht vor die Stellung der Indier. Eines Nachts wurde ich mit noch 8 Mann zur Deckung der vorne arbeitenden Pioniere bestimmt. Wir standen etwa 6 m hinter ihnen, das Gewehr im Anschlag. und lauschten in die dunkle Nacht hinaus. Nichts war zu sehen und zu hören. Auf einmal tönten zwei entsetzliche Aufschreie durch die Nacht, die von unseren Pionieren kamen. Schnell schossen wir in das Dunkel und sprangen dann zu den Pionieren. Aber beide lagen am Boden der Sappe, der eine tot, der andere schwer verwundet. Beide hatten von heranschleichenden Indiern Messerstiche erhalten.

Am 21. November eroberten wir den indischen Graben. Aus den Sappen wurden Handgranaten, die ich dort das erstmal in Verwendung sah, in den indischen Graben geworfen. Dann sprangen wir hinüber und trieben die Indier im Graben zurück. In einem Sackgraben, der zur Latrine führte, konnten wir über 60 der braunen Gesellen gefangennehmen. Ein junger Leutnant von uns, der erst einige Tage im Felde war, kletterte zum

Graben hinaus und schrie zu den Indien: »Hands up! « Das hands Hände hoch! Aber einige Schüsse knallten, und der Leutnant stürzte kopfüber in den Graben hinab. Meine Kompanie, die durch die neuen Mannschaften zu 240-Mann-Starke aufgefüllt war, verlor nur drei Tote und den Leutnant. lm Graben lagen mehrere tote Indien die älteren trugen lange Haare, die jüngeren trugen sie kurz geschoren. Sie waren alle ganz neu gekleidet und wohl erst kurze Zeit in den Gräben. Ebenso lagen viele neue, wollene Decken und auch allerhand von ihren Lebensmitteln, denen ich keinen Namen geben konnte, im Graben umher. Wir nahmen die englischen Schießscharten und bauten sie auf der anderen Seite ein, Front nach den Indiern, die etwa 200 m zurück noch einen Graben besetzt hatten. Wo sich ein Turban zeigte, wurde drauflosgeknallt, und bald wagte keiner mehr den Kopf zu heben.

22. NOVEMBER 1914 - FURCHTBARES NACHTGEFECHT MIT INDIERN

Bei Anbruch der Dunkelheit wurden wir mit Infanteriefeuer überschüttet, hatten zum Glück aber wenige Verluste, da wir alle am Boden im Graben lagen. Einige Mann wurden verschüttet, zum Teil konnten sie sich selber frei machen, zum Teil mußten wir sie mit unserem Spaten frei machen. Da wir einen Gegenangriff befürchteten, mußte die Hälfte von uns Posten stehen. Zanger und ich losten uns gegenseitig ab; während der eine stand, schlief der andere, in mehrere indische Decken gehüllt. Von 4 bis 6 Uhr morgens war die Reihe an mir. Da ich den Indiern nicht traute, spähte ich in die Nacht hinaus. Plötzlich glaubte ich ein Geräusch vorne zu hören. Mein Nebenposten, der bloß 2m neben mir stand, fragte mich, ob ich nichts gehört hätte. Auf meine bejahende Antwort entsicherten wir unsere Gewehre, machten uns schussfertig und suchten mit den Augen das Dunkel zu durchdringen. Etwa eine halbe Stunde lang war nichts zu sehen und zu hören, und wir waren schon wieder beruhigt. Plötzlich durchdrang ein lautes Pfeifsignal die Stille der Nacht. Im gleichen Moment krachte dicht vor uns eine Salve, und mit furchtbar gellendem Geschrei kamen die Indier herangestürmt. Wir waren völlig überrascht, und viele von uns verloren ihre Geistesgegenwart. Schnell schoß ich meine 5 Patronen ab, steckte mein Bajonett aufs Gewehr und stellte mich an die vordere Grabenwand. Zanger war taumelnd aus dem Schlafe aufgefahren und konnte in der Aufregung zuerst sein Gewehr nicht finden. Als er es hatte, stellte er sich neben mich. Die Indier schossen von oben in den Graben, da wir uns aber an die vordere Grabenwand drückten, flogen ihre Kugeln über uns hinweg. Sehen konnten sie uns in dem dunklen Graben nicht, während wir sie sofort erblickten, indem sie sich gegen den Himmel abhoben. Wir schossen und stachen immer in die Höhe, und keiner der Indier wagte es, in den Graben zu dringen. Bald jedoch sagte uns ein schreckliches Geschrei, daß die Indier etwa 30 m neben uns in den Graben eingedrungen waren. Nun entstand ein wirres Durcheinander. Wir wurden von der Menge von unseren Plätzen weggeschoben und so zusammengedrängt, daß ich kaum in meine Patronentasche greifen konnte, um mein Gewehr wieder zu laden. In der Aufregung und der Dunkelheit schossen manche von uns ihren eigenen Kameraden in die Köpfe. Nachdem die Indier eine Strecke unseres Grabens erobert hatten, kletterten viele von ihnen hinten zum Graben hinaus, liefen an ihm entlang und schossen von rückwärts in unseren Graben hinein. Nun waren wir in einer wahren Hölle. Von vorne, von hinten und von der

Seite knallten die Indier in den Graben. Alles drängte nun nach dem in unsere alte Stellung führenden Laufgraben. Die Getroffenen stürzten und wurden zu Tode getreten. Alles schrie durcheinander. Vor dem Laufgraben gab es ein furchtbares Bedränge, jeder wollte der erste sein. Doch der Eingang war so schmal, daß nur einer nach dem anderen hineinkonnte. Endlich gelang es auch mir und Zanger, in den Laufgraben zu kommen. Kaum waren wir etwa 10m darin zurückgelaufen, als es nicht mehr weiterging, da die in der alten Stellung liegenden paar Mann Reserve uns nach vorne zu Hilfe kommen wollten. Wir waren bald eng eingeklemmt, da die Mannschaften hinter uns unbedingt zurückwollten. Da ertönte der Ruf: »Rette sich, wer kann!« Zanger und ich warfen die Gewehre zum Laufgraben hinaus und liefen über das Feld zurück. Mehrmals mußte ich mich zu Boden ducken, um von den Indiern nicht gesehen zu werden. Zangel hatte ich bald! aus den Augen verloren. Auf einmal hörte ich ihn halblaut um Hilfe rufen. Schnell sprang ich nach der Richtung und sah bald im Dunkel zwei Gestalten miteinander ringen. Den Indier kannte ich bald an seinem großen Turban und machte ihn kampfunfähig. So schnell wir konnten, liefen wir nun in unsere alte Stellung. Zanger wollte nun schnell sein Gewehr laden, der Patronenrahmen aber wollte absolut nicht in die Kamrner des Gewehres. Beim näheren Hinschauen sah er, daß er das Gewehr des Indiers in Händen hatte, in das natürlich unsere Patronenrahmen nicht paßten. Immer wieder kamen einzelne Mann zurückgelaufen. Vorne dauerte die Schießerei noch an. Nun graute der Morgen. Wir schossen nun auf die im Felde auftauchenden Indier, die bald alle im Graben verschwanden. Auf einmal wurden sie einige Meter voraus im Laufgraben sichtbar. Durch unsere Schüsse stürzten die vordersten zu Boden. Nun verbarrikadierten wir den Laufgraben mit Sandsäcken und hatten Ruhe. Wir waren sehr müde und abgespannt, und unsere Nerven waren ganz futsch. Und in welcher Verfassung waren wir! Dreckig vom Kopf bis zu den Füßen, meine Hosen waren vom Knie bis ans obere Ende aufgerissen, mein Tornister mitsamt meinem ganzen Hab und Gut war weg, da ich keine Zeit mehr gehabt hatte, ihn beim Überfall der Indier rumzuhängen. Auch den Helm hatte ich verloren, die Patronentaschen waren leer. Zanger und die übrigen waren ungefähr in derselben Verfassung. Gegen Mittag kam unser Leutnant Hüßler, ein Elsässer und guter Vorgesetzter, und schrieb alle auf, die von der Kompanie noch da waren. Er brachte noch 24 Mann zusammen; also 90 Prozent der Kompanie waren weg. Schrecklich! Wie ich später hörte, waren von der 4. Kompanie nur noch 16 Mann übrig.

In der folgenden Nacht wurden wir von einem anderen Regiment abgelöst und marschierten in den Laufgräben zurück. Stellenweise kam man kaum vorwärts und versank oft bis zu den Knien im Dreck. Wir waren froh, als wir die feste Straße unter unseren Füßen hatten, marschierten nach La Bassée und erwarteten dort den Morgen. Von der Feldküche bekamen wir Kaffee und trockenes Kommißbrot. Ein mageres Frühstück. Wir glaubten, ein besseres verdient zu haben. Als wir gegessen hatten, marschierten wir weiter zurück. Von Marschordnung und Disziplin war keine Rede mehr. Jeder ging, wie er wollte. Nun gab der Bataillonskommandeur den Befehl zum Singen. Ein allgemeines Gemurmel war die Antwort, aber singen, das tat keiner. Wir passierten auch die Ortschaft Courrières. Dort kamen bei einem Bergwerksunglück vor ein einigen Jahren 1400 Bergarbeiter ums Leben. [Das Unglück ereignete, sich 1906...]

In dem Städtchen Hénin-Liétard [heute: Hénin- Beaumont] wurden wir einquartiert. Zanger und ich kamen zu einem älteren Ehepaar. Als wir eintraten, war die Frau alleine. Bei unserem Anblick schlug sie die Hände überm Kopf zusammen, denn so dreckige, zerlumpte Soldaten hatte sie wohl noch nie gesehen. Dazu waren wir noch unrasiert. Sie winkte uns, nach hinten in den Hof zu kommen, gab uns warmes Wasser, Seife und Bürsten. Nachdem wir uns einigermaßen gereinigt hatten, holte sie uns je eine Zivilhose, Jacke, Strümpfe und Hausschuhe. Wie wohl war uns, endlich einmal wieder trockene Füße zu haben! Die Frau war sehr gut zu uns, trotzdem wir uns nicht einmal mündlich verständigen konnten. Sie gab uns dann noch heißen Kaffee und Cognac und Butterbrot.

Nachher ging ich mit meinen Lumpen zum Kompaniefeldwebel mit der Bitte um neue Kleider. Nachdem er sie nachgesehen hatte, gab er mir eine Bescheinigung, mich beim Bekleidungsamt einkleiden zu lassen. Dort bekam ich neue Hosen, Rock, Stiefel und Mütze. Dann lief ich mir die Haare schneiden und mich rasieren. Darauf ging ich wieder in mein Quartier. Die Frau kannte mich gar nicht mehr. [.. .Den Abend verbrachten .wir in der Wohnstube ...] Nun kam der Mann nach Hause. Er schien keineswegs über uns erfreut und betrachtete uns mit der unfreundlichsten Miene der Welt. Da sagte ich, auf uns deutend: » Alsaciens «; er aber glaubte es nicht. Wir zeigten ihm unser Soldbuch, worin unsere Heimatadresse eingetragen war. Nun wurde er schon etwas freundlicher. Nachher gab ich ihm mehrere Zigarren. Da war sein Widerstand gebrochen, und er holte sogar eine Flasche Wein. Da wir beide schon sehr müde waren, deuteten wir, daß wir schlafen möchten. Wir wären mit einer

Volle Stroh zufrieden gewesen, aber wir mußten die Stiege hinauf, und die Frau zeigte uns ein gutes Ben in einem freundlichen Zimmer. Welche Freude für mich, in einem Bett schlafen zu können! Hatte ich doch in bald 4 Monaten nur eine einzige Nacht in einem Bett zugebracht. Wir schliefen bald ein, ich erwachte jedoch wieder, und es war mir unmöglich, die Füße ruhig liegen zu lassen. Ich glaubte, in den Füßen, welche wochenlang kalt und naß gewesen waren und nun richtig erwärmt wurden, Hunderte von Ameisen zu haben. Bald jedoch rann der Schweiß derart aus meinen Füßen, daß das Bettuch an der Stelle ganz naß wurde. Nun konnte ich einschlafen. Wir blieben 14 Tage bei jener Familie, und wir wurden mit jedem Tag besser zueinander. Wir aßen zusammen, und manches Kaninchen mußte dran glauben. Wir brachten der Familie als Gegendienst neue Hemden, Unterhosen, Schnürschuhe, eine Menge Zigarren und Tabak und so weiter. Damals war von allem im Überfluss vorhanden.

Wir hatten nur wenig Dienst, hauptsachlich Postenstehen. Einmal stand ich auch Ehrenwache bei einem Prinzen von Hohenzollern, der in einem Schloß wohnte. Diese Vögel konnten es schon aushalten im Krieg! Hingen sich die Brust voll Auszeichnungen, obschon sie nie eine Kugel pfeifen hörten, aßen und tranken im Überflug und waren hinter den Mädchen her. Dazu bezogen sie ein hohes Gehalt, während der gewöhnliche Soldat bei seinem Hundeleben 53 Pfennig Löhnung bekam. Einmal waren wir als Brückenschutz auf Wache. Das Wachlokal war in einem öffentlichen Hause. Ich hätte vorher nie geglaubt, daß Weibsleute in sittlicher Hinsicht so tief sinken könnten. Überhaupt waren in jener Gegend viele Mädchen und Frauen in sittlicher Hinsicht sehr tief gesunken. Bald füllten sich die Lazarette mit geschlechtskranken Soldaten.

Wir bekamen dann neue Ersatzmannschaften aus Deutschland, darunter auch eine Menge Freiwillige unter 20 Jahren. Nun hieß es wieder: »Marsch nach der Front!« Und mit Bedauern nahmen wir von unseren guten Wirtsleuten Abschied. Wir kamen dann in eine bessere Stellung, hatten dort Franzosen in etwa 800 m Entfernung vor uns. [Gleich .hinter der französischen Stellung lag das Dorf Vermelles..] Weiter zurück lag die Stadt Béthune. Obwohl jene Stadt unter deutschem Artilleriefeuer lag, wurde in den Bergwerken weitergearbeitet. [das sahen wir an dem Rauch..] Wir lagen nun 3 Tage vorne im Graben, 3 Tage in Reserve in einer Arbeiterkolonie 1km hinter der Front und dann 3 Tage in Ruhe 5 km weiter zurück. So vergingen dort etwa 3 Wochen ohne nennenswerte Vorkommnisse. [Einige Male bekamen wir starkes Artilleriefeuer, und da gab es immer einige Verluste..] Wenn wir in Reserve lagen, mußten wir alle Nächte durcharbeiten, Laufgraben und Stellungen graben. Da die Gegend dort ganz waldfrei ist, konnten wir infolge Holzmangels keine Unterstände bauen. Und so lebte man immer im offenen Graben, den Unbilden der Witterung ausgesetzt. Unsere Stellung lief dicht an einer Kohlenmine, Fosse [Schacht] 8, vorbei, bei welcher eine Arbeiterkolonie, alles schöne, schmucke Häuschen, erbaut war. Kohlen zum Feuermachen waren in Mengen da. Da es aber an Holz fehlte, wurden zuerst die Fensterläden, dann die Türen, Möbel, Böden, Dachlatten aus den Häusern genommen, um Feuer anmachen zu können. ln kurzer Zeit standen nur noch die kahlen Mauern da. [Unsere Artilleriebeobachter hatten ihren Beobachtung in dem hohen Kamin der Zeche. Die Franzosen sahen dies bald, und sie gaben vorher keine Ruhe, als bis der Kamin unter hrem Artilleriefem zusammengestrützt war..]

[.. Die Franzosen fingen nun an, nachts einen Graben gegen uns zu bauen. Ich wurde mit noch zwei Mann zur Artillerie abkommandiert, um dort an einer eroberten, belgischen Kanone mit kleineren Kalibern aus gebildet zu werden. In drei Tagen waren wir ausgebildet. Die Artilleristen brachten das Geschütz in Stellung in einer Kiesgrube, etwa 200 hinter dem Infantrieschützengraben: das Rohr schaute über die Rasenfläche und war gegen Sicht ziemlich gedeckt. Am folgenden Tag sollten wir une auf den französischen Graben einschießen. Der erst Schuß saß dicht daneben. Die Kartusche, altes System, war jedoch nicht mit rauchlosen Pulver geladen, und beim Abschuß verriet eine mächtige Rauchwolke unsere Stellung. Kaum hatten wir den zweiten Schuß, der in dem französischen Graben eingeschlagen hatte, abgeschossen, kam schon eine französische Granate herangesaust, welche etwa 100 m hinter uns einschlug. Nun fogte Granate auf Granate. Wir flohen in die Kiesgrubehinunter und stellten uns hinter die hohe, steile Wand. Unsere Kanone bekam bald mehrere Treffen und wurde in die Grube hinuntergeschleuder wo sie ganz zertrümmert . liegenblieb. Wir blieben bie nachts in der eibe Dann gingen wir zu unserer um wieder den Infantriediens aufzunehmen. Hiermit hatte unsere Tätigkeit als Artilleristen dienst aufzunehmen. Hiermit hatte unsere Tätigkeit als Artilleristen ein schnelles Ende gefunden. Ganz in der Nähe fiel in jenen Tager Lidy Theophil von Struht. Ich bsuchte mit Zanger oft sein Grab auf dem Friedhof des Dorfes Huluch. Mit den neuen Ersatztruppen kam auch Theophil Walter von Struht und walch Joseph von Merzen zu meinem Regiment....] Nun kam das Weihnachtsfest, die erste Kriegsweihnacht. Unsere Kompanie feierte das Fest in Vendin-le-Vieil. Es waren eine Menge Liebesgaben angekommen. Da ich, Zanger und Gautherat aus Menglatt mit der Heimat keine Verbindung mehr hatten und daher auch keine Pakete bekommen konnten, gab uns der Kompanieführer extra Liebesgaben. Dann bekamen wir noch einen Teil wie die anderen. Auch bekamen Zanger und ich eine große Kiste mit guten und nützlichen Dingen von einer reichen Fabrikantin aus Mannheim, welche uns heimatlosen Soldaten eine Freude machen wollte. Wir konnten unsere Sachen kaum auf einmal in unser Quartier tragen. Wir hatten einen ganzen Tisch voll Schokolade, Zuckerbr6tehen, Bonbons, Zigarren, Zigaretten, Dauerwurst, Ölsardinen, Pfeifen, Hosenträgern, Halstüchern, Handschuhen und so weiter. Ich verteilte Schokolade und Bonbons an die Kinder, die ich auf der Straße traf. Bald kannten mich alle, und wo ich mich zeigte, kamen sie gelaufen und baten mich um Süßigkeiten. Aber ich konnte nur geben, solange der Vorrat reichte.

Bald kam der Befehl zum Abrücken, nach der etwa 12 km entfernt liegenden Lorettohöhe. [..Auf dem Marsche kamen wir auch durch die Stadt Lenz. Mit Anbruch der Nacht kamen wir durch die Dörfer Louchez, Ablain und St.Nazareth, welche alle drei im Feuer der französischen Artillerie lagen ..] Wir gruben uns im Gebüsch am Abhang ein, über uns lagen die Trümmer der zusammengeschossenen Kapelle Notre-Dame-de-Lorette. Auf dem Gipfel entlang lagen die mit Alpenjägern besetzten französischen Graben. Da unsere Stellung einen Bogen beschrieb, bekamen wir bald von der Seite Artilleriefeuer mit schwerem Kaliber. Auf allen Seiten schlugen die großen Granaten ein. Ein mit 4 Mann besetztes Schützenloch bekam einen Volltreffer, die zerrissenen Körper der Unglückliehen wurden nach allen Seiten zerstreut. Man konnte nicht weglaufen, denn wo sich nur einer von uns zeigte, wurde er gleich von den Alpenjägern niedergeknallt. Dort verlor ich auch einen guten Kameraden namens Sand.

[.Siehe auch Seite 31 f. Erst am 1. Januar 1915 an die Front zurückgekehrt, wurde der Zuckerfabrikarbeiter S. laut Stammrolle am 21.Januar 1915 durch Kopfschuf verwundet und starb zwei Tage später...]

Eines Nachts fiel Schnee, und ich mußte mit noch 4 Mann unter Führung des Sergeanten Hutt eine Patrouille den Hügel hinauf machen. Wir hatten weiße Hemden über unsere Uniformen angezogen, um im Schnee nicht so gut gesehen zu werden. Was wir dort oben suchen sollten, weiß ich heute noch nicht, es war der reine Blödsinn. Wir wurden bald bemerkt, und einige Kugeln flogen uns um die Ohren. Ein Mann bekam einen Brustschuß. Wir rannten, schnell wir konnten, bergab in unsere Stellung. Sergeant Hutt erstattete eine Schwindelmeldung und bekam einige Tage später das Eiserne Kreuz.

Nach drei Tagen kam unsere Kompanie in Ruhe in das sogenannte Wasserschloß, ein großes, auf allen Seiten von einem Bache umflossenes Gebäude.

[.. Keiner durfte sich blicken lassen, denn es lag im Feuerbereich der französischen Infanterie. Eines Tages wurde das Gebäude von der französischen Artillerie derart unter Feuer genommen, sodaß wir alle in den starken gewölbten Keller flüchteten. Es war ein furchtbares. Donnern und Tosen über uns von den niederstürzenden Balken und Mauertrümmern wurde der Eingang zum Keller gesperrt. Mit vieler Mühe konnten wir einen Ausgang machen, und am Abend kroch einer nach dem andern hinaus. ..] Dort erfuhr ich, daß das Ill. Infanterieregiment links neben uns lag. Der Reservist Emil Schwarzen trüber aus meinem Heimatdorfe befand sich bei der Il. Kompanie jenes Regiments. Sofort. faßte ich den Entschluß, ihn aufzusuchen, und hoffte, etwas Neues aus der Heimat zu erfahren, denn ich hatte bereits mehrere Monate keinerlei Nachricht von dort bekommen. Ich ging nach dem Dorf Saint-Nazaire, traf dort Soldaten des Ill. Regiments, welche mir sagten, die Il. Kompanie liege oben in Stellung. Sie beschrieben mir den Weg dahin, und ich machte mich auf die Suche. Ich kam bald in den Laufgraben, der zur Stellung hinaufführte. Da der Schnee schmolz, lief eine Masse Dreckwasser den Graben hinab. Trotz allem patschte ich in der dunklen Nacht weiter hinauf und kam endlich in der Stellung an. Ich fragte einen Posten nach meinem Kameraden. Er konnte mir keine Auskunft geben. Ich fragte einen anderen, der mich zur Gruppe wies, in der mein Kamerad sei. Ich ging dorthin, und auf meine Frage gab man mir nur ausweichende Antworten, aus denen ich nicht klug werden konnte. Ich verabschiedete mich und ging wieder fort. Da kam mir einer nachgelaufen, ein Elsässer, und fragte. mich, ob ich ein guter Kamerad von Emil sei. Auf meine bejahende Antwort sagte er mir, daß Emil vor 2 Tagen desertiert sei.

Ich ging nun wieder zu meiner Kompanie und mußte dort mehrere Gefallene begraben helfen. Ein trauriges Stück Arbeit, besonders da man nie wußte, wie bald die Reihe an uns war. Wir blieben etwa 10 Tage an der Lorettohöhe. Da kam der Befehl, zurück nach Vendin-le-Vieil in unsre alten Quartiere zu marschieren. [Ich selbst fuhr mit einem Gepäckwagen voraus, da ich einen Fuß wundgelaufen hatte. Da die Straße bei Souchez des nachts dauernd unter Artilleriefeuer lag, fuhren wir jene Strecke im Gallopp und kamen glücklich durch. In Vendin le Vieil angekommen, machte ich gleich Feuer, um das Zimmer zu erwärmen und kochte Kaffee für meine Kameraden…] Den nächsten Abend beim Postverteilen bekam ich einen Brief von meinen Eltern. Da ich nicht wußte, ob sie überhaupt noch zu Hause seien, riß ich schnell den Brief schnell auf und las: » St. Ulrich, den ... Lieber Sohn! Wir sind alle gesund und noch zu Hause ... « Weiter kam ich nicht. Vor Freude und Sehnsucht schossen mir die Tränen in die Augen, und ich konnte nicht weiterlesen. Da ich mich vor den Kameraden schämte zu weinen, ging ich hinaus. Ich beruhigte mich bald wieder und konnte den Brief fertiglesen. Er enthielt nur Gutes, und ich war nun über das Schicksal meiner Angehörigen beruhigt.. Wir blieben einige Tage in Vendin-le-Vieil, dann hieß es abmarschieren nach einer Gegend, aus der dauernd Kanonendonner herüberdröhnte. [.Des nachts kamen wir in das fast ganz in Trümmer geschossene Dorf Auchi...]

Durch einen Laufgraben, der teilweise zusammengeschossen war, gelangten wir in die vorderste Stellung. Mit Tagesanbruch fingen unsere Artillerie und Minenwerfer furchtbar auf die mit Engländern besetzten Graben zu schießen an. Wir mußten zum Sturm vorgehen. [Kaum waren wir aus unserer Stellung, als uns die Engländer mit einem rasenden Schnellfeuer empfingen...] Trotz der großen Verluste eroberten wir zwei dicht hintereinanderliegende englische Graben. Die Engländer, die in den Laufgraben zurückwollten, wurden fast alle niedergeschossen. Wir sollten noch einen 3. englischen Graben nehmen. In demselben stand en jedoch die Engländer Mann an Mann und schossen uns nieder. Bald lag eine ganze Reihe Toter und Verwundeter vor ihrem Graben, und der Rest der Kompanie flüchtete zurück in den 2. englischen Graben. Hier fiel auch der Walther Theophil aus Struht. Es war ein schrecklicher Anblick, überall lagen Tote und Verwundete, Deutsche und Engländer durcheinander, und aus den Wunden rieselte das Blut. Wenn man in die Laufgräben hineinschaute, sah man nichts als Beine mit Wickelgamaschen und verkrallte Hände in die Höhe stehen. Der Boden dieser Graben war ganz mit toten Engländern bedeckt

Wir mußten nun die in den Stellungen liegenden Toten begraben. An der hinteren Grabenwand machten wir etwas Erde weg, legten die Toten hin und deckten sie mit etwas Erde zu. Da man sonst im Graben keine Sitzgelegenheiten hatte, dienten diese kleinen Hügel als Sitze. Nun fing es wieder an zu regnen. Die Graben füllten sieh bald mit dem Wasser und Schlamm, und bald waren wir wieder so drekkig, daß man nichts mehr als das Weiße im Auge sah vor lauter Dreck. lch mußte dann Munition heranholen; überall sah ich Stiefelspitzen, verkrallte Hände, auch vom Dreck zusammengeklebte Haare aus der Erde hervorschauen. Es war ein schauerlicher Anblick, der mich fast zum Verzweifeln brachte. Es war mir derart verleidet, daß ich dem Leben gar nichts mehr nachfragte. Die

Kämpfe dauerten an jener Stelle schon seit Oktober, und die Gefallenen von damals lagen noch auf dem Felde zwischen den Graben. Es war unmöglich, sie zu begraben. Etwas rechts vor meiner Schießscharte lag ein deutscher Soldat auf dem Gesicht, den Kopf gegen mich. Der Helm war ihm beim Sturze vom Kopf gefallen, die Haut mit den Haaren war infolge der Fäulnis herabgerutscht, und die vom Regen und von der Sonne gebleichte Hirnschale war in der Gröber einer Hand sichtbar. In der einen Hand hielt er noch das rostige Gewehr mit dem Bajonett, das Fleisch war bereits von den Fingern weggefault, und die Knöchel sahen hervor. Besonders des Nachts war es ganz unheimlich, den weißen Schädel vor mir zu sehen. Von den immerwährend, insbesondere des Nachts, umherschwirrenden Kugeln war der Körper wie ein Sieb durchbohrt.

Die nächste Nacht, den 26. Januar 1915, kamen wir etwa 400 m weiter nach rechts, hinter den sogenannten Prellbock. Wir lagen an einem Eisenbahndamm und schossen über die Schienen in die englischen Graben. Bald nahm uns ihre Artillerie unter Feuer. Wir duckten uns nun hinter den Bahndamm. Entweder platzten die Granaten oben auf dem Bahnkörper oder flogen knapp über uns hinweg ins freie Feld. Die Nacht darauf kamen wir wieder 200 m nach links. Dicht vor unseren Graben waren mehrere haushohe Backsteinhaufen, da sich dort eine zu Boden geschossene Ziegelei befand. Die Engländer kletterten beim Dunkelwerden von hinten auf die se Backsteinhaufen, und wo sie einen von uns im Graben erblickten, knallten sie ihn nieder. Eines Abends standen Zanger, ich und unser Kamerad Kopf im Graben und erzählten eben etwas. Zanger und ich standen gedeckt hinter der Schulterwehr, während Kopf an der Rückenwand des Grabens angelehnt stand. Auf einmal knallte ein Schuf von dem Backsteinhaufen herunter, hinter dem Kopf unseres Kameraden spritzte die Erde weg, Er selbst sank röchelnd mit durchbohrter Stirn zu Boden. Er wurde zurückgetragen, starb aber beim weiteren Rücktransport im Krankenwagen. [.. Der 24 jährige Zigarrenmacher K., laut Stammrolle bei der Ziegelhaufenstellung in Auchy am 29. Januar 1915 durch Kopfschuf verwundet, starb am 31. Januar r 1915...]

Von den 280 Mann, die mit der Kompanie ins Feld gezogen waren, waren wir nur noch 5, die ohne Unterbrechung den Krieg bis dahin mitgemacht hatten. Dazu kamen noch mehrere hundert Mann Verluste der Abteilungen, die während des Feldzuges als Ersatz zur Kompanie gekommen waren. Bei einem Angriff, den wir auf ein vorgeschobenes englisches Grabenstück machen mußten, wurde Zanger durch eine Handgranate an der Stirn verwundet und kam zurück. [..Laut Stammrolle wurde der 22 jährige Maurer Z. am 1. Februar 1915 bei Auchy durch Granatsplitter am rechten Auge verletzt..] Bald schrieb er mir, daß er sich in einem Lazarett der Stadt Douai befinde. Man nannte uns in der Kompanie nur »die beiden Unzertrennlichen«. Da er nun fort war, war es mir noch mehr verleidet, und ich sann auf Mittel, wie ich diesem schrecklichen Hundeleben entrinnen könne.

Ein anderer Kamerad von mir, ein Badenser namens Benz, hatte auch dick an der Geschichte, und wir berieten, was wohl zu tun sei. Auf einmal sagte Benz: »Ich hab's!«, nahm sein künstliches Gebiß aus dem Mund und trat es mit dem Stiefel in den Dreck. »So, jetzt meld' ich mich krank wegen Magenschmerzen und komme zurück ins Lazarett«, sagte er. Da fiel mir ein, daß ich mehrere faule Zähne im Munde hatte. Obschon ich gar keine Zahnschmerzen hatte, wickelte ich mein vor Dreck starrendes Halstuch um den Kopf, ging zum Kompanieführer und meldete mich krank; ich könne es vor Zahnschmerzen nicht mehr aushalten. Bald kam auch Benz mit seinem Anliegen. Der Kompanieführer sagte, er könne uns nicht zurückschicken. Er habe Befehl erhalten, alle nur einigermaßen kampffähigen Soldaten vorne im Graben zu behalten da immer ein Angriff der Engländer befürchtet wurde. Trotz unserer Bitte weigerte er sich, uns eine Bescheinigung zu geben. Und ohne Bescheinigung des Kompanieführers lief man nicht weit. Wir gingen wieder zurück an unsere Plätze. Die Engländer schossen dauernd mit kleinen Minen in unseren Graben. Das am weitesten vorgeschobene englische Grabenstück mußten wir räumen, da dasselbe nur 16 m von dem englischen Graben entfernt war und die Engländer immer wieder Handgranaten hineinwarfen. Benz und ich beschlossen nun, ohne Bescheinigung zurückzugehen. Wir hingen die Tornister um, nahmen die Gewehre und schlichen zu dem rückwärts führenden Laufgraben. Dort lagen mehrere Tote im Dreck, die beim Munitionsholen gefallen waren. Wir schritten über sie hinweg, und etwa 400 m zurück gelangten wir ans Ende des Laufgrabens, der auf die Straße mündete. Als wir um die Ecke wollten, stand da ein Feldgendarm und verlangte unsere Ausweise. Trotz allen Redens lief er uns nicht durch und schickte uns wieder zur Kompanie nach vorne. Wir gingen zurück in den Laufgraben; nachdem wir etwa 50 m zurückgelegt hatten, kletterten wir zum Graben hinaus und liefen hinter einigen Häusern durch, um weiter vorne die Straße zu gewinnen. Die Engländer, die uns sahen, schossen auf uns, zum Glück, ohne zu treffen. Wir erkundigten uns nach dem Bataillonsarzt, der sich in einem Keller aufhielt. Da wir keine Bescheinigung hatten, sagte er »Drückeberger!« und jagte uns zum Keller hinaus. Nun gingen wir zum Regimentsarzt, der auch in einem Keller wohnte.

Als wir eintraten, fragte Er: »Na, wo fehlt's?« Ich sagte, daß ich starke Zahnschmerzen hätte. Er schaute mir in den Mund, und als er meine schiechten Zähne sah, schrieb er mir gleich einen Aufnahmezettel fürs Kriegslazarett II, Zahnstation in Douai. Mein Kamerad Benz hatte das gleiche Glück, und wir beide walzten los. Wir waren überglücklich, dem elenden Leben im Graben für einige Zeit entronnen zu sein. In Hénin-Liétard bestiegen wir den Zug und fuhren nach der Stadt Douai. Dort angekommen, ging ich gleich ins Lazarett. Sofort wurden mir 2 Zähne gezogen. Und auch die nächsten 3 Tage wurden mir je 2 Zähne gezogen. Es war kein geringer Schmerz, denn es geschah ohne Einspritzung.

Da wir ausgehen durften, besuchte ich auch langer, der in einem anderen Lazarett lag. Seine Wunde an der Stirn war bald wieder geheilt. Beim Abschied dachte keiner von uns, daß wir uns 2 Jahre lang nicht mehr sehen würden. Nach 3 Tagen wurde ich aus der Zahnstation entlassen und mußte mich in der Kürassierkaserne melden. [.. Laut Stammrolle des Regiments 112 war D.R. 18 Tage, vom 8. bis 26. Februar 1915, im Lazarett...] Dort wurden alle aus den Lazaretten Entlassenen nochmals ärztlich untersucht und entweder an die Front oder nach Deutschland geschickt. Der Arzt stellte bei mir einen schweren, infolge der Erkältungen zugezogenen Katarrh fest, und ich wurde zum Ersatzbataillon des Infanterieregiments 112, welches in Donaueschingen/Baden lag, zurückgeschickt. Wie glücklich war ich, ganz von der Front wegzukommen! Und doch war es mir nicht ganz recht, da ich meinen Kameraden langer verlassen mußte. Ich ging gleich zum Bahnhof in Douai und fuhr mit einem bayerischen Lazarettzug durch Belgien bis Aachen. Dort mußten wir aussteigen, bekamen etwas zu Essen, und ich fuhr dann mit einem Personenzug nach Köln. Dort blieb ich einen Tag, besichtigte die Stadt und den Rhein. Dann bestieg ich den Schnellzug und fuhr 1. Klasse durch das herrliche Rheintal. [.. Ein Herr, der sich im gleichen Abteil befand, erklärte und zeigte mir die schönsten Punkte. So das mächtige Niederwalddenkmal, die oben auf dem Berge gelegene Festung Ehrenbreitstein, der Loreleifelsen, die Mündung der Mosel in den Rhein, Blüchere Denkmal bei Kaub usw. Es war eine schöne, interessante Fahrt obwohl es Winter war. Meiner Ansicht nach, ist das Rheintal von Mainz bis Köln eine der schönsten Gegenden, die es gibt. Mit dem Schnellzug fuhr ich nach Offenburg, Baden, wo ich nachts ankam. Da der letzte Zug der Kinzigthalbahn nach Donaueschingen bereits abgefahren war, übernachtete ich im Bahnhof offenburg,..] Am nächsten Morgen fuhr ich mit dem ersten lug nach Donaueschingen und meldete mich beim Ersatzbataillon, welches in Baracken untergebracht war. Bald traf ich mehrere Kameraden meiner

Kompanie, die zu halben Krüppeln geschossen waren und nun geheilt auf ihre Entlassung warteten. [.. Unser aktiver Hauptmann war auch dort und unterheit sich kängere Zeit .mit mir..] Am folgenden Tage meldete ich mich krank und wurde dem Karlskrankenhaus überwiesen. Dort pflegten uns katholische Schwestern, die sehr freundlich und gut zu uns waren. Es gefiel mir dort ausgezeichnet, und ich hatte den Wunsch, lange dort bleiben zu können. Nur zu bald sollte die Herrlichkeit ein Ende finden, denn nach 5tägigem Aufenthalt kam der Befehl: Alle Elsasser des Ersatzbataillons 112 müssen nach Freiburg zum Ersatzbataillon des Infanterieregiments 113. So mußte ich von den guten Schwestern Abschied nehmen. Wir fuhren mit der Höllentalbahn nach Freiburg hinunter. Unterwegs wurde von den Elsässern weidlich auf die Preußen geschimpft, und man hörte Ausdrücke, die wenig patriotisch klangen. In Freiburg wurden wir in einem Fabrikraum untergebracht. Als Nachtlager diente ein am Boden liegender Strohsack. Ich meldete mich gleich wieder krank. Einige junge Arzte horchten an mir herum, und das Resultat war, daß ich wieder Dienst mitmachen mußte. lm ganzen war ich etwa 7 Tage in Freiburg.

Eines Abends nach Dienstschluss saßen wir, Eine ganze Menge Elsässer, beisammen. Es waren lauter junge Soldaten, die noch nicht im Felde gewesen waren. Sie sagten, ich solle ihnen etwas von meinen Kriegserlebnissen erzählen. Ich erzählte ihnen unter anderem auch die Ereignisse vom 26. August, von dem Befehl des Generals Stenger, keine französischen Gefangenen zu machen und alles zu tüten, und daß ich mit eigenen Augen gesehen habe, wie französische Verwundete getütet wurden und so weiter. Auf einmal kam der Kompanieschreiber in den Saal und rief: »Richert soll auf die Schreibstube kommen- Ich hatte keine Ahnung, weshalb. Bald sollte ich es erfahren. Der Kompaniefeldwebel sagte zu mir: »Na, Sie können schone Geschichten erzählen. Was erzählten Sie denn soeben den Mannschaften? « Ich sagte, ich hatte von meinen Kriegserlebnissen erzählt. Da schnauzte er mich an: »Was, Sie wollen Wahl behaupten, daß ein deutscher General den Befehl gab, französische Verwundete zu töten? »Herr Feldwebel, der Befehl wurde tatsächlich am 26. August 1914 als Brigadebefehl gegeben, und der General Stenger war der Führer der Brigade. « Der Feldwebel brüllte mm: »Nehmen Sie sofort diese Behauptung zurück, oder Sie sollen mal sehen! « Ich antwortete: »Ich kann meine Aussage nicht zurücknehmen, da dieselbe auf Wahrheit beruht. « - »Soooo, scheren Sie sich weg, das Weitere wird sich finden! « brüllte nun die Kompaniemutter [soldatensprachlich für Feldwebel..].

Am nächsten Nachmittag war ein Übungsmarsch in die Schwarzwaldberge mit kriegsmäßig bepacktem Tornister. Die Kompanie war angetreten. Da wurde ich wieder auf die Schreibstube gerufen. Dort erwartete mich der strenge Hauptmann der Kompanie. Seine Augen funkelten wie die eines gereizten wilden Tieres. »Sie niederträchtiges, gemeines Rindvieh! Sie behaupten, ein deutscher General hätte den Befehl gegeben, feindliche Verwundete zu töten. Nicht wahr? « Sa empfing er mich. Ich stand stramm vor ihm, schaute ihm in die Augen und antwortete: »Jawohl, Herr Hauptmann!- Wütend fuhr er mm auf mich los und schrie: »Sie verfluchter Vaterlandsverräter! Auch mir gegenüber wagen Sie es, Ihre Aussagen zu behaupten. Sie Schwein, Sie Kamel, Sie Rhinozeros!« Und nun folgten die Namen wohl aller wilden und noch einiger zahmen Tiere, und der Schluß dieser Litanei war: »Scheren Sie sich zum Teufel, Sie Himmelhund, Sie gottverfluchter! « Ich machte kehrt und ging hinunter in die angetretene Kompanie. Wir marschierten nun los.

Als wir eine Bergstraße hinaufmarschierten, kam der Hauptmann, der bis dahin hinter der Kompanie geritten war, neben die Kompanie nach vorne. Bald bemerkte ich, daß er mich suchte. Als er mich sah, sagte er: »Na, Sie Lümmel, kommen stramm vor ihm. »Na, packen Sie mal Ihren Tornister aus! « Ich tat es, aber es fehlte nicht ein Stückchen darin. Da sagte er: »Sie werde ich schon noch rankriegen« Damit ritt er der Kompanie nach. Ich packte meine Sachen wieder ein und mußte nun bergauf Laufschritt machen, um die Kompanie wieder einzuholen.

Des anderen Morgens beim Antreten jagte mich der Feldwebel aus dem Glied in das Quartier. Dort kümmerte sich kein Mensch um mich, und ich wußte nicht, was das eigentlich zu bedeuten habe. Am nächsten Tage kam ein Unteroffizier mit 2 Mann in den Saal und fragte nach mir. Ich meldete mich. » Kommen Sie mit! « - »Ja«, sagte ich, »sofort, ich will nur schnell umschnallen. « - »Das brauchen Sie nicht«, sagte er, »Sie sind Arrestant. « Ich war gar nicht überrascht und ging mit. Wir gingen durch mehrere Straßen, die beiden Soldaten mit ihren Gewehren links und rechts, der Unteroffizier hinter mir. Viele Passanten blieben stehen und schauten uns nach. Und ich hörte mehrere Male halblaut sagen: »Ein Spion. « So kamen wir in die Kaserne des Infanterieregiments 113. Auf einem Korridor mußten wir lange warten. Da hörte ich aus einem Zimmer rufen: »Soll eintreten! « Dort saß ein Major mit seinem Schreiber. Lange sah der Major mich an und musterte mich von oben bis unten. Ich stand still und sah ihm ungeniert in die Augen. Nun ging das Verhör los. Name, Kompanie, Heimat, Eltern, ob mein Vater bei der deutschen Armee aktiv gedient und so weiter. Ich beantwortete alle Fragen. »Nun wollen wir zur Hauptsache«, sagt er. »Sie haben eine ungeheuerliche Aussage gemacht in Betreff eines Befehls Ihres Brigadegenerals Stenger. Wie kommen Sie dazu? Erzählen Sie mir mal genau den Hergang der ganzen Sache.« Ich erzählte nun dem Major so, wie sich die Sache tatsächlich zugetragen hatte, und nannte als Zeugen die Namen mehrerer Kameraden, die noch bei der Kompanie im Felde waren. Der Schreiber mußte alles niederschreiben. Dann schrieb der Major einen Zettel, gab ihn dem Unteroffizier, der mich dorthin begleitet hatte, und sagte ihm, er sollte ihn der Kompanie abgeben. Zu mir sagte dann der Major: »Sie können gehen!«

Wir gingen nun wieder zur Kompanie zurück. Dort hieß es bald: »Richert macht wieder Dienst mit.« Am nächsten Tage wurde ein Transport ins Feld aufgestellt. Natürlich war ich dabei, obschon ich mich noch nicht gesund fühlte. Bei der ärztlichen Untersuchung wurde ich gleich zuvorderst gestellt, und als mich der Arzt untersuchen wollte, hörte ich den daneben stehenden Feldwebelleise sagen: » Es ist der Richert! - Nun sagte der Arzt gleich: »K. V.,« - das heißt kriegsverwendungsfähig. So hatte ich meine Strafe, denn viel lieber wäre ich ins Gefängnis als wieder ins Feld. Aber was sollte ich machen? Ich war eben wie noch Tausende anderer ein willenloses Werkzeug des deutschen Militarismus. Wir wurden nun ganz neu eingekleidet, und da es am nächsten Morgen um 5 Uhr zur Bahn gehen sollte, bekamen wir bis nachts 11 Uhr Urlaub. Nun ging's in die Wirtschaften. Da ich mit meinen Angehörigen keine Verbindung hatte, war es in meinem Portemonnaie schlecht bestellt. Ich besaß ganze 5 Mark. Die Hälfe davon wurde in Bier umgesetzt. Die jungen Soldaten sangen übermütige Lieder und machten Sprüche, wie sie den Feind verhauen wollten. Ich dachte: Wartet nur, nur zu bald wird euch der Übermut vergehen! Mit einem halben Bierdusel legte ich mich dann auf meinen Strohsack, und mit Schaudern dachte ich an die zukünftigen Nachtlager im Felde, da es noch immer Winter war. Am Morgen ging's zur Bahn. Wir 1200 Mann, halb Elsässer, halb Badenser, fuhren nun Baden hinunter nach Karlsruhe, wo wir in einer Kaserne die Gewehre bekamen. Dann ging's wieder durch die Stadt zur Bahn; die Stimmung bei uns Elsässern war nicht gut. Als eine Frau fragte: »Wo wollt ihr denn alle hin?« antwortete ein Mülhauser: » Geh verrecka, gottver ... «

Im Bahnhof hielt der Großherzog von Baden eine Ansprache, um uns Mut zu machen. Er sagte, daß wir in die Karpaten kommen, und wir sollten im Verein mit unseren österreichischen Kameraden die Russen bald aus Osterreich hinauswerfen. Ich dachte bei mir: Der hat gut reden! Dann ging's weiter; wir fuhren 3.-Klasse-Wagen, 6 Mann in einem Abteil. Von Karlsruhe ging's nach Mannheim, Heidelberg, durch das schöne Neckartal, Württemberg. In der bayerischen Stadt Würzburg bekamen wir Kaffee, Wurst, Butter und Brot. Dann ging's weiter durch den verschneiten Fränkischen Jura, durch das Fichtelgebirge über Hof nach Sachsen, über Chemnitz, Freiberg nach Dresden. Die Reise war sehr interessant. Ich saß am Fenster, betrachtete die vorbeifliegenden Gegenden und rauchte eine Zigarette um die andere.

In Dresden blieb unser Zug bis gegen Morgen stehen. Dann ging's weiter, und als ich erwachte, befanden wir uns bereits in Österreichisch-Böhmen. Dem Elbtal entlang ging's weiter nach Prag, der Hauptstadt Böhmens. Dort bekamen wir wieder zu essen. Die Einwohner von Prag betrachteten uns mit feindseligen Blicken, denn die Böhmen sind keine Freunde der Osterreicher und ebenso wenig der Deutschen. Dann fuhren wir weiter an der schönen Stadt Brünn vorbei nach der österreichischen Hauptstadt Wien. Dort gab es wieder Essen. Nachher mußten wir in 2 Gliedern antreten, eine österreichische Regimentsmusik spielte, und eine österreichische Großherzogin verteilte mit ihrem Gefolge Bilder mit ihrer Photographie an uns. Mir machte das wenig Freude, denn diese Zeremonien waren mir sehr verhaßt. Von Wien ging's dann weiter der herrlichen Donau entlang über Preßburg nach Budapest,. der Hauptstadt Ungarns. [.. Das Donautal zwischen Wien und Badapest ist sehr schön und interessant. Eine Menge Dampfer belebten den mächtigen Strom und ..] überall jubelte die Bevölkerung uns zu und rief: »Heil und Sieg!« Auch bekamen wir, wenn der Zug hielt, oft Liebesgaben, besonders Rauchmaterial. Von Budapest fuhren wir 2 Tage durch die große ungarische Ebene. [.. In den beiden Tagen sah ich keinen Hügel von 10 m Höhe. Alles eben wie eine Tischplatte...] Und überall dasselbe Bild: Dörfer, einzelstehende Gehöfte, alle Häuschen weiß getüncht,

mit Stroh oder Schindeln gedeckt, und dabei der Schwebebaum des Ziehbrunnens. Zur Abwechslung sah man oft auch Windmühlen. [.. Mehrere sah ich Rudel Hirsche bis zu 10 Stück auf den Feldern stehen liegen..] Der große Fluß, die Theiß, führte Hochwasser, und die Gegend war weit überschwemmt.

In der Stadt Debreczin bekamen wir wieder Essen: Suppe, gebratenes Fleisch und Kartoffeln mit Sauce. Aber es war uns fast unmöglich, etwas zu genießen, da alles mit dem roten Pfeffer, dem in Ungarn 50 beliebten Paprika, zu stark gewürzt war. Es brannte uns im Mund und Hals wie Feuer. Dann ging's weiter nach der Stadt Tokay. [.. Dort war alles, soweit man sehen konnte, mit Reben bedeckt. Dort wächst der berühmte Tokayer Wein. Beim Weiterfahren sah ich in der Ferne die mit Schnee bedeckten Karpatenberge auftauchen..] In Ungarn sahen wir sehr viele, sehr hübsche braune Mädchen. Dieselben trugen ein farbiges Mieder, kurzes Röckchen und bis an die Knie reichende Husarenstiefel. Wir bekamen von ihnen massenweise Kusshände zugeschickt, die wir natürlich erwiderten. Wenn der Zug langsam fuhr, kamen massenweise Zigeunerkinder und bettelten um Brot. Oft wurde ihnen ein Stück hinausgeworfen, und es machte uns Spaß, wie sie sich darum balgten. Beim Weiterfahren sah ich in der Ferne die mit Schnee bedeckten Karpatenberge auftauchen. [... Wir sahen dort auch ganz anders Rinder und Schweine : die ausgewachsenen Ochsen hatten mächtige Hörner von mindestens 150 m Spannweiter. Schweine sahen wir dort, die ganz unseren Schafen ähnlich mit Wolle bedeckt waren...] Nun erreichten wir die Stadt Muncaks, Die Stadt liegt am Fuße der Karpaten. Wir mußten dort aussteigen. Man war ganz steif und wie gerädert vom langen Sitzen, denn die Bahnfahrt hatte 7 Tage und Nachte gedauert. Als unsere jungen Soldaten die hohen, schneebedeckten, vor Kalte starrenden Berge sahen, verschwand bereits ein großer Teil ihrer Begeisterung. Mit Sehnsucht dachte ich an meine nun über 3600 km entfernten Lieben daheim. Ob ich sie wohl nochmals wiedersehen würde, oder ob ich in dem großen Gebirge vor mir mein Grab finden würde? Die nächste Nacht verbrachten wir in Massenquartieren. Am folgenden Morgen bestiegen wir nochmals die Bahn und fuhren etwa 8 km in das Gebirge hinein, bis zu dem Dorfe Volocs.

Die Ortschaft bestand aus einigen armseligen Hütten. Dort stiegen wir aus und kamen in Baracken, um die nächste Nacht zu verbringen. Da kein Ofen zum Heizen da war, froren wir schon die erste Nacht gewaltig. [..Die Ortschaft Volocs bestand aus einigen armseligen Hütten...] Die Wände bestanden aus übereinandergelegten Tannenstämmen. Dazwischen befand sich Moos, und die Spalten waren mit Lehm verstrichen. Die Dächer bestanden aus Stroh. Ich hätte früher nie geglaubt, daß in Europa solche Behausungen zu finden seien. Einwohner bekam ich keine zu sehen.

Am folgenden Morgen brachen wir auf. Wir marschierten auf einer. Zickzackstraße einen hohen Berg hinauf. Dort sah ich die ersten Russen. Es waren Gefangene, die an der Straße arbeiteten, alles starke, große Männer. Ihre Mäntel hatten die Farbe von Lehm. Auf dem Kopfe trugen sie hohe Pelzmützen ihre Füße staken in hohen, bis zu den Knien reichenden Stiefeln. Beim Weiteraufwärtssteigen fing es an, stark zu schneien, so daß man keine 50 m weit sehen konnte. Bald sahen wir aus wie Schneemänner. Endlich führte die Straße bergab. Das Schneien hörte auf, wir sahen tief unter uns etwa 20 der elenden Häuser stehen. Das Dorf hieß Verecky. Ein Soldat meinte: »Verreck i, das ist noch die Frage!- Wir marschierten weiter und erreichten bald ein anderes, ebenso armseliges Dorf. Auf einer Tafel Stand der Name: »Also Verecky«. Nun meinte der Soldat: »Gibt's für uns keine Rettung mehr? Dort steht's: Also verreck i. « Trotz des Ernstes der Situation rnußten wir lachen. In Also Verecky wurden wir einquartiert. Ich ging mit noch einem Kameraden zu einer dort stehenden österreichischen Feldküche und bat den Koch um etwas Warmes. Der Koch, obschon er kein Wort Deutsch verstand [im Vielvölkerstaat Osterreich-Ungarn nur eine Minderheit deutsch; selbst im österreichischen Teil der Doppelmonarchie waren es lediglich rund 36 Prozent], gab jedem von uns beiden einen Becher sehr guten Tee mit Rum. Wir dankten und gingen nach der Hütte, die uns zugewiesen worden war. Dieselbe war aber derart mit Soldaten vollgestopft, daß wir nicht das kleinste freie Plätzchen darin fanden. In den Nachbarhütten dasselbe Bild.

Ich fragte nun einen der daherkommenden österreichischen Soldaten, ob er uns beiden nirgends ein Unterkommen wüßte. Er sagte, wir sollten nur seinen Fußstapfen folgen. Wir kämen nach einer Viertelstunde zu einer Hütte, die hinter einem kleinen Tannenwäldchen stehe. Da wir die Nacht nicht draußen im Schnee zubringen wollten, gingen wir dahin und erreichten bald unser Ziel. Ich öffnete die Türe und befand mich in einem Raum, dem ich keinen Namen geben konnte. Er war Wohnstube, Stall und Vorratskammer. Ich war ganz baff, mein Kamerad ebenfalls. In der Ecke vor uns standen 2 Kühe; das Wasser derselben lief über den Lehmboden bis zur Eingangstür. Dabei hockten zwei halbnackte Kinder, kratzten den von dem Wasser aufgeweichten Lehmboden auf und fabrizierten kleine Runde Kügelchen, ähnlich unseren Klickerle [… süddeutsch für Spielkügelchen, Marmeln ..]. Neben den Kühen stand eine Ziege an einen in den Boden geschlagenen Pfahl gebunden. Nirgends ein Bett, nicht einmal ein Tisch. An der Wand war ein Gestell angebracht, das den vier auf einer Bank Karten spielenden österreichischen Soldaten wohl als Schlafstelle diente. Unter dem Gestell bemerkte ich den Kartoffelvorrat der Familie. Aber wie armselig waren die gekleidet! Der Mann hatte zerrissene Stiefel an, trug das Hemd über die Hosen, wie dies in der ganzen Gegend üblich war, über die Schultern hing ein Schafpelzmantel, einen derselben Gattung trug auch die Frau. Der Mann trug einen mächtigen Ban und die Kopfhaare halblang. Der Kopf selbst war mit einer Pudelkappe bedeckt. Wir beide konnten gar nicht fertig werden vor lauter

Schauen. Weder die Soldaten noch die Bewohner der Hütte konnten ein Wort Deutsch, und durch Zeichen gaben sie uns zu verstehen, Platz zu nehmen. Ich hing nun meinen Tornister ab und legte ihn neben den mächtigen Ofen, der als Wärmespender, Koch- und Backofen diente und wohl ein Viertel des ganzen Raumes einnahm. Dann nahm ich den Helm ab und legte ihn auf meinen Tornister. Klatsch, fiel mir beim Bücken etws in den Nacken. Ich griff mit der Hand hin, und - 0 Schrecken! - Nacken und Hand waren besudelt von Hühnerdreck. Ich schaute mm nach oben und gewahrte etwa 10 Hühner, die friedlich auf an die Balken genagelten Stäben saßen und, falls sie etwas drückte, ganz gemütlich in die Stube hinuntersauten. Das war ein nettes Quartier! Aber immer war es noch besser, als draußen im Schnee zu überraschten. Wir kochten uns im Ofen etwas Kaffee und aßen ein Stück Kommißbrot dazu.

Da wir von dem Marsche ermüdet waren, deuteten wir an, daß wir schlafen möchten, Als Schlafstelle wurde uns das Gestell angewiesen. Wir legten uns darauf und deckten uns mit unseren Decken zu. [.. Jeder Soldat erhielt nämlich beim Ausrücken ins Feld eine Wolldecke, um sich gegen die Kälte etwas schützen zu körnen…] Da es nun dunkelte, nahm der Mann einen langen Kienspan vom Ofen herunter, steckte ihn zwischen 2 Tannenstämmen in die Wand und zündete ihn an. Das war die Beleuchtung. Zwei der Osterreicher legten sich dann zu uns; die zwei anderen holten einige Handvoll Stroh, legten es auf den Boden. Das war ihre Schlafstelle. Ich war nun gespannt, wo die Familie sich wohl schlafen würde. Bald würde Bald wurde mir dieses Rätsel gelöst. Die Frau kletterte auf den Ofen, der Mann reichte ihr die beiden Kinder und stieg dann selbst hinauf. Alle legten sich hin und deckten sich mit ihren Schafpelzen zu. Von einer Bettdecke oder Unterlage war nichts zu sehen. Bald schlief alles friedlich beieinander: wir 2 Deutsche, 4 Österreicher, 4 Ruthenen [..damalige Bezeichnung für die in Österreich-Ungarn lebenden Ukrainer..], 2 Kühe, 1 Ziege und die Hühner. Jedoch etwas wachte, und zwar ein gefährlicher Feind: die Lause. Schon in der Nacht wurde ich durch das Beißen wach, wußte aber nicht, daß es Lause waren, da ich vorher noch nie keine hatte. Am Morgen gingen wir wieder zu unserer Truppe. Unterwegs biß es mich ganz gewaltig auf der Brust. Ich kratzte drauflos, aber bald biß es noch mehr. Ich knöpfte nun Mantel, Rock, Unterjacke, Hemd und Finet [.. Unterhemd..] auf und sah nun die Urheber des Beißens: Drei Lause, ganz vollgesogen, saßen auf meiner Brust. Nun zwischen die Fingernagel, und knacks, hin waren sie. Nun fing es mich an zu beißen: auf dem Rücken, an den Beinen und noch an sonstigen gewissen Körperteilen. Doch das war nur ein ganz kleines Vorspiel von dem, was noch kommen sollte.

Wir erreichten nun unsere Truppe, die schon zum Abmarsch angetreten war. Nun horten wir in der Ferne vor uns Bum-bum-bum - das Artilleriefeuer an der Front. Mit welchem Unwillen ich weitermarschierte, kann ich niemandem beschreiben. Was erwartete uns dort? Schnee, Kalte, nachts Draußenliegen, Lebensgefahr. Wir marschierten nun an einigen Baracken vorbei, die als Feldlazarett dienten. Ich versuchte es nochmals mit Krankmelden und ging in die erste Baracke hinein. Dieselbe lag voll von Verwundeten und halberfrorenen Soldaten, halb Deutsche und Osterreicher. Sie waren fast alle graugelb im Gesicht und sehr niedergeschlagen. Man sah ihnen an, daß sie sehr viel durchgemacht hatten. Ich meldete mich nun beim Arzte. Er fragte mich barsch, was ich eigentlich wolle. Ich sagte, daß ich an einem Katarrh litte und sehr entkräftet sei, Da lachte er mir ins Gesicht und sagte: »Na, mein Lieber, Sie waren wohl schon im Felde und haben die Nase voll. Machen Sie nur schleunigst, daß Sie raus und zu Ihrer Abteilung kommen!« Was wollte ich machen? Ich marschierte hinterher und erreichte die Truppe bei ihrer nächsten Ruhepause. Wir marschierten wieder den ganzen Tag bergauf, bergab. Auf der glatten Straße rutschte man oft aus. Ganze Schlittenkarawanen fuhren an uns vorbei nach vorne, mit Munition und Lebensmitteln beladen. Zurück kamen sie leer. Einzelne Schlitten brachten Verwundete zurück. Gegen Abend erreichten wir wieder einige Baracken, wo wir die Nacht verbringen sollten. Man sah, daß der StraJ3e entlang ein Dorf gestanden hatte. Die Hauser waren bis auf die Erde abgebrannt, nur die großen Ofen und die Kamine standen noch. Auf den verschneiten Bergabhängen sah man Stacheldrahtverhaue aus dem Schnee hervorragen. Ich sah auch mehrere Bajonette. Ich fragte nun einen deutschsprechenden Osterreicher, der zur Barackenwache gehörte, was das eigentlich zu bedeuten habe. Er erzählte mir, daß an dieser Stelle hart gekämpft wurde. Die Russen seien bis hier vorgedrungen und mußten sich nach schweren Kämpfen zurückziehen. Unter dem Schnee lagen noch viele Tore, die erst im Frühjahr, wenn es taut, begraben werden können. Nun war es mit dem Mut der jungen Soldaten, als sie dies hörten, vorbei. Und sie machten lange Gesichter. Am nächsten Morgen ging's dann wieder weiter. Wir bestiegen nun einen hohen Berg. Oben auf dem Kamm machten wir eine Ruhepause. An dieser Stelle befand sich die ungarisch-galizische Grenze. Die Aussicht von oben war herrlich. Ringsherum die verschneiten Berge und Schluchten, und an den Abhängen sah man oft herrliche Tannenwälder. Von vorne dröhnte der Kanonendonner gut vernehmbar herüber. Nun ging's wieder im Zickzack bergab. In einer tiefen Schlucht sahen wir ein Geschütz mit Bespannung liegen. Wahrscheinlich war es auf der glatten Straße ins Rutschen gekommen, abgestürzt und hatte die Pferde mitgerissen. In dem Tai unter uns war die Haltestelle der Schlitten. Von hier wurde alles mit Tragesel auf schmalen Saumpfaden nach der Front geschafft. Wir gingen nun einer hinter dem anderen einen solchen Pfad entlang, der in Windungen um den Berg führte. Wenn uns Tragesel begegneten, muhten wir uns eng an die Bergwand drücken, um ihnen das Vorbeikommen zu ermöglichen, so eng war der Pfad. Endlich erreichten wir das Dorf Tucholka. Immer dieselben elenden Behausungen, dazwischen die dreckigen Bewohner mit ihren Schaf Pelzmänteln. Nachdem wir in Tucholka etwa eine Stunde geruht hatten, mußten wir in 2 Gliedern antreten. Nun kamen die Kompaniefeldwebel des 41. und des 43. Infanterieregiments, und wir wurden den Kompanien zugeteilt. Ich kam mit noch etwa 50 Kameraden zur 7. Kompanie des Infanterieregiments 41. Meine Adresse lautete nun: Musketier Richert, 7. Kompanie, Infanterieregiment 41, 1. Brigade, 1. Division, 1.Armeekorps Kaiserlichdeutsche Südarmee.

KÄMPFE UND STRAPAZEN IN DEN KARPATEN

Bei Anbruch der Dunkelheit marschierten wir nun unter Führung der Feldwebel nach der Front. Am Tage war jene Strecke nicht zu passieren, da sie im Feuerbereich der russischen Artillerie lag. Wir erreichten nun das Dorf Orawa, das aus etwa 20 Hütten und einer Kirche bestand. Die Kirche war mit Blech bedeckt, und der Turm hatte die Form einer Kuppel, Das Kreuz auf der Spitze hatte 3 Querbalken, wovon der untere schrag stand, das Zeichen der griechisch-katholischen Religion. Das Dorf lag am

Fuße eines etwa 8 km langen, 1200 m hohen Berges, welcher die Form eines Daches hatte und stellenweise sehr steil war. Der Berg hieß Zwinin. Die Stellung der Russen lag den Gipfel entlang. Die Deutschen hatten sich etwa 200 m tief am Abhang, etwa 1000 m über der Talsohle, eingegraben. Gegen Morgen wurden wir in die Stellung hinaufgeführt. Der Schnee lag durchschnittlich etwa 70 cm hoch, in den Mulden und Schluchten war er mehrere Meter hoch der Verkehr am Bergabhang unmöglich, da die Russen von einigen vorspringenden Punkten den Abhang mit Gewehr und MG-Feuer bestreichen konnten.

Nun kamen wir zu unserer Kompanie. Die Mannschaften bestanden hauptsachlich aus Ostpreußen, die einen schlecht zu verstehenden Dialekt sprachen, und einigen Deutschpolen. [.. Etwa 10 Prozent der Einwohner Preußens geh6rten der diskriminierten nationalen Minderheit der Polen an..] Bei Tagesanbruch sah ich, daß fast alle sehr heruntergekommen waren und sehr schlecht aussahen. Sie erzählten uns, wie furchtbar sie hier unter der Kälte zu leiden haben, und es solle ja keiner von uns wagen, den Kopf über den Schnee zu heben, denn die Russen, sibirische Scharfschützen, knallen jeden weg, der sich zeigt. Da sah ich etwa 30 m vor mir einen Deutschen den Graben verlassen, um sich den Berg hinunterzubegeben. Oben knallten einige Schüsse. Der Mann warf die Arme in die Hohe und stürzte in den Schnee. Er war der erste Tote von unserem Ersatz, ein starker, übermütiger. Junge, der während der Bahnfahrt wohl hundertmal den Gassenhauer gesungen hatte: »Der Storch, der ist ein Schnabeltier, er bringt die kleinen Kinder. Er ist aber nur im Sommer hier. Wer besorgt denn die Sache im Winter?« Nun hatte der arme Tropf ausgesungen. Wie ich dann horte, wollte er tiefer unten am Abhang dürre Tannenreiser holen, um sich etwas Kaffee zu kochen.

Die Ostpreußen erzählten uns dann, daß sie schon mehrere Angriffe auf die russische Stellung gemacht hatten, aber jedesmal mit großen Verlusten zurückgeschlagen worden seien. Ihre Toten lagen noch oben und wurden eingeschneit. Ich hob einen Moment den Kopf und sah mehrere starre Hände und Bajonette aus dem Schnee ragen. Auch sah ich viele Erhöhungen im Schnee, worunter die Leichen der Gefallenen lagen. Das Essen konnte nur des Nachts geholt werden. Da keine Feldküche hierherkommt konnte, wurde unten im Tal in kleinen tragbaren Kesseln gekocht. Bis nun die Essenholer die 1000 m gestiegen waren, war das Essen erkaltet, ebenso der Kaffee. Und so bekam man nur jeden dritten Tag etwas Warmes. Wenn die Reihe des Essenholens an mir war, dann aß ich die Portion gleich unten. Das Kommißbrot war derart gefroren, daß man kaum mit dem Taschenmesser ein Stück abschneiden konnte. Ich steckte das abgeschnittene Stück Brot zwischen Rock und Unterjacke auf die Brust, um es so auftauen zu lassen. Fast alle litten infolge der Erkältungen an Leibschmerzen und Durchfall. Die meisten hatten Blut im Stuhl. Es war zum Verzweifeln, und nirgends gab es einen Ausweg; uns drohte entweder der Tod, Verwundung, Erfrierung von Gliedmaßen oder Gefangenschaft. Es herrschte eine unglaubliche Mutlosigkeit unter den Soldaten, und nu r der furchtbare Zwang machte uns aushalten. Besonders die bitterkalten Nächte wollten kein Ende nehmen. An Schlaf war wenig zu denken, denn alles trampelte von einem Bein aufs andere und schlug mit den Händen um sich, um sich so etwas zu erwärmen. Manchmal schossen die Russen plötzlich mehrere Salven von oben herab. Da hielten die meisten von uns die Hände über den Schnee hinaus in der Hoffnung, einen Handschuß zu bekommen und zurück ins Lazarett zu kommen.

In besonders kalten Nachten erfroren oft mehreren Soldaten die Füße, Nasenspitzen und Ohren. Eines Morgens fand man 2 Horchposten erfroren im Schnee. Eines Tages setzte ein furchtbarer Schneesturm ein. Der Schnee bestand nicht aus Flocken, sondern aus hartgefrorenen Nadeln. Der Graben war bald vollgeweht, und wir mußten dauernd mit unseren Spaten den Schnee hinauswerfen. Die Kälte drang uns durch Mark und Bein, und man konnte in dem Gestöber keine 30 Schritte weit sehen. Dies dauerte 2 volle Tage. Der Verkehr nach rückwärts war gänzlich unterbrochen, und wir bekamen nun einige. Tage sehr wenig zu essen. Drei Tage bekamen wir gar kein Brot, nur steinharten, österreichischen Zwieback. Dann gab es mehrere Tage nur zu 8 Mann ein Kommissbrot von 3 Pfund pro Tag. Wir litten in jenen Tagen schwer Hunger und froren noch mehr.

Eines Tages erhielten wir Schmalz, um es aufs Brot zu schmieren. Unser Gruppenführer, Unteroffizier Will, ein roher Ostpreuße, machte gleich die Hälfte für sich in eine Blechbüchse. Die andere Hälfte wollte er an uns 8 Mann verteilen. Da sagte ich ihm, so etwas gehe doch nicht, das Schmalz gehöre in 9 gleiche Teile verteilt. Als er mich noch dazu anschnauzte, wurde ich derart böse, daß ich ihm gehörig meine Meinung sagte. Von jener Stunde an schikanierte mich der Unteroffizier, wo er nur konnte.

Da ich gegen ihn machtlos war, verleidete es mir noch mehr, und ich nahm mir vor, mich selbst zu verwunden, um von hier wegzukommen. Zu diesem Zwecke band ich ein kleines Brettchen vor die Hand. Das Brettchen sollte die Pulverhörner und den Pulverschleim auffangen, damit der Arzt beim Verbinden nicht sehen sollte, daß der Schuf aus nächster Nähe abgegeben worden war. In einem geeigneten Moment wollte ich die Tat ausführen. Ich lehnte das geladene Gewehr an mein Knie, hielt die Hand mit dem davor gebundenen Brettchen etwa 20 cm vor den Lauf, faßte mit dem rechten Daumen den Abzug, biß die Zähne zusammen und schoß doch nicht, da mir im letzten Moment der Mut fehlte. Wir wurden alle von den Läusen sehr gequält, und der Kuckuck wußte nicht, wo sie alle hergekommen waren. Da es bei der Kälte unmöglich war, sich auszuziehen, konnten die Lause ungeniert in den Kleidern nisten und brüten. Wenn ich vorne an der Brust bis unter den Arm kratzte, hingen mindestens vier an der Hand, wenn ich dieselbe herauszog.

Die Kompanie wurde jeden Tag schwächer, da es oft Verwundete und viele Schwerkranke gab. Da bekamen wir eines Nachts ein Bataillon des 43. Regiments als Verstärkung. Am Morgen kam der Befehl zum Angreifen. Ich dachte: Unsere Führer sind verrückt, Angreifen mit uns halbtoten, entkräfteten Soldaten! Morgens um 10 Uhr ging's los, zum Graben hinaus. Vorher mußten wir mit dem Spaten Ausfallstaffeln [provisorische Graben, aus denen heraus der Sturmangriff erfolgte] machen. Kaum waren wir draußen, als es von oben schon zu knallen anfing. In dem hohen Schnee konnte man sehr schlecht vorwärtskommen. Gleich stürzten einige getroffen in den Schnee. Leichtverwundete machten kehrt und liefen in den Graben zurück. Dann, wie auf ein Kommando, liefen alle zurück in den Graben. Die Toten und Schwerverwundeten blieben liegen, und verschiedene jammerten bis gegen Abend, bis sie starben.

In der folgenden Nacht wurden wir endlich abgelöst und kamen hinunter in das Dorf Orawa. Wir waren 16 Tage ohne Ablösung oben gewesen. Wie froh waren wir, uns wieder mal in einer warmen Stube, auf einem trockenen Boden und zum Schlafe ausstrecken zu können! Am folgenden Tage bekamen wir unsere Löhnung. Wir bekamen für jeden Tag 1 Mark Zulage, also 1,53 Mark pro Tag. Nach 3 Tagen Ruhe ging's wieder in Stellung, nach 3 Tagen Stellung wieder 3 Tage in Ruhe und so weiter. Da, eines 'Lages, gab es plötzlich Tauwetter, ein lauer Wind strich über die Berge. Der Schnee fing an zu schmelzen, und es gab einen unglaublichen Dreck in den Gräben. Wir mußten den Graben tiefer machen, denn je mehr der Schnee schmolz, um so niedriger wurde er. Mit der Schneeschmelze kamen auch die Gefallenen zwischen den Stellungen zum Vorschein, und es waren viele, die in allen möglichen Stellungen herumlagen.

9. APRIL 1915 - DIE EROBERUNG DES BERGES ZWININ

Nummer 5 auf der Karte

Am Morgen begaben wir uns vor Tagesanbruch wieder in Stellung. [Wir hatten zei Bataillone des Infanterieregiments 43 als Verstärkung erhalten ...] Vor dem Aufstieg wurde uns nicht gesagt, daß wir angreifen sollten, doch wir ahnten es. Oben angelangt, mußten wir gleich Ausfallstaffeln graben. Punkt 8 ging's los. "Der Berg muß um jeden Preis genommen werden l- lautete der Befehl. Kaum waren wir zum Graben hinaus, als oben schon die Russen auftauchten und uns mit Schnellfeuer empfingen. Trotzdem lief und kletterte alles nach oben. lm Laufen schossen wir unsere Gewehre nach den sichtbaren Köpfen der Russen ab. Dadurch wurden sie beunruhigt und zielten nicht mehr so genau. Ich duckte mich einen Moment hinter einen Erdhügel. Zur Seite schauend sah ich, daß die Deutschen die ganze Lange des Berges angriffen. Stellenweise hatten sie bereits den Gipfel erreicht. Es war ein derartiges Geschrei und Geschieße, daß man weder die Kommandos noch sonst etwas unterscheiden konnte. Plötzlich fing ein russisches MG an, uns in die Flanke zu schiel3en. Sehr viele wurden getroffen und stürzten zwischen die Toten, die bei früheren Angriffen gefallen waren. An besonders steilen Stellen kollerten die Getroffenen eine Strecke weit den Berg hinab. Endlich kamen wir atemlos vor der russischen Stellung an. Einzelne Russen wollten sich noch wehren und wurden mit den Bajonetten niedergestochen. Die anderen hielten ängstlich die Hände in die Höhe oder flohen rückwärts den Berg hinunter. Die russische Stellung war nicht stark besetzt gewesen, denn viele Russen waren in den Unterstanden, die sich am Abhang hinter ihrer Stellung befanden, mit dem Kochen ihres Frühstücks beschäftigt gewesen. Wir gingen nun bis an den Rand des Berges vor und sahen, daß den Abhang hinunter alles von Russen wimmelte, die abwärts flohen. Sie wurden nun massenweise niedergeschossen. Da der Nordabhang des Berges ganz kahl war, fanden sie nirgends Deckung. Dieses Morden war schrecklich anzusehen. Nur wenige erreichten lebend den Fuß des Berges. Manche rollten 300 bis 400 m tief den Berg hinab. An verschiedenen Stellen lag noch eine Menge Schnee, der vom Winde zusammengeweht worden war. Die Russen sanken darin ein bis zum Leib und wurden am schnellen Fortkommen gehindert, so daß fast alle totgeschossen und verwundet wurden.

Nun fingen wir an, die Unterstände nach Lebensmitteln abzusuchen. Ich schob ein Zelt zur Seite, das vor dem Eingang eines Unterstandes hing, und ging hinein, prallte aber gleich zurück, denn darin standen 8 Russen, die nicht den Mut hatten zu fliehen. Sie hielten gleich die Hände hoch. Zwei von ihnen wollten mir ihr Geld geben, damit ich ihnen nichts tue. In Wirklichkeit war ich froh, daß sie mir nichts taten. Ich gab ihnen zu verstehen, daß sie hinausgehen sollten. Sie wurden von anderen Soldaten in Empfang genommen und auf den Gipfel des Berges geführt, wo schon einige hundert Gefangene beisammen waren. Ich war wahrscheinlich in den Lebensmittelunterstand einer russischen Kompanie geraten, denn darin lag ein mächtiges Stück Rindfleisch, eine Seite geräucherter Speck, mehrere Ballen Butter und eine Menge Zuckerbrötchen in runden Rollen. Schnell steckte ich Brotbeutel und alle Taschen voll Brötchen, schnitt mit meinem Taschenmesser die Speckseite entzwei und schnallte ein mächtiges Stück unter meinen Tornisterdeckel, so daß auf beiden Seiten die Enden heraussahen. Dann schnallte ich mein Kochgeschirr los und stopfte dasselbe voll Butter. Zum Schluß nahm ich noch einige Handvoll Zucker aus einem Sack und füllte damit jedes leere Plätzchen in meinen Taschen aus. Inzwischen waren noch andere Soldaten in den Unterstand gekommen, und in wenigen Minuten war er ausgeräumt. Viele Soldaten hatten nur Brot und sonstige Kleinigkeiten gefunden. Als sie meinen Speck zu beiden Seiten des Tornisters herausragen sahen, nahmen mehrere ihre Taschenmesser und schnitten Stücke davon ab. Bald blieb mir nur das Stück, das unterm Tornisterdeckel war. Es waren immer noch 10 Pfund, und ich gab einem guten Kameraden von mir, [einem Badenser namens...] Hubert Weiland, der vor dem Krieg Theologie studiert hatte, ein schönes Stück ab, ebenso noch kleinere Stücke mehreren elsässischen Kameraden.

Nun kam der Befehl, alles solle sich auf dem Gipfel des Berges sammeln. Die Verwundeten, die inzwischen verbunden worden waren, Deutsche und Russen, wurden nun auf Zelte gelegt und von den gefangenen Russen nach Orawa hinuntergetragen. Eine Abteilung Russen mußte uns helfen, große Löcher auszuheben; darin wurden die Gefallenen, die beim Sturm, sowie die, die schon früher ums Leben gekommen waren, begraben. Letztere hatten bereits ein schreckliches Aussehen. Man mußte seinen ganzen Mut zusammennehmen, um sie herbeitragen zu helfen. Wir blieben nun in der russischen Stellung. In der Nacht setzte wieder heftiges Schneegestöber ein, und am Morgen waren Berge, Schluchten und Wälder wieder in eine weiße Decke gehüllt. Vor uns befanden sich zwei Berge in Form von Häusern, mit der Schmalseite gegen uns. Durch die dazwischen liegende Schlucht sah man in einem Tälchen wieder einige der armseligen Hütten stehen und im Hintergrund noch 3 bis 4 Berggipfel, einer höher als der andere. Es wurden nun Patrouillen auf die uns gegenüber liegenden Berge geschickt, um festzustellen, ob dieselben von den Russen geräumt seien. Bald winkten sie von drüben zum Zeichen, daß die Russen weg waren. Wir klettern nun den Nordabhang des Zwinin hinunter; wo man hinschaute, lagen tote Russen. Eingeschneit am Fuße einer Mulde, lagen etwa 12 Stück übereinander, die die steile Mulde hinuntergerollt waren. Im Bach am Fuße des Berges lagen eine Menge tot im Wasser, mehrere lehnten noch am Rand. Es war ein trauriges Bild. Die Russen waren gegen die Kälte viel besser ausgerüstet als wir. Sie trugen dicke wollene Mäntel mit Kapuze, auf dem Kopf hohe Pelzmützen, ihre Füße staken meist in Filzstiefeln, und ihre Hosen und Westen waren mit Watte gefüttert.

Wir gingen nun in der Schlucht zwischen den beiden Bergen vor und warteten die Nacht ab. Bei Anbruch der Dunkelheit bestiegen wir den rechts liegenden Berg und hoben in halber Höhe einen Schützengraben aus. Es war eine kalte Nacht. Ein Kamerad von mir namens Brüning aus Mühlhausen, Familienvater, dem es auch sehr verleidet war, verlangte von mir, ich solle ihm mit dem Kopf meines Beiles eine Kugel in die Hand schlagen. Er wollte die Hand auf einen Baumstumpf legen. Ich sagte ihm, daß ich es nicht fertigbrachte. Am Morgen, als die Sonne aufstieg und wir weit und breit nichts von den Russen sahen, setzten wir uns hinter den Graben auf die Tornister, und jeder aß, was er hatte. Plötzlich ein Sausen durch die Luft und im gleichen Moment ein furchtbarer Krach. Erde, Schnee, Rauch, alles wirbelte durcheinander. Eine große russische Granate hatte kaum 5 m vor unserem Graben eingeschlagen. Schnell sprangen wir alle in den Graben. Schon kam die zweite. Sie schlug unter einem MG ein und schleuderte es hoch in die Luft. Zwei Mann wurden getötet. Die dritte Granate explodierte dicht hinter dem Graben, die vierte mitten darin, etwa 7 m neben mir. Nun war es mir zu bunt. Ich sprang aus dem Graben und lief am Abhang entlang in ein niedriges Gehölz, das hauptsächlich aus Haselstauden bestand. Bald war niemand mehr im Graben als die Getroffenen. Nach einer Weile hörte das Schießen auf. Wir gingen nun vorsichtig in den Graben zurück, um nach den Verwundeten zu sehen. Bald brachten 2 Mann den Brüning; bleich wie der Tod wankte er daher, streckte die Arme von sich und rang nach Atem. Verletzungen konnte man keine an ihm sehen. Plötzlich schoß ihm Blut aus dem Mund und aus der Nase. Er stürzte hin, und nach einigen Zuckungen war er tot. Durch den Luftdruck der neben ihm platzenden Granate war ihm die Lunge geplatzt. Sieben Tote lagen noch im Graben, mehrere bis zur Unkenntlichkeit zerfetzt. Wir legten alle in eines der großen Granatlöcher und deckten sie mit Erde zu. Dann befestigten wir mit Weiden zwei Stäbe in Form eines Kreuzes und steckten dasselbe auf das Grab.

[..Wir blieben dann .noch zwei Tage in jenem Graben, bekamen kein Feuer mehr, da sich keiner zu zeigen wagte...] In der dritten Nacht verließen wir den Berg, überschritten ein schmales Tal und gruben uns jenseits des Tales ein. Die Russen lagen uns gegenüber auf einem langgestreckten Berg, der höher war als der unsrige. Am Tage mußten wir ständig sitzen oder liegen, da die Russen von oben in unseren Graben Hineinschieben konnten. Der Abhang vor uns war mit mannshohem Gebüsch bedeckt. Eines Abends beim Dunkelwerden stand ich Posten, paßte aber nicht auf und plauderte mit den Kameraden. Plötzlich stand ein Russe vor uns auf dem Grabenrand, das Gewehr in der Hand. Ich glaubte, es kamen noch viele, und schlug mein Gewehr gegen ihn an. Da hielt er die Hände in die Höhe und sprang in den Graben zu uns. Es war ein Überläufer, der wohl schon genug hatte am Krieg. Wir gaben ihm Zigaretten. Wie glücklich der Mensch war, mm sein Leben in Sicherheit gebracht zu haben! [..An demselben Abend bekamen wir wieder frische Ersatztruppen aus Deutschland. Ein Unteroffizier, der auch zu unserer Kompagnie kam, fiel schon in derselben Nacht. Wir lagen etwa drei Wochen in jener Stellung. Wir bekamen jeden Tag Artilleriefeuer von den Russen, sonst kam nicht viel Besonderes vor....]

Am 2. Mai horten wir ganz in der Ferne das dumpfe Grollen der Geschütze. Es war der Durchbruch der deutschen Armee durch die russische Stellung bei Gorlice-Tarnow. Am 4. Mai hatte ich Geburtstag, ich war nun 22 Jahre alt. Nachmittags fing der Russe mit Schrapnells unseren Graben zu beschießen an. Wir hatten Bretter über den Graben gelegt und oben mit Erde bedeckt, um uns gegen die Schrapnells zu schützen. Wir standen zu 5 Mann darunter. Plötzlich ein Sausen, ein Blitz, ein Knall, ich erhielt einen Schlag auf den Kopf und war besinnungslos. Als ich wieder zu mir kam, drehte sich alles im Kreise. Ich lag halb mit Bretterstücken und Erde zugedeckt im Graben. Auf dem Kopfe hatte ich eine mächtige Beule, und im Gesicht unter dem rechten Auge hatte ich die Haut abgeschürft. Einer der vier Kameraden lag tot im Graben. Ein anderer lehnte sitzend an der Grabenwand, hing den Kopf vornüber und stöhnte leise. Beim Zusehen bemerkte ich, daß er ein Sprengstück in den Rücken erhalten hatte. Ich schrie nach den Sanitätern, aber niemand kam, denn jeder duckte sich in irgendeine Ecke im Graben. Als ich mich nach einer Weile wieder nach ihm umsah, war er tot. Von den beiden anderen sah ich keine Spur; wahrscheinlich waren sie weggelaufen. Später erfuhr ich, daß mein guter Kamerad Weiland, der eine Brille trug, leicht verwundet worden war. Die Brillengläser, von Erdschollen zertrümmert, staken ihm unterhalb der Augen im Gesicht.

Wir bekamen dort sehr wenig Verpflegung, und da meine Beute vom Zwinin langst aufgezehrt war, litt ich wie alle anderen schweren Hunger. Eines Tages wurden wir etwa 10 Mann zurück nach dem Zwinin geschickt, um von den russischen Unterstanden Bretter zu holen; damit sollten wir unserem Kompanieführer einen Unterstand bauen. Am Zwinin angekommen, sahen wir, daJ3 die Russen noch unbeerdigt umherlagen. Ihre Köpfe waren schwarz und ganz dick, der ganze Körper überhaupt derart aufgedunsen, daß die Uniform prall ausgefüllt war.

Wir suchten nun nach etwas Eßbarem. Ich sah meine Kameraden Brotkrusten, die im Dreck lagen, auflesen sie im Quellwasser waschen und essen. Vor mir lag ein Russe auf dem Rücken, den Rucksack hatte er noch aufgeschnallt. Ich sah, daß er einen Brustschuf erhalten hatte. Ich schnitt nun mit einem Taschenmesser die Riemen durch, zog den Rucksack sack unter ihm hervor, schnitt ihn auf und fand ein Säckchen Zucker und ein großes Stück Brot. Jedoch war sein Blut durch den Rucksack und das Brot gesickert. Aber mein Hunger war derart, daß ich das mit Blut besudelte Stück wegschnitt und das andere aß. Wir suchten dann noch weiter, Emden aber nichts mehr. Wir nahmen jeder ein Brett und gingen zurück zu unserer Kompanie. Wie wir dann erfuhren, sind am Zwinin im ganzen 12000 Mann auf deutscher Seite gefallen

BEGINN DER GROSSEN OFFENSIVE IM MAI 1915

Nummer 6 auf der Karte

Am 5. Mai 1915 verließen wir unsere Stellung und marschierten in einem kleinen Tale hinter der Front entlang nach Osten. Dort wimmelte alles von frisch angekommenen österreichischen Truppen. Es hieß, daß dort die russische Front durchbrochen werden müßte. Die Russen hatten ihre Stellung hier ebenfalls dem Kamm eines Berges entlang. Uns graute vor dem Angriff, doch diesmal hatten wir mehr' Glück; wir blieben in Reserve. Wir lagen in Deckung gegen Sieht in einem Tannenwäldern. Am 7: Mai morgens ging der Tanz los. Einige österreichische Gebirgsbatterien beschossen die russische Stellung? Bald ging die deutsch-österreichische Infanterie zum Sturm vor. Furchtbar prasselte das Infanterie und Maschinengewehrfeuer. Dazwischen hörte man das Krachen der Schrapnells und Granaten. Wir konnten dem Verlauf des Karnpfes zusehen. Wir sahen, daß viele Getroffene hinter den emporkletternden Deutschen und Osterreichern liegenblieben. Trotzdem erreichten sie den Gipfel, und bald wurden große Kolonnen russischer Gefangener den Berg hinabgeführt. Aber der Kampf dauerte fort, ein Zeichen, daß auf der jenseitigen Seite des Berges die Russen noch Widerstand leisteten. Nun hieß es: »Antreten, vorrücken- Wir sammelten uns am Waldrand; plötzlich schlug eine russische schwere Granate mitten in den Haufen Soldaten und tötete und verwundete über 40 Mann. Vor Sehrecken liefen wir alle auseinander. Es kamen noch mehr Granaten, sie flogen aber alle über uns hinweg. Wir mußten uns aufs neue sammeln und kletterten nun den Berg hinauf; zwischen der deutschen Stellung und dem Gipfel lagen eine Menge Toter und Verwundeter von unserer Seite. Die Verwundeten baten um Hilfe. Wir mußten aber weiter. Deutsche Sanitäter und Arzte waren mit Hilfe russischer Gefangener bemüht, die Verwundeten zu verbinden und wegzuschaffen.

In der russischen Stellung lagen eine Menge toter Russen, die fast alle Stichwunden hatten. Am hinteren Bergabhang lagen überall zerstreut ebenfalls gefallene Russen, dazwischen auch einige Deutsche. An einer Stelle sah ich eine vollständige russische Schützenlinie tot liegen. Manche hatten noch den Spaten in der Hand, um sich einzugraben, andere lagen da, das Gewehr noch im Anschlag. Sie waren wahrscheinlich mit einem MG niedergemäht, Die Russen hatten hinter ihrer Stellung eine richtige Schweinerei, nirgends sah man eine Latrine. Daher konnte man kaum passieren, ohne in Menschenkot zu treten.

Wir erreichten die zu verfolgenden Truppen erst auf der Höhe des nächsten Berges. Die Russen hatten dort auch eine starke Reservestellung gebaut, aber keine Zeit mehr, Widerstand zu leisten. Nun ging die Verfolgung los. Den ganzen Tag ging's bergauf, bergab hinter den Russen her. Immer wieder kamen einzeln oder in kleinen Gruppen die Russen freiwillig zu uns, um sich zu ergeben. Die hatten wohl auch übersatt an dem Kriege.

Da es heiß war, löschten wir unseren Durst am klaren Quellwasser, von dem es eine Menge gab. Mit dem Essen war es mau, denn jeder harre nur etwa [Pfund Konservenfleisch und] Säckchen Zwieback d. h. die eiserne Portion. Sie darf nur auf Befehl des Kompanieführers angegriffen werden. Hungrig verbrachten wir die Nacht oben auf einem Berge. Bei Tagesanbruch ging es wieder weiter. Vorher durften wir die halbe Büchse Fleisch essen und einige Zwieback.

Gegen Mittag wurden etwa 20 Mann, darunter auch ich, auf den vor uns liegenden Berg geschickt, um Umschau zu halten. Kaum hatten die ersten die Bergspitze erreicht, als sie sofort zu schießen begannen und uns zuriefen, schnell heraufzukommen. Von dem Berggipfel sah ich eine tiefe Schlucht unter uns. Sie wimmelte von Russen, die sich auf dem Rückzug befanden. Wir schossen nun hinunter, was aus den Gewehren ging, und mehrere Russen stürzten zu Boden. Dann warfen alle die Gewehre weg und hielten die Hände in die Hohe. Da wir unsere Schwäche nicht zeigen wollten, blieben wir gedeckt liegen und erwarteten die Ankunft des Bataillons. Die Russen mußten sich nun sammeln und wurden zurückgeführt. Es waren über 700 Mann. [Wir überstiegen nun den nächsten Berges bedeckte. Eine Menge Tannenstämme lagen am Boden, die unteren faul, die oberen hart, ohne Rinde. Man konnte stellenweise kaum durchkommen. Zwischen den niedergestürzten Tannen standen Junge aller Größen und wieder solche mit einer unglaublichen Höhe und Umfang. ...] Das Gebirge war hier sehr wild und zerrissen. Nirgends Weg und Steg, noch weniger eine menschliche Wohnung. Unaufhaltsam ging es weiter. Infolge des beschwerlichen Bergauf- und Bergabsteigens und des Mangels an Lebensmitteln wurden wir sehr müde und schlapp, aber trotzdem ging es weiter bis zum Anbruch der Nacht. Nun aßen wir den Rest unserer Lebensmittel und schliefen im Walde. Am nächsten Morgen ging es mit hungrigem Magen wieder vorwärts; wir kletterten einen Bergabhang hinab, als wir plötzlich von dem uns gegenüber liegenden Berge starkes Infanteriefeuer bekamen. Zum Glück gab es bei uns mehrere große Felsen, hinter denen wir Deckung fanden. Es war wohl die russische Nachhut, die den Rückzug ihrer Armee decken sollte.

Bald knallten zahlreiche Schüsse, die von deutschen Abteilungen kamen, und die Russen zogen sich zurück. Nachdem wir mm den Berg, auf dem die Russen vorher lagen, erstiegen hatten, erblickten wir zu unserer angenehmen Überraschung ein schönes Tal. [..das von einer Bahn, einer Straße und einem kleinem Fluß durchzogen wurde. Einige Dörfchen und einzelne Cehöfte lagen im .Tale zersteut..] In der Ferne konnte man die abziehenden Russen mit bloßem Auge sehen. Die Straße war, so weit man sehen konnte, mit ihren Kolonnen bedeckt. Wir stiegen nun in das Tal hinunter, und der Straße folgend, kamen wir bald in das Städtchen Skole. Da wir durch den Hunger sehr geplagt waren, ging es auf die Suche nach Lebensmitteln. Bald wurde eine Quelle entdeckt. Am Straßenrand standen zwei Baracken, die mit russischem Brot und Lachsfischen angefüllt waren. Sie wurden nun im Sturm genommen. An den Eingängen gab es ein unglaubliches Gedränge. Bald sah man überall Soldaten umhersitzen und -liegen, mit einem großen Stück Fisch und einem russischen Brot, tapfer draufloskauend. Wir verbrachten die nächste Nacht in Skole. [..Am Morgen ging es weiter der Straße entlang. An einer Stelle überquerte die Straße den Fluß. Die Brücke aber war von den Russen gesprengt worden. Wir zogen nun die Stiefel aus, und da wir glaubten, das Wasser sei nicht teigigen wir mit aufgestülpten Hosen durch. In der Mitte war es jedoch tiefer, und wir wurden bis an die Hüften naß. Ein Badenser namens Maier hatte die Hosen ausgezogen, und kam nun trocken durch. Er lachte uns nicht wenig aus. Am anderen Ufer angekommen, sah nun unser Maier,daß er als einziger den Tornister vergessen und drüben gelassen hatte. Nun mußte er nochmals zurück, hatte das Pech auf einem glatten Stein auszurutschen und längs is Wasser zu stützen. Naß wie eine Maus kam er nun mit seinem Tornister zurück. Für den Spott brauchte er nicht zu sorgen....] Beim Weitermarschieren am nächsten Morgen kamen wir bald zu Hindernissen. Die Russen hatten am Abhang mächtige Tannen abgesagt und quer über die Straße geworfen. Sie mul3ten von uns weggeräumt werden.

Infolge der ungleichmäßigen Verpflegung litt ich, wie viele andere, an starkem Durchfall. Die Disziplin bei den Ostpreußen war trotz der Strapazen und des Elends derart groß, daß man je des mal auf dem Marsche die Vorgesetzten fragen mußte, um austreten zu dürfen. Ich fragte meinen Zugführer, Unteroffizier Will, um die Erlaubnis. Da er mich immer noch haßte, schickte er mich zum Kompanieführer, ich solle denselben fragen gehen. Dieser aber ritt an der Spitze des Bataillons. Ich fragte nun nochmals Unteroffizier Will um die Erlaubnis. Und da es mir unmöglich war, langer zu warten, ging ich aus der Kolonie, legte Tornister,

Gewehr und Koppelzug auf den Straßenrand und begab mich in das neben der Straße stehende Gebüsch. In demselben Moment hieß es für die Kolonne halt, da vorne wieder Hindernisse auf der Straße waren. Unser Kompanieführer, ein schrecklich grober Mensch, kam nun von vorne zu seiner Kompanie geritten, und als er meine Sachen am Straßenrand liegen sah, schnarrte er: »Wem gehören die Sachen hier?" Ich schrie aus dem Gebüsch: »Mir, Musketier Richert! «- - »Nun kommen Sie mal her! « schrie er. Ich brachte meine Kleider in Ordnung, ging hin und stand still vor ihm. »Haben Sie um die Erlaubnis gefragt, austreten zu dürfen? « - »Jawohl, den Unteroffizier Will«, gab ich zur Antwort. -Unteroffizier Will, kommen Sie mal her l« sagte der Oberleutnant. »Hat dieser Mann Sie um Erlaubnis gefragt, austreten zu dürfen? « Der Unteroffizier Will, der hier eine Gelegenheit sah, mir eins auszuwischen, log nun: »Nein, Herr Oberleutnant! « - "Sie frecher, gemeiner Lümmel! « brüllte mich nun der Oberleutnant an. » Ich bestrafe Sie mit 5 Tagen strengem Arrest wegen Belügens eines Vorgesetzten! « Ich wollte nun dem Oberleutnant melden, daß es mindestens 20 Mann geh6rt haben müssen, als ich Unteroffizier Will um Erlaubnis fragte. Kaum tat ich den Mund auf, als er schon den Arm mit der Reitpeitsche erhob und schrie: »Wollen Sie die Schnauze halten! « Ich platzte fast vor Wut, war aber vollständig machtlos. Das war die e:ste Strafe, die ich nun in meiner damals bald 2 jahngen Militärdienstzeit erhielt. Ich war mehrere Tage derart aufgebracht, daß ich nur mit größten Widerwillen meinen Dienst versah.

Da keine Zeit um Absitzen, auch keine Arrestlokale vorhanden waren, wurden die Bestraften mit Stricken irgendwo an einen Baum oder ein Wagenrad gebunden. Zwei Stunden Angebundensein löschte jedesmal einen Tag Arrest aus. Also sollte ich 10 Stunden angebunden werden [..eine damals in allen europäischen Armeen übliche Militärstrafe..]. Eine schöne Aussicht, zumal wenn ich daran dachte was ich alles schon für diese Preußen ausstehen und durchmachen mußte. Einen großen Trost brachte mir ein Brief aus der Heimat mit der Mitteilung daß es meinen Lieben gutgehe, alles gesund sei und sie trotz der Nähe der Front zu Hause bleiben könnten.

Beim Weitervormarschieren kamen wir zu den Gebirgen hinaus und sahen vor uns die weite galizische Ebene. Alles grünte und blühte, und wir waren sehr froh, endlich das schreckliche Gebirge hinter uns zu haben. Über die weite Ebene blickend, dachte wohl jeder, ob er wohl dort irgendwo sein Grab finden würde. Leider wurde dies für die meisten der Fall. Wir passierten mehrere Dörfer, ohne auf Russen zu stoßen. Die

Bauart der Hauser war etwas besser als in den Karpaten. Die Bauern liefen auch hier mit dem Hemd über der Hose herum, und die Weibsleute waren auch hier unsauber. Mit verwunderten Blikken sahen sie uns an, denn wir waren wohl die ersten Deutschen, die sie zu sehen bekamen. Sprechen konnten wir mit ihnen kein Won, da sie dort polnisch sprechen. Einmal ging ich in ein Haus, um Eier zu kaufen. Ich zeigte der Frau 6 Finger und gackerte wie ein Huhn. [..Die Frau tat als verstehe sie mich nicht. Dann malte ich mit meinem Bleistift ein Ei auf die weißgetünchte Wand in der Stube. Alles half nichts nichts. Sie wollte mich einfach nicht verstehen. ..] Alles half nichts, sie wollte mich einfach nicht verstehen. Als letztes Mittel zeigte ich mein Portefeuille, aus welchem ich einen Geldschein zog. Das half. Die Frau langte einen Korb aus der Ecke und gab mir 6 Eier. Sie verlangte »1 Kuronna , « daß heißt 1 österreichische Krone, die den Wert von 80 Pfennig hatte. Ich gab ihr 1 Mark. Ich bekam noch 2 Eier mehr, anstelle der 20 Pfennig.

Am folgenden Tage hörten wir links von uns dauernd Kanonendonner, woraus wir erkannten, daß die Russen unseren Vormarsch aufhalten wollten. Mächtige Rauchwolken stiegen in die Hohe, Dorfer brannten. Des Nachts war der Himmel über jener Gegend blutig rot. Am folgenden Tage ging es wieder weiter. Wir waren ganz kaputt vom vielen Laufen und sehnten uns nach einem Ruhetag. Auf einmal knallten vor uns Schüsse. Eine Kavalleriepatrouille kam zurückgesprengt mit der Meldung, daß sie auf kleinere russische Abteilungen gestoßen sei. Nun schien es bald wieder ernst zu werden. Wir etwa 20 Mann wurden mit einem Leutnant vorgeschickt, um den vor uns liegenden Wald abzusuchen. Wir fanden jedoch keinen einzigen Russen. Vom jenseitigen Waldrand sahen wir ein Dorf. Mehrere Häuser waren mit Ziegeln bedeckt, andere mit Blech und Schindeln. Am Waldrand entlang zog sich eine Schlucht von etwa nur 5 m Tiefe. Wir legten uns an den Rand der Schlucht und beobachteten das Dorf. Aber nirgends war ein Russe zu sehen. Auf einmal kam ein Russe in gestrecktem Galopp um eine Biegung der Schlucht gesprengt. Wir schlugen sofort die Gewehre auf ihn an. Er warf die Lanze weg, hielt beide Hände hoch, und ohne die Zügel zu halten, sprengte er zu uns. Dann schwang er ein Bein über den Hals des Pferdes, sprang herunter und ergab sich. Wir mußten alle staunen über dieses Reiterkunststück. Wir deuteten dem Russen, bei uns zu bleiben, und er schien recht zufrieden damit.

Da kam ein Bauer aus dem Dorfe, der auf dem Felde arbeiten wollte. Wir riefen: »Panje, Moskali? « Das hieß ungefähr: »Herr, sind noch Russen dort? « Der Mann antwortete auf gut deutsch: »Nein, vor einer halben

Stunde sind die letzten weg.« Er erzählte uns, daß letzte Nacht das Dorf voller Russen gewesen sei, und so viel er verstehen konnte, wollten sie sich in der Gegend verteidigen. Für uns war das kein angenehmer Bericht. Das Dorf hieß Bergersdorf und war nur von Deutschen bewohnt. Nachdem der Leutnant einige Mann mit der Meldung zum Bataillon geschickt hatte, begaben wir uns ins Dorf, freudig begrüßt von der Einwohnerschaft. Da wir alle sehr heruntergekommen waren und ein schlechtes Aussehen hatten, bedauerten uns die Leute und gaben uns zu essen: Milch, Brot und was sie sonst hatten. Nach der Ankunft des Bataillons mußten wir jenseits des Dorfes einen Schützengraben bauen, mitten durch ein Kartoffelfeld. Die Bewohner des Dorfes schlachteten nun auf Gemeindekosten ein Schwein, kochten Sauerkraut und Kartoffeln dazu und brachten uns dieses Essen in den Graben. Wie das schmeckte! Das war wieder einmal etwas anderes als das ewige Einerlei der Feldküche. »Morgen ist Ruhetag!- hieß es.

Wir schliefen in einer Scheune. Am Morgen brachten uns die beiden Töchter des Hausbesitzers gekochte Milch. Es waren zwei hübsche, sehr freundliche Mädchen, und ich unterhielt mich tagsüber oft mit ihnen. Am Nachmittag kam ein Unteroffizier zu mir und sagte, ich solle in einer halben Stunde an den im Hofe stehenden Apfelbaum gebunden werden. Den Strick müsse ich selber besorgen. Ich hätte vor Wut die ganze Welt zertrümmern können. Nach etwa einer halben Stunde nahm ich meinen Gewehrwischstrick [Kettenschnur zum Reinigen des Gewehrlaufs] aus meinem Tornister und wollte mich damit bei dem Unteroffizier melden. Da liefen die Kompaniemelder im Dorfe umher und riefen: »Sofort alles fertigmachen, es geht weiter!« Obwohl wir ahnten, daß es nun bald zu einem Zusammenstoß mit den Russen kommen würde, war ich doch wie erlöst, diesmal noch von der Schande des Anbindens losgekommen zu sein.

Wir marschierten einige Kilometer durch einen Wald bis an den jenseitigen Waldrand. Dort übernachteten wir. In der Nacht hörten wir vor uns dauernd Infanteriefeuer. Einzelne Kugeln kamen bis zu uns geflogen. Es war eine sehr schöne, laue Mainacht, und das Schlafen im Freien war gar nicht so übel. Gegen Morgen mußten wir vorgehen und kamen durch ein großes, ganz mit Heidekraut bewachsenes Gelände. Dort hatten österreichische Truppen einen Graben aufgeworfen, den wir nun besetzten. Bei Tagesanbruch sah ich, daß vor uns in etwa 800 m Entfernung ein mit jungen Tannen bewachsener Wald lag, der im Halbkreis die Heide einsäumte. Rechts von uns knatterte plötzlich starkes Infanteriefeuer. Dort war bereits ein Gefecht im Gange. Wir blieben tagsüber ruhig im Graben liegen. Am Abend lief der Kompanieführer die Unteroffiziere zu sich kommen und sagte ihnen, daß eine Patrouille von 2 Mann - wenn möglich aktive Leute, die bis jetzt den ganzen Feldzug mitgemacht hatten – nach vorne gehen müsse, um auszukundschaften, wo sich die Stellung der Russen befinde. Mein Unteroffizier meldete, daß sich ein solcher Mann in seiner Gruppe befinde. So wurden ich und ein Badenser namens Brenneisen vorgeschickt. Wir gingen an den vorne liegenden Horchposten vorbei, und ich fragte, ob sie das Losungswort wüßten, nicht daß sie bei unserem Zurückkommen auf uns schießen. [..Das Losungswort oder die Parole hieß an jenem Tag: Helene....] Wir schlichen mm vorsichtig weiter, legten uns wieder hin und lauschten in die Nacht hinaus. So ging es langsam weiter und weiter. Um die Richtung festzustellen, hatte ich einen Kompaß mit leuchtender Spitze bei mir. Brenneisen wollte noch weiter vor, ich zwang ihn aber, sich neben mich ins Heidekraut zu legen, und sagte: »Mensch, bedenke doch, daß du eine Mutter hast. Was kannst du hier vorne finden? 1löchstens den Tod!« Er antwortete leise: »Aber wir müssen doch die Meldung bringen, wo die Russen liegen! « - » Laß mich nur machen. Für eine Meldung werde ich schon sorgen. « Dann blieben wir ruhig liegen. Plötzlich hörten wir links von uns das Heidehaut rascheln und gleich darauf ein leises Flüstern. Wir brachten leise unsere Gewehre in Anschlag, und ich raunte Brenneisen ins Ohr, wenn möglich nicht zu schießen. Da tauchten 8 Russen neben uns auf. Vorsichtig spähend gingen sie kaum 20 Schritt vor uns vorüber, sahen uns aber nicht. Wir hielten den Atem an, aber das Herzklopfen konnten wir nicht beschwichtigen. Ruhig liegenbleibend lauschten wir in die Nacht hinaus. Da hörten wir deutlich in dem Walde Klopfen, dann den Schall von Äxten. Es war nun kein Zweifel mehr, die Russen bauten am Waldrand vor ihrer Stellung ein Drahthindernis. [..Vorsichtig gingen yir nach etwa zwei Stunden zurück .Bald schallte uns das "Halt Wer da?" der Horchposten entgegen. Wir Sagten: „Helene" und konnten passieren.w...]

Vorsichtig gingen wir nach etwa 2 Stunden zurück Bald schallte uns das »Halt! Wer da? « der Horchposten entgegen. Wir sagten »,Helene « und konnten passieren. lm Graben angekommen, gingen!

wir gleich zum Kompanieführer, der in einer Ecke lag und schlief. Ich weckte ihn und meldete: » Patrouille zurück!- Er stand auf und fragte: »Nun, was gibt's Neues vorne? « Ich erzählte ihm nun: »Wir

schlichen bis an den vor uns liegenden Waldrand vor. Wir stießen beinahe mit einer 8 Mann starken russischen Patrouille zusammen, die uns aber nicht bemerkte. Wir legten uns hin und hörten, wie die Russen Baume fällten, Pfahle spitzten und in den Boden schlugen. Auch hörten wir Drahtrollen knirschen, zum Zeichen, daß die Russen vor ihrer Stellung ein Drahthindernis bauten. Wir schlichen so nahe an die Russen heran, daß wir sie gut sprechen hörten. Im Zurückgehen schritt ich die Entfernung ab, welche von unserer Stellung bis an den Waldrand ungefähr 800 m betragt.« Mit dem letzten Teil der Meldung belog ich den Kompanieführer in der Hoffnung, daß er mir die 5 Tage Arrest schenke. Als ich gemeldet hatte, klopfte er uns beiden auf die Schultern und sagte: »Sie haben die Patrouille schneidig ausgeführt. Ich bin mit Ihnen sehr zufrieden. Wie heißen Sie'. Wir nannten unsere Namen. »Richert? Riehet? Sind Sie nicht der Mann, den ich mit 5 Tagen strengem Arrest bestrafte '- - » Jawohl, Herr Oberleutnant«, gab ich zur Antwort, »So «, sagte er, »für die schneidige Ausführung der Patrouille ist Ihnen die Strafe geschenkt. Andernfalls hatten Sie das Eiserne Kreuz erhalten!- Ich hatte erreicht, was ich wollte, und mit dem Angebunden werden war's vorbei. Der Oberleutnant ließ gleich in der Nacht die Gruppenführer zu sich kommen und gab ihnen den Befehl, sämtlichen Soldaten der Kompanie bekanntzugeben, mit welcher Bravour ich und Brenneisen die Patrouille ausgeführt hatten. Von jener Nacht an konnte mich der Oberleutnant gut leiden. Sonst war er ein ganz gefährlicher, grober Mensch und in der Kompanie sehr gefürchtet. Einmal sah ich, wie er einem Soldaten, einem älteren Mann, ins Gesiecht schlug, daß er aus der Nase blutete. Ein anderes Mal hörte ich, wie er Verwundete, die vor Schmerzen jammerten, » Kindskopfe« und »feige Memmen« schimpfte.

Gegen Morgen verließen wir den Graben, gingen nach rechts über die Heide dem Walde zu. Gleich am Waldrand befand sich ein Forsthaus, bestehend aus Wohnhaus und Stallung. Bei dem Haus und in dessen Nähe lagen viele deutsche Soldaten, die tags zuvor bei einem Zusammenstoß mit den Russen gefallen waren. Wir blieben den ganzen Tag im Walde liegen. Eine 6 Mann starke russische Patrouille lief auf uns zu und mußte sich gefangen geben. Es waren starke Kerle, wahrscheinlich aus Südostsibirien, denn sie waren gelbbraun im Gesicht, hatten etwas schiefliegende Augen und hervorstehende Backenknochen (mongolische Rasse).

26. MAI 1915

Um Mitternacht kam der Befehl, leise im Walde vorzurücken, bis wir Feuer kriegten. Dann hinlegen und eingraben. Die Nacht war dunkel, und manchmal stieß man an Baume. Als wir 50 etwa 300 m zurückgelegt hatten, blitzte es kurz vor uns auf, und es knallten uns Schüsse entgegen. Wir legten uns hin, bildeten so ungefähr Linien und gruben uns ein. Es war keine leichte Arbeit bei der stockfinsteren Nacht, in dem mit Wurzeln durchzogenen Boden. Schließlich brachte ich ein Loch zustande, legte mich hinein und schlief. Es war immer ein unangenehmes Gefühl, so in einem grabähnlichen, kühlen Loch zu liegen, besonders da man immer den Tod zu erwarten hatte. Als ich erwachte, war es bereits heller Tag. Da kam ein Befehl, der mich immer mit Grauen erfüllte: »Fertigmachen, Seitengewehr aufpflanzen, vorwärts!« [..Wir hingen nun die Tornister um, steckten das Bajonett aufs Gewehr, 5 Patronen machte ich in die Kammer des Gewehrs und 1 in den Lauf....] Mit Hangen und Bangen ging's nun vorwärts, Vorsichtig spähten wir nach vorne, konnten aber nichts entdecken. Da kamen wir an Draht, der nur von Baum zu Baum gezogen war. Wir konnten leicht hinüberkommen. Der Wald bestand hier hauptsächlich aus großen Buchen und Eichen, der Boden war mit niedrigem Brombeergebüsch bedeckt. Sosehr ich auch nach vorne spähte, ich konnte von einer russischen Stellung nichts sehen. Plötzlich krachte kaum 50 m vor uns eine Salve. Maschinengewehre rasselten, kurz, es war ein ununterbrochenes Knallen. Die Wirkung dieses Feuers war infolge der kurzen Entfernung furchtbar. Gleich die erste Salve streckte etwa die Hälfe von uns tot oder verwundet zu Boden. Die Unversehrten warfen sich ebenfalls hin, und jeder suchte sich so schnell wie möglich einzugraben. Aber viele wurden bei dieser Arbeit getroffen. Dann lag fast alles still, und die Russen hörten so ziemlich auf mit Schießen. Das Jammern und Stöhnen der armen Verwundeten war schrecklich anzuhören. Ich hatte mich ebenfalls bei der ersten Salve sofort zu Boden geworfen und war hinter den mächtigen Stamm einer Eiche gekrochen. Ein Badenser, der etwa 3 m seitwärts von mir lag, bekam einen Schuß schräg durch die linke Wange. Er kroch zu mir hinter die Eiche, stand auf, nahm den Taschenspiegel und besah sich seine Wunde. »Es ist nicht schlimmen«, sagte er zu mir, » ein Heimatschuß.« So nannten wir die leichten Verwundungen. Auf einmal blickte er starr vor sich, warf die Hände in die Höhe, wankte. Das Blut schoß ihm zu Mund und Nase hinaus, und er stürzte auf den Rücken quer über mich, mich mit seinem Blut ganz bespritzend. Ich rollte ihn von mir hinunter; ob er noch einen Schuß erhalten hatte oder infolge der Verwundung im Gesicht gefallen war, konnte ich nicht feststellen, da ich mich fast nicht zu rühren wagte. Es fiel mir auf, daß mehrere Kugeln von der Seite knapp über mich zischten. Ich hob ein wenig den Kopf und sah, daß die russische Stellung schräg lief. Ich konnte nun feststellen, wie raffiniert sie gebaut war. Der Graben war mit Brettern bedeckt, darauf lag Erde, die wieder mit Laub überstreut war. Auch hatten die Russen Sträucher daraufgesteckt, um so die Stellung fast ganz unsichtbar zu machen. Ihre Schießscharten waren nur kleine, runde Löcher knapp über dem Waldboden. Nun durchschlug eine Kugel meinen Tornisterdeckel und ging quer durch meinen Wäschebeutel. Ich dachte, mm jeden Augenblick von einer Kugel durchbohrt zu werden, und rief mehr Heilige an, als im Himmel sind. Ich sah, daß ich hinter der Eiche nicht mehr liegenbleiben konnte, zog den Tornister vom Rücken, erhob ein wenig den Kopf und sah etwa 3 m rechts von mir eine kleine, etwa 20 cm tiefe Vertiefung, ungefähr in der Lange eines Mannes. Ich kroch, platt auf die Erde gedrückt, ganz langsam nach der Vertiefung, vorsichtig das Rütteln des niedrigen Brombeergesträuches vermeidend. Meinen Tornister zog ich am Riemen nach. In der Vertiefung befand sich nasses, faules Laub und Schlamm. Ich legte mich nun auf die Seite und scharrte es mit den Händen aus dem Loch nach vorne, nahm dann meinen Spaten heraus und grub mich im Liegen tiefer ein. Durch die hinausgeworfene Erde wurden die Brombeersträucher ins Rütteln gebracht, und schon zischten Kugeln knapp über mich hinweg. Bald war ich so tief, daß ich vollständig gedeckt war. Ich lag nun ruhig im feuchten Loche. Von der rechten Seite streckte ein Toter seine Beine bis ans Loch. [. .Ich erkannte ihn an der Fußbekleidung; es war der Gefreite Zink ?????-,der statt Stiefel immer Schnürschuhe und Ledergamascher ????..] Links etwas hinter mir wälzte ein Pole vor Schmerzen hin und her, schreckliche Jammertone ausstoßend. Er hatte bei der ersten Salve einen Bauchschuf erhalten. Dann, als er sich am Boden vor Schmerz krümmte, schlug ihm ein Querschlager 4 Finger der rechten Hand weg, eine weitere Kugel zersplitterte ihm das Kinn. Es war fürchterlich, 50 etwas mit anzusehen. Trotz der furchtbaren Verwundungen jammerte und stöhnte der bedauernswerte Mensch bis ungefähr 3 Uhr nachmittags, bis er durch den Tod von seinen Schmerzen erlöst wurde. Ein Leichtverwundeter kam von hinten nach vorne gekrochen; ich dachte, der Mensch sei verrückt. Da sah ich, daß er seinen Tornister holen wollte, den er nach seiner Verwundung vor dem Zurückkriechen abgehängt hatte. In dem Moment, als er nach dem Tornister griff, traf ihn eine Kugel in die Stirn. Er sackte hin und rührte sich nicht mehr

Ich lag nun den ganzen Tag im Loche, ganz allein. Ich wußte nicht, leben noch welche oder niemand mehr. Es war sehr unheimlich, denn ich fürchtete, die Russen kämen und könnten mich in meinem Loche niederstechen. Zum Glück blieben sie jedoch im Graben. Ich bekam nun sehr starken Hunger, nahm meine eiserne Portion und aß sie ganz auf. Ich dachte, beim Dunkelwerden zurückzureichen und einem Toten die eiserne Portion aus dem Tornister zu nehmen. Ich meinte, dieser Tag könnte kein Ende mehr nehmen. Gegen Abend hörte ich eine Stimme halblaut rufen: »Hopp, hopp, ist denn niemand mehr da? « Die Stimme kam kaum 3 m rechts von mir. Ich gab leise zur Antwort: » Doch, ich bin hier, der Richert. « Wir fingen nun an, im Knien einen kleinen Graben zu unserer Verbindung zu graben, und in einer Stunde waren wir beisammen. Es war mir viel wohler, wieder bei einem Menschen sein zu können. Nach und nach machten sieh noch andere bemerkbar, und alle trachteten danach, durch Auswerfen von kleinen Graben die Verbindung gegenseitig herzustellen.

Da keine Vorgesetzten zu hören und zu sehen waren, nahm ich mir vor, bei Anbruch der Dunkelheit nach hinten zu verduften. Als ich mich eben anschickte auszukneifen, raschelte es hinter uns im trockenen Laub. Wir bekamen das Infanterieregiment 222 zur Verstärkung. So leise wie möglich gruben wir die kleinen Graben tiefer. Doch rnußten wir uns oft ducken, da die Russen uns arbeiten horten und lustig drauflosknallten. Endlich war der Graben fertig. Ich machte mir nun mit Hilfe von dürren Asten, die ich zerbrach, in den nach vorne aufgeworfenen Erdhaufen eine Schießscharte, um so wenn etwas vorkommen sollte, gedeckt schießen zu können .

Von meiner Gruppe, die aus 8 Mann und einem Unteroffizier bestand, waren nur Petersen und Niederfellmann, 2 Westfälinnen, die erst kürzlich zum Regiment gekommen waren, und ich übriggeblieben Die Hälfte mußte nun wach bleiben und Posten stehen. Die andere Hälfte, darunter auch ich, saß oder lag im feuchten, kalten Graben und schlief. Plötzlich ging eine Schießerei los, und es hieß: »Die Russen kommen! « Ich sprang schnell auf, schob mein Gewehr durch die Schießscharte und knallte, ohne etwas zu sehen, in das Dunkel hinaus. Auch die Russen, die wahrscheinlich glaubten, daß wir angreifen wollten, schossen, was aus den Gewehren hinausging. Auch warfen sie Handgranaten, die kurz vor unserem Graben mit lautem Krach zersprangen. Petersen, der keine Schießscharte gemacht hatte, schoß nun über den Erdhaufen hinweg, Auf einmal sah ich, daß er nicht mehr neben mir stand. Mich umdrehend, sah ich seine Gestalt im Graben kauern. Ich schrie: » Petersen, Mensch, schief doch!" Und knallte weiter. Da Petersen sich nicht erhob, glaubte ich, er habe wegen der über uns zischenden Kugeln Angst zu schießen. Ich stieß ihn mit der Hand an den Kopf, ihn nochmals auffordernd, zu schießen. Zu meinem Schrecken blieb meine Hand an seinem blutenden Kopf kleben. Ich griff in meine Tasche und holte meine Taschenlampe hervor. Petersen saß zusammengesunken tot im Graben; eine Kugel hatte ihm die Stirne durchbort, und das Blut lief ihm über Gesicht und Brust hinab. Als die Schießerei nach einer Weile aufhörte, hoben ich und Niederfellmann den toten Petersen zum Graben hinaus und legten ihn hinter dem Graben auf den Waldboden. Da die Nacht nun ruhig verlief, setzte ich mich auf den Grabenboden, um zu schlafen. Niederfellmann sagte: » Ich lege mich hinter dem Graben auf den Waldboden. Ich habe Deckung genug durch den aufgeworfenen Erdwall. « Dann zündete er seine Pfeife an und legte sich neben den toten Petersen. Bei Tagesanbruch lag Niederfellmann anscheinend noch schlafend mit der Pfeife im Munde da. Ich wollte ihn wecken und sagte, er solle doch jetzt in den Graben kommen, vielleicht könnte er doch von den Russen gesehen werden. Trotz meines Rufens und Rüttelns rührte er sich nicht. Beim näheren Zusehen stellte ich fest, daß er tot war. Eine Kugel, die die Spitze des Erdwalles durchschlagen hatte, hatte ihn von der Seite ins Herz getroffen. Ohne den geringsten Schmerz zu spüren, war er im Schlafe gestorben. Er hatte nun alles Elend hinter sich, und ich beneidete ihn beinahe. Von meiner Gruppe war ich nun alleine übriggeblieben. Infolge der eben erlebten schrecklichen Ereignisse war ich sehr niedergeschlagen.

27. MAI 1915

Als es hell wurde, sahen wir vor der russischen Stellung eine große Tafel stehen. Darauf stand auf deutsch geschrieben: » Ihr dummen deutschen Schweine, Italien geht nun auch mit uns! « Es war der Tag nach dem Eintritt Italiens in den Krieg. Da es nachmittags sehr heiß war und keiner nichts Trinkbares bei sich hatte, litten wir sehr Durst. Da sah ich, daß die Soldaten rechts von uns jeder einen Becher Wasser bekamen. Sie sagten, daß etwa 100 m rechts eine Mulde bis an unseren Graben heranreiche, darin könne man gedeckt zurück und im Brunnen beim Forsthaus Wasser holen. Ich nahm nun mehrere Kochgeschirre mit. Vor der Stallung des Forsthauses lag eine ganze Reihe Schwerverwundeter, die den heißen Sonnenstrahlen ausgesetzt dalagen. Die armen Menschen dauerten mich sehr. Sanitäter waren damit beschäftigt, sie auf Tragbahren einzeln wegzutragen. Da hörte ich leise, mit schwacher Stimme, meinen Namen rufen. Ich schaute mich um und erkannte den Unteroffizier Will, meinen früheren Feind, durch dessen Schuld ich unschuldig 5 Tage Arrest bekommen hatte. » Richert, geben Sie mir um Gottes willen etwas Wasser! « stöhnte er. Ich ging zum Brunnen. [Es war ein tiefer Ziehbrunnen, die Vorrichtung zum Wasserhinaufziehen war zerstört. Ich nahm nun einen langen Draht, der daneben lag, und schon zum Hinaufziehen des Wassers benützt worden war, band ein Kochgeschirr daran, ließ es in den Brunnen hinunter und zog es mit Wasser gefüllt wieder herauw..,] Das Wasser war sehr unappetitlich und hatte einen fauligen Geschmack Wahrscheinlich hatten die Russen ihre Kochgeschirre dort gespült und das Wasser wieder in den Brunnen geleert. Ich ging nun zu Will, kniete neben ihm nieder, hob mit der Hand sein en Kopf und gab ihm zu trinken. Er trank mindestens einen Liter dieses schlechten Wassers. Ich sah nun, daß er einen Brustschuf erhalten hatte. »Danke, Richert! << sagte er dann matt, und ich legte seinen Kopf wieder zurecht. Ich brachte es nicht fertig, auch nur ein Wort mit ihm zu reden. Ich füllte nun meine Kochgeschirre und ging durch die Mulde gedeckt wieder in den Graben. Alle wollten Wasser haben. Ich gab aber nur den Soldaten, die links und rechts von mir den Graben besetzt hielten.

Am folgenden Morgen kam der Befehl, alles, was zum Regiment 41 gehöre, solle sich durch die Mulde zurückziehen und sich beim Forsthaus sammeln. Wir verließen nun den Graben und die im Wald umherliegenden toten Kameraden, die noch nicht beerdigt waren. Wir sammelten uns, die Kompanie w.ir noch 30 Mann stark, 126 waren geblieben. Wir marschierten etwa 2 km zurück und kamen nach einem kleinen Dorf, wo die

Feldküche auf uns wartete. Der russische Kavallerist, den wir bei Bergersdorf gefangen hatten und der bei der Feldküche mithelfen mußte, konnte sich ein höhnisches Lächeln nicht verwehren, als er unsere zusammengeschmolzene Kompanie sah. Wir bekamen nun zu essen, und es hieß, heute sei Ruhetag. Nach dem Essen war Löhnungsappell. Es war sehr traurig dabei; der Feldwebel verlas manchmal 6 bis 10 Namen, worauf sich niemand meldete. Wir Übriggebliebenen meldeten dem Feldwebel, was wir von dem Schicksal der Zurückgebliebenen wußten: tot oder verwundet. Diejenigen, von denen keiner Bescheid wußte, wurden als vermißt eingetragen. Von 30 Tagen bekam ich 46 Mark und noch 20 Mark Beutegeld von den früher eroberten russischen Kanonen und Maschinengewehren.

Ich machte es mir bequem, zog Stiefel und Strümpfe aus, wusch Füße, Arme und Kopf, holte eine Welle Stroh aus einer Scheune und legte mich an die Sonne. Ich konnte jedoch nicht ruhig liegenbleiben, denn die Läuse quälten und bissen mich schrecklich. Ich zog nun das Hemd aus, und die Jag-d begann. Es waren zweierlei Läuse: größere und ganz winzig kleine, die nur wie ein rotes Pünktchen aussahen; jene waren die gefährlichsten. Dann legte ich mich wieder hin und schlief ein. Gegen Abend kam der Befehl: »Sofort fertigmachen, antreten!« Mit der Ruhe war es nun vorbei. Wir marschierten los, kamen in der Nacht in einem kleinen Dorf an und verbrachten die Nacht in einer Scheune. Am nächsten Morgen war Feldgottesdienst. Wir bekamen die allgemeine Absolution, das sichere Zeichen, daß wieder ein Gefecht in Aussicht war. Die Regimentsmusik spielte mehrere Stunden, und am Nachmittag bekam unsere Kompanie über 100 Mann Ersatztruppen aus Deutschland, alles junge Soldaten, die noch nicht im Felde gewesen waren. Beim Anbruch der Nacht legten wir uns wieder in der Scheune schlafen. Um Mitternacht wurden wir geweckt. Es war Post angekommen. Ich bekam eine Karte, nahm meine Taschenlampe und las: » Im Auftrag Ihres früheren Kriegskameraden August Zanger teile ich Ihnen mit, daß derselbe an der Lorettohöhe von einer Granate getroffen wurde und auf den Tod verwundet hier im Lazarett liegt. Krankenschwester Soundso; Reservelazarett Schladern an der Sieg (Rheinland).« Ich war durch die Nachricht sehr niedergeschmettert. War doch August außer meinen Angehörigen seit unserem Beisammensein an der Westfront mir der liebste Mensch auf der Welt. So einen braven, treuen Kameraden fand ich nicht so bald.

Mitten in der Nacht muhten wir abmarschieren. Vor uns in noch ziemlich weiter Entfernung hörten wir Kanonendonner. Von Zeit zu Zeit hörten wir den Abschuß eines sehr schweren Geschützes. Nach einigen Kilometern kamen wir an einem österreichischen 30-cm-Geschütz vorbei; die mächtigen Geschosse wurden mittels eines Krans geladen. Der Abschuß aus nächster Nahe krachte derart, daß man fast zu Boden flog. Bei Tagesanbruch kamen wir in ein Dorf, in dem eine Menge deutsche Batterien schußfertig standen. Vor dem Dorfe mußten wir eine Mulde in einem Weizenfelde besetzen. Keiner wuf3te, was eigentlich los war, Plötzlich krachte eine furchtbare Artilleriesalve der deutschen Batterien, das Trommelfeuer setzte ein. Es war ein furchtbares Krachen und Sausen in der Luft. Von vorne tönten die Explosionen der Granaten zurück. Bald kamen als Antwort russische Schrapnells, einige Mann wurden verwundet. Wir hockten am Boden und hielten die Tornister über die Kopfe. Die jungen Soldaten, die hier die Feuertaufe erhielten, zitterten wie Espenlaub. Nun kam der Befehl zum Vorgehen. Das russische Artilleriefeuer verstummte. Auf der Rohe angekommen, sahen wir die russische Stellung in etwa 600 m Entfernung an einem Waldrand entlang. In Schützenlinien ging es nun im Laufschritt vorwärts. Die russische Stellung war fast unsichtbar im Rauch der krepierenden Granaten und Schrapnells. Auf einmal wurde es bei der russischen Stellung lebendig. Erst einzeln, dann immer mehr und zuletzt scharenweise kamen die russischen Infanteristen zu lins übergelaufen, die Hände in die Höhe hebend. Sie zitterten alle heftig, infolge des furchtbaren Artilleriefeuers, das sie aushalten mußten. Unsere Artillerie verlegte nun ihr Feuer in den Wald, und wir kamen ohne Verluste in die russische Stellung. Der Boden rund um den Graben war von den Granaten aufgewühlt, auch lagen zerrissene russische Soldaten in der Stellung herum.

Da kam der Befehl: » Infanterieregirnent 41 bleibt in Reserve! « Wir blieben nun liegen, andere Bataillone gingen vor, und bald hörten wir von vorne heftiges Infanteriefeuer, das sich langsam entfernte. Wir mußten nun nachrücken, erreichten den jenseitigen Waldrand, der sich auf einem Abhang hinzog. Vor uns breitete sich die Ebene von Stryi aus. Das ganze Gelände war von vorgehenden deutschen und österreichischen Schützenlinien überstreut. Dazwischen sah man Kolonnen russischer Gefangener, die zurückgeführt wurden. Überall sah man Schrapnells und Granaten platzen. lm Hintergrunde lag die Stadt Stryi. Durch die Beschießung waren dort mehrere Brande ausgebrochen, und gewaltige Rauchwolken stiegen gegen den Himmel. Rechts von Stryi leisteten die Russen zähen Widerstand. Links der Stadt hatten sie ein Dorf stark besetzt, welches sie ebenfalls tapfer verteidigten. Die Schützenlinien schwenkten nun nach rechts und links, um die Russen von der Flanke zu fassen. Die entstandene Lücke mußte nun unser Regiment ausfüllen; es ging direkt gegen die Stadt vor. Aus einigen Fabriken bekamen wir heftiges Infanteriefeuer, und wir waren gezwungen, uns einzugraben. Einige Batterien nahmen nun die Fabriken unter Feuer, und die Russen zogen sich zurück. Ich mußte mit einer 8 Mann starken Offizierspatrouille vorgehen, um nachzusehen, ob die Russen die Stadt geräumt hatten. [..Eine österreichische Husarenpatrouille ritt an uns vorbei in die Stadt hinein. Bald krachten mehrere Schüsse, die Österreicher kamen im Calopp zurück. Ein Husar wurde kurz vor uns getroffen und stürzte sich den Kopf zerschmetternd auf die Straße. Als wir nach einer Weile vorsichtig vorgingen,...]waren die Russen waren versehwunden und die Stadt von ihnen frei. Die Einwohner brachten uns Weckchen [kleine Brötchen], Zigaretten und so weiter. Ein alter Jude stellte sieh vor mich und sagte: »Wir haben gebetet zu Gott dem Gerechten, daß er möchte geben den Deutschen den Sieg.« Sofort ging er ins Geschäftliche über, langte in die Tasche, halte ein Päckchen Tabak hervor und sagte:» Kaufen Sie, gnädiger deutscher Herr, guten, sehr guten russischen Tabak, nicht taier, billig, billig.« Ich sagte ihm, daß ich fast nie rauchte. Trotzdem lief er mir noch eine Strecke weit nach, mich immer quälend, ihm doch den Tabak abzukaufen. [… Diese galizischen und polnischen Juden waren eine wahre Plage für uns, wenn wir irgendwo in eine Stadt oder ein Städtcen kamen..]

Wir hofften nun, in Stroyi wenigstens einen Ruhetag zu bekommen. Leider vergeblich, denn bei der Ankunft des Regiments verliehen wir sofort die Stadt und marschierten nach links, wo wir am Straßenrand lagerten. Eine deutsche Batterie Feldartillerie fuhr neben uns auf und schoß in die Ferne auf die abziehenden Russen. Gleich eine der ersten Granaten platzte vor der Mündung des Rohres. Zwei Kanoniere wurden durch die Splitter getötet.

Die nächste Nacht verbrachten wir im Straßengraben. Am folgenden Morgen ging es wieder vorwärts. Wir kamen durch eine waldreiche Gegend. Wir marschierten auf einer guten Straße; da es sehr heiß war und nirgends ein Tropfen Wasser, litten wir entsetzlichen Durst. Endlich kamen wir zu einem Brunnen, der in der einsamen Gegend hart an der Straße stand. Alles stürzte darauf los, um seinen Durst zu löschen. Aber welche Enttäuschung erlebten wir! Die Wasserflache war mit Teer überschwemmt, den die Russen in den Brunnen geworfen hatten. Außerdem schauten zwei Knochen eines verendeten Pferdes zum Wasser heraus. Trotzdem wir den ganzen Tag marschierten, sahen wir keinen einzigen

Russen. Wir kamen nun wieder in eine fruchtbare Gegend, die mit Dörfern übersät war. Weiter vor uns sah ich ein Städtchen liegen. Ich nahm nun eine Karte, auf der die Gegend genau aufgezeichnet war (ich hatte die Karte einem toten Feldwebel abgenommen), und stellte fest, daß es das am Flüsse Dnjestr gelegene Städtchen Zurawno sein mußte. Der Dnjestr floß von Westen nach Osten, und da wir von Süden nach Norden marschierten, bildete der Fluss für uns ein gefährliches Hindernis. Es war daher bestimmt zu erwarten, daß uns die Russen den Übergang verwehren würden. In der Nacht besetzten wir das Städtchen. Es wurde gemunkelt, daß am folgenden Morgen der Übergang über den Fluß erzwungen werden müsse

ÜBERGANG UND KÄMPFE AM DNJESTR

Der Dnjestr, etwa 100 breit, war bei Zurawno von einer hölzernen Brücke überquert, die von den Russen jedoch abgebrannt worden war. Jenseits des Flusses befanden sich Wiesen in etwa 200 m Breite. Dann erhob sich ein langgestreckter, steiler Felshügel von ungefähr 80 m Höhe; die Russen hatten 3 Schützengraben dort angelegt: einen am oberen Rand, einer befand sich, in die Felsen gesprengt, am Abhang und der dritte unten am Fuße des Hügels.

Hinter einer Hecke gedeckt, beobachtete ich mit dem Glase des Unteroffiziers die russische Stellung. Es schien mir unmöglich, daß dieser Übergang ohne ungeheure Verluste auszuführen sei. Da ich absolut kein Verlangen danach hatte, zu ersaufen oder auf eine sonstige Art den vielgerühmten Heldentod zu erleiden, beschloß ich, mich zu drücken. Mit einem Kameraden, einem Rheinländer namens Nolte, schlich ich von der Kompanie weg. Wir beide versteckten uns hinter einem Hause in einem Holzwellenhaufen und warteten der Dinge, die da kommen sollten. Morgens, etwa um 8 Uhr, fing plötzlich die deutsche Artillerie an, mit allen Kalibern die russischen Graben mit Granaten und Schrapnells zu überschütten. Ich schaute um die Hausecke und sah, daß der von den Russen besetzte Felsenhügel einem Vulkan glich. Überall zuckten Blitze und schossen Rauchwolken in die Luft. Bald war der ganze Hügel in schwarzen Granatenrauch eingehüllt. Einige ganz in meiner Nähe platzende russische Schrapnells zwangen mich, meinen Beobachtungsposten zu verlassen und hinter dem Hause Deckung zu suchen. Nach etwa einer Stunde mischte sich in den Kanonendonner Gewehrgeknatter, welches uns sagte, daß der Angriff der Infanterie begonnen hatte. Da die russische Artillerie dauernd das Städtchen Zurawno beschoß, wagte ich nicht, das schützende Haus zu verlassen und den Verlauf des Kampfes zu beobachten .Nach etwa einer weiteren Stunde flaute das Feuer ab, und es wurden ganze Kolonnen russischer Gefangener zurückgeführt. [...Wir beide blieben nun den ganzen Tag im Städtchen und kauften von den wenig daheimgebliebenen Einwohnern einige Lebensmittel . Die deutschen Truppen mußten an jenem Tag weit vorgerückt sein, denn gegen Abend war der Donner der Kanonem nur noch schwach hörbar. Die Nacht verbrachten wir bei einer Judenfamilie und schliefen in der Küche ...] Am folgenden Morgen marschierten wir beide nach vorne, um unsere Kompanie wieder aufzusuchen, denn es wunderte uns sehr, wie es den Kameraden beim Angriff ergangen war. Die deutschen Pioniere hatten bereits wieder eine Brücke über den Dnjestr gebaut, die stark genug war, jede passierende Last zu tragen. Gleich jenseits des Flusses lagen tote deutsche Infanteristen auf den Wiesen herum. Man war eben damit beschäftigt, sie zu begraben. Sie wurden meist in die von der vorgehenden Infanterie gegrabenen Schützenlöcher gelegt und mit Erde zugedeckt. »Was meinst du, Richert«, sagte mein Kamerad zu mir, »wenn wir uns nicht gedrückt hatten, wären wir vielleicht auch dabei! Von der Brücke führte eine Straße über die Wiesen durch einen tiefen Einschnitt auf den vor uns liegenden Felsenhügel. Gleich rechts von der Straße lagen etwa zehn tote Deutsche dicht beisammen; mehrere hatten das Gesicht schrecklich verzerrt und hielten noch in der starren Hand eine Handvoll Gras oder Erde, die sie im Todeskampf ausgerissen oder ausgekratzt hatten. In einem der Gefallenen glaubte ich einen Kameraden meiner Kompanie zu erkennen. Um mich zu vergewissern, ging ich zu ihm hin, nahm ihm das Soldbuch aus der Tasche und stellte fest, daß ich mich geirrt hatte. Als ich mich wieder bückte, um ihm das Buch wieder in die Tasche zu stecken, sah ich, daß seine Kleider ganz von Läusen wimmelten, die sich von dem toten, kalten Körper geflüchtet hatten und sich auf den Kleidern sitzend in der Sonne wärmten. Dasselbe war bei allen dort liegenden Gefallenen zu konstatieren. Wir gingen weiter. In den am Felsenhügel gebauten russischen Stellungen sah es auch schrecklich aus. Von Granaten zerrissene russische Soldaten lagen umher, zerfetztes Gebüsch, losgebrochene Felsstücke und Erdschollen bedeckten den Boden. Auch sah ich dort Granatlöcher in der Graße eines Zimmers, die wahrscheinlich von den Geschossen der österreichischen 30-cm-Motorgeschütze herrührten. Wir marschierten mehrere Kilometer nach vorne. Da sahen wir auf einer Nebenstraße eine kleine Abteilung von etwa 30 Mann anmarschieren, geführt von einem Leutnant. »He, warten Sie mal!« rief er uns an. Wir blieben stehen. Der Leutnant fragte, woher und wohin. Wir sagten, wir seien von unserer Kompanie abgekommen und im Begriffe, dieselbe aufzusuchen. »Kenne das schon!- schnauzte er uns an. »Ihr seid ebensolche verdammten Drückeberger wie diese Bande hier!« Wir mußten nun in die Kolonne eintreten, und vorwärts ging's. Der Leutnant lieferte uns am Abend bei der Kompanie ab, die eben dabei war, einen Schützengraben an einem Waldrand auszuheben. Ich dachte, daß wir gehörig ausgeschimpft werden würden, aber wir hatten diesmal verhältnismäßig Glück. Die Nacht verbrachten wir im Schützengraben. [...Zwei Stunden mußte ich mit noch zwei Mann Vorposten stehen...] Von den Kameraden erfuhr ich, daß die Kompanie beim Kampfe am Dnjestr etwa 30 Mann verloren hatte. [..Bei Tagesanbruch sah ich vor uns in etwa 300 m Entfernung ein Dorf liegen...] Da der Graben nur schwach besetzt war, bekamen wir österreichische Jager zur Verstärkung. Einige Mann wurden zurückgeschickt, bei der Feldküche Kaffee und Brot zu empfangen. Wir waren eben nach ihrer Rückkehr damit beschäftigt, unseren Kaffee zu trinken und Brot zu essen, als plötzlich sehr starkes russisches Artilleriefeuer einsetzte. Ihr Ziel war unser Graben, und sie schossen gut. Wir waren vollständig überrascht, ließen unsere Kochgeschirre fallen, ergriffen unsere Gewehre und legten uns dann auf die Grabensohle. Durch dicht vor dem Graben einschlagende Granaten wurden mehrere Mann verschüttet. Ohne großen Schaden genommen zu haben, wurden sie aber wieder von den Erdmassen befreit. Ein österreichischer Jager, der neben mir lag, stand auf, um nach vorne Ausschau zu halten. Kaum hatte er den Kopf über dem Graben, als er schrie: »Die Russen kommen! « Alles sprang auf. Sofort sah ich mehrere russische Schützenlinien, die im Laufschritt auf uns zukamen. Wir eröffneten ein prasselndes Schnellfeuer auf sie. Ich sah gleich mehrere stürzen. Aber es bildeten sich neue Schützenlinien. Wir sahen uns einer erdrückenden Übermacht gegenüber. Die russische Artillerie belegte unseren Graben nun mit starkem Schrapnellfeuer. Viele von uns hatten nicht mehr den Mut zu schießen und duckten sich in den Graben. Andere wurden getroffen. Ebenso der neben mir stehende österreichische Jager. Er erhielt eine volle Schrapnelladung in Kopf und Brust und war sofort tot. Die Russen, die immer sprungbereit gegen uns anstürmten, waren schon ziemlich nahe gekommen. Da sah ich, wie bereits einige von uns nach hinten aus dem Graben hinauskletterten und ihr Heil in der Flucht suchten. Da ich kein Verlangen hatte, von diesen halbkultivierten Russen aufgespießt zu werden, verließ ich, gefolgt von meinem Freund, dem Rheinländer Nolte, ebenfalls den Graben. Die Russen sandten uns eine Menge Kugeln nach, doch mit wenigen Sprüngen waren wir durch das Gebüsch gedeckt und ihren Blicken entschwunden. Zu unserem Glück ging's im Walde bergab, so daß wir gegen Infanteriegeschosse gedeckt waren, die nun durch die Kronen der Baume zischten. Die Schrapnells, deren Kugeln in den Wald niederprasselten, waren für uns gefährlicher. lm Laufschritt suchten wir aus ihrem Bereich zu kommen. Als ich mich umsah, gewahrte ich, daß uns die ganze Grabenbesatzung folgte. Die Verwundeten, die nicht mehr laufen konnten, kamen in russische Gefangenschaft. Wir liefen hinter dem Wald an einer Batterie Feldartillerie vorbei. Der Batterieführer schrie, was denn eigentlich los sei. »Die Russen sind durchgebrochen! « antworteten wir. Worauf er die Batterie aufprotzen ließ, um weiter zurück wieder das Feuer aufzunehmen. Hinter uns hörte das lnfanteriefeuer nun ganz auf, zum Zeichen, daß die Russen uns nicht direkt nachfolgten, während rechts von uns der Kampf noch in vollen Gange war. Ein ununterbrochenes Geknatter der Infanterie und der Maschinengewehre tönte vom Dorfe zu uns herüber. Etwas weiter zurück, bei Zurawno, gewannen wir die Straße, die mehrere Kilometer zurück über die Dnjestrbrücke führte. Bald wimmelte die ganze Straße von zurückgehender deutscher Infanterie. Die russische Artillerie nahm nun die Straße unter Feuer, und wir waren gezwungen, über die Felder zurückzugehen. Jeder lief, wie er wollte, und auf Kommandos wurde überhaupt nicht mehr gehört.

So langte ich müde, keuchend, naßgeschwitzt wieder oben auf dem Felshügel am Dnjestr an, wo die Russen ihre alten Stellungen hatten. Mein Plan war, so schnell wie möglich die Dnjestrbrücke zu überschreiten, um den Fluß zwischen mich und die Russen zu bringen. Doch der Soldat denkt, und der Offizier lenkt! Mehrere Offiziere hielten uns an und gaben den Befehl zum Halten und Sammeln. Ich tat, als hörte ich nichts, denn zu gerne hätte ich mich über die Brücke in Sicherheit gebracht. Als mich jedoch ein Offizier mit erhobener Pistole anschrie, zu halten oder ---, blieb mir nichts anderes übrig, als mich der angesammelten Truppe anzuschließen. In aller Eile mußten wir eine Schützenlinie bilden und uns eingraben. Wir sollten die Russen, wenn sie bis hierher vordringen würden, aufhalten, bis die Letzten von uns die Brücke passiert hatten. »Wir müssen uns, wenn nötig, für unsere Kameraden aufopfern!« lautete der Befehl. »Herrgottsakra« meinte ein neben mir liegender Bayer, »dös mal geht's für uns schief!- Vor uns befand sich in etwa 500 m Entfernung ein Wald. Aus demselben strömten nun die Truppen zurück, die rechts von uns ebenfalls zum Rückzug gezwungen wurden. Verschiedene Soldaten trugen ihre verwundeten Kameraden auf dem Rücken zurück. Auch sah ich einen ungarischen Husaren, der einen schwerverwundeten deutschen Infanteristen aufs Pferd hob, um ihn vor der Gefangenschaft zu bewahren.

Nach etwa einer Stunde kamen nur noch einzelne, meist Leichtverwundete, aus dem Walde und an uns vorüber. Sie sagten, daß die russische Infanterie nicht mehr weit sei. Von Russen war immer noch nichts zu sehen. Da auf einmal wurde es vor uns am Waldrand lebendig. Schüsse krachten, und die Kugeln pfiffen uns unheimlich um die Ohren. Die Russen kamen aus dem Walde hervor, immer schießend auf uns zu. Wir antworteten, was aus den Gewehren hinausging. Da kam der Befehl: »Zurück, marschmarsch!« Das ließ sich keiner zweimal sagen. So schnell wie möglich sprang jeder aus seinem Loche, um hinter dem Abhang in Deckung zu kommen. Ein vor mir laufender Soldat stürzte mit lautem Aufschrei getroffen auf das Gesicht, jedoch keiner nahm sich

Zeit, sich nach ihm umzuschauen, noch viel weniger, ihm zu helfen. Jeder hatte nur den einen Gedanken, über die Brücke das rettende Ufer zu erreichen. So kletterten, rutschten und sprangen wir den steilen Abhang hinab und so schnell wie möglich über die Wiesen nach der Brücke. Dieselbe war von Granaten halb useinandergerissen, doch gelangten fast alle heil hinüber. Als die russischen Infanteristen oben auf dem Felsenhügel anlangten, waren wir bereits hinter den Häusern von Zurawno in Deckung. Die Brücke wurde nun von unseren Pionieren gesprengt. Bei Anbruch der Dunkelheit verließen wir das Städtchen und marschierten nach einem etwa 5 km weiter zurückliegendem Dorfe. Viele Flüchtlinge aus Zurawno begleiteten uns, die ihre notwendigsten Habseligkeiten mitschleppten. Vor dem Dorfe trafen wir auf unsere Kompaniefeldküche, so daß wir unseren Hunger stillen konnten.

Es waren wieder neue Ersatzmannschaften aus Deutschland gekommen, die nun in die Kompanie verteilt wurden. Nachher wurden die Kriegsartikel verlesen, von welchem jeder endete: »Wird mit Zuchthaus bestraft. Wird mit dem Tode bestraft.« Nichts als bestraft und wieder bestraft. Diese Kriegsartikel wurden nur verlesen, um dem Soldaten seine Willenlosigkeit und Ohnmacht den Vorgesetzten gegenüber vor Augen zu führen. Nachher muhten wir vor dem Dorfe einen Feldweg entlang eine Schützenlinie mit 1rn Abstand! bilden und uns eingraben. […Dann legten wir uns in die feuchten Löcher um zu schlafen. Mehrere Soldaten wollten ins Dorf um Stroh zu holen. Das wurde ihnen jedoch vom Kompanieführer verboten. Trotz der lauen Sommernacht bekam ich kalt, ich mein nassgeschwitztes Hemd noch anhatte. Zum wechseln hatte ich keines. ...] Am folgenden Tage blieben wir an derselben Stelle liegen. Es sprach sich unter den Soldaten herum, daß die Russen auf das diesseitige Ufer des Flusses gelockt werden sollten. Die deutschen Flieger und die Artillerie sollten dann im Rücken der Russen die Übergange zerstören, worauf wir angreifen sollten und sie gefangennehmen. Die Russen warenjedoch zu schlau, um in die Falle zu gehen; nur kleinere Abteilungen setzten über den Fluss. Die Hauptmacht besetzte wieder die drei übereinander liegenden Stellungen am Felsenhügel jenseits des Flusses. Von unseren im Vorgelände herumschleichenden Patrouillen wurden einige russische Gefangene gemacht. Sie gehörten einem Garderegiment an. Es waren alles sehr große, stark gebaute Männer, so daß wir ihnen gegenüber fast wie Knaben aussahen. Außer einigen zwischen den Patrouillen gewechselten Gewehrschüssen war tagsüber alles ruhig. Gegen Abend nahm unsere Artillerie Zurawno unter Feuer. Bald zeigten uns mehrere Rauchsäulen an, daß Brande ausgebrochen waren. In der Nacht bildete das Städtchen ein einziges Flammenmeer. Ein schrecklich-schöner Anblick. Der Himmel war weithin blutig rot. Die Nacht über und den folgenden Tag blieben wir an derselben Stelle liegen.

DER ZWEITE ÜBERGANG ÜBER DEN DNJESTR~ MITTE JUNI 1915

Nummer 6 auf der Karte

Bei Anbruch der Dunkelheit kam der Befehl: »Sofort fertigmachen!« In kaum 10 Minuten stand unser Bataillon marschbereit auf der Straße. Schnell wurde die Munition ergänzt. Auch erhielt jeder eine Büchse Fleisch und ein Säckchen Zwieback für den Fall, daß wir die Verbindung zur Feldküche verlieren sollten. »Vorwärts, marsch!« Und los ging's. Die 5 km nach Zurawno waren bald zurückgelegt. Fast das ganze Städtchen war abgebrannt. Unter den Trümmern glimmte noch das Feuer und verbreitete einen ekligen Brandgeruch. Wir gingen bis an das Ufer des Dnjestr vor und gruben uns in an den Fluß angrenzenden Gemüsegärten ein. Da wurde es vor uns auf dem Fluss lebendig. Sehen konnten wir nicht viel, doch hörten wir leises Klopfen und Ruderschlage. Unsere Pioniere bauten 2 Stege über den Fluss, Sie verbanden starke Bohlen mittels Klammern und Draht. Auf beiden Seiten wurden Pfähle in das Ufer getrieben, der Steg mittels Draht damit verbunden, um einem allzu großen Schwanken vorzubeugen. Um Mitternacht begann der Übergang. Zuerst unser 1. Bataillon, dann folgten wir als zweites. Um den schwankenden Steg nicht zuviel zu belasten, durften wir nur mit 4 Schritt Abstand von Mann zu Mann hinübergehen. Nun setzte noch Regen ein, und es wurde so dunkel, daß man kaum die Umrisse des Vordermannes sah. Bei jedem Schritt mußte man mit den Füßen tasten, um nicht neben den Steg zu treten und in den Fluß zu stürzen. In der Mitte senkte sich der Steg durch unser Gewicht ins Wasser, so daß es uns oben in die Stiefel hineinlief. Jeder atmete erleichtert auf, als er jenseits des Flusses wieder festen Boden unter den Füßen hatte. Dort stand ein Feldwebel und sagte jedem, sich nach rechts zu begeben und eine Linie zu bilden. Wir legten uns nun auf den Flußkies und warteten auf weitere Befehle. Die Russen, die genau wieder dieselben Stellungen am Felsenhügel wie beim ersten Übergang besetzt hatten, knallten die ganze Nacht in Richtung des Flusses. Doch ihre Kugeln sausten fast alle über uns. Als das ganze Regiment übergegangen war, kam der leise Befehl, langsam vorzugehen, wenn wir Feuer bekommen würden, uns hinzulegen und uns einzugraben. Da das Wiesengelände, auf dem wir vorgingen, zwischen dem Fluß und der russischen Stellung nur etwa 200 m breit war, bemerkten uns die Russen bald und knallten uns einzelne Schüsse entgegen. Ich warf mich sofort zu Boden, um mich mit dem Spaten einzugraben. Im Dunkel konnte ich nicht einmal meinen Nebenmann sehen. Da hörte ich leise meinen Namen rufen: »Richert, komm her, wir wollen uns zusammen eingraben!- Es war mein Freund, der Rheinländer, der mich rief. Kaum hatte ich drei Schritte getan, als ich in der Dunkelheit in ein Loch stürzte. Ich tastete mit den Händen umher und stellte fest, daß es ein Schützenloch war, wohl noch vom ersten Übergang herrührend. Ich rief nun den Rheinländer zu mir. Da die Russen stark zu schießen begannen, waren wir beide froh, in dem Loche Deckung zu haben. Ein Aufschrei und darauffolgendes Stöhnen sagten uns, daß ein Mann in unserer Nahe getroffen worden war. Von Mann zu Mann wurde nun der Befehl weitergegeben: »Sanitäter nach links!- Bald kamen zwei derselben an uns vorüber. Zu verbinden brauchten sie den jungen Mann nicht mehr, denn er war bereits gestorben. Es war ein junger Freiwilliger aus Ostpreußen. Er hatte das Elend nun überstanden.

[…Das Feuer der Russen ließ nach. Wir vergrößerten das Loch und zwar so, daß wir quer zur russischen Stellung liegen konnten. Eine Maßnahme, die sich als richtig herausstellte, denn am folgenden Morgen bekamen mehrere Mann Beinschüsse aus den sich oben auf dem steilen Hügel befindenden Schützengraben. Als die Russe bei Tagesanbruch die vielen Erdhaufen so nahe vor sich sahen, fingen sie an darauf les zuknallen. Auch unser Erdhaufen bekam mehrere Treffer sodass die lockere Erde wegspritzte. Wir beide laren gut gedeckt, sodass sie uns nichts anhaben konnten.

Als die russische Artillerie nun anfing zu schießen, war es schon ungemütlicher. In der Straßenböschung ganz in unserer Nähe hatten sich drei Lothringer eingegraben. Eine Granate schlug in ihr Loch und schleuderte ihre zerrissenen Körper hinaus auf die Wiesen. Ein grauenerregender Anblick. Unserer Artillerie in unserem Rücken verheilt sich bis dahin ganz ruhig....] Etwa um 8 Uhr morgens krachte hinter uns ein Kanonenschuß, das Zeichen der Eröffnung des Trommelfeuers, um die russischen Stellungen sturmreif zu schießen. Ein furchtbarer Krach zerriß plötzlich die Luft. Sämtliche deutschen Batterien aller Kaliber schleuderten ihre Geschosse auf die russische Stellung. [...Es war ein krachen und Dröhnen, daß die Erde davon erbebte...] Wir fühlten am Boden liegend ganz deutlich den Einschlag der schweren Geschosse. Wie das zischte und sauste über uns! Von den kleinen Kalibern hörte man nur Tschingbum, Abschuß, Flug und Einschlag in wenigen Sekunden. Die mittleren Kaliber erkannte man im Flug an dem etwas langer gezogenen Tsch-sch, und die schweren Granaten kamen mit einem lauten Tsch-sch-sch herangesaust. Ich hob ein wenig den Kopf, um mir das furchtbare Schauspiel anzusehen. Der ganze Felsenhügel glich einem feuerspeienden Berg; überall schlugen die Geschosse ein, Gebüsch, Erde, Felsstücke umherschleudernd. Verschiedene Splitter und Erdschollen kamen bis zu uns geflogen. Überall sah ich die Köpfe unserer Infanteristen aus den Löchern hinausragen, das Furchtbare anzusehen. Manche standen aufrecht, den russischen Infanteristen ein schönes Ziel bietend. Doch die Russen lagen wohl alle in Todesangst auf dem Grabenboden, denn wehrlos waren sie dem auf sie niederprasselnden Eisenhagel preisgegeben. Nach etwa einer halben Stunde wurde es im vorderen russischen Graben, der sich am FuJ3e des Hügels hinzog, lebendig. Zwischen den einschlagenden Geschossen hindurch kam die ganze noch marschfähige Grabenbesatzung mit erhobenen Händen zu uns übergelaufen. Sie waren fast alle vor Angst bleich wie der Tod und zitterten von den ausgestandenen Schrecken heftig. Sie mußten sich sammeln und sich hinter unseren löchern auf die Wiesen hinlegen, um gegen die russischen Anilleriegeschosse, die noch immer vereinzelt herangesaust kamen, besser gedeckt zu sein. llie Besatzung des obersten russischen Grabens suchte ihr Heil in der Flucht. Nun war nur der mittlere Graben besetzt, der sich im Abhang hinzog.

Da kam der Befehl, den einer dem anderen zurufen mußte: »Fertigmachen, Seitengewehr aufpflanzen [...Jeder hing nun den Tornister um, steckte das Seitenwehr auf das Gewhr...] Den kurzen Spaten steckte ich wie immer beim Vorgehen vorne mit dem Stiel in das Koppel, um so durch den Spaten gegen einen Bauchschuf etwas geschützt zu sein. Die deutsche Artillerie verlegte ihr Feuer nun weiter vor. » Zum Sturm vorwärts, marschmarsch!- erscholl das Kommando. Alles stürzte aus den Löchern, und im Laufschritt unter Hurrageschrei stürmte alles auf die russischen Gräben los. Doch die Hauptarbeit hatte unsere Artillerie besorgt; wir stießen auf nur ganz geringen Widerstand. lm unteren Graben lagen nur Tote und Verwundete. Aus dem mittleren Graben knallten einige Schüsse; von einer Kugel wurde unserem Oberleutnant das Knie zerschmettert. Der Mann, der früher die jammernden Verwundeten »Kindsköpfe- und »feige Memmen- geschimpft hatte, schrie und jammerte nun wie besessen. Ich konnte beim besten Willen kein Mitleid für ihn empfinden. Wir kletterten nun den steilen Abhang hinauf. Einige Russen aus dem mittleren Graben wollten fliehen und kletterten, so schnell sie konnten, nach oben. Aber wie Hasen wurden sie abgeschossen und kollerten in den Graben zurück. Als wir vor dem Graben ankamen, streckten alle noch Lebenden die Hände in die Höhe. Sie wurden hinunter zu den schon vorher Gefangenen auf die Wiesen geschickt. Oben kamen auch noch einzelne heruntergeklettert, um sich zu ergeben. Jene hatten leicht ausreißen können! Sie gingen jedoch lieber in Gefangenschaft, als den Krieg noch langer mitzumachen. Durch zerfetztes Gebüsch und Löcher bahnten wir uns nun einen Weg nach dem Gipfel, wo sich das Regiment sammelte. Von oben sahen wir, wie eben die gefangenen Russen rückwärts den Fluß überschritten. Sie waren jedenfalls glücklicher als wir, denn sie hatten die Morderei hinter sich

DER WEITERE VERLAUF DER OFFENSIVE

Nummer 7 auf der Karte

Das 2. Bataillon mußte nun langsam in Schützenlinien vorgehen. Einzelne Patrouillen wurden vorausgeschickt. Das 1. und das 3. Bataillon folgten geschlossen. Links und rechts von uns gingen andere Regimenter vor. Den ganzen Tag stießen wir auf keinen Widerstand. Hie und da kamen einzelne Russen aus dem Getreide oder Gebüsch, wo sie sich versteckt hatten, um sich zu ergeben. [...Die Nacht verbrachten wir in dem Dorfe, bei dem wir von den Russen bei unserem letzten Vorstoß zurückgeworfen worden waren. An den drei folgenden Tagen bekamen wir überhaupt keinen Russen zu Gesicht. Der Karte nach zu urteilen, näherten wir uns dem Städtchen Rohatin...] Eines Morgens bekamen wir auf einem mit Weizen bepflanzten Hügel den Befehl, die unten im Tale liegende Wassermühle zu besetzen. Etwa 2 km links von uns lag das Städtchen Rohatin. [...In Schützenlinien näherten wir uns der Mühle. Da kamen Schrapels herangesaust und gleich gab es einige Verwundete. Im Laufschritt lief nun alles nach der Mühle um Deckung zu suchen. Ich sprang mit noch mehreren Kamerade in einen Holzschuppen zu suchen. Ich sprang mit noch mehreren Kameraden in einen Holzschuppen, andere gingen ins Wohnhaus und in die Nebengebäude. ...] Die russische Batterie richtete ihr Feuer nun auf die Mühle. Vier Schrapnells kamen zusammen angesaust. Alle platzten um und über der Mühle. Die aus Holz gebaute, mit Stroh bedeckte Gebäude boten uns nur wenig Deckung. Von einem über dem Holzschuppen platzenden Schrapnell wurden 4 Mann verwundet, darunter mein Freund, der Rheinländer, der schrag von oben eine Kugel in den Oberschenkel bekommen hatte. Ich schnitt ihm die Hosen auf und wickelte seine beiden Verbandspäckchen um die Wunde. Dann trug ich ihn mit Hilfe eines Kameraden in die Wohnstube, wo etwas mehr Deckung war. Die Stube lag ganz voll von Soldaten, die den Wänden entlang auf ihren Tornistern lagen. In allen Gesichtern lag der Ausdruck ängstlicher Gespanntheit, denn keiner konnte wissen, wem die nächste Artilleriesalve galt. Nun kamen immer 2 Schrapnells, die in der Luft zerplatzten, und 2 Granaten, die beim Aufschlag auf den Boden krepierten, zusammen angeflogen. Ein Soldat namens Spiegel, der in der vorderen Ecke der Wohnstube lag, stand auf, ging durch den Hausflur zur Tür, um zu schiffen. lm selben Moment krepierte eine Granate an der vorderen Hausecke, ein großes Loch in die Wand reißend. Splitter, Holzstücke und der Tornister des Soldaten Spiegel flogen an die Decke. Die ganze Stube war mit stinkendem Pulverrauch gefüllt. Spiegels Tornister und Kochgeschirr waren vollständig zerrissen und zerfetzt. Als dieser beim Hereinkommen sein Zeug betrachtete, wurde er totenbleich, und als einer der Soldaten bemerkte, daß er sein Leben einem glücklichen Zufall zu verdanken habe, antwortete er: »Ich habe eine Mutter zu Hause, die täglich für mich betet.. [..Im selben Moment kamen wieder vier Geschosse angeflogen. Eines zersprang im Hof, die anderen hinder der Mühle. Mühle. Wir wurden alle sehr aufgerert. Mehrere Soldaten hingen die Tornister um, aber wohin sich wenden? .Plötzlich ein furchtbarer Krach. Ich sprang ans zersplitterte Fenster und schaute hinaus. Da sah ich hinter der Scheune eine mächtige Rauchwolke aufsteigen, Rasensücke, Erdschollen flogen umher. Eine große Granate hatte eingeschlagen. Gleich kam eine zweite. Sie flog über die Mühle hinweg und explodierte in dem oberhalb der Mühle gelegenen Stauweiher. Turmhoch wurde das Wasser in die Höhe geschleudert. Die dritte platzte zwischen Wohnhaus und Scheune. Zu Tode erschreckt rannte nun alles durcheinander, aber wohin? An keinem Plätzchen war man sicher ...] Da kam der Befehl: »Sofort die Mühle räumen!« Wir sollten uns nun dem Bächlein entlang, durch die Erlen und die Weidenbüsche gedeckt, nach dem einige hundert Meter weiter unten liegenden Dorf begeben. Die Verwundeten wurden mitgetragen. Die Russen beschossen mm bis gegen Abend die Mühle, bis sie in Brand geschossen war, obwohl kein einziger von uns mehr dort war. [...Die folgende Nacht verbrachten wir im Dorf. Ich schlief auf einer Welle Stroh hinter einer Hütte. Vor Tagesanbruch marschierten wir nach einem etwa 3 km rechts von uns gelegene Dorf.

Auf einem freien Platze im Dorf lagen eine Menge Pappschachteln. Dort hatte die russische Infanterie Munition empfangen...] Ich begab mich in eine Hütte, um ein paar Eier zu kaufen. Ich harre Glück, denn ich konnte ein halbes Dutzend bekommen. Da noch Milch vorhanden war, mußte die anwesende Frau mir 1 Liter kochen, natürlich gegen Bezahlung. So verging eine halbe Stunde. Meine Kompanie war inzwischen bis zum jenseitigen Dorfrand vorgegangen, wo sie auf Russen gestoßen war, dem plötzlich knatterte lebhaftes Infanteriefeuer durch den still en Morgen. Gleich darauf sah ich einzelne unserer Infanteristen zurücklaufen. Ich rief zum Fenster hinaus, was denn eigentlich los sei. Sie wußten selbst nichts Richtiges und liefen weiter. Schnell trank ich meine Milch aus und steckte den Rest der Eier in meinen Brotbeutel. Da immer mehr Soldaten zurückliefen, schloß ich mich ihnen an. Was eigentlich los war, wußte ich nicht.

Wir liefen nun durch ein Wiesental bis zu einem Bach. In dem ausgetrockneten Bachbett nahmen wir wieder Stellung. Nach kurzer Zeit befand sich die ganze Kompanie dort. Einige Mann fehlten. Sie waren wohl im Dorfe gefallen oder verwundet worden. Gegen Mittag sahen wir einige Russen am Dorfrand. Da wir auf sie zu schießen begannen, verschwanden sie hinter den Häusern. Am Nachmittag hörten wir rechts von uns starkes Artilleriefeuer. Bald wurde dasselbe vom Geknatter der Infanterie und der Maschinengewehre unterbrochen. Gegen Abend hieß es, daß die Unseren die russische Front dort durchbrochen hatten. Die Nacht verbrachten wir im ausgetrockneten Bachbette. [...Das war wieder einmal ein Bett!" meinte anderen morgens ein Soldat, „aber ein hartes!" ...] Ohne von der Feldküche eine Spur zu sehen, ging es mit hungrigem Magen weiter. Ich selbst konnte von Glück reden, denn ich hatte noch 3 Eier im Brotbeutel die mir trefflich mundeten. Nach einigen Kilometern stiegen wir wieder in ein breites, flaches Tal, das in der Mitte etwa 500 m breit mit meterhohem Schilf bewachsen war. Auf der diesseitigen diesseitigen Talseite standen einzelne Gehöfte. Als wir uns den ersten näherten, sauste es heran, und mehrere Schrapnells platzten über uns. Ich sprang hinter den Stamm einer Weide, die anderen Soldaten liefen hinter die Hauser. Ein Schrapnell riß nun mehrere Äste von der Weide, hinter der ich stand, so daß mir ganz unreinlich zumute wurde. Da hörte ich den Befehl: » Der 2. Zug soll einzeln hinter die links liegenden Häuser springen!- Ich gehörte auch zum 2. Zug. Als die ersten hinübersprangen, bekamen sie von der jenseitigen Talseite Infanteriefeuer. Ich schaute scharf hinüber und entdeckte vorn am Rand eines Weizenfeldes, das sanft oberhalb des Schilfes anstieg, einen langen Erdwall, die russische Infanteriestellung. Ich entschloß mich, hinter dem Weidenstamm zu bleiben und mich hier einzugraben. Kaum hatte ich einige Spatenstiche ausgehoben, als unser Feldwebel, der hinter dem Hause stehend mich sah, zu mir herüberschrie: »Richert, wollen Sie schleunigst machen, daß Sie zu Ihrem Zuge kommen! « So schnell ich konnte, rannte ich über die Acker, den beiden Häusern zu. [...Gleich pfiffen mir die Kugeln um die Ohren. ...] Eine Kugel schlug knapp vor mir in die Erde, sodaß ich unwillkürlich einen Luftsprung machte. Einige Schritte weiter lag ein Soldat rot am Boden. Ich selbst kam heil hinter den Häusern an. Wir waren gezwungen, uns dort einzugraben, da die Kugeln der Russen durch die Holzwände und die niedrigen Strohdächer zischten. [...Wir lagen in den Löchern bis es dunkelte...] Wir litten sehr Durst, da die Sonne den ganzen Tag herunterbrannte. Keine 100 m vor' uns floß ein Bach. Da das Wasserholen jedoch mit Lebensgefahr verbunden war, hatte keiner den Mut dazu. Wir lagen in den Löchern, bis es dunkelte.

Bei Anbruch der Nacht mußten wir einen Steg über den Bach machen, jenseits desselben im Schilf vorgehen und lins etwa 200 m vor der russischen Infanteriestellung eingraben. Das war leichter gesagt als getan. Kaum einen Spatenstich tief sammelte sich das Wasser im Loch, an ein tieferes Graben war nicht zu denken. Ich stach eine Menge Wasen [...Rasenstücke, Grassoden..] ab und baute sie vor mir auf, um doch etwas Deckung zu haben. Sa hockten wir die Nach tim feuchten Schilfe. Trotz allem schlief ich ein. Gegen Morgen erwachte ich, da ich kalt fühlte. Ich saß im Wasser. Sa erging es fast allen Soldaten. Die Russen hatten nämlich weiter unten den Bach gestaut und uns so unter Wasser gesetzt. Die ganze Nacht knallten vom russischen Graben her einzelne Gewehrschüsse. Als es morgens hell geworden war, hörte ich einen Kameraden rufen: »Die Russen winken, sie wollen sich ergeben.« Ich hob den Kopf und spähte über das Schilf. Richtig, ich sah die Russen winken mit ihren Mützen und weißen Tüchern. Da wir jedoch der Geschichte nicht recht trauten, wurden einige Mann vorgeschickt. Als dieselben vor die russische Stellung kamen, kletterten die Russen, etwa 20 an der Zahl, zu ihrem Graben hinaus und ergaben sich. Sie waren zurückgelassen worden, um uns durch ihre Schüsse zu täuschen, während sich die Hauptmacht zurückzog. Im Graben lagen noch Brotstücke umher, die von uns gierig verschlungen wurden. Viele Soldaten rissen von den noch grünen Weizenähren ab, rieben die Körner aus, bliesen die Streu weg und allen die Körner, um so den Hunger etwas zu stillen.

Dann wurden mehrere Patrouillen ausgeschickt, um auszukundschaften, ob noch Russen in der Nahe seien. Ich selbst wurde mit 2 Mann nach einem etwa 1km rechts vor uns liegenden Dorf geschickt, um zu sehen, ob dasselbe von den Russen frei sei. Vorsichtig, gebückt gingen wir durch die Weizenfelder dem Dorf zu. Von dem an den Ähren und Halmen hangenden Tau wurden wir ganz durchnässt. Am Rande des Weizenfeldes legten wir uns hin und spähten nach dem nur etwa noch 200 m entfernten Dorfe. Aus einigen Kaminen stieg Rauch. Russen konnten wir keine sehen. So schnell wir konnten, liefen wir nun nach dem nächsten Haus hinüber und spähten um die Hausecke die dreckige Dorfgasse hinunter. Von den Russen keine Spur. Da ging eine Haustür auf, eine Frau kam heraus. An einem Stock, den sie auf der Schulter trug, hingen 2 hölzerne Wasserbehälter. Sie ging zu dem neben uns stehenden Ziehbrunnen. Da wir uns an die Giebelwand lehnten, erblickte sie uns erst, als sie das Wasser heraufziehen wollte. Sie erschrak heftig, stieß einen Schrei aus, als ob sie schon an unseren Bajonetten hinge, ließ alles fallen und rannte wie besessen zur Haustür hinein, die sie sofort verriegelte. Ich ging nun um das Haus herum zur Hintertür, denn wir hatten gern von der Frau erfahren, ob noch Russen im Dorf seien. Als ich eben die Hand auf den Drücker legte, ging die Tür auf. Die Frau wollte allem Anschein nach mit einem kleinen Kind auf dem Arm durch die Hintertür entfliehen. Als sie mich sah, fiel sie vor Schreck in die Knie und hielt mir ihr Kind entgegen. Sie sagte etwas in ihrer Sprache, wahrscheinlich, ich solle sie doch um des Kindes willen schonen. Um sie zu beruhigen, klopfte ich ihr freundlich auf die Schulter, liebkoste das Kind und machte demselben ein Kreuzzeichen, damit sie sah, daß ich auch ein Katholik sei wie sie. Dann zeigte ich auf mein Gewehr und auf sie und schüttelte den Kopf, um ihr zu zeigen, daß ich ihr nichts tun würde. Wie glücklich sie nun war! Sie erzählte mir eine ganze Menge, wovon ich kein Wort verstand. Ich muhte nun meine beiden Kameraden hereinrufen. Sie gab uns gekochte Milch, Butter und Brot. Wie uns das schmeckte! Ich fragte nun: »Moskali?« und deutete durch das Fenster nach dem Dorf. Da ging sie nach der Uhr in der Stube, wo sie auf 12 Uhr zeigte und mit der Hand fortwinkte. Nun wußten wir, daß die Russen das Dorf um Mitternacht verlassen hatten.

Ich ging nun hinter das Haus, bestieg einen dort liegenden Erdhaufen, steckte meinen Helm aufs Bajonett und winkte der Kompanie herzukommen. Wir marschierten zusammen ins Dorf. Dort wurde haltgemacht, die Gewehre zusammengesetzt und auf die Feldküche gewartet. Von allen Seiten kamen Mädchen und Frauen und brachten gekochte Milch, Brot und andere Lebensmittel. Auch befestigten sie Blumen an unseren Gewehren und Helmen. Wir waren ganz verwundert, denn sonst sahen wir in den galizischen Dörfern bei unserer Ankunft wenig freundliche Gesichter. Wie wir dann erfuhren, hatten die Russen in dem Dorfe vor ihrem Abzug mehrere Frauen und Mädchen vergewaltigt. Daher sahen sie in uns ihre Befreier. Endlich kam die Feldküche heran. Sie hatten guten Reis und Rindfleisch und einige Hühner gekocht, und das Ende vom Lied war, daß wir alle die Magen überladen hatten.

Am Nachmittag bekamen wir wieder Ersatzmannschaften, meist Lothringer. Sie wurden von der Westfront weggenommen, da einige Lothringer desertiert waren. Auch einige Ostpreußen waren dabei. Ebenso mein guter Kamerad Hubert Weiland, der Theologe, der am 4. Mai in den Karpaten leicht verwundet worden war und nun geheilt aus dem Lazarett zu seinem Truppenteil zurückgeschickt wurde. Wir freuten uns beide über das Wiedersehen, denn er traf nur noch wenige der früheren Kameraden in der Kompanie. Die meisten waren gefallen, verwundet oder krank geworden. Beim Neueinteilen der Kompanien baten wir den Feldwebel, uns derselben Gruppe zuzuteilen, was er auch tat. Bei der Gruppe befand sich noch ein junger Lehrer sowie ein reicher Student, Sohn eines Rittergutsbesitzers, beide aus Ostpreußen. Wir vier wurden bald sehr gute Kameraden. [..Die Gruppe führte ein Unteroffizier Hiller aus Lothringen…] Die acht verbrachten wir im Dorf. Am frühesten Morgen ging es wieder weiter. Gegen Abend wurde in einem Wald haltgemacht, wo wir 2 Tage verblieben. Dort konnten wir uns mal richtig ausruhen.

Am 30.juni morgens ging es wieder weiter. Wir stießen auf schwächere russische Abteilungen, die sich schleunigst zurückzogen. Mehrere ihrer Verwundetenkamen in unsere Gefangenschaft. Am 1. Juli 1915 besetzten wir am Morgen eine Höhe. Es war uns verboten, uns oben auf der Höhe zu zeigen So lagen wir Mittag gedeckt am hinteren Abhang. Ich war sehr neugierig, was eigentlich vor uns los sei, kroch auf die Hohe, legte mich hinter den Stamm einer dort stehenden mächtigen Hainbuche, nahm mein Glas und betrachtete die Gegend vor mir. [..Direkt unter mir lag ein Tal von einem langgestreckten Dorfe, einem Bache und einer Bahn durchzogen. Am jenseitigen Abhang entlang zog sich ebenfalls eine Bahnlinie, die von der ersteren etwa 500 m weiter links abzweigte und in ein Seitental führte....] Ich nahm meine Karte. Bald hatte ich festgestellt, wo ich mich befand. Das Dorf vor uns hieß Livtira Corna, der Bach Zlota Lipa. Am jenseitigen Abhang entlang zogen sich quer einige Haferacker, dazwischen befanden sich mit Gebüsch bewachsene Böschungen. Da entdeckte ich etwas, was mich mit Schrecken erfüllte: einen durch das Gebüsch teilweise gedeckten, frisch aufgeworfenen Erdwall, die russische Stellung. Da gab's sicher wieder etwas zu stürmen, die beste Gelegenheit zum Sterben. Ich krach zurück und erzählte meine Entdeckung den Kameraden. Sie waren alle - besonders die jungen Soldaten, die noch kein Gefecht mitgemacht hatten - sehr niedergeschlagen. Von dem Mut oder Draufgängertum, von dem täglich in Zeitungen und Büchern zu lesen war, konnte man keine Spur sehen.

DIE KÄMPFE AN DER ZLOTA LIPA- ½ JULI 1915

Am Nachmittag des 1 Juli kam der Befehl zum Fertigmachen. Wir sollten uns, wenn möglich gedeckt, ins Tal hinunterschleichen und uns hinter der hohen Böschung der Eisenbahn sammeln. Zu unserem Glück zog sich eine mit dichtem Gebüsch bewachsene Mulde ins Tal hinunter. Dadurch gelangten wir, von den Russen ungesehen, hinter den Bahndamm. Die Kompanien, die links von uns den Bahndamm zu besetzen hatten, konnten schlechter als wir dahin gelangen, denn sie mußten den mit freiem Ackerfeld bedeckten Hang hinunterlaufen. Jeder lief, wie er wollte. Als die ersten oben erschienen, eröffneten die Russen sofort ein lebhaftes Schützenfeuer auf sie. Bald war der ganze Abhang mit im schnellsten Tempo talwärts strebenden Soldaten überstreut. Wir sahen deutlich die Einschläge der russischen Infanteriegeschosse, denn bei jedem Aufschlag flog ein Staubwölkchen auf. Von 3 Kompanien Blieben jedoch nur etwa 10 Mann getroffen liegen. Die Russen belegten nun den Bahndamm mit Schrapnellfeuer. .Vir waren gezwungen, zur besseren Deckung Löcher in den Bahndamm zu graben. Weiland und ich schrieben nun Feldpostkarten nach der Heimat. Wir hatten jedoch keine Gelegenheit mehr, dieselben bei der Feldküche abzugeben an jenem Tage. Gegen Abend mußten wir uns hinter dem unten am jenseitigen Abhang hinziehenden Bahndamm vorarbeiten. Auch hier hatten wir Glück; durch das Gebüsch, das sich neben einem dorthin führenden Bächlein hinzog, gedeckt, gelangten wir ohne Verluste hin. Als die Sonne bereits am Horizont verschwunden war, glaubte ich, daß wir hinterm Bahndamm übernachten würden und der Angriff erst am folgenden Morgen erfolgen würde. Ich sollte mich jedoch getauscht haben. Hinter uns donnerten Artillerieschüsse; die Geschosse sausten über uns und explodierten oben bei der russischen Stellung. Viele Sprengstücke schwirrten bis zu uns herunter. -Vorgehen! « schrie unser Regimentskommandeur von dem hinteren Bahndamm herüber. Wie mich dieses Wort erschaudern machte! Denn jeder wußte, daß es für manchen das Todesurteil war. Am meisten fürchtete ich den Bauchschuß, denn die armen, bedauernswerten Menschen lebten gewöhnlich noch 1 bis 3 Tage, bis sie unter den furchtbarsten Schmerzen ihr Leben aushauchten. »Seitengewehr aufpflanzen! Zum Sturm vorwärts Marschmarsch!- Alles lief nun nach oben. Eine Strecke weit waren wir durch Gebüsch gedeckt. Als wir jedoch das schützende Gebüsch durchbrachen, wurden wir von einem knatternden Schnellfeuer empfangen. Aufschreie hier und dort. [..Ein Soldat, der vor mir her lief, warf plötzlich die Arme in die Luft, taumelte rückwärts. Ich wollte ihn noch schnell mit meine Armen auffangen, jedoch beinahe hätte er mich auch noch zu Boden gerissen....] Schrecklich war das Schreien der Verwundeten anzuhören. Leichtverwundete rannten, so schnell sie konnten, zurück hinter den schützenden Bahndamm. Aber trotz allem ging's vorwärts. In das Knattern des Infanteriefeuers mischte sich noch das Rasseln der russischen Maschinengewehre. Schrapnells platzten über unsren Köpfen. Ich war derart aufgeregt, daß ich bald nicht mehr wu13te, was ich tat. Abgehetzt, keuchend kamen wir vor' der russischen Stellung an. Die Russen kletterten nun aus dem Graben und rannten den Hügel hinauf, dem nahen Wald zu. Jedoch die meisten von ihnen wurden niedergeknallt, ehe sie den Wald erreicht hatten. Wir gingen noch weiter vor bis zum Waldrand, wo wir uns hinlegten, um Atem zu schöpfen.

Langsam senkte sich der Abend nieder, das Schießen hörte fast ganz auf. Nur vereinzelte deutsche Granaten sausten über uns, die oben im Walde explodierten. Auf einmal prasselte links von uns aus einem vorspringenden Waldstück Infanteriefeuer. Zing-zing, zischten die Kugeln über uns hinweg. Ein vielstimmiges Üräh-Geschrei scholl uns entgegen; im Dunkel konnte ich noch sehen, wie die Russen aus dem Waldstück heraus mit gefälltem Bajonett auf uns zugelaufen kamen. Da sie uns von der Flanke her angriffen, konnten die meisten von uns nicht gleich schießen, ohne die vor ihnen knienden oder liegenden Kameraden zu treffen. Einige von uns zogen sich zurück. Nachdem ich einige Schüsse abgegeben hatte, schlich ich mich ebenfalls zurück. Die Russen hatten sich hingelegt, und beide Parteien beschossen sich aus nächster Nähe. Hinter einer Böschung gedeckt, wartete ich der Dinge, die da kommen sollten. Inzwischen war es Nacht geworden, jedoch konnte man seine Umgebung deutlich sehen. Mehrere Soldaten huschten an mir vorüber und verdufteten sich. Die Knallerei hielt immer noch an, jedoch schwächer werdend. Da hörte ich vor mir Schritte; ein Soldat rutschte die Böschung hinunter, wo er stöhnend neben mir sitzen blieb. »Bist du. verwundet, Kamerad?« fragte ich. Worauf ich die stöhnende Antwort bekam: »ja, Arm und Brust tun mir so weh.« Ich leuchtete mit der Taschenlampe und sah, daß er eine tiefe Rinne am Hals hatte, aus der das Blut lief. »Es ist nicht schlimm«, sagte ich,» ein Streifschuß am Hals.« - »Am Hals spüre ich gar nichts. Nur im rechten Arm und in der Brust.« Nachdem ich sein en Hals mit einem Verbandspäckchen verbunden hatte, wollte ich ihn den Hügel hinunterführen. Er hatte jedoch nicht mehr die Kraft zu gehen. Erst da bemerkte ich, daß sein rechter Arm schlaff herabhing. Ich leuchtete nochmals. Da sah ich am rechten Oberarm seitwärts den Einschuß. Der Arm war durchschlagen und die Kugel zwischen den Rippen hindurch in die

Brust eingedrungen. Im selben Moment liefen wieder mehrere Soldaten an uns vorüber. Ich rief sie an, mir den Verwundeten hinuntertragen zu helfen. Aber alle rannten weiter. Nach einigen Minuten kam ein anderer, der war gleich einverstanden, mir zu helfen. Wir setzten den Verwundeten auf mein Gewehr, der eine hielt am Lauf fest, der andere am Kolben. Der Verwundete legte seinen gesunden Arm um meinen Hals, und vorwärts ging's den Abhang hinunter. Aber wir kamen nicht weit. Bei der steilen Böschung kamen wir alle beide ins Rutschen, so daß wir mitsamt dem Verwundeten zu Boden stürzten. Ich sagte zu dem Soldaten, er solle mein Gewehr und meinen Tornister tragen; mit seiner Hilfe nahm ich den Verwundeten auf den Rücken und trug ihn, solange ich konnte. Dann wechselten wir uns ab. So erreichten wir das Dorf. Einen Sanitäter, der auf uns zulief und den ich trotz der Dunkelheit an der weißen Binde am Arm erkannte, fragte ich nach dem Ante. »Das dritte Haus links ist der Verbandsplatz.« Wir gingen hin und lieferten unseren Verwundeten ab. Wir beide hielten uns dort nicht lange auf, denn das Jammern und Stöhnen sowie das Blut griffen uns an die Nerven. »Wohin wollen wir P. fragte mich mein Kamerad. Am liebsten wollte ich in einer Scheune übernachten, doch ich hatte keine Ruhe. Ich wußte nichts über das Schicksal von Weiland und den beiden anderen ostpreußischen Kameraden. Also entschlossen wir uns, die Kompanie zu suchen. Unterwegs trafen wir am Straßenrand sitzend einen Soldaten, der einen Schuf durch die Ferse erhalten hatte. Er hatte sich bis hierher geschleppt, bis er vor Blutverlust, Schmerzen und Müdigkeit nicht mehr weiter konnte. Wir beide trugen ihn nach dem Verbandsplatz. Der Verwundete, den wir vorher dahin gebracht hatten, lag besinnungslos auf dem Stroh und schien dem Tode nahe. Inzwischen war es Mitternacht geworden. Nun machten wir uns erneut auf die Suche nach unserer Kompanie. Wir trafen sie hinter dem Bahndamm, von dem wir den Angriff unternommen hatten. Die Soldaten lagen oder hockten dort, die einen schliefen, die anderen stierten in die Nacht hinaus. Ich ging den Bahndamm entlang und fragte jeden: » Ist Weiland hier? So kam ich bis zur Nachbarkompanie. Aber den Weiland habe ich nicht gefunden. Da sagte mir ein Soldat, er habe ihn taumeln und stürzen sehen. Er wisse aber nicht, ob er tot oder schwer verwundet sei. Eine Nachricht, die mich ganz niederschmetterte. Gerne wäre ich ihn suchen gegangen, aber erstens hatte es in der dunklen Nacht keinen Zweck, und zweitens war es zu gefährlich, da die Russen, wie Patrouillen festgestellt hatten, wieder ihre Stellung besetzt hatten. Die Toten und die meisten Schwerverwundeten blieben oben liegen und befanden sich in den Händen der Russen. Nun traf ich meinen anderen Kameraden, den ostpreußischen Studenten. Er sagte mir, daß der junge Lehrer einen Schuf quer durchs Gesicht erhalten hatte, der ihm einige Zähne ausgeschlagen und die Zunge verletzt hatte. Also waren wir von vier guten Kameraden nur noch zwei. Auch unser Gruppenführer, Unteroffizier Hiller, fehlte. Die Kompanie hatte schwer gelitten.

In meiner Nähe saß der Kompanieführer; er unterhielt sich mit einem jungen Leutnant, der erst in der Nacht zu unserer Kompanie kommandiert worden war. Ich hörte, wie letzterer sagte, daß dies wohl die letzte Nacht seines Lebens sei, denn bei dem Sturm morgen früh werde er wahrscheinlich fallen, da doch sein Zug voran müsse. Auch der Kompanieführer, ein erst 19jähriger Junge in Jager uniform, seufzte. Ihm graute es ebenfalls vor dem kommenden Tag. Ich nahm mir fest vor, den Angriff, wenn irgend möglich, überhaupt nicht mitzumachen.

Langsam graute der Morgen. Einige Mann wurden zur Feldküche geschickt. Sie brachten Essen, Kaffee und Brot. Einige Soldaten aßen überhaupt nichts, aus Furcht, einen Bauchschuf zu bekommen, was natürlich mit vollen Magen weit gefährlicher ist als mit leerem. »Da oben kommt noch ein Verwundeter«, hörte ich einen Kameraden rufen. Ich schaute über die Geleise nach oben. Wirklich, da walzte sich ein Verwundeter immer über und über den Abhang hinunter auf uns zu. Im Graben jenseits der Bahn machte er halt. Einige Soldaten sprangen hinüber und holten ihn hinter den schützenden Damm. Wie der Mensch aussah! Er hatte ein Infanterie- Explosivgeschoß in die rechte Wade erhalten. Die Wade war an drei Stellen, von oberhalb des Knöchels bis zum Knie, auseinandergerissen. Ein schrecklicher Anblick! Seine Lippen waren vom Wundfieber trocken und aufgespalten. Er verlangte immer wieder zu trinken und trank mindestens 2 Liter Kaffee. Durch die Büsche gedeckt, wurde er zurückgetragen.

Der 2 ANGRIFF AN DER ZLOTA LIPA. 2 . JULI 1915

Mit Grauen erwarteten wir alle den Befehl zum Sturm. Da setzte das deutsche Artilleriefeuer ein, jedoch viel zu schwach, um die russische Stellung zu erschüttern. Welche Niedergeschlagenheit unter den Soldaten herrschte, laßt sich nicht beschreiben. Man kam sich vor wie ein zum Tode Verurteilter, der seine Henker erwartet, die ihn zum Schafott führen. Sich weigern mitzumachen, das ging nicht, denn ein Kriegsartikellautet:»Wer vor dem Feinde den Gehorsam verweigert, wird mit dem Tode bestraft!« Also blieb nur ein Weg: mitzumachen oder sich unauffällig irgendwo zu verkriechen.»Fertigmachen!« Wir mußten uns hinterm Bahndamm aufstellen. Eine Kompanie sollte am Bahndamm in Reserve bleiben, um im Falle eines russischen Gegenangriffs denselben abzuschlagen.»Vorwärts! Marschmarsch 1- Über die Bahnlinie ging's. Noch fiel kein Schuß. Wir waren noch durch Gebüsch gedeckt. Absichtlich blieb ich etwas zurück und kroch blitzschnell unter einen an der ersten Böschung stehenden, verkrüppelten Eichenbusch. Nun ging oben das Geknatter und Hurrageschrei los. Ich war sehr gespannt, wie der Angriff ausfallen würde. Bald hatte ich die Gewissheit, daß das Schießen nachließ. Eine Menge russischer Gefangener, begleitet von einigen unserer Soldaten, kamen den Abhang herunter. Der Angriff war geglückt. Zu meinem nicht geringen Staunen kam nun unser Kompanieführer, der sich sicher auch gedrückt hatte, in beiden Händen Munitionspakete tragend, von unten herauf. Ich dachte: Wenn der sich mit seinem Leutnantsgehalt [..damals etwa 280 Mark im Monat..] drücken konnte, warum sollte ich's nicht mit meinen 53 Pfennig Löhnung pro Tag [..also 16 Mark im Monat..]! Ich selbst holte nun hinter dem Bahndamm auch einige Munitionspakete und ging den Abhang hinauf wieder zur Kompanie, um so den Anschein zu erwecken, als wäre ich zum Munitionsholen zurückgeschickt worden. Mein Zurückbleiben war nicht aufgefallen. Unterwegs hielt ich unter den Toten, von denen wohl die Hälfte auf dem Gesicht lag, Umschau nach Weiland, konnte ihn jedoch nicht entdecken... [Die Sanitäter waren eben dabei, einige Schwerverwundate wegzuschaffen....]

Am Waldrand befanden sich mehrere Stellen, die mit sehr schonen Blumen wie mit einem Teppich bedeckt waren, Dazwischen lagen einige auf der Flucht niedergeschossenen Russen. Welcher Gegensatz, die herrliche Natur, dazwischen die armen, unschuldigen, aus ihrer Heimat gerissenen Opfer des .europäischen Militarismus!

Die Kompanie war oben damit beschäftigt, sich einzuschätzen. Ich ging zum Kompanieführer, bat um die Erlaubnis, meinen Kameraden Weiland suchen zu dürfen, da er mir den Auftrag gegeben hatte, im Falle, daß ihm etwas zustoßen sollte, seine Angehörigen zu benachrichtigen. Ich bekam die Erlaubnis und ging zurück zur Stelle, wo unsere Kompanie vorgegangen war, und hielt Umschau unter den armen Toten. Viele lagen auf dem Gesicht, und ich mußte sie umdrehen. Ich erschrak mehrmals, als ich gute Kameraden von mir erkannte. [...So fand ich auch einen Schlesier namens Wigiera, der bei allen sehr beliebt gewesen war. " Also du auch " entfuhr es meinem Munde als ich einen anderen Gefallenen undrehte. Es war ein Rheinländer. ein grober, unvernünftiger Mensch, ein Bergarbeiter, der viel fluchte, viel auf seinen kräftigen körperbau hielt, und wenne er von seinen Eltern sprach, sagte er immer nur " die Alten ". Eine Kugel war ihm von oben herab durch das Kinn, den Hals und die Brust gedrungen. Seine Nase war vom Sturz ganz platt gedrückt.....] Dicht vor der russischen Stellung fand ich meinen Gruppenführer, den lothringischen Unteroffizier Hiller. Er lag auf dem Rücken und hatte einen Bauchschuf erhalten. Er hatte die Hosen heruntergeschoben, das Hemd hochgezogen, sein Verbandspäckchen zweimal um den Leib geschlungen. Wahrscheinlich hatte er dabei das Bewusstsein verloren. Seine Tressen waren an Kragen und Armel abgetrennt; wahrscheinlich hatten sie die Russen als Andenken mitgenommen. Trotz meines Suchens fand ich von Weiland keine Spur. Ich konnte es mir nicht anders erklären, als daß ihn die Russen im schwerverwundeten Zustand mitgenommen hatten. In diesem Sinne teilte ich den Eltern Weilands das Schicksal ihres Sohnes brieflich mit.

Weiter oben untersuchte ich die Rucksäcke von zwei toten Russen; aus dem einen nahm ich ein Säckchen Zucker und ein Stück Schwarzbrot, aus dem anderen ebenfalls ein Säckchen Zucker und ein neues Hemd. Sofort zog ich es an, nahm mein altes, von Schmutz und Läusen wimmelndes Hemd und warf es weg. [..Unterdessen war meine Kompagnie weiter vorgerückt. Ich traf sie bei einer russischen Batterie von vier Geschützen, die die Russen in Stich gelassen hatten. Dort verbrachten wir die nächste Nacht. ...]

Morgens in aller Frühe nahmen andere Regimenter die Verfolgung auf. Unsere Division mußte sich bei Livtira Gorna sammeln, um an einem anderen Frontabschnitt eingesetzt zu werden. Als wir uns in Marsch setzten, glaubte ich, hinter mir ein leises Schluchzen zu hören. Ich schaute mich um und sah einen Soldaten unterdrückt weinen. Sie waren zwei Brüder bei der Kompanie gewesen, der eine aktiv, der andere freiwillig mit 18 Jahren. Dieser war ein munteres Kerlchen, den alle gut leiden konnten und der in der Kompanie nur »Bubi« genannt wurde. Bubi war auch gefallen. Wie mir mm sein Bruder erzählte, hatte er ihn selbst begraben.

Gegen Mittag fragte ich den Kompanieführer ums Austreten und blieb absichtlich zurück. Als die ganze Division durchmarschiert war, ging ich gemütlich hinterher. lm nächsten Dorf traf ich einen Soldaten meines Bataillons, der auch genug hatte und sich einige Tage drücken wollte. Wir kauften im Dorfe Brot, Milch und Eier und blieben in einer Scheune über Nacht. So bummelten wir mehrere Tage hinterher. Mehrere Male wurden wir von Offizieren aufgehalten und gefragt, woher und wohin. Ich sagte, wir seien von unserer Truppe abgekornmen und eben im Begriffe, dieselbe aufzusuchen. Ich wußte ganz genau, daß man, wenn man 7 Tage von der Kompanie weg war, für fahnenflüchtig erklärt wurde und eine harte Strafe in Aussicht hatte. So gingen wir zu mehreren österreichischen Abtei- lungen, die eben in den Dörfern lagerten, meldeten uns bei irgendeinem Kompanieführer und baren ihn, uns seiner Truppe anschließen zu dürfen, bis wir wieder deutsche Truppen antreffen würden. Wir wurden dann von der Feldküche verpflegt. Ich bat dann den Kompanieführer um einen Ausweis, damit ich bei der Ankunft bei meiner Kompanie vorzeigen konnte, wo ich mich während meines Fernbleibens aufgehalten hatte. Sobald wir im Besitz dieses Ausweises waren, verschwanden wir bei der nächsten Gelegenheit.

Langsam näherten wir uns wieder der Front in Richtung des Städtchens Brzezany in Nordostgalizien. Vor uns in gar nicht weiter Entfernung war ein schweres Gefecht im Gange; den ganzen Nachmittag klangen der Donner der Kanonen, das Rasseln der Maschinengewehre und das Infanteriefeuer von vorne. Wie schön es doch war, einem Gefecht von weitern zuzuhören, statt dasselbe mitzumachen. Gegen Abend flaute das Feuer ab. Viele Leichtverwundete, die meisten mit Arm- oder Handschüssen, kamen an uns vorüber. Es waren Soldaten meiner Division, ebenso viele Österreicher. Nach einer Weile ging eine große Kolonne gefangener Russen, geführt von einigen deutschen Soldaten, ebenfalls an uns vorüber.

Erst am anderen Nachmittag gingen wir wieder weiter. Eine Brücke führte über einen Bach. Mich überkam grol3e Lust zu baden, denn den ganzen Sommer hatte ich noch keine Gelegenheit dazu gehabt. Wir beide zogen uns aus und unterzogen uns einer gründlichen Reinigung. Ich erschrak, als ich meinen nackten Körper betrachtete. Derselbe hatte eine gelbgraue Farbe und war zum Skelett abgemagert. Überall war die Haut wegen der Läuse aufgekratzt, besonders unten bei den Knöcheln, Soweit die wollenen Chaussettes [Socken] reichten, waren mehrere Wunden vom Kratzen. Der Körper meines Kameraden bot dasselbe Jammerbild. Nach dem Baden setzten wir uns an die Sonne und fingen in unseren Hemden und Kleidern Läuse. Jeder fing mehrere hundert dieser schrecklichen Qualgeister. Nachher ging es wieder weiter. Links und rechts von der Straße befanden sich viele Weidenbüsche, dazwischen sah ich viele Schützenlöcher. Als wir aus dem Gebüsch herauskamen, befanden wir uns auf der Stelle, auf der tags vorher das Gefecht stattgefunden hatte. Aus den Weidenbüschen heraus war der Angriff der deutsch-österreichischen Infanterie erfolgt. Die russische Stellung hatte sich auf einer kleinen Anhöhe befunden. Vor dem Graben zog sich ein teilweise zerschossener Drahtverhau hin. Von dem Weidegebüsch bis zur russischen Stellung dehnten sich flache, deckungslose Wiesen aus. Darauf lag zerstreut eine Menge Gefallener, Deutsche und Österreicher. Vorne lag eine Zickzacklinie dieser Annen. Wir beide gingen von der Straße herab, um sie näher anzusehen. Viele hatten noch den Spaten in der Hand, sie waren beim Eingraben getroffen worden. Die Deutschen waren vom 43. Infanterieregiment, also von unserer Division. Viele waren ganz neu eingekleidet und ausgerüstet. Sie waren allem Anschein nach erst vor wenigen Tagen aus Deutschland angekommen und hatten hier den Tod gefunden.] jedenfalls waren sie glücklicher zu schätzen als diejenigen, die jahrelang das Elend mitmachen und dann doch fallen mußten. An einer Stelle führte eine Auffahrt nach der höher gelegenen Straße, dahinter lagen 15 bis 20 Gefallene in- und übereinander. Dieselben waren wohl von einem russischen MG, das sie schrag von der Flanke hatte lassen können, zusammengeschossen worden. Ich schnallte dort von einem Tornister ein neues Kochgeschirr, warf mein altes, unappetitliches, verrostetes weg und schnallte das neue auf. Dann gingen wir wieder weiter. In der russischen Stellung sahen wir nur sehr wenige Gefallene liegen.

Wir kamen nun in ein Dorf, das von der deutschen Artillerie zur Hälfte in Brand geschossen worden war. Überall umstanden die Bewohner jammernd ihre verbrannten, noch rauchenden Wohnstätten. Es wohnten meist deutsche Ansiedler in jenem Dorf. Eine Frau, die bei ihrem verbrannten Hause stand, «erzählte uns, daß ihr Haus bereits vorigen Herbst, bei dem Vormarsch der Russen, verbrannt sei. Im Frühjahr hatten sie es wiederaufgebaut, und nun stehe sie wieder obdachlos da. Sie weinte zum Herzzerbrechen. Von ihrem Mann, der in der Festung Przemysl war, hatte sie, seit die Russen die Festung erobert hatten, auch keine Nachricht mehr. Was so «in Krieg Jammer und Herzeleid unter die Menschheit bringt!

Zwei Tage später kamen wir wieder zur Kompanie, Ich wollte mich unauffällig dazugesellen, doch der Kompaniefeldwebel hatte mich bald entdeckt. Wir hatten wieder einen neuen Kompanieführer, den ich nicht kannte. Zu diesem führte mich der Feldwebel. Ich wurde ganz gehörig abgekanzelt, und mit der guten Nummer in der Kompanie war es natürlich vorbei. Es war mir alles einerlei, so gleichgültig war ich geworden. »Sie gehören exemplarisch bestraft!- tobte der Feldwebel. Da langte ich meine Brieftasche aus der Rocktasche, kramte die Bescheinigungen hervor und hielt sie dem Feldwebel hin. » Was haben Sie da für einen Wisch?. schrie er.»Bescheinigungen über meinen Aufenthalt seit meiner Abwesenheit von der Kompanie «, antwortete ich. Als der Feldwebel alles durchgelesen hatte, sagte er: »Sie scheinen ein schlaues Schwein zu sein, aber ich werde Sie noch rankriegen. Machen Sie, daß Sie mir aus den Augen kommen! «

[..Ich fragte an welche Gruppe ich mich anschließen sollte und ging dann weg . ...] Ich traf auf viele unbekannte Gesichter. Es waren neue Ersatzmannschaften, die aus Deutschland gekommen waren. Auch hatte die Kompanie seit meiner Abwesenheit mehrere Verluste erlitten. Ich kam zufällig' zu der Gruppe, in der mein Kamerad,

der Student aus Ostpreußen, sich befand. »Ja, Richert, wo kommst denn du bloß her? Wo warst du denn die Tage? Ich dachte schon, dir sei etwas zugestoßen! « sagte er.»Ich habe bloß einige Tage Erholungsurlaub gehabt hinter der Front«, antwortete ich, worauf wir beide lachen mußten. Nun ging es wieder weiter. Infolge der graßen Hitze litten wir sehr Durst. Auf den schlechten Straßen und Wegen lagerte bei dem trockenen Wetter eine Unmasse Staub; durch die rnarschierenden Kolonnen wurde er so aufgewirbelt, daß man sich in einer regelrechten Staubwolke vorwärts bewegte. Der Staub legte sich auf Uniform und Tornister, drang in Nase, Augen, Ohren. Da die meisten unrasiert waren, setzte sich der Staub in die Bärte, der Schweiß rann unaufhörlich hinab, wahre Bächlein in den bestaubten Gesichtern bildend. Bei solchen Märschen sahen die Soldaten ganz ekelhaft aus. ..

Infolge der unregelmäßigen Verpflegung, der Überanstrengung, des schlechten Trinkwassers, der Hitze und der abgeschwächten Körper brachen unter den Truppen Krankheiten aus, so die Ruhr, der Typhus, Magen- und Darmkatarrh, welche viele Opfer forderten. Ich selbst litt oft an Durchfall. Ich meldete mich mehrmals krank, bekam dann auch einige Arzneimittel, kam aber doch nicht ins Lazarett, da ich noch kräftig genug war, mich mitzuschleppen. Wir wurden oft gegen die ansteckenden Krankheiten geimpft, was manchmal schmerzhaft war. Die Stelle der Einimpfung auf der Brust schwoll manchmal hoch an. Nach diesen Impfungen machten viele Soldaten auf den Märschen schlapp und wurden auf von Bauern requirierten Wagen hinten nachgeführt.

Wir marschierten noch 2 Tage, bis wir in die Nähe des Städtchens Brzezany kamen. Am 18.Juli abends erwarteten wir, gedeckt hinter einem mit Weizen bepflanzten Hügel, die Nacht. Am Tage hörten wir dauernd Kanonendonner. Als die Nacht sich niedersenkte, sahen wir über die Höhe hinweg, daß sich der Himmel blutig rot Färber: es schienen gewaltige Brande ausgebrochen zu sein. Nun kam der Befehl, den Hügel zu besetzen. Wir kamen an mehreren Gruppen Osterreichern vorbei, die eben dabei waren, Tate zu begraben. Im Vorbeigehen fragte ich, was hier eigentlich los sei, erhielt jedoch keine Antwort, da keiner der Österreicher Deutsch verstand. Als wir die Hohe überschritten, sahen wir tief unter uns mehrere Dörfer sowie einzelnstehende Gehöfte lichterloh brennen. Es schien uns, als ob die Brände mit Absicht gelegt worden waren. Mitten in einem Weizenfeld, das nach vorne schrag abfiel, mußten wir uns eingraben, etwa in 10 m Entfernung von Mann zu Mann. Es wurde uns streng verboten, uns bei Tagesanbruch zu zeigen, da die Russen die Stelle, wo wir lagen, gut übersehen konnten. So lagen wir den ganzen Tag im Loche, jeder einzeln für sich. Die Sonne brannte den ganzen Tag unbarmherzig hernieder, quälender Durst stellte sich ein, und jeder sehnte sich nach dem kühlen Abend in der Hoffnung, daß dann von der Feldküche Kaffee oder

doch wenigstens Wasser geholt werden konnte. Ich war in meinem Loch eingeschlafen, als ich plötzlich von einem lauten Krach aufgeschreckt wurde. Gleich darauf schwebte eine Wolke schwarzer, stinkender Granatrauch über mich. Eine Granate hatte kurz vor mir eingeschlagen. Wahrscheinlich hatten uns die Russen im Weizen entdeckt. Nun kam Granate auf Granate, welche teils kurz hinter oder seitwärts von mir explodierten. Es war mir ganz unheimlich zumute, und ich vergaß sogar den quälenden Durst. Endlich hörte die Schießerei auf, und langsam senkte sich der Abend nieder. Der Tau setzte sich an Gras und Halm. Um etwas Kühle und Feuchtigkeit in den Mund zu bekommen, leckte ich den Tau ab. Wir hofften, abends da wegzukornmen, müssten jedoch bis in der Frühe des nächsten Morgens bleiben. Da hieß es, die Russen hatten sich zurückgezogen. Wir standen auf und betrachteten die Gegend vor uns. Nirgends fiel ein Schuss, ebenso sah man keine Spur von den Russen. Die Feldküche kam angefahren, wir erhielten Essen: Kaffee, Brot sowie Rauchrnaterial. Dann ging es wieder vorwärts durch verbrannte Dörfer, die die Russen absichtlich eingeäschert hatten.

Am Nachmittag stießen wir wieder mit der russischen Nachhut zusammen. Wir mussten in Schützenlinien ausschwärmen und gegen die Russen vorgehen. Sie zogen sich bald zurück. Nur von einem runden Hügel, etwa 1500 m rechts vor uns, bekamen wir in die Flanke lebhaftes Infanteriefeuer. Durch die große Entfernung hatte das Feuer jedoch nur geringe Wirkung. Plötzlich stieß mein Nebenmann einen markerschütternden Schrei aus, ließ das Gewehr fallen, drückte beide Hände vor das Gesicht und schrie immerfort herzzerbrechend. Ich sprang zu ihm hin und sah das Blut zwischen seinen Fingern hindurchlaufen. »Was hast du, Kamerad? Schrie ich. »Die Augen, die Augen!- rief er weinend. » Ich sehe nichts mehr! « Ich zog ihm die Hände vom Gesicht weg und erschrak heftig. Der arme Mensch war blind geschossen. Eine Kugel hatte ihm beide Augen aufgerissen, so daß sie ausliefen. Ein Jammerbild, wie ich noch wenige gesehen hatte. Das Jammern des Kameraden ging mir, sosehr ich auch abgehartet war, so sehr zu Herzen, daß mir selbst die Tranen herunterliefen. »Ach, wenn mich doch nur eine Kugel toten würde! - jammerte er. Da immer noch Kugeln um uns schwirrten, zog ich ihn auf den Boden nieder und wickelte meine beiden Verbandspäckchen um seinen Kopf, tröstete ihn, so gut ich konnte, und versprach ihm, bei ihm zu bleiben und ihn dann zurückzuführen, sobald das Feuer nachließ. Nach einer Weile kamen 2 Sanitäter, die uns hatten liegen sehen, und führten ihn zurück. Ich selbst lief der Schützenlinie nach.

Wir rasteten auf einer Anhöhe, von wo man eine weite Sicht nach vorne hatte. Wir konnten mit dem bloßen Auge die Kolonnen der zurückgehenden Russen sehen. In einem flachen Tale vor uns lag ein Dorf. Wir sollten dasselbe besetzen. Die Einwohner hatten ihre paar Möbel sowie Fenster und Türen von ihren Hütten weg ins Freie getragen, im Falle, daß ihr Dorf in Brand geschossen wurde. Eine Frau gab mir im Vorbeigehen ein großes Stück Brot. [...Wir gingen drei Mann zwischen zwei Häusern hindurch, um auf die Straße zu gelangen. Da hörten wir von rechts galoppierende Pferde auf der Straße. Im selben Moment jagten drei Kosacken vor uns vorüber in kaum 5 m Entfernung. Als sie uns erblickten, schwangen sich alle drei auf die rechte Seite ihrer Pferde wo sie sich hinter dem Leib derselben. Man sah von ihnen nicht mehr als den linken Arm, der über den Hals des Pferdes die Zügel hielt. Ich glaubte mich in diesem Augenblick in einem Zirkus, wir waren alle drei derart überrascht, daß keiner im ersten Moment ans Schiesen dachte. Wir knallten ihnen dann einige Schüsse nach, trafen aber nicht, und schon waren sie an der nächsten Straßenbiegung verschwunden. Wir übernachteten im Dorfe. Am anderen Morgen mußte sich das Regiment sammeln. Es hieß, wir sollten an eine andere Front transportiert werden; die einen sagten nach Italien, die anderen nach Frankreich, wieder andere nach Serbien hinunter. Am liebsten wäre es mir gewesen, wenn es mir gewesen, wenn es nach Frankreich gegangen wäre. Erstens wurde man während der Reise nicht totgeschossen und zweitens hoffe ich dort auf eine baldige Gelegenheit, auszukneifen und in Gefangenschaft zu gehen. Den Russen traute ich nicht und es wurde uns vorgelogen, die gefangenen Deutschen würden. Nach Sibirien geschickt um dort in den Bergwerken zugrunde gehen würden Bald wurden wir gewahr, daß wir uns alle getäuscht hatten....]

DER MARSCH NACH RUSSISCH-POLEN

Den ganzen folgenden Tag marschierten wir hinter der Front entlang in westlicher Richtung. Gegen Abend kamen wir vor das Städtchen Przemyslany. Dort wurde haltgemacht. Wir mußten in Gruppenkolonnen antreten .Wir sollten vor einigen
einigen österreichischen Generälen im Parademarsch vorbeimarschieren. Das fehlte noch! Mit unseren müden Knochen! Ich selbst mußte mich an den rechten Flügel der Gruppe stellen, da ich als aktiver Soldat den Parademarsch vorschriftsmäßig gelernt hatte. Eine österreichische Regimentsmusik fing an zu spielen. »Im Gleichschritt, Marsch!- Erst etwa 30 Schritte vor den Generälen sollten die Beine rausfliegen. Als ich die beiden vollgefressenen, mit Orden und Auszeichnungen vollbehängten Dickwänste sah, die mit der kältesten Miene der Welt den Vorbeimarsch abnahmen, erfaßte mich eine derartige Wut, daß ich es nicht über mich bringen konnte, im Paradeschritt zu marschieren, und es ging im Gleichschritt vorüber. Ein Feldwebel, der hinter mir an der Spitze des dritten Zuges war, sagte dann zu mir: » Na, Richert, warum sind Sie nicht marschiert? « - » Ich war zu müde«, antwortete ich ihm. »Sie hatten ganz Recht«, sagte er dann zu mir, »solchen Blödsinn braucht man eigentlich nicht in Kriegszeiten. « Die Nacht verbrachten wir in einem Dorfe. [..Teils schliefer die Soldaten in den Häusern, teils draußen im Freien. Den folgenden Tag blieben wir ebenfalls im Dorfe ...]

Statt daß wir uns richtig ausruhen durften, mußten wir allen möglichen Blödsinn exerzieren: Grüßen üben, Parademarsch, Einzelmarsch, kurz: wie auf dem Kasernenhof.

Von da ab sollte nur des Nachts marschiert werden, um den russischen Fliegern unmöglich zu machen, die Truppenbewegung zu beobachten. Mit dem Dunkelwerden ging es weiter. [..Wir marschierter auf einer guten, breiten Straße. Wir konnten an den großen, weißen Kilometersteinen die zurückgelegten Kilmeter abzählen ....] Als wir etwa 15 km marschiert waren, trat ich zur Kolonne hinaus, um zu lesen, was an einem Kilometerstein stehe.» Lwow 13 km, las ich. Lwow heißt auf deutsch Lemberg, die Hauptstadt Galiziens. Diese Stadt will ich mir ansehen: auch kann ich dort sicher allerhand einkaufen, dachte ich. Ich wußte ganz genau, daß man nie in einer größeren Stadt einquartiert wird, Also mußte ich auf eigene Faust dorthin gelangen.

Ich trat aus der Kolonne und fragte den hinter der Kompanie reitenden Kompanieführer, austreten zu dürfen. Ja «, antwortete er, »aber machen Sie, daß sie so schnell als möglich wieder in Ihr Loch kommen!- - »Jawohl, Herr Leutnant«, antwortete ich, sprang über den Straßengraben, ging hinter einen Busch, stellte den Tornister auf den Boden und setzte mich darauf. Der Vorbeimarsch der Division wollte kein Ende nehmen. Da ich unter dem Tornister geschwitzt hatte, bekam ich in der kühlen Nacht ganz kalt auf dem Rücken. Endlich, nach etwa 2 Stunden, fuhren die letzten Bagagewagen vorbei. Ich hing meinen Tornister um, mein Gewehr um den Hals, zündete eine Zigarette an und ging gemütlich hinterher.

Nach etwa einer halben Stunde kam ich zu einem einzelnstehenden Gehöft. Das Scheunentor war unverschlossen. Ich ging hinein, kroch ins Stroh und schlief bald ein. Ich erwachte, als mir die Sonne durch ein Loch im Schindeldach ins Gesicht schien. Eine Frau, die eben im Hof die Hühner fütterte, war ganz erstaunt, als sie einen deutschen Soldaten aus der Scheune kommen sah. Ich ging zu ihr hin und grüßte sie auf Polnisch: » Tschen dobra, madka! « Worauf sie erwiderte: » Tschen dobra, pan! [..Madka..]!- Das heißt: » Guten Morgen, Frau. Guten Morgen, Herr.« Ich fragte sie nun um » Milka «, » Jaika «, » Masla« und » Kleba « (Milch, Eier, Butter und Brot), zeigte ihr meine Brieftasche und sagte: »Pinunze«, das heißt »bezahlen«. Die Frau winkte mir, hineinzukommen, und setzte bald das Verlangte auf den Tisch. Sie mußte lächeln, ais sie sah, welches Quantum ich vertilgte. Als ich satt war, steckte ich noch etwas Brot und einige Eier in meinen Brotbeutel, bezahlte, bedankte mich und ging hinaus, denn ich hörte aus der Richtung, aus der wir gestern Nacht gekommen waren, Wagengerassel. Eine Trainkolonne kam angefahren. Vorne ritt ein Leutnant. Obwohl mir absolut nichts fehlte, hinkte ich nach der nahen Straße, bat den Leutnant, mitfahren zu dürfen, da ich fußkrank geworden sei und meiner Truppe nicht mehr nachfolgen könne. Der Leutnant, der ein gutes Herz zu haben schien, schrie zurück, man solle mir in einem Wagen Platz machen. Ich bestieg den zweiten Wagen der Kolonne, legte mich hinter den Fuhrmann auf einigen Sack unter das gewölbte Zeltdach. Wir unterhielten uns eine Weile; der freundliche Trainsoldat gab mir auch aus einer Flasche Cognac zu trinken. Diese Gelegenheit wurde von mir gehörig ausgenützt. Dann schlief ich ein.

Durch ein seltsam surrendes Geräusch wurde ich aufgeweckt. Ich kroch unter' dem Zeltdach hervor und sah, daß ich mich in einer Stadt befand. Das konnte nur Lemberg sein. Das Geräusch rührte von einem eben vorbeifahrenden Trambahnwagen her. Auch fuhren wir eben an einem Markt vorbei, wo auf Verkaufsstanden alles mögliche zum Kaufen feil war. Schnell nahm ich Abschied vom Trainsoldaten und kletterte den Wagen hinab. Nun ging es ans Einkaufen. Schokolade, Wurst, Süßigkeiten vom Zuckerbäcker und so weiter. Dann ging ich in ein Gasthaus und lief mir ein gutes Mittagessen vorsetzen. Nach dem Essen besichtigte ich die Stadt. Es befanden sich herrliche Straßen und sehr schone Gebäude darin, die ich in Galizien nicht gesucht hätte. Zufällig kam ich zu einem Militärauskunftsbüro, ging hinein und fragte, wo das 2. Bataillon, Infanterieregiment 41 sieh gegenwärtig befände. [..Man nannte mir den Namen des ersten Dorfes nördlich von Lemberg die am Büro vorbeiführende Straße ging direkt dorthin . Unterwegs traf ich einen Bauernwagen und fuhr mit...] Ich kam eben bei meiner Kompanie an, als sie sich zum Weitermarsch fertigmachte. Unauffällig gesellte ich mich zu meiner Gruppe. »Heute nacht geht's bis zum Städtchen Rawa Ruska, 35 krn «, hieß es. Außerhalb des Dorfes gab es eine Stockung auf dem Marsche. Wir sollten wieder im Paradeschritt vor einigen deutschen und österreichischen Generälen und höheren Offizieren vorbeimarschieren. Von hinten tönte der Ruf: »Rechts ran! - Eine Kraftlastwagenkolonne fuhr langsam an uns vorbei. »Wohin fahrt ihr? hörte ich hinter mir einen Soldaten den Chauffeur fragen. »Nach Rawa Ruska«, lautete die Antwort. Sofort kletterten mehrere Soldaten auf die Camions [..Lastwagen..], ich ebenfalls, trotz der wütenden Rufe der Offiziere und Unteroffiziere. Nach etwa 1 ½ Stunden hatten wir Rawa Ruska erreicht. Verschiedene Einwohner waren noch nicht zu Bett. Wir gingen in eine Bäckerei und kauften uns eine Menge Milchwecken, kochten in einem Bauernhaus Milch dazu und legten uns nach dem Essen ins Stroh, während unsere Kameraden in der dunklen Nacht hierher tappten. Am Morgen suchten wir unsere Kompanie, die in einem Obstgarten schlief. Jeder von uns legte sich zu seiner Gruppe. Am Abend ging's dann wieder weiter. Bei Rawa Ruska schienen schwere Kämpfe stattgefunden zu haben. Überall sahen wir Schützenlocher, Granattrichter und Soldatengräber. Wir begegneten sehr oft Abteilungen russischer Gefangener, die sehr glücklieh schienen, in Gefangenschaft gekommen zu sein. Der Marsch dauerte 6 Tage, dann hörten wir vor uns Kanonendonner. Wir näherten uns wieder der Front. Wir befanden uns nun in Russisch-Polen, links vom Flüsse Bug. Hier waren fast alle Dörfer und Gehöfte abgebrannt, nur die gemauerten Ofen und die Kamine standen noch. Die Gegend war hier fast ganz eben. Am Tage sahen wir nicht allzu weit vor uns Brande und Schrapnellwölkchen in der Luft. »Morgen früh werden wir eingesetzt, um die hier starke russische Stellung zu durchbrechen!« hieß es. Eine schöne Aussicht!

KÄMPFE IN RUSSISCH-POLEN ENDE JULI 1915

In der Nacht mußten wir vorgehen. Wir kamen an vielen deutschen Batterien vorbei, die hauptsächlich an den Waldrändern aufgestellt waren. In einem großen Kartoffelfeld mußten wir uns eingraben. Die Schüsse der Infanterie knallten weiter vorne, so daß ich Hoffnung hatte, daß wir beim Angriff in Reserve bleiben würden. Als der Tag graute, fing die deutsche Artillerie an, die russische Stellung zu beschießen. [..sehen konnten wir dieselbe nicht, wahrscheinlich lief sie vor einem großen Gute vofbei, denn dort stieg der Rauch der krepierenden Granaren in die Höhe.Nach einer Stunde stand das ganze Gut in Flmmen, Gang plötzlich ging vorne das Infantrie-und Maschinengewehr los. Die deutsche Infantrie ging zum Angriff vor. Viele Infantriekugeln zischten über uns hinweg, sodaß wir uns in unsere Löcher duckten .Auch streute die russische Artillerie das Gelände um uns ab....] Das Kleingewehrfeuer dauerte lange an, so daß wir nicht wissen konnten, wie der Kampf ausgefallen war. Endlich kamen viele russische Gefangene mit erhobenen Händen an uns vorübergelaufen. Ich sah mehrere, die ganz gekrümmt daherkamen, sich mit den Händen den Bauch hielten und stöhnten. Das waren Kranke, die mit der Ruhr oder Magenmund Darmkatarrh befallen waren. Diese armen Teufel hatten auch eine gute Pflege in Aussieht. »Fertigmachen, vorwärts- Tornister wurden umgehängt, und vorwärts ging's. Bald kamen wir vor die russische Stellung. Gott, wie sah es dort aus! Sehr viele gefallene Deutsche lagen vor und in dem Drahtverhau, der teilweise von Granaten auseinandergerissen war. Die Deutschen mußten hier schon vor einigen Tagen ohne Erfolg angegriffen haben, denn viele der Toten waren bereits in Verwesung übergegangen und strömten einen entsetzlichen Gestank aus. Es waren Bayern; dies sah ich an den Löwen, die sich auf den Knöpfen ihrer Uniformen befanden. Die preußischen Regimenter hatten Kronen auf ihren Rock knöpfen. Ich sah dort Gefallene mit schrecklichen, angefaulten Kopfwunden, die bereits von Würmern und Maden wimmelten. Schnell bahnte sich jeder einen Weg über Granatlöcher und wirren Draht, um aus dem Bereich dieses Geruchs herauszukönnen. Dicht vor der russischen Stellung sah ich einen Russen liegen. Er sah aus wie ein Sack Kartoffeln, an dem ein Bein war. Kopf, beide Arme sowie ein Bein waren weggerissen, die Wunden waren ebenfalls mit Würmern bedeckt. Die russische Stellung war sehr stark ausgebaut, mit Balken bedeckt, darauf waren Bretter gelegt, und das Ganze war mit Erde zugedeckt. Nur vorne über dem Erdboden befanden sich die offenen Schießscharten. Die Russen hatten nur sehr wenig Verluste, einige von

Volltreffern in der Stellung Getroffene. In Schützenlinien ging es wieder weiter. Vor uns sahen wir das Städtchen Grubeschow. Wir glaubten dort auf Widerstand zu stoßen, konnten es jedoch kampflos besetzen. Es dauerte nicht lange, da kamen russische Schrapnells herangeflogen. Wir suchten hinter den Häusern Deckung. Zwei Frauen, wahrscheinlich Flüchtlinge, suchten auf dem freien Platze ein größeres Kalb festzuhalten, das durch das Sausen und Krachen der Schrapnells wild geworden war. Trotz der um sie einschlagenden Schrapnellkugeln ließen die beiden Frauen nicht von dem Kalb ab. Wir schrien und winkten, sie sollten doch zu uns in Deckung kommen; alles half nicht. Da, ein Schrei, eine der beiden war am Arm von einer Schrapnellkugel durchschlagen. Die andere Frau ließ nun das Kalb ebenfalls los, welches in tollen Sprüngen davonjagte. Ich sprang mit noch einem Kameraden zu der Frau. Wir beide schleppten sie hinter die Hauser in Deckung, wo sie ein Sanitäter verband. Gegen Abend hörte das Feuer auf. Ich schaute nun um eine Hausecke und sah die russische Infanteriestellung am Rande eines Weizenfeldes, etwa 700 m entfernt. Zwischen uns und den Russen befand sich eine Mulde, durch welche ein Bach floß. Hier müssen wir jedenfalls wieder angreifen, dachte ich. Da es nachts zu regnen anfing, schiefen wir in den Häusern. Diese waren mit Soldaten vollgestopft, so daß mir nichts übrigblieb, als mich vorne in ein Bett zu legen, in dem hinten an der Wand ein jüdisches Flüchtlingsmädchen schlief. Ich betete leise den Rosenkranz, um beim morgigen Angriff wieder wohlbehalten durchzukommen

DER ANGRIFF BEI GRUBESCHOW 30. JULI 1915

Am nächsten Morgen mußten wir hinter den Häusern mehrere schmale, tragbare Brücken bauen, da Patrouillen in der Nacht festgestellt hatten, daß der zwischen uns und den Russen vorbeifließende Bach tief mit Treibsand angefüllt war, so daß ein Durchschreiten unmöglich war. Ich dachte bei mir: Das wird was abgeben, wenn wir beim Angriff auf so freiem Gelände die Brücken zum Bach tragen und ihn dann im Gänsemarsch überschreiten müssen! Dieses Unternehmen schien mir tollkühn. Gegen Abend ging's los; im Laufschritt wurden die Brükken zum Bach getragen, dann folgten - ebenfalls im Laufschritt-die Infanteristen. Aber, O Wunder, von drüben fiel kein Schuß. Ich dachte: Entweder haben sich die Russen zurückgezogen, oder sie wollen uns nur naher herankommen lassen, um uns mit Schnellfeuer zu vernichten. Erst als wir die Brücken überschritten hatten, fielen vor uns einige Schüsse. Ein Soldat fiel, durch die Stirn geschossen, einem anderen wurde die Kinnlade zerschmettert. Dann fiel gar kein Schuf mehr. Im Laufschritt ging es nun mit Hurrageschrei auf die russische Stellung los. Nichts regte sich. Ais wir vor dem Drahtverhau ankamen, sahen wir auf einmal eine Menge Gewehre mit Bajonett, auf denen russische Mützen hingen oder weiße Tücher angebunden waren, hin- und herschwenken. Es wagte keiner der Russen, auch nur den Kopf zum Graben herauszustrecken. Voll Freude kletterten wir über den Drahtverhau. Als ich in den Graben hineinschaute, standen die Gewehre an den Wänden umher. Die Russen waren wie weggeblasen. Ich rief in den Graben hinein. Da wurde unter mir ein ängstliches Gesicht sichtbar. Es befanden sich nach vorne, unter unseren Füßen, Höhlen: in diese hatten sich die Russen in ihrer Angst verkrochen. Ich lachte gegen den Russen und deutete ihm, nur herauszukommen. Nun kamen sie, einer nach dem anderen, heraus. Einige wollten uns Geld geben, andere Butter, Brot und so weiter, daß wir ihnen nichts tun sollten. Wir waren ihnen jedoch sehr dankbar, denn durch ihr Verhalten hatten sie manchem von uns sozusagen das Leben geschenkt. Sie wurden nun aufgestellt und gezahlt. Es war 450 Mann, 5 Offiziere mit 4 Maschinengewehren. Wenn sie sich verteidigt hatten, wäre von uns kein einziger vor ihren Graben gelangt. Wir übernachteten in der russischen Stellung. Zur Sicherung wurden Feldwachen und Vorposten aufgestellt. Jedoch blieb alles ruhig.

Als es morgens hell wurde, wurden ich, der ostpreußische Student und noch ein Soldat nach einem etwa 1km vor uns liegenden Waldstück geschickt, um dasselbe abzusuchen, Solche Befehle waren selten gut auszuführen. Ohne das geringste zu bemerken, kamen wir in den Wald. Der

Student legte hier die größte Unerschrockenheit an den Tag. Jede Vorsicht außer acht lassend, ging er vor uns her, mit dem Gewehr im Arm wie auf der Hasenjagd. Am jenseitigen Waldrand schauten wir durch die Büsche und sahen in etwa 1500 m Entfernung russische Infanterie, die eben mit dem Aufwerfen von Schützengraben beschäftigt war. »Herrgott, schon wieder eine Front vor uns! Wo bloß die Russen diese Soldaten alle hernehmen!« sagten wir uns. Der Student und ich blieben innen am Waldrand liegen, der andere Soldat ging mit der Meldung zur Kompanie zurück. Abwechselnd beobachteten wir nun mit meinem Glas die Russen. Viele von ihnen rupften Hafer und Gras aus und streuten es auf die frisch aufgeworfene Erde, um so die Stellung unsichtbar zu machen. Dann kam der Soldat zurück mit dem Befehl, wir sollten am Waldrand liegenbleiben, bis wir durch Truppen abgelöst werden würden. Gegen Mittag besetzte ein Reserve-Infanterieregiment den Wald. Am Nachmittag sollten einige Kompanien eine Mulde rechts von uns, die mit Büschen bewachsen war, besetzen. Im Laufschritt liefen die Soldaten zum Walde hinaus. Sofort kamen russische Schrapnells angeflogen. Wie vom Blitz getroffen sah ich einen Soldaten gleich vor dem Waldrand zu Boden stürzen. Hinter einer Eiche lag ein Leutnant mit seiner Ordonnanz. Von rechts kamen aus weiter Ferne große Granaten herangeflogen. Eine derselben schlug neben der Eiche ein, hinter der die beiden lagen. Sie wurden zur Seite geworfen und blieben tot liegen. Wir drei liefen nun, von Zeit zu Zeit hinter den Stämmen Deckung suchend, zurück. Ein Kompanieführer legte die Pistole auf uns an und schrie, wenn wir noch einen Schritt zurückgehen würden, knalle er uns nieder. Er glaubte, wir seien Soldaten seines Regiments. Ich lief zu ihm hin und teilte ihm den Befehl mit, den wir von unserer Kompanie erhalten hatten. Dann gingen wir zurück zu der russischen Stellung, wo wir unsere Kompanie verlassen hatten, doch dieselbe war weggerückt. Wohin, hatten wir keine Ahnung. Wir gingen zurück nach Grubeschow, kauften uns Lebensmittel und übernachteten bei einer Judenfamilie, wo wir in einem Zimmer am Boden schliefen.

 Wir suchten 2 volle Tage, bis wir unsere Kompanie wiederfanden. Drei Kompanien des Bataillons lagerten bei einem Gute, die vierte kampierte einige hundert Meter weiter weg auf freiem Feld. Bald erfuhren wir die Ursache. In jener Kompanie waren 2 Cholerafälle vorgekommen, die tödlich verlaufen waren. Viele Soldaten, die an Durchfall litten, kamen zur Beobachtung in Seuchenlazarette. Cholera, das fehlte noch, um die Serie der Leiden vollzumachen! Diese Seuche war gefährlicher als die Kugeln der Russen, denn dagegen gab es keine Deckung. Wir wurden mehrere Male dagegen geimpft. Die Nacht und den folgenden Ruhetag verbrachten wir in einem armseligen, dreckigen polnischen Dorfe. Ich ging in ein Haus, um Eier zu kaufen. Als ich die

Stubentür öffnete, fuhr ich erschrocken zurück. In der Stube lagen zwei tote Frauen am Boden, wahrscheinlich Opfer der Cholera. Der eine der beiden Koche bei der Feldküche, der uns am Morgen noch den Kaffee ausgeteilt hatte, lag, als wir das Mittagessen holten, tot in einem Holzschuppen. Ebenso starben am selben Tage noch 2 Soldaten an Cholera. Es war ein schrecklicher Tod; sie wälzten sich am Boden hin und her, krümmten sich wie ein Wurm und drückten fest immer die Hände gegen den Leib. Sie mußten sich immer erbrechen, ebenso floß der Stuhl dauernd. Die Augen hatten schon die Farbe des Todes angenommen, als die Ärmsten immer noch bei Verstande waren. Gegen Abend mußten wir antreten. Unser Regimentskommandeur, ein Freiherr von und zu, hielt hoch zu Roß eine Rede: »Kameraden, ich fühle mich etwas unwohl. Morgen muß ich mich für einige Tage zur Erholung in ein Lazarett begeben. Ich wünsche und hoffe, euch alle bei meiner Rückkehr gesund anzutreffen. Wegtreten!« Am anderen Morgen in aller Frühe hieß es, der Regimentskommandeur sei gestorben, ebenfalls an der Cholera. Es wurde uns allen unheimlich zumute. Da die meisten einen verdorbenen Magen und oft Durchfall hatten, befürchtete man immer, ebenfalls von der Krankheit befallen zu sein. Es wurde streng verboten, Wasser zu trinken, das nicht abgekocht war

GEFECHT BEI CHELM (RUSSISCH-POLEN)
ANFANG AUGUST 1915

Morgens in aller Frühe verließen wir das von der Cholera verseuchte Dorf. Wir waren etwa 2 km marschiert, als vorne schon die Knallerei losging. Unsere Vorhut war auf Russen gestoßen. Wir mußten uns hinlegen und abwarten. Allem Anschein nach waren die Russen stärker als zuerst angenommen, denn plötzlich kam der Befehl: »Ausschwärmen und vorgehen! « Vorläufig waren wir noch durch eine sanft ansteigende, mit Hafer bepflanzte Anhöhe gedeckt. Auf der Höhe angekommen, sah ich vor uns wellenförmiges Hügelland, meist mit Hafer bepflanzt, dazwischen ein weit verstreutes Dörfchen. Von den Russen konnte ich nichts sehen, obwohl uns sofort Infanteriegeschosse umschwirrten. » Hinlegen, eingraben! « Kaum hatten wir einige Spatenstiche getan, als 4 Schrapnells über uns platzten; mehrere Mann wurden verwundet „ jedoch keiner schwer. Sie konnten alle ohne Hilfe zurücklaufen. Die Batterie schoß mindestens 20 Salven, aber alles knapp über uns hinweg. Jeder arbeitete, so schnell er konnte, um so bald als möglich gedeckt zu sein. Dann saßen wir in unseren Lachern, die Sonne brannte uns unbarmherzig auf den Pelz. »Becker, hast du noch etwas zu trinken? « rief ich einen Kameraden an, der ein Loch vielleicht 1 1/2 m von mir gegraben hatte. Keine Antwort. Ich dachte, er sei eingeschlafen, und kroch zu ihm hinüber. Aber welches Bild bot sich mir! Becker saß in seinem Loch und starrte mich an. Ich sah, daß er etwas sagen wollte, er brachte aber keinen Ton heraus. Er mußte sich immer wieder erbrechen. Rock und Bose waren ganz voll davon. Ich untersuchte ihn und entdeckte eine Schußwunde im Nacken. Die russische Infanteriekugel hatte die locker aufgeworfene Erde durchschlagen, war in den Nacken eingedrungen, wo sie dann wahrscheinlich in der Kehle sitzen geblieben war. Ich verband ihm den Hals, weiter konnte ich ihm nicht helfen. Matt griff er nach meiner Band und schaute mich flehend an. Ich verstand die Gebärde und sagte: »Ja, Becker, ich bleibe bei dir. « Ich steckte unsere beiden Seitengewehre links und rechts von ihm in die Erde, schnallte sein en Mantel vom Tornister und spannte denselben über die Seitengewehre, damit er vor den heißen Sonnenstrahlen geschützt war. Von links kam der Befehl: »Fertigmachen zum Vorgehen!- Ich bat noch 3 Kameraden, doch hierzubleiben, um Becker am Abend zurückzutragen. Sie waren gleich zufrieden, denn es war ihnen wie mir lieber, im Loche zu liegen, als vorzugehen. Unser Gruppenführer war vorher von einem Schrapnell verwundet worden und zurückgelaufen, so daß niemand da war, uns vorzutreiben. »Vorwärts, marschmarsch!« scholl das Kommando. Die Soldaten sprangen aus den Löchern, und schon fingen die Russen wie wahnsinnig zu schießen an. Viele Kugeln pfiffen über uns hinweg und durch den Hafer. Was vorn los war, wußten wir nicht. Auch hatte keiner von uns vieren den Mut, den Kopf über den Hafer hinauszustrecken und Ausschau zu halten. So lagen wir bis gegen Abend in den Löchern. Dann breiteten wir Beckers Zelt auf den Boden, legten ihn darauf. Zwei Mann zogen vorne an den Zipfeln, 2 Mann schoben hinten. Das war ein Transport! Alles rnußte im Kriechen geschehen, denn wir durften über dem kurzen Hafer nicht sichtbar werden. Endlich, nach vieler Müh' und Schweiß, kamen wir hinter die Höhe, wo wir aufrecht gehen konnten. Für Becker war dieser Weg der wahre Kreuzweg. Er winkte mit beiden Händen zum Zeichen, daß er gehen wollte. Ich faßte ihn auf einer Seite, ein Kamerad auf der anderen. Wir hoben ihn auf und führten ihn eine Strecke weit, dann knickte er wieder zusammen. Wir legten ihn wieder aufs Zelt und schleppten ihn ins Dorf zum Bataillonsarzt. In einer Stube, in der schon viele Verwundete lagen, legten wir Becker aufs Stroh. Ich bat den Bataillonsarzt, sich doch seiner anzunehmen. Er kam, besah die Wunde und gab mir durch einen Blick zu verstehen, daß hier jede Hilfe nutzlos sei. Dann ging er wieder zu anderen Verwundeten. Wir nahmen Abschied von Becker. Er schien schon halb bewußtlos, denn er lag ganz still.

Als wir aus dem Haus traten, wurde eben eine Truppe gefangener Russen zurückgeführt. Zwei von uns steckten ihr Bajonett aufs Gewehr und gingen als Begleitmänner mit. Da es nun dunkelte, suchten wir bei den anderen Quartier für die Nacht, schleppten Stroh in eine leere Stube und legten uns darauf. Jedoch der Magen fing an zu knurren, und zum Beißen hatten wir nichts. Ich stand auf, ging hinter das Haus und machte im Gemüsegarten beim Mondschein ein Kochgeschirr von Kartoffeln aus. Nun sollten wir noch Wasser haben, um sie zu waschen und zu kochen. Ich ging zu einem Ziehbrunnen, der an der Straße stand. [Jedoch die Vorrichtung zum Wasserherausholen war zerstört. In der Nähe des Brunnens war ich an Telefonraht hängen geblieben. Ich ging denslben zu holen, band mein leeres kochgeschirr an ein Ende und schickte mich an, Wasser heraufzuziehen....] Da kam ein Soldat und sagte: »Kamerad, du mußt hier kein Wasser nehmen, es ist Cholera verdächtig. Siehst du, da hängt ein Verbot am Brunnengestell.« Ich hörte gleich am Akzent, daß der Soldat ein Elsässer war. Auch kam mir die Stimme bekannt vor. Ich schaute ihm in sein vom Mond beschienenes Gesicht, und wirklich, es war der Schlorr Xavier von meinem Nachbardorf Fülleren. »Bisch dü net der Schorr Xeri vo Füllera?« redete ich ihn an. Er fiel fast auf den Hintern, ais er sich so angesprochen horte. »Doch, wer bisch denn dü?« Ich leuchtete mir mit meiner Taschenlampe ins Gesicht. Er konnte mich aber nicht erkennen, so abgemagert war ich. Auch war ich noch unrasiert. Wir gingen nun zusammen in mein Quartier. Schlorr war Unteroffizier und hatte die Aufsicht über die MG-Kompaniewagen, brauchte so auch kein Gefecht mitzumachen und hatte immer genug Lebensmittel. Er holte in seinem Quartier ein Kommißbrot, eine Büchse Fleisch, ein Säckchen Zucker und Zwieback. Ais wir gegessen hatten, legten wir uns aufs Stroh und erzählten uns von der Heimat. Ich hatte kurz vorher einen Brief aus der Heimat erhalten mit der Mitteilung, daß die Einwohner von Fülleren trotz der Nähe der Front noch zu Hause seien. Darüber war Schorr sehr erfreut, denn er hatte lange keine Nachricht von zu Hause mehr erhalten. Wir erzählten uns, bis der neue Tag zum Fenster hereinsah. Da nun Schorr seinen Dienst versehen mußte, nahmen wir Abschied. Ich selbst schlief dann bis zum Nachmittag. Dann brachen ich und mein Kamerad auf, um unsere Kompanie wieder aufzusuchen. Wir kamen durch das Gelände, wo tags zuvor das Gefecht stattgefunden stattgefunden hatte. Überall lagen vereinzelte Tote, zuerst Deutsche, dann Russen. [..Aus dem Haferfeld vor uns ragten eine Menge Gewehrkolben. Die Russen hatten die Bajonette in die Erde gesroßen, als sie sich ergaben ...] Wir brauchten 2 Tage, bis wir unsere Kompanie wieder trafen. Wir hatten es auch gar nicht eilig.

GEFECHT BEI WOLODAWA ANFANG AUGUST 1915

In der folgenden Nacht marschierten wir wieder mehrere Stunden. Dann mußten wir uns an einer sanft ansteigende Anhöhe zugweise in Reihen eingraben. Im Dunkel gingen mehrere unserer Bataillone leise nach vorne an uns vorüber. Keiner von uns wußte, was los war. Mit Tagesanbruch fingen mehrere Batterien hinter uns zu schießen an. Der Einschlag der Geschosse erfolgte ziemlich weit vor uns. Also lagen wir wieder in Reserve. Vorne ging das Infanteriegefecht los. Es war aber nur von kurzer Dauer, die Russen ergaben sich nach geringem Widerstand. Ihre Artillerie streute mit kleineren Kalibern das Gelände ab. Auf einmal schlug eine schwere Granate etwa 300 m vor uns ein. Gleich kam die zweite, sie schlug etwa 200 m vor uns ein, die dritte 100 m, alle drei genau in der Richtung auf uns zu. »Du«, sagte ich zu dem ostpreußischen Studenten, der bei mir im selben Loche lag, »paß auf, die nächste sitzt in der Kompanie!« Es war uns unheimlich zumute; wir duckten uns, so tief wir konnten, in unser Loch. Dann kam die vierte angesaust. Sie schlug in ein Loch etwa 3 m vor uns, in welchem 2 Soldaten des ersten Zuges lagen. Als sich der Rauch verzogen hatte, sahen wir einzelne Gliedmaßen von ihnen herumliegen, Teile von Eingeweiden hingen in der Nähe in einem Strauch, ein schrecklicher und doch leichter Tod. Die nächste Granate flog über uns hinweg. Dann hörten die schweren Geschütze zu schießen auf. Nur noch einzelne Schrapnells kleiner Kaliber kamen hie und da angeflogen. Da sagte der Student: »Ich rnuß mal austreten« und ging hinter einen in der Nähe stehenden Busch. Da kam ein Schrapnell, platzte über ihm. Eine Kugel drang ihm an der Schläfe in den Kopf. Er war sofort tot. Ich halte ihn mit Hilfe meiner Kameraden und legte ihn in das Granatloch, das die große Granate geschlagen hatte. Die aufgelesenen Leichenteile der beiden anderen Soldaten lagen bereits darin. Sie wurden nun zugeschüttet. Ich schnitt mit dem Taschenmesser 2 dicke Stäbe aus dem Gebüsch, nahm eine Weide, verband damit die beiden Stabe in Form eines Kreuzes und steckte dasselbe auf ihr Grab. Ein Unteroffizier schrieb ihre Namen auf ein Blatt Papier, welches er mit einer Schnur am Kreuze oben festband. Nun hatte ich den letzten meiner besten Kameraden verloren. Es war mir 50 sehr verleidet, daß ich mir bald nicht mehr zu helfen wußte.«

Vorwärts, marsch!« hieß es nun. Wir gingen über die Felder der russischen Stellung zu. Davor lagen einige gefallene Deutsche. In der russischen Stellung, die wunderbar angelegt und ausgebaut war, sah ich nur zwei tote Russen liegen. Wir gingen nun weiter vor und folgten den Truppen nach, die bereits die Verfolgung aufgenommen hatten. In einem bis an den Boden abgebrannten Hause bot sich uns ein grauenhaftes Bild, das uns fast alle erschaudern machte. In dem Hause hatte sich wahrscheinlich der Verbandsplatz der Russen befunden. Ein Haufen vollständig verkohlter Leichen lag am Boden. Eine davon war einige Meter entfernt und nur auf der einen Seite verbrannt. Wahrscheinlich war es ein Verwundeter, der sich retten wollte, aber nicht mehr weiterkriechen konnte. »Den Heldentod fürs Vaterland gefallen!« Heldentod! Welche Lüge ist doch dieses Wort. Ich habe so viel erlebt und durchgemacht. Aber ich habe unter 1000 kaum einen Helden entdecken können.

Die Russen hatten sich wieder ganz aus der Gegend verduftet. Wir marschierten mehrere Tage, ohne daß ein Schuß fiel. Wir kamen in wellenförmiges Hügelland, welches meist mit Hafer und Gerste bepflanzt war. Dort stießen wir mit Russen zusammen. Ausgeschwärmt in Schützenlinien ging's vor. Plötzlich bekamen wir starkes Schrapnellfeuer. Von einem Schrapnell wurde mein Kamerad Anton Schmitt aus Oberdorf schwer verwundet. Er bekam 3 Kugeln durch Schulter und Oberarm. Ich schleppte ihn hinter eine in der Nähe stehende Hütte, wo ich ihn mit Hilfe eines hinzukommenden Sanitäters verband. Ein Feldwebel jagte mich wieder in die Linie. Eine Gruppe unter Führung des elsässischen Unteroffiziers Walter ging ausgeschwärmt etwa 100 m vor' uns. Das Schrapnellfeuer hielt immerfort an. Russische Infanterie konnte ich keine sehen. Auf einmal wurde es vor uns im Hafer lebendig. Russen, in Massen, standen plötzlich vor uns. Sie liefen unter Uräh-Geschrei auf uns zu. Bald hatten sie die Gruppe Walter erreicht. Die Soldaten Walters warfen die Gewehre weg und ergaben sich den Russen. Sie wurden sofort abgeführt. Wir waren alle sehr aufgeregt, knieten im Hafer nieder, und jeder Schoss, so schnell er nur konnte. Wir standen einer etwa 10- bis 15fachen Übermacht gegenüber. Die vordersten Russen schossen im Vorgehen immer auf uns. Wir hatten bereits mehrere Verluste. Sie waren nur noch etwa 50 Schritt von uns entfernt. Ich wollte eben mein Gewehr wegwerfen, um mich zu ergeben - ein furchtbarer Moment, wußte man doch nicht, ob man niedergestochen wird oder nicht-, da ertönte hinter uns Hurrageschrei, und aus einer Mulde stürmten 2 Kompanien unseres Regiments. Sofort schossen sie über unsere Köpfe hinweg auf die Russen. Die vordersten Russen stutzten. Sie wußten nicht, wie stark ihre neuen Angreifer waren. Einige machten kehrt und rissen die anderen mit sich. In wenigen Minuten befanden sich alle auf der Flucht. Wir schossen ihnen nach, was aus den Gewehren ging. Sie hatten furchtbare Verluste. Als wir nachher durch den Hafer vorgingen, lagen überall von ihnen die Toten, fast alle auf dem Gesicht. Die Überlebenden waren in einer Mulde im Felde verschwunden. Die Verwundeten beider Parteien wurden verbunden und an einen Fahrweg getragen. Wir mußten wieder weiter. In Schützenlinien näherten wir uns einem Wald. Einzelne Schüsse knallten uns entgegen. Plötzlich glaubte ich, einen Peitschenhieb auf den rechten Ellenbogen bekommen zu haben. Ich lief mein Gewehr fallen, faßte mit der linken Hand da hin und sah, daß mein Rock von einer Kugel durchbohrt war. Am Ellenbogen fühlte ich ein heftiges Brennen. Mein erster Gedanke war: Gott sei Dank! Jetzt komm' ich ins Lazarett! Ich ließ mich zu Boden fallen, um den Russen kein Ziel! Mehr zu bieten, stülpte den Ärmel auf und erlebte eine große Enttäuschung. Ich hatte nur einen Streifschuß: Eine Kugel hatte nur eine Rinne in die Haut gerissen. Ich verband mich mit der linken Hand, unter Mithilfe der Zähne, und blieb liegen. Als die Schüsse vorn aufhörten, ging ich zurück und lief gerade auf den Bataillonsarzt zu. Ich wollte mich eben vorbeidrücken, um mich weiter nach hinten zu begeben, als er mich anrief: »Na, Mensch, was haben Sie eigentlich? Kommen Sie mal her!« Ich ging zu ihm und wickelte meinen Verband auf. »Ja, Junge, das langt nicht fürs Lazarett! Sie bleiben vorläufig 2 Tage bei der Feldküche Ihrer Kompanie. Nachher melden Sie sich wieder bei mir!« Ja, Feldküche! Wo bist du? Gegen Abend kam sie angefahren, und ich ging hinterher, nachdem ich mein Gewehr und meinen Tornister aufgeladen hatte. [..Beim nächsten Halt gab es Essen und Kaffee....]

Nach 2 Tagen meldete ich mich wieder beim Bataillonsarzt. »So, Sie können wieder in Ihre Kompanie eintreten!« Ich wartete bis zum Abend und ging mit den Essenholern wieder' zur Kompanie. Am nächsten Tag marschierten wir an der Stadt Brest-Litowsk vorbei und wandten uns ostwärts durch die Rokitnosümpfe in Richtung Pinsk. Seit einigen Tagen hatte ich wieder sehr an Leibschmerzen und Durchfall zu leiden. Dadurch wurde ich derart abgeschwächt, daß ich kaum nachlaufen konnte. Ich meldete mich wieder krank, mußte wieder zur Kompanie, Dienst mitmachen. Wir kamen nun in eine waldreiche Gegend, unsere Kompanie marschierte auf einem schlechten Waldweg dahin. Pang-päng, knallten vor uns einige Schüsse. Ein Aufschrei! Einer der Soldaten hatte einen Schuß mitten durchs Knie erhalten. Wir mußten uns hinlegen. Die russischen Vorposten waren fortgelaufen. [..Wir warteten auf Befehle vom Bataillonskommandeur. Als dieselben nicht kamen, nahm ein Leutnant mich und noch eine Mann mit, um selbst den Bataillonsstab aufzusuchen und die Befehle zu holen. Wir gingen einen wenig betretenen Fußpfad, war aufgezeichnet. Als ich diese Karte sah. Jeder Fußpfad, jede Kleinigkeit war aufgezeichnet. Es zogen sich mehrere solcher Fußfade durch den Wald. Wir wußten nur nicht auf welchem wir uns befanden. „ Nun wir gehen mald einfach vorwärts" meinte der Leutnant" irgendwo werden wir schon rauskommen „ . Wir kamen zu einer Mulde, in welcher eine vielleicht 15-Ar-große Morasrstelle war, in Form eines länglichen Dreiecks, mit Schilf bewachsen. Ein solches Dreieck war mir vorher auf der Karte aufgefallen »Herr Leutnant ich weiß jetzt, wo wir sind «, sagte ich. »So, « .sagte er erstaunt. Ich bat um die Karte und zeigte ihm die Stelle, wo wir uns befanden. Wir befanden uns auf dem nächsten Weg zum Bataillonsstab. Der Leutnant nahm dort die Befehle in Empfang und wir gingen zurück zur Kompagnie ….] Wir mußten uns im Walde eingraben und abwarten. Am Morgen hieß es: »Vorgehen!- Es war wieder ein sehr heißer Tag. [..Einige Russen, die sich einer Hütte am Waldrand befanden, gaben sich gefangen. Die anderen hatten sich zurückgezogen. Wir marschierten wieder den ganzen Tag hinterher…] Es war wieder ein sehr heißer Tag. Der Schweiß floß wie Bächlein an unserem Körper hinab, und der Tornister drückte. Die Füße in den Stiefeln brannten wie Feuer. Es war Vorschrift, daß jeder 300 Patronen mitschleppte. Das war mir zu schwer. Ich warf einfach 200 davon weg. Meine Leibschmerzen nahmen derart zu, daß ich es nicht mehr langer aushalten konnte. Beim nächsten Halt meldete ich mich krank. Ich durfte Gewehr und Tornister auf die Feldküche laden, mailte jedoch weiter mitlaufen. Wir übernachteten in einem Gebüschwalde. Dort wurde ich vom Bataillonsarzt für krank befunden: Magen- und Darmkatarrh. Herrgott, wie glücklich ich war! Das kann ich niemandem beschreiben! Nun wußte ich, daß ich von der Front weg in ein Lazarett kommen würde. Beim Weitermarsch am nächsten Morgen mußte ich wieder mit, denn der Bataillonsarzt sagte zu mir, daß wegen mir alleine kein Sanitätswagen zurückgeschickt werden könne; ich solle noch dableiben, bis mehrere Verwundete und Kranke beisammen seien. Ich ging nun mit der Bataillonsbagage. Auf einem fast unbefahrbaren Waldweg trafen wir auf eine Flüchtlingskolonne. Diese armen Menschen waren von den Russen zum besten gehalten worden: Wir würden bei unserer Ankunft alles niedermetzeln. Hals über Kopf warfen sie einige Lebensmittel und das Notwendigste auf Wagen und flohen vor uns her. In jenem Walde hatten wir sie eingeholt. Es war eine einsame, fast ganz unbewohnte Gegend. Die Pferde der Bagage konnten fast nicht mehr weiter- kommen auf dem schlechten Weg. Da wurden einfach die Pferde der armen Flüchtlinge ausgespannt und als Vorspann genommen.

Das Jammern und Bitten dieser armen Menschen ging mir sehr zu Herzen. Manche Frauen fielen vor den Soldaten auf die Knie und baten und flehten, ihnen doch die Pferde zu lassen. Alles war vergebens. Einige der rohesten Soldaten kletterten noch auf die Flüchtlingswagen und stahlen die Lebensmittel. Nun ging's wieder weiter. Die jammernden Flüchtlinge wurden einfach stehengelassen

Vorne fielen einige Schüsse der Patrouillen. Ein Soldat kam zum Bataillonsarzt mit einem Armschuß. Am Abend wurden noch zwei krank befunden. Der eine hatte dieselbe Krankheit wie ich, der andere Blutbrechen. Die folgende Nacht, die letzte an der Front, schliefen wir vier unter einem Zelt. Am Morgen in der Frühe kam ein Sanitäter mit einem mit 2 Pferden bespannten, leichten Wagen, wie sie in der Gegend in Gebrauch waren. Wir setzten oder legten uns darauf, und fort ging's nach rückwärts, Trotz meiner Leibschmerzen hätte ich aufjauchzen können. Nun war es sicher, daß ich für einige Zeit nicht totgeschossen werden würde. Auch freute ich mich riesig darauf, wieder in einem Bett schlafen zu können. Meine drei mitfahrenden Kameraden befanden sich trotz ihres Zustandes in der freudigsten Stimmung. [...Wir fuhren den ganzen Tag immer durch eine trostlose Gegend. Sümpfe, Gebüsch, hie und da eine oder mehrere menschliche Behausungen. Die Häuser waren ganz niedrig, alles wie in den Karphaten und in Calizien, außer der Städte, die wände aus Hols, die Dächer aus Stroh...]

Der Sanitäter gab uns zu Mittag Kommißbrot und Büchsenfleisch. Ich wagte jedoch nicht zu essen aus Furcht der danach wiederkehrenden Leibschmerzen. [..Am Abend kamen wir in ein Dorf, in welchem eine Sanitätskompagnie lag. Die Nacht über schliefen wir im Dorf,..] des anderen Morgens früh fuhren wir mit einem Krankenauto, etwa 15 Mann an der Zahl, meist Ruhrkranke, nach Grubeschow, wo wir in der Nacht ankamen. Die russische, ganz neue Infanteriekaserne in Grubeschow war in ein Feldlazarett umgewandelt worden. Ein verschlafener Sanitäter empfing uns. Jeder erhielt eine Tasse Tee, dann wurden uns Betten angewiesen, Soldatenbettstellen, wie sie eben in der Kaserne üblich sind. Todmüde müde legte ich mich hin, deckte mich mit der darüber liegenden weißen, wollenen Decke zu und schlief sofort ein. Ich erwachte. Am ganzen Körper biß und juckte es mich, so daß ich mir nicht zu helfen wußte. An die Lause war man ja gewöhnt, aber so etwas, das war fast nicht mehr zum Aushalten. Trotzdem schlief ich gegen Morgen wieder ein. Als ich erwachte, war es bereits heller Tag. Ich besah meine Decke. Herrgott, die wimmelte ganz von Lausen! [..In der Größe eines Fünfmarkstückes saßen mindestens zwanzig..] Gerne wäre ich langer liegengeblieben, aber es war mir unmöglich. Ich erhob mich, kleidete mich an, eine Arbeit, die ich auch nicht mehr gewöhnt war, denn seit Februar (1915), also bald 6 Monate, hatte ich keine einzige Nacht unangekleidet geschlafen.

Gefangene Russen, die als Krankenwärter fungierten, brachten uns Tee und Kommissbrot. Ich ging hinaus, um mir die Umgebung anzusehen. Gleich hinter der Kaserne war ein neu angelegter Soldatenfriedhof. Etwa 10 Russen waren damit beschäftigt, Gräber zu graben. Aus dem ehemaligen Exerzierhaus, das in ein Lazarett für Cholerakranke umgewandelt worden war, wurden eben zwei Leichen herausgetragen und ohne Sang und Klang von den Russen beerdigt. Auf allen Gräbern standen schöne schwarze Kreuze, auf welchen mit weißer Farbe der Name, das Regiment und die Kompanie der Toten verzeichnet waren. Auf den Kreuzen der Russen stand nur: »Hier ruht ein tapferer Russe« oder auch: "Hier ruhen drei tapfere Russen«, je nach der Zahl der Soldaten, die in dem Grabe beerdigt waren. Auf einem Kreuz las ich: »Musketier Schneidmadl, 7. Kompanie, 1. Regiment 41«. Ein Soldat, mit dem ich gut befreundet war. Es war mir bei der Kompanie schon einige Tage aufgefallen, daß er fehlte. So mußte ich ihn wiederfinden. Lm Feldlazarett wurden wir unserer Krankheit entsprechend sehr schlecht verpflegt; es war eben noch nicht richtig eingerichtet. Mit einem Kameraden ging ich am Nachmittag in das Städtchen Grube- schow. Wir hatten Glück. Jeder konnte einen schonen Laib Weißbrot kaufen, welches jedenfalls für unsere kranken Magen besser war als das Kommißbrot. Auf dem Heimweg wurden wir von einem Juden, der vor seiner Haustür stand, angehalten. »Gnädiger Herr, kommen Sie rein, trinken Sie eine Tasse Tai, können Sie machen Schw ... für 2 Mark mit meiner Tochter, soviel Sie wollen. « Mein Kamerad haute ihm eine ganz Gehörige ins Gesicht, und wir gingen wieder ins Lazarett. Viele dieser polnischen Juden suchten auf alle möglichen Arten Geld zu verdienen, nichts war ihnen zu gemein. Nur Geld, Geld, weiter schienen sie nichts zu kennen.

Jeden Tag kamen neue Verwundete und Kranke in das Lazarett, manche waren dem Tode nahe. So lag auch ein Soldat neben mir, der sich vor Leibschmerzen krümmte wie ein Wurm in der Sonne. Er hieß Simon Duka, aus Oberschlesien. Ais der Arzt ihn untersuchte, sagte er zum Wärter: »Bringen Sie diesen Mann nach der Abteilung C! « Das war das Exerzierhaus, in dem die Cholerakranken untergebracht waren. Nach 2 Tagen ging ich über den Friedhof. Auf dem Kreuze, das auf einem ganz frischen Grab stand, las ich den Namen Simon Duka. Die Cholera hatte ein Opfer mehr gefordert. Ich hatte nur den einen Wunsch, so bald als möglich von hier wegzukommen. Ich war 6 Tage in Grubeschow, als wir alle vom Arzt untersucht wurden. Alles, was transportfähig war, sollte anderntags weiter zurückbefördert werden. Wir fuhren einen halben Tag auf requirierten Bauernwagen, dann kamen wir zu einer Feldbahn. Dieselbe war schmalspurig, und die Züge, bestehend aus kleinen Plateauwagen, wurden von Pferden gezogen. [..Wir setzten oder legten uns auf die Wagen und weiter ging´s....] Die Gegend war sehr langweilig und wenig bevölkert, die meisten Gehöfte und Dorfer abgebrannt. [..Die Nacht verbrachten wir in Zelten. Russische Flieger bewarfen in der Nacht das Leger mit Bomben. Jedoch wurde niemand verletzt. Am anderen Morgen in der Frühe ging es wieder weiter. ...] Wir passierten [am anderen Morgen] die russisch-galizische Grenze. Auf dem Bahnhof der Stadt Unow bestiegen wir den Zug, der uns über Rawa Ruska nach Lemberg brachte, wo wir des Nachts ankamen

IM KRIEGSLAZARETT IN LEMBERG

Das Kriegslazarett in Lemberg, in dem wir untergebracht wurden, war ein großes Gebäude, eine frühere Schule. In dem Saale, der mir zugewiesen wurde, befanden sich lauter Soldaten, welche an Ruhr, Magen- und Darmkatarrh sowie Typhus litten. Alles arme Menschen, welche die Hälfte der Zeit auf dem Abort sitzen mußten. Als Lager dienten uns am Boden liegende Strohsäcke. Die Verpflegung war schlecht. Es herrschte überhaupt keine Ordnung; österreichische Zustände Langsam sehnlichen die Tage dahin. Es wurde sehr wenig erzählt, denn fast alle litten furchtbare Leibschmerzen. Wenn einer zu sehr jammerte, karn ein Wärter, steckte ihm das Thermometer unter den Arm, um das Fieber zu messen. Ais ob das etwas nützen könnte. Ein Soldat war darüber derart aufgebracht, daß er das Thermometer an die Wand schleuderte, wo es in kleine Stücke zerschellte. Als ihn der Arzt deswegen zur Rede stellte, sagte der Soldat, er verlange, wie ein Mensch behandelt zu werden. Wir alle konnten kaum den Tag erwarten, wo wir weitertransportiert wurden.

REISE NACH DEUTSCHLAND

Endlich nach 6 Tagen ging's zur Bahn. Wir fuhren 3. Klasse. Die Reise ging durch Galizien an der Festung Przernysl vorbei, dann über Jaroslau, Tarnow nach Krakau. Wir fuhren auf einer zweigleisigen Bahn. Alle 5 Minuten fuhr ein Zug aus Richtung Deutschland an uns vorüber, beladen mit Mannschaften, Kriegsgerät, Munition und Lebensmitteln. Die Russen hatten auf ihrem Rückzug sämtliche Brücken zerstört, überall waren hölzerne Notbrücken erbaut, über welche die Züge nur im Schritt fahren durften. Manche dieser Notbrücken führten über tiefe Schluchten, so daß man sich kaum getraute hinunterzusehen, Vor der Festung Krakau hatten wir Aufenthalt; Tausende russischer Gefangener waren gleich neben der Bahn mit Erdarbeiten beschäftigt. Ein Gewitter kam, und es fing an zu regnen, wie ich es noch selten erlebt habe. In wenigen Minuten waren die Russen bis auf die Haut durchnäßt. Die Arbeitsstelle zu verlassen schien ihnen verboten zu sein. Beim Weiterfahren passierten wir die galizisch-deutsche Grenze. Unser erster Halt in Deutschland war die Station Annaberg. Alles mußte aussteigen, antreten, dann ging' es in die Entlausungsanstalt. Diese war so groß wie ein kleines Dorf. Jeden Tag wurden dort Tausende von Soldaten von ihren Läusen befreit. Wir kamen dort alle zuerst in einen großen, erwärmten Raum, wo wir uns ausziehen mußten. Alles befand sich im Adamskostüm; die meisten Soldaten waren derart abgemagert, daß sie aussahen wie ein Knochengestell. Doch alle schienen glücklich, weil sie mm wieder in ihrem Heimatland waren und das angenehme Lazarettleben in Aussicht hatten. Nun ging es in den Baderaum. Von oben spritzte das warme Wasser in mehr als 200 Strahlen hernieder. Jeder stellte sich unter eine Brause. Wie wohl das tat, als das warme Wasser den Körper herunterrieselte. Seife war genug vorhanden, bald waren wir alle ganz weif von Seifenschaum. Nun noch einmal unter die Brause, dann ging es in den Ankleideraum. Jeder bekam ein neues Hemd, Unterhosen sowie Strümpfe. Unsere Uniformen waren inzwischen in großen, eisernen Rohren aufgefangen worden, die nun bis zu 90 Grad erhitzt wurden. Die Hitze tötete Lause und Nissen, die sich in den Kleidern befanden. Die Kleider selbst waren arg zerknüllt und gelblich geworden. Das war uns aber einerlei. Wir bekamen Verpflegung, die Magenkranken Schleimsuppe, die uns weniger Leibschmerzen verursachte ais festere Speisen. Nun ging es wieder zur Bahn, Wie wohl uns war, läusefrei zu sein, kann nur der verstehen, der schon von diesem Ungeziefer gequält wurde. Auf einem Bahnhof trank ich ein Glas Bier; ebenso aß ich einen Apfel, den ich von einer Frau geschenkt erhalte hatte. Es war eine große Unvorsichtigkeit von mir, die so gut wie den Tod zur Folge hätte haben können. Ich bekam derartige Leibschmerzen, daß ich mich im Abteil herumwälzte. Nach und nach ging es wieder besser. Die Nacht senkte sich nieder. Wo wir des Nachts hinfuhren, wußten wir nicht. Am anderen Morgen hielt der Zug in jedem Städtchen. Jedesmal mußten so viele Kranke und Verwundete aussteigen, als Plätze in den Lazaretten frei waren. Die letzten, darunter auch ich, verließen in Fraustadt (Provinz Posen) den Zug. Diejenigen, die nicht lau- fen konnten, wurden mit Wagen abgeholt. Das Lazarett war in der dortigen Infanteriekaserne eingerichtet, darin lagen über 2000 Verwundete und Kranke. Diejenigen, die an Magen- und Darmkatarrh, an der Ruhr und an Typhus litten, kamen in die Seuchenabteilung, welche sich im Exerzierhaus der Kaserne befand. Das große, geräumige Exerzierhaus war in mehrere große Zimmer eingeteilt, darin standen die weißen, reinlichen Betten. Neben jedem Bett stand ein Nachttischchen, in der Mitte lange Tische, mit allerhand Büchern, Zeitungen und Zeitschriften bedeckt. Alles war peinlich sauber gehalten. Hier wäre es zum Aushalten, dachte ich bei mir. Neugierig blickten die in den Betten liegenden Kranken uns an. Jeder von uns bekam ein Bett angewiesen. Dann kam der Arzt und untersuchte uns nochmals. Ich mußte mich sofort zu Bett legen. Wie wohl das tat, ausgezogen, läusefrei in einem weichen, sauberen Bett liegen zu können Ich mußte jedoch oft, sehr oft aufstehen und den Abort aufsuchen. Dabei hatte ich derartige Schmerzen in den Gedärmen, daß ich mehrere Male bewußtlos wurde. Es war, ais ob mit mehreren Bohrern darin herumgearbeitet wurde. Ich durfte nichts, gar nichts zu mir nehmen als Haferschleim oder Reisschleimsuppe. Der Arzt warnte mich, sonst etwas zu genießen, da er sonst für nichts garantieren könne.

Die Behandlung war sehr gut, Schwestern, Arzt und Wärter sehr freundlich. Jeden Morgen beim Erwachen stand auf jedem Nachttischchen ein schöner Blumenstrauß, daneben ein Glas Wasser mit etwas darin zum Mundausspülen. Jeden Tag kam der Arzt zweimal durch. Nach und nach wurde ich derart schwach, daß ich nicht mehr aufstehen konnte. Jeden Samstag wurden wir gewogen. Das erste Mal wog ich noch 118 Pfund in Rock und Hose, jedoch ohne Stiefel, das zweite Mal im Hemd 115 Pfund, das dritte Mal 114 Pfund [D. R. war 1,78 Meter groß]. Fast alles Blut ging im Stuhl fort. lch mußte oft stundenlang im Bett auf der Bettpfanne liegen. Die Leibschmerzen wollten kein Ende nehmen. Meinen Kameraden ging es nicht viel besser. Manchen sogar schlechter. Von vielen Kranken kamen die Angehörigen zu Besuch. Wie gerne hätte auch ich meine Angehörigen gesehen. [..Dies war jedoch unmöglich, da die Westfront zwischen mir und ihnen lag….]

Eines Morgens war mein Nachbarbett leer. Der Kranke, der darin gelegen hatte, ein Familienvater, war schon mehrere Tage so schwach gewesen, daß er kaum noch sprechen konnte. Nun war er in der Nacht gestorben. Die folgende Nacht starb wieder ein Ruhrkranker im selben Zimmer. Ich erwachte im Moment, als die Wärter seine Leiche hinaustrugen. Trotzdem ich immer Hoffnung hatte durchzukommen, war mir manchmal nicht einerlei [..sic!..], ich tat nichts ais leise beten, bis ich vor Schwäche wieder einschlief. lch konnte nicht einmal mehr die Schleimsuppe alleine schlürfen; die Schwester mußte mir die Tasse an den Mund halten und mich am Rücken etwas hochheben, so schwach war ich. 16 Tage bekam ich weiter nichts ais Schleimsuppe. Wie mir das zuwider wurde! Wenn ich die Schwester damit kommen sah, ekelte ich mich zuletzt sehr. Einmal bei der Visite tat ich, als ob ich schliefe »Nun, Herr Doktor, was halten Sie von Richert? « fragte die Schwester leise. » Ich habe bestimmte Hoffnung, ihn durchzubringen. Er hat ein äußerst zähes Leben«, antwortete der Arzt ebenso leise. Wie mich diese Worte glücklich machten! Ich war von neuer Hoffnung beseelt, denn sterben, das ist immer etwas Schweres im Alter von 22 Jahren. Nach und nach fühlte ich mich etwas kräftiger, ich konnte mich wieder alleine erheben im Bett.

[..Das Schlimmste war überstanden. Die Schwester, die sah, daß es besser ging, und die wusßte, was für ein verlangen ich hatte nach etwas anderem als der ewigen Schleimsuppe, steckte mir oft einen Zwieback aus feinstem Weizenmehl unter die Bettdecke, obwohl es der Arzt noch nicht erlaubt hatte. Endlich durfte ich etwas anderes genießen...] Wie ein Kind wurde ich wieder ans Essen gewöhnt. Endlich durfte ich etwas anderes genie- Ben. [..Zuerst feiner Zwieback in Milch eingetaucht, dann Milchreis und Apfelmus, dann geriebene Kartoffel und geriebenes Fleisch, alles Dinge, die den Magen nicht zu sehr .anstrengten. Es ist fast unglaublich, was für ein Appetit sich bei mir einstellte, immer und immer wieder konnte ich essen..] In der ersten Woche, in der ich essen konnte und durfte, nahm mein Körpergewicht um 7 Pfund zu. Rasch kehrten die Kräfte zurück, so daß ich wieder gut aufstehen konnte. Oft saßen wir draußen in bequemen Sesseln und ließen uns von der Herbstsonne anscheinen. Mir war so wohl wie noch nie seit Kriegsausbruch. In unserem Saal war kein Schwerkranker mehr, so ging es manchmal laut zu. Es wurden Karten, Dame, Domino und alle möglichen Spiele gespielt, um die Zeit zu vertreiben. Es gefiel mir sehr gut, doch schon oft dachte ich daran, daß die Herrlichkeit ein jähes Ende finden könne, denn immer weiter tobte der Krieg. Die gesund aus dem Lazarett Entlassenen kamen gewöhnlich noch kurze Zeit in ihr Ersatzbataillon, dann wieder an die Front; davor graute mir, denn der Winter stand wieder vor der Tür. Mein Kamerad Zanger August, mit dem ich immer in regem Briefverkehr stand, war bald wiederhergestellt, jedoch untauglich, um nochmals Soldat zu spielen. Er befand sich noch immer im Reservelazarett im Rheinland. Er schickte mir einen Aufnahmeschein vom dortigen Lazarett. Ich freute mich schon, daß die Aussicht bestand, wieder zusammenzukommen. Ich zeigte den Aufnahmeschein dem Arzt und bat ihn, mich dorthin reisen zu lassen. Er sagte mir jedoch, daß das unmöglich sei, da mein Ersatzbataillon vom Infanterieregiment 41 in Speyersdorf bei Königsberg in Ostpreußen liege. Dann sagte der Arzt zu mir: »Richert, Sie können einen Erholungsurlaub von 4 Wochen beantragen; ich werde denselben befürworten.« - »Das ist mir unmöglich, Herr Doktor«, antwortete ich. » Meine Angehörigen und Verwandten befinden sich alle in dem von den Franzosen besetzten Teil des Elsaß.« [..sodaß es mir unmöglich ist, dorthin zu gelangen..] »Sie sind wirklich zu bedauern, Richert«, sagte der Arzt, erkundigte sich noch, ob ich Nachricht von zu Hause bekommen hätte, und ging dann wieder weiter. Am nächsten Tag fragte ich den Arzt, ob ich nicht einem Erholungsheim für 4 Wochen überwiesen werden könne. »[..a, das ist zu machen«, sagte der Arzt und brachte mir einen

Aufnahmeschein fürs Erholungsheim bei den katholischen Grauen Schwestern in Fraustadt. [..Ich bedankte mich beim Artz, bei den Schwestern und Wärtern für die gute Behandlung und Pflege, worauf ich Abschied von ihnen nahm, ebenso von meinen im Saal zurückbleibenden Kameraden, von denen ich mich mit mehreren sehr gut befreundet hatte. Dann ging ich weg...]

Im Erholungsheim in Fraustadt
Ende September u.Oktober 1915

Ich wurde ich bei meiner Ankunft sehr freundlich... von den grauen Schwestern aufgenommen. Das Erholungsheim war das frühere Bürgerspital der Stadt Fraustadt. Die Soldaten, die sich dort befanden, hatten fast durchweg ein gutes Aussehen. Sie waren bald wieder reif, um auf die Schlachtbank geführt zu werden! Die Verpflegung war ausgezeichnet und reichlich, die Schwestern sehr freundlich und gut. Zwei freundliche junge Mädchen servierten bei Tisch die Speisen mit einem freundlichen "Bitte schön- Des Morgens wurde bis 8 Uhr geschlafen, dann wurde aufgestanden, gewaschen, dann erhielten wir Kaffee, guten Mißchkaffee mit Semmeln, die entzweigeschnitten und mit Butter oder Marmelade bestrichen waren. Um 10 Uhr eine Tasse Fleischbrühe. Zu Mittag Suppe, Fleisch und Gemüse oder Gebratenes und Nudeln. Dazu bekam jeder eine kleine Flasche Bier. Als Nachtisch Äpfel, Birnen und hie und da Trauben. Um 4 Uhr am Nachmittag Tee mit Semmel, natürlich mit Butter oder Marmelade, manchmal belegt mit Schinken oder Wurst. Abends 6 Uhr Bratkartoffeln mit Würstchen, nachher Milchkaffee. jeder konnte soviel nehmen, wie er wollte.

Das war eine herrliche Zeit, nur gingen die Tage zu schnell um, und die 4 Wochen näherten sich ihrem Ende. Oft brachten reiche Damen und Fräuleins aus der Stadt Liebesgaben und unterhielten sich rnit uns. Die Schwestern spielten oft mit uns Domino, Dame und so weiter. Die jungen Soldaten, die oft in einer kleinen Spitalkapelle der heiligen Messe beiwohnten und auch hie und? da die heiligen Sakramente empfingen, waren bei den Schwestern besondes gut angeschrieben.

Jede Woche nur einmal kam ein Arzt, der uns untersuchte. Jedesmal wurden Soldaten gesund erklärt und mußten uns verlassen und sich zu ihrem Ersatzbataillon begeben. Nun waren meine 4 Wochen ebenfalls vorüber. » Morgen kommt der Arzt «, hieß es. An jenem Morgen aß ich cg.ar nichts, rauchte schnell hintereinander einige Zigaretten, trank den Magen voll kaltes Wasser, rannte hinten beim Abort kurz vor der Visite wie wahnsinnig hin und her und ging dann zur Untersuchung. Der Arzt konstatierte zu rege Herztätigkeit. Auch hatte ich infolge des Rauchens und Wassertrinkens auf nüchternen Magen ein blasses Aussehen. "Sie bleiben vorläufig noch eine Woche hier.'" Sagte der Arzt zu mir. Ich hatte vorläufig erreicht, was ich wollte, und konnte noch sieben der schönen Tage verleben. In der letzten Woche wurden wir wieder gewogen. Ich wog in Hemd und Hosen 157 Pfund. Also hatte ich 43 Pfund zugenommen. Als diese Woche vorbei war wurde ich gesund erklärt und bekam die Reisebescheinigung nach Speyersdorf bei Königsberg. Ich schlief schlecht die letzte Nacht, träumte vom Kasernendrill und vom Leben an der Front. 28. Oktober 1915: In jener Nacht fiel der erste Schnee. [...28 Oktober 1915: Am Morgen rüstete ich mich zur Abreise, nahm Abschied von den guten Schwestern, die mich gut leiden konnten und mich nur ungern scheiden sahen. Sie gaben mir einen ganze Stoß belerte Stollen mit auf die Reise. Ein letztes Händedrücken und fort ging´s. Am Bahnhof bestieg ich den Zug Richtung Königsberg. Die Reise war langweilig, da es kalt und alles verschneit war. Ich fuhr den ganzen Tag und die folgende Nacht. Am anderen Morgen kam der Zug in Königsberg an. Ich atier aus, ging in die Stadt und trank in einem Gasthaus mehrer Tassen heißen Kaffes. Dann erkundigte ich mich wo eigentlich das Speyersdorf liege. Trotzdem mir der Besitzer des Gasthauses den Weg beschrieb, mußte ich in der großen Stadt noch oftmals nach dem richtigen Weg fragen. Endlich passierte ich am Stadtrand die alten Festungswälle. Nach einer Viertelstunde war ich in Speyersdorf....]

IM ERSATZBATAILLON DES INFANTERIEREGIMENTS 41 IN SPEYERSDORF UND MEMEL

Das Ersatzbataillon des Infanterieregiments 41 war vor dem Orte Speyersdorf gleich neben der Straße in hölzernen Baracken untergebracht. [..Die Soldaten holten eben den Kaffee in der küche. Ich erkundigte mich nach dem Bataillonsgeschäftszimmer, ging hin und meldete mich beim dortigen ..] Feldwebel. Er wies mir eine Baracke an und sagte, daß ich mich um 9 Uhr bei der Visite des Arztes untersuchen lassen müsse. Ich ging in die Baracke, wo mir ein Bett angewiesen wurde. Ich bekam Kaffee und Kommißbrot. Als ich den ersten Bissen Kommißbrot aß, glaubte ich, ein Stück Erde im Mund zu haben. Ich bekam eine große Sehnsucht nach der guten Verpflegung bei den guten Sehwestern in Fraustadt. Das war jedoch vorbei, und ich mußte mich ins Unabänderliche fügen. Vom Arzte erhielt ich 10 Tage dienstfrei und kam in die Genesungskompanie. Nach der Untersuchung ging ich im Hofe spazieren. Es waren viele Soldaten da, die zu halben Krüppeln geschossen waren und auf ihre Entlassung warteten. Eben humpelte ein Soldat an mir vorbei, der in jeder Hand einen Stock hielt, um sich zu stützen. Ich dachte: Der hat sicher beide Füße durchgeschossen. Im Vorbeigehen sah er mir ins Gesicht, blieb stehen und rief: »Menschenskind, bist du nicht der Richert? « - » Ja, der bin ich«, antwortete ich. »Na, kennst du mich denn nicht mehr? « sagte er, worauf ich verneinte. »Wir waren doch in den Karpaten zusammen, bis mir am Berge Zwinin beide Füße erfroren!- Nun erkannte ich ihn. Sein Gesicht war jetzt fast doppelt so breit als damals in den Karpaten. Deswegen konnte ich ihn nicht gleich erkennen. Er erzählte mir, daß ihm nun alle 10 Zehen abgenommen worden seien. Jedoch er freute sich darüber und sagte: »Es ist mir lieber, oh ne Zehen zu leben, als mit Zehen irgendwo an der Front verscharrt zu werden. Für mich ist der Krieg vorbei, und ich bekomme 70 Prozent Rente. « Wirklich, er war zu beneiden, wenn er auch zeitlebens ein halber Krüppel war. Ich traf an jenem Tage noch mehrere Soldaten meiner Kompanie aus dem Felde. Mehrere von ihnen humpelten oh ne Zehen umher. Einer hatte einen Arm abgenommen, ein anderer einen Arm und ein Bein steif. Sie schienen jedoch alle glücklich, denn bald konnten sie für immer zu ihren Eltern zurückkehren.

Am folgenden Tage traf ich Anton Schmitt aus Oberdorf, den ich im Felde verband, als er von 3 Schrapnellkugeln verwundet worden war. Er mußte jeden Tag nach Königsberg, um sich seinen Arm, der geheilt, aber doch steif war, elektrisieren und massieren zu lassen. (Er wurde vollständig wiederhergestellt, kam später ins Feld, wo er fiel.)

Eines Tages traf ich auch den jungen ostpreußischen Lehrer, der beim Angriff auf Livtira Gorna am 1.Juli 1915 einen Schuf quer durchs Gesiecht bekommen hatte. An beiden Wangen hatte er rote Punkte, Ein- und Austritt der Kugel. Da die Zunge verletzt war, konnte er nicht mehr so gut sprechen wie vorher. Er war Vizefeldwebel geworden, da er das Einjährige hatte. In nächster Zeit sollte er Leutnant werden. Er lud mich ein, einen Abend mit ihm in Königsberg zu verbringen. Wir amüsierten uns recht gut. Es war jedoch für mich das erste- und letztemal, denn mein Portefeuille hielt das nicht aus. Ich hatte weiter nichts als 33 [sic!] lumpige Pfennig Löhnung pro Tag. Und das reichte nicht einmal, um das Nötigste zu kaufen. So konnte ich zusehen, wie andere Soldaten, die Verbindung mit der Heimat hatten, Geld und Pakete mit Eßwaren erhielten und sich's gut sein ließen, wie sie Theater, Kinos und Wirtschaften besuchen konnten, während ich auf die lumpige Soldatenkost angewiesen war und mit leeren Taschen in den Mond gucken konnte. Trotzdem fühlte ich mich glücklieh, wenn ich mein Leben mit dem an der Front verglich, und ich wünschte, daß es immer bis Kriegsende so bleiben möge

Ich war vielleicht eine Woche in Speyersdorf, als das ganze Ersatzbataillon an der Bahn verladen wurde. Wir fuhren über Insterburg, Tilsit, Heydekrug nach Memel hinauf, wo die Kaserne des Infanterieregiments 41 sich befand. In der Nacht kamen wir dort an. [..Die Kaserne stand landeinwärts hinter der Stadt ….] Das Leben dort war doch angenehmer als in den Baracken. Es war viel wärmer in den Stuben und besser sauber zu halten.

Memel ist eine Hafenstadt an der nordöstlichen Spitze Deutschlands, an der Ostsee gelegen. Da ich noch nie das offene Meer gesehen hatte, hatte ich großes Verlangen danach, es zu betrachten. [..Am nächsten Morgen ging ich oben in die Kaserne, wo ich zu einem Dachfenster hinaus über die Häuser der Stadt den Horizont der See entdecken konnte. Das genügte mir jedoch nicht ….] Ich ging ohne Urlaub am Torposten vorbei durch die Stadt nach dem Hafen. Vom Hafen ging ich auf die Mole, auf welcher vorne an der Spitze ein Leuchtturm aus Beton stand. [..Die Mole selbst war eine Mauer von etwa 4 m Breite, die in die See hineinlief und als Wellenbrecher dient, sodaß der Hafen gegen die Wogen geschützt war….] Eben war stürmisches Wetter, ich konnte mich nicht satt sehen an dem Bild, das sich mir bot. Immerfort kamen mehrere Meter hohe Wellen herangerollt, die sich an der Mole brachen und zum Teil darüber hinwegspritzten. Es war, als ob eine Woge die andere jagte.

Es war, als ob das Wasser bis auf den Grund aufgewühlt wurde. [..Plötzlich bekam ich eine Dusche, sodaß ich mich schleunigst von der Mole zurückzog. Im Hafen lagen mehrere Schiffe, die ich ebenfalls betrachtete. Eines davon, das mit Hafer beladen war, wurde eben ausgeladen. Sack und Pack wurde mit kleinen Kranen in die Höhe gezogen und dann sofort von Hafenarbeitern in die danebenstehenden Eisenbahnwaggons getragen. Dann ging ich wieder in Kaserne zurück....]

Am nächsten Tag lief mich der Feldwebel rufen. Er hatte in meinem Soldbuch gesehen, daß ich seit Kriegsausbruch im Felde stand und noch keinen Urlaub erhalten hatte. Ich bekäme 14 Tage Urlaub, sagte er. »Ich kann denselben nicht annehmen«, antwortete ich, »denn ich weiß nirgends hinzufahren«, und klärte den Feldwebel über meine Verhältnisse auf. »Donnerwetter!« sagte er. »Das ist allerhand. Na, wir wollen sehen. Es ließt sich auch hier leben, und ich werde Sie beim Dienst berücksichtigen!« Dieser Feldwebel war ein Mann, wie sie in der deutschen Armee nicht zahlreich herumliefen. In den folgenden Tagen mußte ich wenig Dienst mitmachen, obwohl die 10 vom Arzt befohlenen dienstfreien Tage vorüber waren. [..Einmal mußte ich mit noch 8 Mann für 24 Stunden Bahnhofswache beziehen. Ich war eben wieder an der Reihe, von Mittenacht bis 2 Uhr morgens. Langsam ging ich auf und ab um mich warm zu halten. Auf einmal hörte ich eine furchtbare Exposition..Die ganze Wache sowie verschiedene Bahnangestellte kamen gelaufen und fragten mich, was das eigentlich gewesen sei. Ich wußte es ja selbst nicht, glaubte aber, daß es eigentlich gewesen sei. Ich wußte es ja selbst nicht, glaubte aber, daß es irgendwo am Hafen gewesen sein müsse. Am nächsten Morgen erfuhren wir den Sachverhalt. Eine verankerte Seemine war irgendwo vom Sturm losgerissen, an die Mole geworfen worden, wo sie explodierte und ein großes Loch in die Steinmauer gerissen hatte. Ein anderes Mal war ich auf Hafen, wache kommandiert...]

Ich mußte an dem Tore Posten stehen, das alle aus und in den Hafen gehenden Personen passieren mußten. Der ganze Hafen war nämlich mit einem Gitterzaun umgeben. Wenn die Hafenarbeiter zu Mittag essen gingen, gab es viel Arbeit, um alle Passe nachzusehen. Ebenso, wenn sie wieder zut Arbeit kamen. Es war meist ein ganz gemeines, grobes Volk, das einen Dialekt sprach, den der Teufel nicht verstehen konnte. Mehrere fuhren mich grob an, als ich ihre Passe verlangte, denn ich hätte sie doch erst vor einer Stunde gesehen, als sie zum Essen gegangen waren. Ich hatte jedoch den strikten Befehl, keine Person ohne Paß passieren zu lassen. Mir wäre es ja ganz gleichgültig gewesen, aber ich wußte ja nicht, ob ich von einem Vorgesetzten beobachtet wurde. Da hätte ich gleich meine 3 Tage Loch weggehabt. Ich konnte sie alle beschwichtigen bis auf einen, der ein ganz gemeiner Mensch zu sein schien. Er wollte mir unbedingt den Paß nicht vorzeigen. Da trat ich etwa 2 Schritte zurück, riß mein Gewehr an die Backe und forderte ihn noch mal auf, den Paß vorzuzeigen oder sich zu entfernen. Nun gab er nach, zeigte den Paß und ging brummend hindurch. Am Abend wollten einige liederliche Dirnen zu den auf den Schiffen befindlichen Matrosen. Ich lief sie jedoch nicht durch. Sie gingen zurück. Doch später sah ich, daß sie über den Zaun kletterten und doch auf die Schiffe gingen. Was wollte ich machen? Ich tat, als hatte ich nichts gesehen.

Am nächsten Morgen kam ein etwa 17 jähriger Junge zu mir und ließ sich in ein Gespräch mit mir ein. Er wollte sich freiwillig zum Kriegsdienst melden. Ich riet ihm davon ab und malte ihm das Leben an der Front derart vor, daß ihm die Haare zu Berge standen. »Nein, wenn es so ist, will ich lieber warten, bis ich eingezogen werde-» »Es wird dann noch viel zu früh sein«, sagte ich. Er bedankte sich und ging weg. Ich hatte das Gefühl, ein gutes Werk getan zu haben. Am folgenden Tag war Löhnungsappell, In Memel Erhielten wir 53 Pfennig Kriegslöhnung statt 33. Als alles entlöhnt war, rief der Oberleutnant: »Musketier Richert soll vortreten!« Ich hatte keine Ahnung, weshalb, trat vor und stand still. »Es ist meine Pflicht«, fing er an, »der Kompanie von Ihrer mutigen und energischen Haltung auf Posten bei der Hafenwache Mitteilung zu machen. Ich spreche Ihnen meine volle Anerkennung aus. Sie sind nämlich vom Offizier der Runde beobachtet worden, als Sie jenen rohen Lümmel von Hafenarbeiter zum Vorzeigen des Passes zwangen.« Ich war ganz überrascht. Nun, schaden kann es ja nichts, wenn man bei den Vorgesetzten eine sogenannte gute Nummer hat.

Eines Sonntagabends wurde ich zur Wirtschaftpatrouille kommandiert. Wir waren ein Unteroffizier und 2 Mann. Wir mußten die Gewehre mitnehmen und den Helm aufsetzen. Der Unteroffizier war
ein ganz gemütlicher Mensch, der den Kopfvoll von Spaßen hatte. Er benahm sich gar nicht als unser Vorgesetzter, sondern als Kamerad. Wir hatten den Auftrag, nach der Polizeistunde in den Wirtschaften Feierabend zu bieten und Soldaten, die keinen Urlaubsschein hatten, aufzuschreiben und zu melden. Wir besuchten mehr als 20 Wirtschaften. Kaum blinkten unsere Helme in der Gaststube, als der Wirt oder die Wirtin uns zum Schanktisch rief, einem jeden einen Humpen oder ein Gläschen Cognac hinstellte und uns zum Trinken aufmunterte. Nach und nach bekamen wir ganz gehörige Schwipse. Den Soldaten, die wir auf der

Straße trafen und die keinen Urlaubsschein hatten, sagte der Unteroffizier, sie sollten nur hinter der Kaserne über die Mauer klettern und sich nicht erwischen lassen. Die Soldaten waren sehr froh, denn als wir sie anhielten, glaubten sie bestimmt, ins Loch zu fliegen. So kamen wir auch in ein öffentliches Haus. Herrgott, wie die halbnackten Dirnen zusammenführen, als wir eintraten. Denn sie wußten, daß ihnen, wenn sie nach der Polizeistunde die Bude nicht geschlossen hatten und erwischt wurden, das Haus geschlossen wurde. Unser Unteroffizier tat, als wolle er eine Meldung schreiben. Die Dirnen baten und flehten, wollten uns schmeicheln und küssen und alles Mögliche. Der Unteroffizier jagte ihnen eine ganz gehörige Angst ein. Schließlich mußte er doch lachen, zerriß die angefangene Meldung und sagte, sie brauchten keine Angst zu haben; worüber sie sich nicht wenig freuten und gleich 2 Flaschen Bier hinstellten. Wir hatten jedoch genug getrunken und gingen in die Kaserne, um unseren Rausch auszuschlafen.

Am nächsten Tag hieß es, daß ein Transport Ersatzmannschaften von unserem Ersatzbataillon nach der russischen Front geschickt werden sollte. Das wirkte wie eine Bombe. Jeder befürchtete, nach der Front geschickt zu werden. Vor dem russischen Winter hatten alle einen heiligen Respekt. Es war eben erst Ende November. 1ch wußte bestimmt, daß ich auch an der Reihe war, denn ich war ganz gesund und hatte 110ch ein gutes Aussehen von der guten Lazarettverpflegung.

Da kam plötzlich der Befehl: »Alles antreten!- Das Ersatzbataillon sollte 20 Mann nach Pillau senden, zur 1 Ersatzmaschinengewehrkompanie des 1. Armeekorps. »Wer freiwillig zu den Maschinengewehren gehen will, soll sich melden!- Ich war einer der ersten, der vorsprang. Denn ich dachte: Sei es, wie es will, es ist immer besser als an der Front. Und die MG-Mannschaften brauchen nie einen Bajonettangriff mitzumachen, das ist auch was wert! Also wurde ich nach Pillau bestimmt

BEI DER ERSATZMASCHINENGEWEHRKOMPANIE DES 1. ARMEEKORPS IN PILLAU

Am folgenden Tag- fuhren wir 20 Mann mit der Bahn nach Königsberg, von da nach Pillau. Das Städtchen liegt an der Spitze einer [..etwa 5-km-langen und 1-km-breiten ....] Landzunge, die vom Festland in die Ostsee hinausragt. Pillau ist von drei Seiten mit Wasser umgeben: nach Nordwesten von der Ostsee. nach Südwesten von der Einfahrt ins Frische Haff und nach Osten vom Frischen Haff selbst. Pillau selbst ist eine Seefestung. Gleich hinter dem Städtchen liegt auf einer kleinen Anhöhe das Fort Stiele. [..Am Ostseestrand in den Sanddünen sind mehrere Batterien schwerster Geschütze nach der offenen See aufgestellt. Die Geschütze waren drehbar und gleich daneben befinden sich bombensichere Kasematten für die Bedienungsmannschaften....]

Wir hatten vom Bahnhof etwa eine Viertelstunde zu gehen bis zur Kompanie. Dieselbe bewohnte einstöckige, gemauerte Baracken. Davor muJ3ten wir antreten. Der Kompaniefeldwebel namens Hoffmann, ein Mann mit einem mächtigen Körperbau, Bulldoggenstirn und Stiernacken, hielt eine Begrüßungsrede, und was für eine! Ich glaube nicht, dass nach Cayenne [..1852-1938 berüchtigtste Sträflingsinsel Frankreichs in Französisch-Guayana..] gebrachte Verbrecher mit solch unvernünftigen Worten empfangen werden würden. Dann wurden wir in die Stuben verteilt, wo uns Spinde und Betten zugewiesen wurden. Alles war in peinlichster Ordnung und Sauberkeit. Daran konnte man schon sehen, daß hier eine äußerst strenge Disziplin zu Hause war, ähnlich wie in den Kasernen vor dem Krieg. Am folgenden Tag begann die Instruktion über das Maschinengewehr. Das war nicht so einfach, bis man die Namen aller Teile und Teilchen kannte und das Zusammenarbeiten aller Teile beim Schießen erfassen und dann selber vortragen konnte. Das Exerzieren draußen im Schnee war viel unangenehmer, auch waren die mit Steinen gefüllten Munitionskästen sehr schwer zu schleppen.

Die Unteroffiziere, die schon im Felde gewesen waren, behandelten uns viel besser als jene, die immer in Garnison geblieben waren und denen das Schleifen und Qualen der Soldaten zur Gewohnheit geworden war. Eine Zeitlang gehörte ich zur Gruppe des Unteroffiziers Altrock, der ein dummes Luder war, aber uns Ull1 so besser drangsalieren konnte. Es war mir manchmal verleidet, doch tröstete ich mich damit, daß ich hier doch nicht totgeschossen wurde. Manchmal mußten wir das MG mehrere hundert Meter im Kriechen durch den Schnee schleppen; dabei kam der Schnee in die Armel. fast bis zu den Achseln hinauf. Ebenso hatte man die Stiefel davon voll. Die Hände waren so kalt, daß man das Eisen am Gewehr fast nicht mehr anfassen und halten konnte. Am kältesten war es, wenn der Wind über die Ostsee pfiff und wir am Strande exerzierten.

Die Verpflegung war ziemlich gut, besser als in Memel. Zu Mittag gab es oft Kartoffeln mit Soße und 2 Königsberger Klopse (Fleisch Knödel), die ich gerne aß. Jeder durfte nur eine Portion holen. Mehrere Male gelang es mir jedoch, 2 Portionen zu erhaschen, denn die Klopse schmeckten abends gut zum Kommißbrot. Ich machte, daß ich beim Essenempfangen einer der ersten war, aß dann schnell meine Portion auf und Schloss mich hinten an der Reihe an. Einmal erwischte mich der Unteroffizier, der beim Essenholen die Aufsicht hatte, und meldete mich dem Ungeheuer von Feldwebel Hoffmann. Das wird was Schönes absetzen! dachte ich mir. Ich war jedoch derart abgehartet, daß mich die Sache ziemlich gleichgültig ließ, und fressen konnte mich Hoffmann ja nicht. » Richert soll auf die Schreibstube kommen! « hieß es. Ich ging hin. »Sie Kaffer! Sie stammen wohl aus der Polakei, daß Sie an einer Portion nicht genug bekommen. Sie wollen wohl ins Loch fliegen? « Alles war in einem Ton gesprochen, daß die Wände zitterten. Ais er fertig war, bat ich, sprechen zu dürfen, und erzählte ihm, daß ich aus dem von den Franzosen besetzten Teil des Elsasses strammte, daher keine Verbindung mit der Heimat hätte und einzig auf die Verpflegung in meiner Kaserne angewiesen sei. » So, wenn das so ist, können Sie meinetwegen 2 Züge holen! « Hoffmann schien doch noch ein bißchen menschliches Gefühl im Leibe zu haben! So konnte ich jeden Tag 2 Portionen empfangen. Die eine Portion sparte ich gewöhnlich für den Abend auf und wärmte sie dann auf dem Ofen.

Einmal wurde ein Film gegeben, über den ich mich ärgerte. » Franktireurs « hieß er. Es wurden alle möglichen Schliche und Kniffe gezeigt, wie die französische Zivilbevölkerung einzelne oder mehrere deutsche Soldaten in ihre Gewalt lockte und dann ermordete. Diesel' Film diente dazu, den Haß gegen die Franzosen noch weiter aufzustacheln. Dabei wuße ich, daß es in diesem Krieg gar keine Franctireurs gab . [...Bei einigermaßen guten Wetter ging ich an die See, wo ich dem Spiele der Wogen zuschaute. Oft wurden vom Wasser Stückchen Bernstein auf den Sand geworfen. Eines stürmischen Sonntagsnachmittags stand ich mit mehreren Kameraden auf der Mole und schaute dem Spiele der Wogen zu. Der Wind wehte direkt in die Durchfahrt ins Haff, sodaß die Wellen die ganze Durchfahrt anfüllten. Da ertönte vom offenen Meer her der Ton einer Schiffssirene. Ein großer Frachtdampfer näherte sich langsam der Einfart, immer mit der Sirene Zeichen gebend. Die Sirene rief die Lotsen herbei, ohne die kein Schiff in die Durchfahrt. Die Sirene rief die Lotsen herbei, ohne die kein Schiff in die Durchfahrt oder den Hafen einfahren durfte. Mehrere Lotsen fuhren mit einem kleinen Lotsendampfer dem Schiff entgegen. ...Das Schifflein schaukelte auf den Wellen wie eine Nußschale. Mehrere Male kam der kleine Dampfer fast dich an das große Schiff, wurde dann wieder von einer Woge erfaßt und 100 – 200 m zurückgeschleudert. Es war sehr interessant zu sehen. Endlich kam durch ein geschicktes Manöver der interessant zu sehen. Endlich kam durch ein geschicktes Manöver der kleine Dampfer dicht an den großen. Wie Katzen kletterten zwei Lotsen an einer Strickleiter am großen Dampfer empor. Kaum hingen sie an der Strickleiter, als der kleine Dampfer wieder weggespült wurde. Nun begann die Einfahrt. Wir folgten mit den Augen dem Schiffe bis es in Richtung Königsberg unseren Blicken entschwand. Im Pillauer Hafen wurde eben ein Hilfskreuzer fertiggestellt. Ein Koloß, sodaß es mich wunderte, wie das Wasse ein solches Ungetüm tragen könne. Ein Torpedoboot, das beschädigt war, wurde dort auch ausgebessert. Auf der jenseitigen Hafenseite laen mehrere englische Dampfer, welche bei Kriegsausbruch zurückbehalten worden waren.....]

Nun nahte das Weihnachtsfest heran. Ein schöner Christbaum wurde in einem großen Saale aufgestellt; zuerst wurden einige Weihnachtslieder gesungen, dann das »Deutschland, Deutschland über alles- und »Heil dir im Siegerkranz«. Solcher Blödsinn! Der Hauptmann Große, ein Elsässerhasser, hielt eine Rede, die wohl in die Kriegszeit paßte, aber um so weniger an Weihnachten. Dann erhielt jeder eine kleine Bescherung. Wir waren nun am Maschinengewehr vollständig ausgebildet, und der Dienst war nicht mehr so streng. Manchmal hatten wir Scharfschießen mit dem Maschinengewehr. Anfangs war ich etwas aufgeregt, wenn das Geknatter losging. Beim guten Funktionieren des Maschinengewehres konnten wir in der Minute 2 Gurte, 500 Schuß, hinausjagen. [...Die Scheiben wurden am Rande der Ostsee auf gestellt, sodaß die Kugeln ins Wasser einschlugen....]

Auf meiner Stube herrschte unter den Soldaten eine gute Kameradschaft. Mein bester Kamerad war ein Ostpreuße namens Max Rudat, dessen Eltern eine groI3e Landwirtschaft betrieben und der von ihnen oft Paketchen erhielt, von denen er mir immer etwas abgab. Eines schönen Tages Mitte Januar 1916 mußten wir antreten. Die MG-Kompanie des 1nfanterieregimentes 44, welches an der nordrussischen Front vor der russischen Festung Dünaburg lag, hatte 16 Mann Ersatztruppen verlangt.

Ich hatte das Pech, zu den 16 zu gehören. Mein Freund, der nicht eingeteilt war, bat den Feldwebel, mit mir an die Front gehen zu dürfen, was auch geschah.

Am folgenden Tag erhielten wir reichlich Verpflegung auf die Reise. Als ältester Soldat wurde ich als Transportführer bestimmt. Nachdem wir Abschied von unseren glücklichen Kameraden genommen hatten, ging es zur Bahn. Herrgott, wie wird das wieder werden! jetzt, mitten im Winter, in die eisige Kälte Rußlands hinein! jedenfalls hab' ich noch einen Kameraden, dachte ich. Damit tröstete ich mich ein wenig.

DIE REISE NACH DER NORDRUSSISCHEN FRONT
– MITTE JANUAR 1916

Wir bestiegen in Pillau den Personenzug und fuhren nach Königsberg. [Dort steigen wir aus. Ich erkundigte mich, wann ein Zug nach der russischen Front in Richtung Dünaburg abgehe. Wir mußten bis Mittag warten, dann ging es los...] Die Fahrt ging über Insterburg, Gumbinnen. Bei Eydtkuhnen passierten wir die preußisch-russische Grenze. Gleich beim Eintritt in Rußland war die Bauart der Hauser wieder armseliger. [..Anstelle der Zeigeldächer, sah man nur mehr Strohdächer. Die Fahrt war langweilig. Schnee, nichts als Schnee und düstere Tannenwälder. Dazwischen halbeingeschneite Häuser, Hütten und Dörfer....] Wir passierten die Festung Kowno, fuhren über den Fluß Njemen, der ganz mit treibenden Eisschollen bedeckt war. Immer weiter ging die Fahrt über Radsiwilischki, Rakischki, Abeli nach Jelovka. Wir kamen an, als es Abend wurde. Wir konnten mit noch vielen anderen Soldaten, meist Urlaubern, in Baracken schlafen. Da nicht eingeheizt war, froren wir, obwohl wir uns in unsere Decken hüllten, [..von denen jeder eine aus der Garnison mitbekommen. Am Morgen erkundigte ich mich nach dem Wege zum Regiment 44. Mehrere Urlauber des Regiments, die wegekundig waren, gingen mit uns....]

Wir kamen wir in dem hohen Schnee nur langsam vorwärts. Endlich, nach 2stündiger Wanderung, erreichten wir das Gut Neugrünwald. Von der Front tönten einzelne Kanonenschüsse herüber. Ich meldete mich beim Kompaniefeldwebel und teilte mit, daß die 16 Mann Ersatz aus Pillau angekommen seien. Der Kompaniefeldwebel namens Kaminsky machte einen guten, freundlichen Eindruck auf mich. »Na«, sagte er, »Ihnen wird's hier schon gefallen.« Er kam mit mir hinaus, ich ließ die 16 Mann stillstehen, wie das eben Vorschrift war. Der Feldwebel fragte jeden nach seinem Namen, wo er her sei und so weiter. Dann wies er uns einen Raum an, in dem ein Ofen und Soldatenbetten aus Draht waren.

BEI DER MG-KOMPANIE, INFANTERIEREGIMENT 44

Wir waren alle über den Empfang bei der Kompanie zufrieden, denn hier herrschte ein viel freundlicherer, kameradschaftlicherer Ton als in Pillau. Gleich mul3ten wir Essen empfangen. Es war gut und reichlich. Die ersten beiden Tage brauchten wir gar nichts zu tun als nur im Walde Holz zum Heizen holen.

Das Gut Neugrünwald bestand aus einem großen Wohnhaus und mehreren Ställen und Nebengebäuden. [..Alle Wände waren aus Hols, das aber schön behauen war. Die Dächer waren mit Schindeln bedeckt. In den Ställen warn die Pferde der Kompagnie untergebracht. Daneben lagen in einem Raum die Fahrer....] Die Reserveschützen, zu denen wir 16 gegenwärtig gehörten, waren in 2 Räumen untergebracht. lm Erdgeschoß des Wohnhauses wohnte der Bataillonsstab, in einem Nebengebäude eine Kompanie »Schipper«, wie man die Soldaten ohne Waffen nannte, die hinter den Fronten Reservestelllungen bauen mußten. Ihr richtiger Name war Armierungssoldat. In einem kleinen Nebengebäude war eine Kompaniebadeanstalt eingerichtet. Drei Badewannen standen bereit, in denen sich die Soldaten, die aus dem Schützengraben kamen, reinigen konnten. Ein Barbier muhte jedem, der es verlangte, unentgeltlich die Haare schneiden und rasieren. Bequemer konnte man es wirklich nicht verlangen. [...Gleich an Grünwald vorbei führte die Bahnlinie nach Dünaburg, die vorne an der Front natürlich zerstört war. Auf beiden Seiten, links etwa 500 m, rechts 1km, entfernt befanden sich schöne Tannenwälder, die vorne der Front zu nur einen kleinen Hügel freiließen, auf dem man die Trümmer des zusammengeschossenen Städtchens Illuxt liegen sah....]

Am dritten Abend, mit dem Dunkelwerden, mußten wir nach der Front, Arbeitsdienst machen. Der Weg führte fast eine Stunde immer durch düsteren Tannenwald. Vorne an einem Waldrand in einer kleinen Mulde mußten wir warten. Hier hörte ich wieder die ersten Kugeln pfeifen. » Na, Max, wie gefällt dir diese Musik? « fragte ich meinen Freund Max Rudat, der noch nie im Felde gewesen war. »Offen gestanden, Nickel«, antwortete er, »ich finde die Sache etwas unheimlich. « Nachdem wir eine halbe Stunde gewartet hatten, kamen von vorne einige Mann unter Führung eines Unteroffiziers durch den Schnee. Nun mußten wir schwere Stahlplatten von 2 m Länge und 1rn Breite nach vorne tragen. Es war eine Schinderei, bis die Platten auf die Schultern gehoben waren. Da man ganz dicht zusammenstand, konnte man nur ganz kurze Schritte machen. Wir mußten über freies Gelände nach dem Schützengraben gehen. Der Schnee reichte uns bis an die Knie. Wenn die Russen Leuchtkugeln in die Hohe schossen, mußten wir stehenbleiben, um nicht so gut gesehen zu werden. Dicht hinter dem Graben legten wir die Platten nieder. Wir schleppten 8 Stück nach vorne. Bei der letzten Platte wurden wir wahrscheinlich von den Russen bemerkt, denn viele Schüsse knallten, und die Kugeln pfiffen dicht um uns. jeder hätte sich gern fallen lassen, nur war dies unmöglich. Da rief ich: »Achtung - schmeißt weg! « Die Platte flog zu Boden, während alle links und rechts etwas zurücksprangen. Dann stellten wir die Platte hoch und knieten uns dahinter. Klatsch, schlug eine Infanteriekugel vorn in die Platte. Wie das klang! Nach einer Weile horte die Schießerei auf, und wir trugen die Platte nach vorne. Dann ging's in schnellem Tempo zurück nach Neugrünwald, denn alle hatten nasse, kalte Füße und verlangten nach heißem Kaffee Am folgenden Tage erhielt ein Mann vorne einen Armschuß. Ein Sanitäter brachte ihn zurück nach Neugrünwald. Ich mußte meine Sachen packen, um vorn in der Stellung seinen Platz einzunehmen. Vorne am Waldrand gingen der Sanitäter und ich durch den Laufgraben nach der vorderen Stellung. Ich war ganz erstaunt, als ich die Stellung bei Tage sah. Wirklich, so was harre ich noch nie gesehen! Der Graben war auf beiden Seiten mit Tannenstangen verschalt, am Boden lagen sogenannte Roste aus Dachlatten, so daß man sich keine Stiefel dreckig machte. Jeder Infanterist hatte seine Schießscharte. In der vorderen Grabenwand waren Kästchen mit Munition und Handgranaten angebracht. Der Graben schien fast ganz verlassen, nur die Posten standen in gedeckten Postenstanden und beobachteten durch den Grabenspiegel, eine Art Periskop, die russische Stellung. Die anderen Soldaten hielten sich in warmen Unterständen auf, die schrag nach hinten eingebaut waren. »Hier«, sagte der Sanitäter zu mir, »wohnt Ihre Besatzung. Sie haben einen guten Unteroffizier. Ich ging in den Unterstand. Dichter Tabakrauch füllte denselben wie dichter Nebel, darin sah ich 4 Mann an einem Tisch Karten spielen. Ein weiterer Soldat war eben mit Briefeschreiben beschäftigt. In dem Unterstand befand sich ein kleines Öfchen, das vom vielen Heizen stellenweise rotglühend war. An der hinteren Wand befanden sich zweimal 3 übereinander angebrachte Drahtbetten. Mein erster Gedanke war: Hier ist's zum Aushalten. Vor dem Unteroffizier stand ich still und meldete mich zur Stelle. » Mach keine Flausen«, sagte er zu mir. »Stillstehen gibt's hier bei mir nicht. Sie machen einfach Ihren Dienst. lm übrigen sind wir alle Kameraden. Wie heißt du-. fragte er mich weiter. »Richert «, antwortete ich. »Ich meine, mit Vornamen «. sagte er, worauf ich meinen Vornamen

Dominik nannte. [..Wie, was?" riefen alle durcheinander, „sowas haben wir noch nie gehört, „und fingen über den Namen wie verrückt an zu lachen. "Wirklich", sagte der Unteroffizier, „diesen Vornamen hab' ich no nie gehört!" „So nennt mich meinetwegen Nickl, wie zu Hause" sagte ich lachend. Nickl, das gefiel ihnen auch nicht am besten. „Gut", meinte der Unteroffizier, „wir nennen dich einfach Nicki!"....] » Nicki, willst du was essen? « fragte mich der Unteroffizier weiter. » Habt ihr was? « meinte ich. » Cewiß, nimm nur da oben auf dem Breit was du willst." Ich schaute hinauf und war nicht wenig erstaunt; mehrere Kommißbrote, Käse, Schmalzersatz, Dauerwurst und Butter lagen da nebeneinander, daneben standen zwei Kistchen Zigarren und Zigaretten. »Nein, so was ist mir noch nicht vor gekommen, seit ich Soldat bin«, sagte ich. Nachmittags mußte ich Posten stehen. Durch den Grabenspiegel betrachtete ich das Gelände vor mir. Gleich neben dem MG-Stand ging ein Laufgraben nach dem im Drahtverhau gelegenen Horchpostenloch. Zwei breite Drahthindernisse schützten die Stellung gegen einen Angriff. Vor der russischen Linie, die etwa 250 m entfernt lag, waren ebenfalls 2 Drahtverhaue. An mehreren Stellen sah ich dort Rauch aufsteigen, auf unserer Seite dasselbe Bild. Alles war ruhig, nur von Zeit zu Zeit hörte man nah oder Fern den Donner eines Geschützes und das Krachen der einschlagenden Granaten. Hie und da knallte auch ein Gewehrschuß. Jede Nacht mußten wir Doppelposten stehen, 4 Stunden im Unterstand, ~ Stunden stehen und so weiter. Des Nachts war das Postenstehen langweiliger, und es war empfindlich kalt, so daß man sich immer bewegen und trampeln mußte, um nicht zu frieren. [..Am folgenden Tage mußte ich Essen holen. Die Feldküche kam in einer Mulde bis an den Waldrand hinter der Stellung gefahren. Dort traf ich meinen Freund Max Rudat, der mit Sack und Pack da war. Er war einem Maschinengewehr zugsteilt um einen Urlauber zu ersetzen....]

Am dritten Tage stand ich eben von 12 bis 2 Uhr nachmittags Posten. Um mir die Zeit zu vertreiben, dachte ich an die Heimat und an alles Mögliche. Alles war ruhig. Nirgends fiel ein Schuß. Auf einmal hörte ich eine Explosion, von deren Stärke ich noch keine gehört hatte. Der Boden erbebte, und ich wäre beinahe vor Schrecken zu Boden gefallen. lla sah ich etwa 500 m links von mir vor der deutschen Stellung eine mehr als 100 m hohe Rauchwolke hochschießen, eine Unmenge Erdschollen flogen umher. Die Russen hatten eine unterirdische Mine springen lassen, um die deutsche Stellung dort in die Luft zu sprengen. lm selben Moment sauste es heran. Direkt vor ' mir im Drahtverhau explodierten vier schwere russische Granaten, große Löcher in den Drahtverhau reißend.

Nun folgte ein Artilleriefeuer, in dem einem Hören und Sehen verging. Dazwischen prasselte von der Stelle, an der die Sprengung erfolgt war, heftiges Infanterie- und MG Feuer. Die russische Infanterie stürmte vor und besetzte den gewaltigen Sprengtrichter. Aber schon setzte der deutsche Gegenstoß ein, wobei ein Teil der Russen entfloh; die anderen wurden gefangengenommen. Das russische Artilleriefeuer hielt an. Vor, hinter und hie und da im Graben selber krachten die Granaten. Gleich bei den ersten Schüssen kam der Unteroffizier mit der ganzen Besatzung aus dem Unterstand gestürzt, da sie einen Angriff befürchteten. Wir duckten uns alle im Graben zu Boden, um nicht von Splittern und Erdschollen getroffen zu werden. Nur der Unteroffizier hielt von Zeit zu Zeit Umschau nach den Russen. Dabei traf ihn ein fingergroßer Granatsplitter oberhalb des Ohres am Mützenrand, so daß er wankte und betäubt zu Boden stürzte. Eine Wunde war nicht zu sehen, nur eine Beule. Ich hielt ihm schnell eine Handvoll Schnee an die Stirne, und sofort kam er wieder zu sich. Er wußte im ersten Moment gar nicht, was geschehen war. Nach einigen Minuten hatte er sich vollständig erholt.

Gleich neben uns befand sich ein Unterstand, der von 8 Infanteristen bewohnt war. Ein kurzer Laufgraben führte nach der Eingangstür. Neben der Tür war ein Fensterchen eingebaut. Gleich eine der ersten Granaten schlug neben der Eingangstür ein. Dadurch wurde der Laufgraben vor der Tür mit Erde zugeworfen, so daß es den Infanteristen unmöglich war, die Tür, die nach außen aufging, öffnen. Sie rissen von innen das Fensterchen weg, warfen die Gewehre hinaus und krochen einer nach dem anderen hinaus, um im Graben Aufstellung zu nehmen. Als eben der letzte durch die Fensteröffnung kroch, schlug eine Granate oben auf den aus Holz gebauten Unterstand. Durch den Druck gab der Unterstand etwas nach und schob sich zusammen. Der Infanterist, dessen Oberkörper und Hände außerhalb der Fensteröffnung waren, während seine Beine noch innen hingen, wurde eingeklemmt und konnte weder vor noch zurück. in Todesängsten schrie er um Hilfe. Zwei seiner Kameraden versuchten ihn herauszuziehen, was aber nicht gelang. Durch in der Nähe einschlagende Granaten waren die beiden gezwungen, im Graben besser gedeckte Plätze aufzusuchen. So hing der Arme ganz allein in Todesängsten und suchte sich mit Händen und Armen gegen die herumfliegenden Erdschollen zu schützen. Endlich, nach etwa einer halben Stunde, hörte das Artilleriefeuer auf. Nun konnte an die Befreiung des armen Soldaten gegangen werden. Da das Herausziehen nach innen und außen unmöglich war, blieb nichts anderes übrig, als das unter ihm befindliche Stück Tannenholz auf beiden Seiten durchzusagen und herauszunehmen.

Nun wurde der vor Angst halbtote Soldat heruntergenommenen, wo sich alsbald herausstellte, daß er vollständig unverletzt war.

Nun bat ich den Unteroffizier um Erlaubnis, zu Max Rudat zu gehen, um nachzuschauen, ob ihm «etwas passiert sei. Der Graben war teilweise ebengeschossen, so daß ich an mehreren Stellen kriechen mußte, um von den Russen nicht gesehen zu werden. Mehrere Soldaten waren verschüttet, und man war eben daran, sie auszugraben. Auch sah ich drei Gefallene im Graben liegen. Mehrere Leichtverwundete hatten sich bereits aus dem Staub gemacht. Drei Unteroffiziere, die in einem Unterstand Karten gespielt hatten, wurden von einer Granate, die die Decke durchschlug und in dem Unterstand explodierte, vollständig in Stücke gerissen. Max Rudat stand eben Posten neben seinem MG und machte ein ganz sonderbares Gesicht. Der Schrecken war noch nicht ganz von ihm gewichen. »Na, Max, wie hat's dir diesmal gefallen?« fragte ich. »Frag nicht, Nickel«, antwortete er. »Ich lag platt auf dem Grabenboden und hätte mir vor Angst bald in die Hosen gemacht.« Dabei zeigte er mir mehrere frische Granatlöcher dicht neben ihm. Wir freuten uns, beide mit heiler Haut davongekommen zu sein [..Ich verabschiedete mich wieder von ihm ging zu meinem Maschinengewehr zurück. Mehrere Wochen vergingen nun, ohne daß etwas Bemorkenswertes vorgefallen war. Postenstehen, Holz- und Essenholen, Maschinengewehrreinigen, Maschinengewehrreinigen, immer ein und dasselbe...]

Eines Nachts stand ich Posten und unterhielt mich mit dem Offizierstellvertreter, der eben die Posten revidierte. Der Mond beleuchtete fast taghell die Gegend. Um mich warm zu halten, trat ich von einem Bein aufs andere. Plötzlich drüben ein scharfer Knall, ein heftiger Klang am rechten Ohr. Die Kugel hatte meinen Stahlhelm an der rechten Seite in Stirnhohe gestreift und die graue Farbe weggerissen. Ich erschrak nicht wenig. Da die hintere Wand schrag und mit Schnee bedeckt war, hatte ein Russe wahrscheinlich die Bewegung meines Kopfes auf dem weißen Hintergrund bemerkt und wollte mich gleich ins Jenseits befördern. Von da ab war ich viel vorsichtiger.

Nach und nach schmolz der Schnee, und der Frühling stellte sich ein. Das Leben im Schützengraben wurde viel angenehmer. Beim Postenstehen am Tage konnte man sich schön von der Sonne bescheinen lassen.

Eines Tages kam der Befehl, einen Handstreich auszuführen, in die russischen Graben einzudringen und festzustellen, was für ein Regiment uns gegenüberliege. Zu diesem Zweck wurden mehrere Wassereimern ähnliche Gefäße in unserem Graben aufgestellt und der Inhalt angezündet, als der Wind nach der russischen Stellung wehte. Es entwickelten sich dichte, für das Auge undurchdringliche Rauchwolken, die mit dem Luftzug langsam dem russischen Graben zustrebten. Etwa 20 Mann Infanterie liefen in den Rauchwolken nach der russischen Stellung hinüber. Mit Drahtscheren bahnten sie sich einen Weg durch die Hindernisse und drangen in die russische Stellung ein. Wir lauschten gespannt hinüber, aber es fiel kein Schuß. Die Russen, die wahrscheinlich die Rauchwolken für Gaswolken hielten, hatten an dieser Stelle den Graben geräumt. Alle Infanteristen kamen heil wieder zurück. Sie brachten ein russisches Gewehr und mehrere Stahlschutzschilde. Ein Mann harre in einem Unterstand eine Brieftasche mit Militärbüchlein gefunden worin man die Nummer des russischen Regiments und der Division feststellen konnte.

Eines Tages im Mai schoß die russische Artillerie immer an dieselbe Stelle in unserem Drahtverhau, bis schließlich eine breite Lücke entstand. Wir dachten, daß die Russen in der folgenden Nacht bestimmt einen Angriff machen würden, und trafen unsere Vorkehrungen. Hinter der Lücke wurden in unserem Graben 3 Maschinengewehre aufgestellt und der Graben an dieser Stelle von Infanterie stark besetzt. Von Zeit zu Zeit wurde eine Leuchtkugel abgeschossen, die das Gelände zwischen den Stellungen mit zitterndem Lichtschein überflutete. Auf einmal hieß es: »Sie kommen!« Ein prasselndes MGund Infanteriefeuer unsererseits brach nun los. Die Artillerie, die telephonisch benachrichtigt wurde und deren Bedienungsmannschaften bereits an den Geschützen stand en, legte ein starkes Sperrfeuer zwischen die Stellungen. Ich konnte beim besten Willen keinen Russen sehen, obschon alles von den Leuchtkugeln fast taghell erleuchtet war. Sie hatten sich nämlich ins hohe Gras geworfen, als die Schießerei losgegangen war. Da sah ich plötzlich einige von ihnen aufspringen und in ihren Graben zurücklaufen. Auf einmal wimmelte alles von fliehenden Russen, die in ihren Graben verschwanden. Nach einigen Tagen las ich in der Zeitung: »Südlich von Illuxt wurde ein starker russischer Nachtangriff mit schwersten Verlusten für den Feind abgeschlagen.« Nun, gar so richtig war die Sache nicht. Aber jede Kleinigkeit mußte eben als großer Sieg ins Land hineinposaunt werden, um die Kriegsstimmung des Volkes aufrechtzuerhalten.

Im Mai 1916 wurde unsere MG-Besatzung einige hundert Meter nach rechts verschoben. Dort zog sich die Stellung durch einen herrlichen Tannenund Birkenwald. Wir fanden dort in einem Unterstand, der viel schlechter war als der vorige, Unterkunft. Bei regnerischem Wetter mußten wir täglich viele Eimer Wasser, die sich im Unterstand sammelten , ausschöpfen und hinaustragen. Gegen Morgen war so viel Wasser im Unterstand, daß es fast bis an die unteren Drahtbetten reichte. Ein solches

Wohnen war höchst ungesund. In lauen Mainachten schlief ich oft hinter dem Unterstand auf dem Waldboden, wo ich einen Haufen trockenes Laub gesammelt hatte. Um besser wohnen zu können, faßten wir den Entschlug, einen neuen Wohnunterstand zu bauen. Wir haben ein viereckiges Loch in der Größe eines kleinen Zimmers aus, fällten weiter zurück im Wald starke Tannen, sagten Balken und starke Träger und begannen mit dem Bau. Es war ein schweres Stück Arbeit, aber da alle fest zusammenhielten, waren wir bald fertig. Die Decke bestand aus 6 Schichten kreuz und quer liegenden Tannenstämmen. Die Zwischenräume waren mit Erde angefüllt. Natürlich konnten wir nur nachts an der Decke arbeiten, und auch da war es oft gefährlich, da die russischen Posten vor Langeweile in die Nacht hinausknallten und man deshalb immer in Lebensgefahr war, wenn man oben deckungslos arbeitete.

Nun ging es an die innere Ausstattung. Auf einer Seite wurden 6 Drahtbetten hingestellt, immer zwei übereinander. Einer von uns war Maurer von Beruf und baute aus Backsteinen einen hübschen Ofen. Aus Brettern wurde ein Tisch gezimmert, ebenso Bänke, und hinter dem Tisch wurde eine Art Sofa gemacht, mit trockenem Gras gepolstert und mit neuen, aufgetrennten Sandsäcken überzogen. Da ich etwas Geschick im Zeichnen und Malen hatte, zeichnete ich mehrere Bilder, welche ich dann mit dicker Birkenrinde einrahmte und im Unterstand aufthing. Die Wände wurden mit der Rinde gefällte Tannen, die wir rundum sorgfältig abschälten, tapeziert. Vor dem Fensterchen legte ein Kamerad, ein Gärtner, ein schönes Waldblumenbeet in Sternform an. Ein anderer, ein Holzschnitzer, fertigte ein 1 ½ m hohes Maschinengewehr aus Holz. Es wurde inmitten des Blumenbeetes auf einem großen Stein wie ein Monument aufgestellt. Als alles fertig war, waren wir mit unserer Arbeit sehr zufrieden, ebenso unser Kompanieführer, Leutnant Matthes, der ein guter, gerechter Vorgesetzter war und uns für unsere Arbeit auch sein Lob aussprach.

Unser Maschinengewehr war in einem etonunterstand mit Schießschlitz schußfertig aufgestellt, bei welchem immer Posten stehen mußten, am Tage ein Mann, nachts zwei. Die Gefahr war nicht groß hier. Wohl kamen jeden Tag einige Granaten und Schrapnells sowie kleine Minen herübergeflogen, doch gab es nur selten Verluste. Wir alle wünschten, hier das Kriegsende abwarten zu dürfen. Die Verpflegung war nicht mehr so gut wie bei meiner Ankunft, doch konnte man es immer noch aushalten.

Eines Tages wurden mehrere Minenwerfer, von deren Größe ich bis jetzt noch keine gesehen hatte, hinter unserem Unterstand aufgebaut. Die

Minen hatten ein Gewicht von 2 Zentner. Da unsererseits ein Handstreich geplant war, sollten diese Minenwerfer im Verein mit der Artillerie die russische Stellung sturmreif schießen, Wir selbst mußten mit 2 Maschinengewehren von unserem Unterstand aus abwechselnd Sperrfeuer nach der russischen Stellung abgeben, um die russischen Reserven zu hindern, zur Verstärkung an die vordere Stellung zu kommen. In der Zeit von 20 Minuten gaben wir Tausende von Schüssen ab. Die Pfähle des Drahtverhaus wurden vollständig in Fetzen geschossen, ebenso fast alle Drähte entzweigerissen. Mehrere junge Birken stürzten um; sie waren von unseren Kugeln wie abgesagt. Die Explosion der 2-Zentner- Minen war furchtbar. Durch den mächtigen Luftdruck bogen sich Tannen und Birken pendelnd hin und her. Nun ging eine halbe Kompanie Infanterie von uns vor. Nach einer Viertelstunde kamen alle heil wieder zu rück mit 8 Russen, die zitternd vor Todesangst in einem Unterstand aufgefunden worden waren und ohne Widerstand gefangengenommen wurden. Die Gefangenen waren sichtlich froh, Ihr Leben nun in Sicherheit zu wissen. Nun fing die russische Artillerie an, unsere Stellung unter scharfes Schrapnell- und Granatenfeuer zu nehmen. Ich stand eben hinter dem Betonunterstand mit noch 2 Kameraden und unserem Oberleutnant, als eine Granate kleineren Kalibers direkt über unseren Köpfen auf dem Unterstand aufschlug, platzte und die Ladung nach allen Seiten schleuderte. Wir blieben alle, obwohl wir vor Schreck fast umgeflogen waren, unverletzt. Nur ein Feldwebel von der Infanterie, der eben den Graben entlangkam, wurde von einem Splitter in den Bauch getroffen und starb im Lazarett an der schweren Verwundung. Von einer kleinen Mine wurde unserem Zugführer, einem Leutnant, der Arm weggerissen. Ein guter Freund von mir aus Memel namens Masur, der bei dem Leutnant Ordonnanz war, wurde derart schwer verwundet, daß er nach wenigen Minuten verschied. Er wurde auf dem Friedhof unseres Regiments, der im Wald hinter der Front angelegt war, bestattet.

Eines Tages im Juni wurde unsere MG-Besatzung endlich abgelöst, und wir kamen zurück nach Neugrünwald. Es war doch schön, wenn man sich wieder Frei auf der Erde bewegen konnte und nicht gezwungen war, dauernd in Graben und Unterständen, fast wie ein Maulwurf, zu leben. Ebenso fand ich es angenehm, die Nächte durchschlafen zu können. Der Dienst wurde uns so leicht wie möglich gemacht: 1 Stunde Exerzieren, 1 Stunde Unterricht und MG-Reinigen, das war alles. Wir vertrieben uns die Zeit durch Ringkämpfe und Turnen an einem Reck. Oder wir lagen auf der faulen Haut und fingen Lause, denn dieses Vieh hatte sich wieder bei uns heimisch gemacht.

Eines Tages wurde ich zum Gefreiten befördert. Am folgenden Tage mußte ich nach Jelovka, um mich beim Regimentskommandeur zu melden. Dort erhielt ich das Eiserne Kreuz II. Klasse, ebenso mehrere Soldaten und Unteroffiziere des Regiments. Der Regimentskommandeur hielt eine äußerst kriegerische Rede an uns; wir sollten stolz auf diese Auszeichnung sein. Das alles ließ mich jedoch sehr kalt, denn am liebsten hätte ich den ganzen Kram weggeschmissen und wäre nach Hause gegangen. Ais ich wieder bei der Kompanie ankam, wurde mir vom Vorgesetzten und von den Kameraden derart gratuliert und die Hand gedrückt, daß dieselbe anfing, mir weh zu tun.

Nach 8 Tagen Aufenthalt in Neugrünwald ging's wieder in Stellung. An einer Stelle kamen wir an vielen Gräbern gefallener Russen vorbei, die noch im Bewegungskrieg Ende 1915 gefallen waren. Die Russengräber waren erkenntlich an den Mützen, die halb verfault an den morschen Kreuzen hingen. An einer freien Stelle neben der Bahn waren auch mehrere Gräber von gefallenen deutschen Jägern; das erkannte man an den an den Kreuzen hängenden Jägertschakos. Weiter vorne führte ein Laufgraben nach der vorderen Stellung. Dort lösten wir eine Besatzung ab, die nun 8 Tage zur Erholung nach Neugrünwald ging.

Das Maschinengewehr stand ebenfalls in einem Betonunterstand. Der Wohnunterstand war auch nicht übel, aber lange nicht so schön und stark wie der von uns gebaute. Hier war es auch gefährlicher als an der früheren Stelle. Da der Wald neben der Bahn entlang etwa 100 m abgeholzt war und wir an der freien Stelle lagen, konnten die Russen unsere Stellung sehen und sich mit ihrer Artillerie genau einschießen. Jeden Tag kamen etwa 20 Granaten vom Kaliber 12, die schon einen gewaltigen Druck haben, angesaust. Gleich nach dem ersten Einschlag liefen wir alle in den MG-Betonunterstand. Eines Tages las ich eben in dem Wohnunterstand in einem Buch, die Kameraden spielten Karten, als plötzlich eine der 12-cm-Granaten oben auf unserem Unterstand einschlug und platzte. Var der Explosion drang sie bis auf die untere Lage der die Decke bildenden Tarinenstämme. Der Druck schob mehrere Stamme etwas auseinander, so daß mehrere Schubkarren Erde in den Unterstand stürzten. Mit jähem Schreck flogen wir alle zu Boden, dann ging's Hals über Kopf zur Tür hinaus in den Betonunterstand, bis die Schießerei wieder aufhörte.

Abends mit dem Dunkelwerden gingen wir dann , das Granatloch oben auf dem Unterstand wieder aufzufüllen: wir warfen die hinausgeworfenen, zersplitterten Holzstücke in das Loch und füllten es mit Erde aus. Dann wurden Tannenäste geholt und darübergedeckt. Bei dieser Arbeit erhielt ein Mann der Besatzung, ein freundlicher Kerl, ein Uhrmacher, einen Halsschuß, stürzte auf den Unterstand. Ich konnte noch sehen, wie er die Hand hob und mich mit starren Augen anschaute, als wollte er mich bitten, ihm zu helfen. Aber sofort sank sein Kopf hintenüber. Er war tot. Wir alle waren durch den plötzlichen, unerwarteten Tod unseres Kameraden sehr erschrocken und betrübt. Noch in der Nacht trugen wir seine Leiche auf einer Tragbahre auf den Friedhof des Regiments, wo er am folgenden Tage beerdigt wurde. Einige Tage später schlug wieder eine 12-cm-Granate auf die Ecke des Unterstandes, denselben vollständig wegfegend. Wieder wurde keiner von uns verletzt, denn nach den ersten Einschlägen flüchteten wir alle in den Betonunterstand. Dann kam der Befehl, neben den Gleisen im vorderen Graben einen großen, bombensicheren Betonunterstand zu bauen, der bis zu 200 Mann aufnehmen könne. Das war leichter gesagt als getan. Wir mußten wie die Infanteristen mithelfen. Zuerst wurde ein etwa 3 m tiefes, 4 m breites und 40 m langes Loch ausgehoben. Die Erde mußten wir in Sandsäcken 200 m weit schleppen und im Wald ausleeren. Das war eine Arbeit! Tausend und abertausend Sacke waren wegzuschleppen. Als das Loch fertig ausgehoben war, fing die Arbeit des Betonierens an. Auf einer kleinen Feldbahn wurden Kies und Zement bis etwa 300 m hinter die vordere Linie gefahren. Am Ausladeplatz wurde die Menge gemischt und, ebenfalls in Sandsäcken, durch den Laufgraben nach vorne geschleppt. Jeder Mann mußte täglich 40mal holen gehen. Man konnte höchstens einen halben Sandsack tragen, da die Mischung sehr schwer und naß war. Um die Decke herzustellen, wurden die Bahnschienen losgeschraubt, zwei Reihen quer übereinandergelegt, dann kam noch lm Beton obendrauf, und der Unterstand war fertig. Um Licht und Luft einzulassen, befanden sich in den Wänden mehrere schmale Schießscharten.

So ging der Sommer 1916 langsam seinem Ende entgegen, ohne daß etwas Besonderes vorgefallen wäre. Tag und Nacht abwechselnd Postenstehen, Essenholen, Holz herbeischleppen, Heizen und Arbeitsdienst, das war so ziemlich alles. Die Verpflegung wurde immer schlechter, bereits gab es 2 fleischlose Tage die Woche. Die Verpflegung bestand täglich aus 1 ½ Pfund Kommißbrot, morgens und abends schlechtem schwarzem Kaffee – oft ohne Zucker-, etwas Butter oder Käse, manchmal etwas Wurst, Schmalzersatz, am meisten jedoch Marmelade, auch einer Art grauen Schmalzes, die von den Soldaten Hindenburg- oder Affenfett genannt wurde. Am Mittag gab es pro Mann 1 Liter Suppe. Alles war stets als Suppe gekocht. Nudeln, Sauerkraut, Reis, Bohnen, Erbsen, Graupen,

Dörrgemüse (von den Soldaten »Stacheldraht« genannt), Hafer- flocken, Kartoffelflocken und so weiter. Manchrnal gab es grüne Klippfische; dieser Fraß war vollständig ungenießbar und roch wie Leichen, die einige Tage an der Sonne gelegen hatten. An fleischlosen Tagen gab es gewöhnlich Nudelsuppe mit einigen Rosinen darinnen. Von einem Stückchen gebratenem Fleisch, Salat oder ähnlichem nie eine Spur! lm Oktober 1916 wurden wir von einem Regiment, das von der Westfront kam, abgelöst. Wir marschierten nach Jelovka. Unterwegs hieß es, daß wir nach allen möglichen Fronten transportiert werden würden. Aber bei Jelovka bogen wir nach Süden ab und lösten etwa 20 km südlich unserer früheren Stellung ein Regiment ab. Die Front lief über freies, hügeliges Gelände. [..Durch einen langen Laufgraben, der einer Mulde entlanglief, gelangten wir in die vordere Linie. Vor uns in etwa 400 m Entfernung lag das zerschossene Gut Schiskowo, dorf lief die Stellung der Russen vorbei...] Unsere sowie die russische Stellung waren durch 3 breite Drahtverhaue geschützt. Dort wurde unsere MG-Kompanie, die dem Regiment unterstand, in 3 Kompanien eingeteilt, welche jede einem Bataillon zugeteilt wurde. Ich gehörte zur 2, MG-Kompanie und wurde Gewehrführer. Das heißt: Ich machte, obwohl ich nur Gefreiter war, Unteroffiziersdienst. Ich hatte eine gute Besatzung, alles junge, flinke Burschen, darunter auch einen Unterelsässer, Emil Fuchs aus Erstein. Die Jungens hatten alle einen guten Appetit, und das Brot wollte nie reichen. Mit einem Mann der Besatzung, dem 20jahrigen Seedorf aus Hamburg, mußten wir immer lachen. Alle 2 Tage empfing jeder ein 3-Pfund-Brot. Seedorf schnitt mit dem Taschenmesser Zeichen in das Brot, um es sich einzuteilen. Bis zum ersten Einschnitt sollte es bis zum gleichen Abend reichen, der zweiten für den nächsten Morgen, [..der dritte für den nächsten Abend usw....] Nun aß er gewöhnlich am ersten Abend bis zum Einschnitt für den nächsten Morgen. Gewöhnlich hatte Seedorf den zweiten Tag keinen Bissen Brot mehr. Obwohl die Lebensmittel knapp waren, kam es nie vor, daß einer dem anderen ein Stückchen Brot stahl, das immer offen auf einem Brett im Unterstand lag.

MEIN ERSTER URLAUB ENDE OKTOBER 1916

Nun war ich an der Reihe, in Urlaub zu fahren. Wie schön wäre es gewesen, wenn ich wie die anderen Soldaten nach Hause gekonnt hätte. Eine elsässische Flüchtlingsfamilie aus Dürlingsdorf namens Mattler, die gegenwärtig in Eberbach im Neckartal (Baden) wohnte, hatte mich brieflich eingeladen, wenn ich sonst nirgends hinfahren könne, zu ihnen zu kommen. Lange wußte ich nicht, was ich tun sollte. Endlich entschloß ich mich zu fahren, denn ich war zu gern einmal wieder einige Zeit, ohne das Militärjoch im Nacken zu fühlen. Auch freute ich mich auf die weite Reise. Also nahm ich den Urlaubsschein sowie etwas Verpflegung, nahm Abschied von meinen Kameraden und walzte los. Ich marschierte nach Jelovka und bestieg den Zug. [..und losging´s...] Ein herrliches Gefühl der Freiheit und Sicherheit überkam mich, ais wir immer weiter von der Front fortrollten. Endlich, nach langer Fahrt, erreichten wir bei Eydtkuhnen die deutsche Grenze. Alles muhte aussteigen und sich in der dortigen Entlausungsanstalt lause frei machen lassen, denn ohne Entlausungsschein durfte kein Soldat in Deutschland einfahren. Nun ging es weiter über Insterburg nach Königsberg. Dort bestieg ich den Schnellzug, der mit Urlaubern überfüllt war, in Richtung Berlin. Es ging weiter über Braunsberg, Elbing. Bei Dirschau passierten wir die größte Brücke, die ich bisher gesehen hatte, über die Weichsel. [..Weiter ging es über Kreus, Schneidemühl. Dort fuhren wir große Strecken durch armselige Gegenden. Sand, nichts als Sand, teilweise mit mannshohen, verkrüppelten Föhren bedeckt, selten ein Dorf oder ein Gehöft. Bei Lemberg und der Festung Küstein wurde die Gegend schöner und fruchtbarer......] Mit Anbruch der Nacht lief der Zug in Berlin, Schlesischer Bahnhof ein. Ich ging mit mehreren Urlaubern, mit denen ich während der Fahrt Bekanntschaft gemacht hatte, in die Stadt, um Berlin bei Nacht zu sehen. Die Stadt war fast taghell erleuchtet. Wir besuchten mehrere Restaurants, tranken Bier und ließen uns für teures Geld ein Nachtessen geben. Wir übernachteten im Bahnhofswartesaal und schliefen sitzend, indem wir die Köpfe auf die Tische legten. Morgens in der Frühe tranken wir in einer Wirtschaft heißen Kaffeem, [.und] gingen nach dem Anhalter Bahnhof. Natürlich mußten wir uns oft nach dem Weg erkundigen. [..Von meinen Kameraden mußte ich dort Abschied nehmen, denn sie fuhren nach dem Rheinland hinüber....] Ich bestieg den Schnellzug nach Südwestdeutschland. Es ging über Luckenwalde, Wittenberg, Halle, Merseburg, Naumburg, Weimar, Erfurt, Gotha, Eisenach [Fulda, Hanau] nach Frankfurt am Main. Dort gab es einen längeren Aufenthalt.

Die Reise von Berlin nach Frankfurt war sehr schön und interessant. Fast immer ging es durch fruchtbare, dichtbevölkerte Gegenden. Die Hauser in Stadt und Land waren hübsch gebaut. Wie war es doch schön hier, im Vergleich mit dem öden, langweiligen Rußland! Ich konnte es kaum fassen, daß ich dort monatelang in Schützengraben in Unterständen gelebt hatte. [..Nachdem ich die schöne Stadt Frankfurt in der Umgebung des Bahnhofs gesehen hatte, bestieg ich wieder den Zug, der mich über Darmstadt, Weinheim nach dem herrlich gelegenen Heidelberg am Neckar brachte. Dorf mußte ich wieder umsteigen und fuhr nach meiner Endstation Eberbach .Dort angekommen erkundigte ich mich nach der Familie Mattler, die in der Wirtschaft Koch, 2. Stock, wohnte obwohl ich ...] Trotzdem ich in meiner Endstation Eberbach

von der Familie nur Herrn Mattler kannte, wurde ich von allen freundlich aufgenommen. Wie freute ich mich, endlich wieder einmal einige Tage leben und wohnen zu können, wie es einem Menschen zusteht. Die Familie Mattler wohnte über einer Wirtschaft, wir alle aßen dort. Die Kost war nicht besonders reichlich, aber im Vergleich zum Feldküchenfraß herrlich. Das Brot war auch nicht besser als das Kommißbrot, auch nicht zu reichlich, denn Brot, Fleisch, Butter waren schon rationiert und konnten nur auf Karten bezogen werden, soundso viel Gewicht auf den Kopf.
[…Am meisten freute ich mich über das gute Bett, denn seit Januar, also 9 Monate, hatte ich nie ausgezogen in einem Bett geschlafen. Immer nur auf den harten Drahtbetten in den Unterstanden. Wenn schone Tage waren, machte ich Ausflüge in die Umgebung, dem Neckar entlang, oder in die Berge nach der Burgruine Eberbach hinauf, von wo man eine herrliche Aussicht hatte in das schöne Neckartal. Viel zu rasch gingen die Urlaubstage vorbei. Ich wurde auch bekannt mit mehreren anderen elsässischen Flüchtlingsfamilien, die alle sehr freundlich zu mir waren. Besonders die Flüchtlingsmädchen überboten sich an Freundlichkeit mir gegenüber, und mehrere ließen durchblicken, daß sie gerne der Schatz eines elsässischen Soldaten sein würden. Dies alles machte mir natürlich Spaß. Ich tauschte mit mehreren Adressen aus und dachte, daß der Briefverkehr vielleicht etwas Abwechslung in das langweilige Schützengrabenleben bringen werde...] Im ganzen war ich 10 Tage in Eberbach, dann folgte ein Tag Fahrt nach dem Rheinland zu meinem früheren Kriegskameraden August Zanger aus Struth, [...dort 3 Tage Aufenthalt und wieder 2Tage Fahrt nach der Front. Wenn man nur 1 Tage zu spät bei der Kompagnie ankam, flog man 3 Tage ins Loch, in einem dunkeln Unterstand,

und das wollte ich nicht. Als nun die 1e Tage in Eberbach vorbei waren, nahm ich Abschied von der Familie Mattler, ebenso von den befreundeten elsässischen Familien, bestieg den Zug und fuhr wieder zurück über Heidelberg, Darmstadt und Frankfurt. Dort stieg ich um, fuhr nach Gießen, wo ich wieder umsteigen mußte. Dann ging es weiter über Marburg, Siegen, der Siegentlang. Meine Endstation war Schladern an der Sieg. Zanger wohnte in Dreisel, etwa eine halbe Stunde von Schladern entfernt…]Wie er mir brieflich mitgeteilt hatte, erwartete er mich an der Bahn in Schladern. Es war schon geworden, als der Zug in Schladern hielt. Ich stieg aus, es war stockdunkel, ein feiner Regen rieselte hernieder. Ich verließ den Bahnhof, nirgends war ein Mensch zusehen, von Zanger keine Spur. „ Da wird gut; dachte ich. Da sah ich eine Frau mit einem Knaben im Schein matter Gaslaternen daherkommen. Ich ging zu ihr hin und fragte sie nach dem Weg nach Dreisel. In einem für mich sehr schwer zu ver stehenden Dialekt sagte sie mir, daß sie eben nach Dreisel gehe, ich könne mit ihr gehen. Unterwegs fragte sie mich, was ich denn dort für Bekannte hätte. Ich sagte, daß ich zu meinem Kameraden August Zangust Zanger wollte. Sie kannte ihn nicht. Da sagte ich ihr, daß er bei einer Familie Theodor Gauchel wohne. Nun wußte die Frau Bescheid und führte mich in das Haus. Zanger war sehr erfreut, mich wiederzusehen. [..Er hatte mich am vorhergehonden Zug erwartet, und da ich nicht ausgestiegen war, glaubte er ich würde erst nächsten Tag kommen…..] Von der Familie Gauchel, bestehend aus Mutter, Sohn namens Josef und Tochter Maria, wurde ich aufs freundlichste aufgenommen. Bald fühlte ich mich dort wie zu Hause. Die guten Leute holten alles, was sie hatten, und tischten es mir auf. Die Tochter Maria hatte Zanger bei seiner schweren Verwundung 1915 gepflegt im Lazarett. Die beiden verliebten sich und beabsichtigten, nach dem Kriege zu heiraten (was sie auch taten). Da die Familie sehr religiös war, und um dem Gerede der Leute zu entgehen, schlief Zanger nicht im Haus der Familie Gauchel, sondern in einem Nachbarhause bei einer Familie Batt, wo er ein Zimmer gemietet hatte. Nachdern wir uns alle bis spät in die Nacht unterhalten hatten, gingen wir zu Bett. Wir erzählten uns von der Heimat und unseren Erlebnissen, bis der Morgen zum Fenster hereinsah. Am folgenden Tage halfen Zanger und ich der Familie Gauchel beim Dreschen mit der Dreschmaschine. Eine Arbeit, die ich auch nicht mehr gewohnt war, obwohl ich das früher oft getan hatte. Am folgenden Tag fuhren wir nach der Stadt Siegburg, wo wir uns beide photographieren ließen und gleich einige Bilder über die Schweiz nach Hause adressierten und abschickten. Am dritten Tag fuhren wir nach dem etwa 20 km entfernten Eitorf, um das Grab des

Schwob Josef aus meinem Heimatdorf aufzusuchen. Es war sehr traurig für uns beide, einen guten Kameraden aus der Heimat so wiederzufinden. Nachdem wir eine Weile am Grab gebetet hatten, gingen wir ins Lazarett und erkundigten uns bei der Schwester, die ihn gepflegt hatte, nach der Art der Verwundung und seinen letzten Tagen. Nach erhaltener Auskunft [..dankten wir der Schwester und...] fuhren wir zurück. Nun noch eine Nacht in einem Bett schlafen, dann war's wieder vorbei, für weif Gott wie lange.

Nur sehr ungern verlief ich nach 3 Tagen Zanger die gute Familie Gauchel, aber das furchtbare Muß ließ es eben nicht anders machen. Wenn man nur" einen Tag zu spät bei der Kompanie ankam, flog man 3 Tage ins Loch, in einen dunklen Unterstand, und das wollte ich nicht. Meinen Tornister hatten die guten Leute mit allerhand Lebensmitteln sowie einer Flasche Likör angefüllt, so daß ich für die Reise gutausgerüstet war. [..Auch die Frau Batt brachte mir noch eine große Dauerwurst...] Der Abschied ging mir sehr zu Herzen, denn die Mutter Gauchel weinte, als ob ich ihr Sohn wäre. Es war auch traurig, wußte man doch nicht, ob man sich wiedersehen oder ob ich draußen totgeschossen würde, denn ein Kriegsende war noch nicht abzusehen. Zanger begleitete mich nach der Bahn. [..Ich fuhr zuerst nach Köln. Da ich Aufenthalt hatte, konnte ich den herrlichen Bahnhof betrachten. Dann bestieg ich den Schnellzug nach Berlin, fuhr durch das Ruhrgebiet zuerst über Düsseldorf, Barmen, Elberfeld, Hagen, Dortmund. Ich hatte schon öfters vom Ruhrgebiet sprechen hören. So wie ich es gesehen hatte, hätte ich es mir doch nicht vorgestellt. Stadt reiht sich an Stadt, oft sah man nicht, wo die eine aufhört und die anders anfängt. Dazwischen nichts als Bergwerke. Fabriken; soweit man sehen konnte, ragten massenweise Fabrikschornsteine und die Fördertürme der Bergwerke in die Luft. Dazwischen ein solches Gewirr von Bahnanlagen, Gleisen und Weichen, daß man es fast richt für möglich hält, daß hier nicht täglich mehrere Zusammenstöße vorkommen müßten .Endlich lag das Ruhrgebiet hinter mir, und weiter rollte der Zug über Paderborn, Halberstadt, Magdeburg, Brandenburg, Potsdam, Charlottenburg nach Berlin, Ohne Aufenthalt ging es weiter nach Rußland hinauf, der Strecke entlang, die ich bei der Herfahrt schon beschrieben Wir befanden uns nun im Anfang des November....] Oben in Rußland war der Boden mit einer leichten Schneedecke bedeckt. Es schauderte mich, als ich den Schnee sah, die armseligen Wohnungen, die düsteren Tannenwälder und die schlechtgekleideten Bewohner. Und es schauderte mich, als ich an das mir wieder bevorstehende langweilige Leben im

Schützengraben dachte. [..Von der Endstation Jalovka konnte ich auf einem Wagen meines Bataillons meine Truppe erreichen. Ich meldete mich vom Urlaub zurück und mußte gleich wieder die Führung meines Maschinengewehrs übernehmen. ..... .]

WIEDER AN DER FRONT

Nummer 8 auf der Karte

Im Unterstand angekommen, sagten mir die Soldaten sofort, daß Fuchs Emil aus Erstein gefallen sei. Er hatte von einem russischen MG eine Kugel in die Stirn erhalten, als er nachts Posten stand, und war sofort tot gewesen. Ich hatte tiefes Mitleid mit ihm, denn er war ein Landsmann und guter Junge. Eintönig vergingen die Tage. Schnee, Nebel, Nebel und Schnee, das war so ziemlich die ganze Abwechslung. Die Russen schickten jeden Tag einige Granaten herüber, die jedoch nicht viel schadeten. Eines Sonntags wurden von jedem MG 2 Mann zum Gottesdienst zurückgeschickt. Ich mußte die Leute führen. Im Walde, etwa 1km hinter der Front, war hinter einem Abhang eine große Baracke erbaut, die als Gotteshaus diente. Sie füllte sich bis auf den letzten Platz mit Soldaten, und der Feldgeistliche begann mit dem Gottesdienst. Während der Wandlung hörten wir plötzlich den Einschlag mehrerer Granaten vorne an der Front. Die Explosionen wurden immer zahlreicher; [..einige Granaten schienen ganz in der Nähe geplatzt zu sein, denn...] wir hörten die Sprengstücke über die Baracke schwirren. Wir wurden alle sehr unruhig. Nur der Feldgeistliche las die Messe zu Ende, als wenn alles still wäre. Wir verließen nun die Baracke, das Schießen der Russen wurde immer stärker. Unser Kompaniefeldwebel gab uns den Befehl, sofort zu unserem Maschinengewehr zurückzukehren. Eben marschierten 2 Kompanien Infanterie, die in Reserve gelegen hatten, nach vorne. Wir folgten ihnen. Es fing nun an zu schneien, daß man keine 100 m weit sehen konnte. Am Waldrand angekommen, hörte ich an den Einschlägen, daß die russische Artillerie hauptsächlich den die Mulde entlang nach der Stellung führenden Laufgraben unter Feuer hielt. Da ich die Kirchgänger zu führen hatte, überlegte ich einen Moment, wie wir am besten nach der Stellung kommen konnten. Ich beschloß, über den Hügel zu gehen, an dessen jenseitigem Abhang die Stellung lag. Wir erreichten den Gipfel des Hügels, ohne daß eine Granate in unsere Nahe gefallen war. Als das Schneien plötzlich aufhörte und wir von den Russen wie auf einem Präsentierteller gesehen werden konnten, warfen wir uns alle in den tiefen Schnee. Was nun? Laufgraben und Stellung waren ganz mit schwarz en Granatrauchwolken bedeckt, und immer neue Geschosse sausten heran. Wenn wir von dem russischen Artilleriebeobachter oder vom MG-Soldaten gesehen würden, waren wir so gut wie verloren. Liegenbleiben konnten wir nicht, nach der Stellung hatten wir noch etwa 400 m zurückzulegen, nach dem Laufgraben etwa 200. Also entschlossen wir uns, nach dem Laufgraben zu eilen. »Auf, marschmarsch! « rief ich. Sofort waren alle auf den Beinen, und so schnell wir konnten, rannten wir dem in der Mulde entlanglaufenden Laufgraben zu. Ein russisches MG fing an zu rattern, schoß aber viel zu hoch, denn wir hörten die Kugeln über uns zischen. Fast atemlos kamen wir im Laufgraben an. Als die Schießerei einen Moment aufhörte, suchten wir so schnell wie möglich in den weiter vorne neben dem Laufgraben liegenden Sanitätsunterstand zu kommen. Der Laufgraben war stellenweise beinahe vollgeschossen. An einer Stelle lagen drei tote Infanteristen; der eine war bis zur Unkenntlichkeit verstümmelt. Wir waren glücklich, als wir den stark ausgebauten Sanitätsunterstand erreicht hatten. Am Baden lag ein Gefallener. Ein Sanitäter erzählte uns, daß der Tate ein Urlauber sei, der am Morgen die Stellung verlassen habe, um in Urlaub zu fahren. Als er den Laufgraben entlangging, schlugen mehrere der ersten Granaten vor ihm ein. Schleunigst ging er in den Sanitätsunterstand zurück, um dort das Ende der Schießerei abzuwarten. Da schlug eine Granate hinter dem Unterstand ein, und ein ganz kleines Sprengstück durchschlug das Stück Tannenholz, das den unteren Teil der Fenstereinfassung bildete. Es traf den Unglücklichen mitten in die Stirn. Er war sofort tot von der Bank gestürzt. Der Arme, der sicher in Gedanken schon in der Heimat geweilt hatte, sollte seine Angehörigen nicht wiedersehen.

Das Donnern und Krachen der Granaten hatte wieder eingesetzt. Als wieder eine Pause eintrat, suchte je der von uns so schnell wie möglich sein MG zu erreichen. Aber schon wieder kamen Geschosse herangesaust, und wir müßten uns hinlegen, um nicht von Splittern und Erdschollen getroffen zu werden. Endlich kam ich an meinem Unterstand an. Meine Jungens hatten angsterfüllte Gesichter, denn eine leichte Granate war oben auf dem Unterstand geplatzt, ohne jedoch durchzuschlagen. Da hörte ich auf einmal Infanterie- und MG-Feuer. Ich sprang hinaus, nahm das Fernglas und sah, daß [...bei der russischen Stellung] hinter dem Gut Schiskowo alles von russischer Infanterie wimmelte, die sich zum Angriff anschickte. »Alles raus!- schrie ich in den Unterstand hinein. Die Jungens kamen. Das Maschinengewehr, das in einer Nische gedeckt im Graben stand, wurde in die Schießstellung gehoben und geladen. Ich schaute nach den Russen hinüber und sah gerade noch die letzten in ihrem Graben verschwinden. Über der Stelle platzten eine Menge deutsche Schrapnells, welche die Russen zum Rückzug zwangen, ehe sie noch recht zum Angriff geschritten waren. Wir erhielten den Befehl, in höchster Alarmbereitschaft zu bleiben. Dauernd sollten 2 Mann beim MG bleiben. Die anderen durften sich im Unterstand aufhalten, aber nicht schlafen. In aller Ruhe ging der Tag seinem Ende entgegen. Da noch immer ein Angriff der Russen befürchtet wurde, wurden in der Nacht viele Leuchtkugeln abgeschossen, so daß es fast immer hell war und ein Anschleichen der Russen auf dem weißen Schnee unmöglich war. Da, nach Mitternacht, fing ein MG an zu schießen, dazwischen hörte man das Knallen der Infanterie. Da blitzte seitwärts hinter uns ein deutscher Scheinwerfer auf, beleuchtete hin und her das Niemandsland zwischen den Stellungen und ließ schließlich sein volles Licht in einer Mulde erstrahlen, die sich von der russischen nach unserer Stellung hinzog und in die wir von unserem MG-Stand nicht hineinsehen konnten. Ich schoß mehrere Leuchtkugeln ab, konnte aber vor uns keine Spur von Russen entdecken. Bald horte das Schießen wieder auf. Wie wir dann erfuhren, hatte sich ein russischer Stoßtrupp der Mulde entlang unserer Stellung genähert, wurde jedoch gesehen und durch das Feuer zurück- sieben tote Russen sowie einen Schwerverletzten, den sie mit zurückbrachten. Sie legten ihn auf ein Drahtbett im MG-Unterstand, wo er wieder zu sich kam. Er hatte jedoch viel Blut verloren und war halb erstarrt, so daß er am folgenden Morgen verschied. Von da ab hatten wir Ruhe. Auber mit einigen Granaten täglich wurden wir von den Russen nicht mehr belästigt. Da ich Gewehrführer war, brauchte ich nicht mehr Posten zu stehen. Trotzdem stand ich meine Zeit, damit die Jungens es etwas besser hatten. Da es die Nächte stark fror, mußten wir dauernd mit etwas trockenem Sand gefüllte Säcke am Ofen im Unterstand heiß machen und sie um den Mantel des Maschinengewehrs binden, um zu verhüten, daß das Wasser im Mantel gefror. Denn mit eingefrorenem MG ist das Schießen unmöglich. Früher war dieses Aufwärmen nicht nötig, denn unter das Wasser wurde Glyzerin gemischt, welches bekanntlich nie einfriert. Nun mangelte es an Glyzerin, wie an den meisten anderen Sachen. Mit dem Heizen war es auch schlecht bestellt. Wir hatten nur gefrorenes grünes Tannenholz, das schrecklich qualmte, aber nicht brennen wollte. Man mußte sich oft fast die Lunge auspusten, bis nur das bißchen Kaffee gekocht war. Am Weihnachtstage ging ich eben hinten im Walde an der Kantine vorbei, als mehrere Kisten Keks (Zuckerbretla) abgeladen wurden. Das war eine Seltenheit, denn sonst gab es in der Kantine hauptsächlich Stiefelwichse, Schuhfett, Briefpapier, Bleistifte, Feldpostkarten, hie und da eine Büchse Ölsardinen und eingemachtes Obst zu kaufen. Ich kaufte alle Taschen voll Keks und da fast alle hintereinander, bis auf 5 Rollen, die ich meiner MG-Besatzung brachte. Es wundert mich noch heute, wie mein Magen dies alles aufnehmen konnte. Am Weihnachtsabend bekamen wir immer zu 2 Mann eine ¾-Liter-Flasche sauren Rheinwein als Christabendbeseherung. In der Silvesternacht 1916 auf 1917 schlief ich eben im Unterstand, ais ich von dem Kompanieschreiber geweckt wurde. Ich schaute auf die Uhr, es war eben Mitternacht. Draußen knallten die Posten aus purer Langeweile das neue Jahr an. Wir beide wünschten uns ein glückliches neues Jahr. »Aber deshalb«, sagte ich zum Schreiber, »hättest du mich nicht zu wecken brauchen.« - »Ich bin auch nicht deshalb hier in die Stellung gekommen«, antwortete er. »Ich bringe dir den Befehl des Kompaniefeldwebes. Du sollst sofort deine Sachen pakken und dich hinten im Waldlager bei ihm melden.. Ich war ganz baff, denn ich hatte keine Ahnung, weshalb. Auch der Schreiber konnte oder wollte mir keine Auskunft geben. Also packte ich mein Hab und Gut zusammen und stolperte über den hartgefrorenen, knirschenden Schnee dem Waldlager zu. Da sah ich vor mir einen Soldaten, der ebenfalls Sack und Pack bei sich hatte. »He, du, wart mal!« rief ich. Er blieb stehen, und ich erkannte in ihm einen Lothringer namens Beck, ebenfalls von meiner MG-Kompanie. » Wo gehst du hin? « fragte ich. »Zum Kompaniefeldwebel«, sagte er. » Der Schreiber sagte mir, ich soll mich bei ihm melden.« Als wir beim Feldwebelunterstand ankamen, waren schon mehrere Elsässer da, die von einem Bein aufs andere hüpften und teils mit Händen um sich schlugen, um sieh zu erwärmen. Ich meldete mich beim Feldwebel, der wach in seinem Unterstand saß und schrieb. Er kam mit hinaus, wies uns einen leeren Unterstand an, der weder Fenster noch Türen hatte, und sagte, wir sollten dort den Tag abwarten. Wir stahlen nun bei den bewohnten Unterständen zerkleinertes Holz, um in unserem offenen, inwendig hart gefrorenen Unterstand ein Feuer zu machen. Wir saßen um das Feuer herum, da wurde geschimpft, geflucht und alle möglichen Meinungen ausgetauscht. Ich sagte: » Paßt auf, wir sind die längste Zeit beim Regiment 44 gewesen. Ich glaube, daß wir versetzt werden.. Und meine Ahnung wurde zur Wahrheit.

Am frühen Morgen Ließ uns der Kompanieführer antreten und teilte uns mit, daß die Division, zu der das Regiment 44 gehöre, nach der Westfront transportiert würde. Auf höheren Befehl müßten alle Elsaß-Lothringer an der russischen Front bleiben und anderen Regimentern zugeteilt werden. Ein allgemeines Gebrumme unsererseits erhob sich nun: "Ah so, Soldaten 2.Klasse. Die haben wohl Angst, wir laufen dort über« und so weiter. Da sagte der Kompanieführer: »Ich hatte euch ja gern behalten bei der Kompanie. Ich war mit euch allen sehr zufrieden. Aber ihr wißt ja selbst, Befehl ist Befehl, und da ist nichts dran zu ändern, Schließlich könnt ihr's für ein Glück ansehen, hierbleiben zu können, denn an der Westfront ist die Lebensgefahr weit größer als hier. « Obwohl wir ihm in Gedanken recht gaben, lief es keiner laut werden. Wir marschierten nun nach Jelovka, wo schon mehrere hundert Elsaß-Lothringer von unserer Division versammelt waren. Wie da geschimpft wurde! Die Gesinnung aller war genau dieselbe. Wenn die Preußen dahin gekommen wären, wo sie hingewünscht wurden, wären wohl alle beim Teufel gelandet. Am Nachmittag hielt der Regimentskommandeur nochmals eine Rede und wiederholte, daß es nicht anders zu machen sei; es sei Befehl von oben. Die Nacht verbrachten wir in Baracken.

Am folgenden Tag, dem 2. Januar 1917, marschierten wir los. Ein Oberleutnant zu Pferde ritt nebenher. Der Marsch ging diesmal nordwärts, Immerzu wurde laut gemurrt, oder es ertönten laute Zwischenrufe. » Épinal «, schrie einer, ein anderer: »Vive la France! « Sofort sprengte der Oberleutnant nach der Abteilung in der Kolonne, wo der Ruf ertönt war, und wollte wissen, wer geschrien hatte. Da kam er aber schon an. Die einen sagten, sie hatten nichts gehört, wieder andere lachten ihm frech ins Gesicht. »Vive la France! Vive l'Alsace! « wurde nun vor und hinter dem Oberleutnant geschrien. Dieser knirschte vor Wut, konnte aber nie herausfinden, wer gerufen hatte. Denn alle hielten zusammen wie eine Klette. »Su lang as es Plüta und Knepfla git, su frecka die Schwowa im Elsaß net- [»Solange es Blüten und Spätzle gibt, so lange fressen die Deutschen im Elsaß nicht«], sang wieder einer am rückwärtigen Ende der Kolonne. Da gab der Oberleutnant den Befehl zum Singen. Kein Laut wurde vernehmbar. »Wenn mir jetzt noch einer die Schnauze auftut, der soll mal sehen! « schrie nun der Oberleutnant, der sehr gereizt war, da seine Befehle nicht beachtet wurden. Plötzlich fing einer der Elsässer an zu singen: » O Straßburg, O Straßburg, du wunderschöne Stadt! « Wie auf Kommando fielen alle ein, und mächtig scholl das schone Elsässerlied durch die eisige, klare Winterluft. Der Oberleutnant, der einsah, daß er nichts ausrichten konnte, ritt mm hinter der Kolonne her. Wir marschierten durch herrliche Tannenwälder. Bei einem einzelnstehenden Gehöft wurde haltgemacht. Etwa 200 Mann mußten dableiben; dabei befand auch ich mich, ebenso alle Elsässer der MG-Kompanie, denn wir blieben immer beisammen. Wir marschierten nun direkt unter der Führung eines Feldwebels in Richtung Front.

BEIM RESERVEINFANTERIEREGIMENT 260 OSTFRONT
2 JANUAR BIS 14. APRIL 1917 RUSSISCHE NORD

Auf einem Gutshof war ein Regimentsstab des Reserveinfanterieregiments 260 einquartiert. Dorthin wurden wir geführt und unter die einzelnen Kompanien verteilt. Ich verlangte, in die MG-Kompanie eingeteilt zu werden. Auf einen Telephonanruf kam der Bescheid, daß bei der MG-Kompanie 260 kein Platz frei sei. Also wurde ich mit noch etwa 12 Mann der 9. Kompanie zugeteilt. Obwohl die Nacht angebrochen war, wurden wir noch zum Kompaniefeldwebel der 9. Kompanie, der im Wald in einem schönen Unterstand die Kompanieschreibstube eingerichtet hatte, geführt. Er war ein freundlicher Mann, und wir waren mit dem Empfang recht zufrieden. Er fragte uns gleich, ob wir etwas essen wollten, und lief uns Brot und Konservenfleisch geben. Übernachten mußten wir in einem leeren Unterstand, in dem alles wie Stein und Bein gefroren und weiß bereift war. Trotzdem wir ein Feuer anmachten, konnten wir lange nicht warm bekommen. Der Abschnitt, den das Regiment 260 besetzt hielt, schien ziemlich gefährlich zu sein, denn man hörte die ganze Nacht dröhnende Minen- und Granatenexplosionen.

Als wir die folgende Nacht bereits schliefen, wurde ich vom Kompanieschreiber geweckt. Vorne in der Stellung war von der Gruppe des Unteroffiziers Blau der Gefreite verwundet worden; ich sollte nun seine Stelle besetzen. [Der Schreiber kam etwa 20 Minuten mit mir, durch den Wald. Am Rande desselben gelangten wir in einen Laufgraben. Der Schreiber sagte, ich solle nur immer diesen Laufgraben entlanggehen, dann käme ich gerade zur 9. Kompagnie. Ich stapfts weiter....] Die Nacht war bitter kalt. Laut knirschte der gefrorene Schnee bei jedem Schritt. Es war mir doch etwas unheimlich, so alleine in der Nacht in diesem unbekannten Graben. Manchmal blieb ich stehen und lauschte. Ich konnte nicht mehr weit von der Stellung sein, das Knallen der Posten ertönte ganz in der Nähe. Plötzlich ein sekundenlanges Sausen, ein Blitz, ein Krach; gar nicht weit von mir hatte eine größere Granate eingeschlagen, daß der emporgeschleuderte Schnee auf mich niederrieselte und die Erdschollen zum Teil über mich hinwegflogen. Unwillkürlich fing ich an zu laufen, um von der gefährlichen Stelle wegzukommen. Plötzlich teilte sich der Laufgraben in 3 Gräben. [Der eine führte halbrechts, der andere gerade und der dritte halblinks nach vorne,"Welches ist nun der richtige?" dachte ich. .....] Endlich, nach einigen hundert Schritten, erreichte ich die vorderste Stellung. [Ich fragte den ersten Posten, den ich traf, welche Kompagnie das sei. „Die vierte", antwortete er. Es war ain schlesisches Regiment, welches diesen Frontabschnitt besetzt hielt. Ich war falsch gelaufen. „ Ja wo liegt denn das Regiment 260?" fragte ich den Posten." Die liegen im Anschluß gleich rechts von uns", antwortete er. Ich dankte und ging auf die Suche den vorderen Graben entlang....] Fast alle Posten machten Bewegungen, um sich etwas warm zu halten. Sie alle hatten die Kopfschoner von unten über das Kinn und die Nase bis an die Augen hochgezogen, so daß nur ein fingerbreiter Spalt offenblieb, um durchsehen zu können.

Endlich, nach langem Umherfragen, fand ich den Unterstand des Unteroffiziers Blau. Ich meldete mich zur Stelle. Der Unteroffizier fragte mich, wie lange ich Soldat sei, was für ein Landsmann und so weiter. Nach einer Weile war wieder Zeit, die Posten zu wechseln. -Ablösung! « schrie der Unteroffizier, der Grabendienst hatte, zum Unterstand herein.» Richert, Sie können gleich aufziehen«, sagte Unteroffizier Blau zu mir. Ich nahm das Gewehr des verwundeten Gefreiten. Der Unteroffizier kam mit und führte mich zum Postenstand. Ich stand nun mutterseelenallein in der fremden Stellung. vor mir konnte ich trotz der Dunkelheit die halbeingeschneiten Drahthindernisse erkennen. Die weitere Aussicht verlor sich in Nacht, Schnee und Nebel. Nach und nach fing ich an zu frieren, denn die Nacht war bitter kalt. Ich trat vom Postenstand hinunter, sprang von einem Bein aufs andere und schlug mit den Händen um mich. Dann stieg ich wieder hinauf. Auf einmal hörte ich drüben einen dumpfen Abschuß. Ich kannte den Ton, es war der einer Mine. Da ich nicht wußte, wo dieselbe hinfallen würde, sprang ich in den Graben hinunter und lauschte gespannt. Plötzlich hörte ich direkt in Richtung gegen mich, zuerst leise, dann laut: Tsch-tsch-tsch. Das war die Mine, die im Bogen zischend die Luft durchschnitt. Das Blut erstarrte mir fast vor Schreck in den Adern. Ich hatte gerade noch Zeit, mich platt in den Graben zu werfen, als mit entsetzlichem Krach die Mine kaum 2 m hinter mir, oben auf der Deckung, explodierte. Rauch, Schnee, Erdschollen und Splitter flogen umher. Ich hatte mindestens einen Schubkarren von Erde auf mir liegen. 1ch schüttelte sie ab, sprang auf und horchte, denn ich erwartete eine zweite Mine. Meinen Postenstand durfte ich nicht verlassen. Da kam Unteroffizier Blau gelaufen, der gehört hatte, daß die Mine dicht bei mir eingeschlagen haben mußte. »Sind Sie verletzt? « rief er. Als ich verneinte, sagte er: »Sie müssen sich, wenn Sie den Abschuß hören, sofort ins Fuchsloch begeben!- - »Was für ein Fuchsloch? « fragte ich. Da zeigte er mir dicht neben dem Postenstand, von der Grabensohle nach vorne eingebaut, ein Loch, welches mit Holz verschalt war und bequem einen Mann aufnehmen konnte. Bum, wieder ein Abschuß drüben. Der Unteroffizier kroch in das Fuchsloch. Da ich keinen Platz mehr darin hatte, legte ich mich wieder auf den Grabenboden. Da kam die Mine schon angesaust; diesmal flog sie etwas weiter über uns hinweg. Blau ging nun wieder in den Unterstand. Es kamen noch mehrere Minen angeflogen, jedoch keine mehr so in die nächste Nähe. Zuletzt stand ich überhaupt nicht mehr Posten und blieb einfach im Fuchsloch liegen. Endlich kam die Ablösung. Wir mußten stündlich ablösen, der bitteren Kälte wegen. Ich ging nun in den Unterstand, der von einer Kerze erleuchtet war, zog die Stiefel aus, die steinhart gefroren waren, um die Füße etwas am Ofen zu wärmen. Der Kopfschoner, den ich draußen über Mund und Nase gezogen hatte, war vor dem Mund derart vereist, daß sich ein fast faustgroßer Klumpen Eis und Reif gebildet hatte. Als ich etwas erwärmt war, legte ich mich auf ein Drahtbett, um zu schlafen. Wie schnell waren die 2 Stunden um, bis ich wieder an der Reihe war! Kaum daß ich meinte, eingeschlafen zu sein, hieß es schon wieder Ablösung. Sechsmal mußte ich jede Nacht Posten stehen. Natürlich ging es den anderen Soldaten nicht besser. Die Nachte schienen uns schier endlos.

Manchmal, wenn ich so alleine in der kalten Nacht stand, dachte ich, für was oder wen ich hier eigentlich stand. Von Vaterlandsliebe oder ähnlichem war bei uns Elsässern überhaupt keine Spur, und manchmal erfaßte mich eine furchtbare Wut, wenn ich daran dachte, welches bequeme Leben die eigentlichen Urheber dieses Krieges führten. Überhaupt hatte ich einen heimlichen Zorn gegen alle Offiziere vom Leutnant aufwärts, die alle besser wohnten, bessere Verpflegung hatten und obendrein noch eine schöne Bezahlung erhielten, während der arme Soldat» fürs Vaterland und nicht fürs Geld, hurra, hurra, hurra«, wie es in einem Soldatenlied heißt, das ganze Kriegselend mitmachen mußte. Dazu hatte man noch den Offizieren gegenüber überhaupt keine eigene Meinung. Man hatte überhaupt nichts zu sagen, nur blind zu gehorchen.

Eines Tages wurden wir derart mit Minen überschüttet, daß man nicht wußte, wo man sich verkriechen sollte. Da liefen wir alle in den betonierten Sanitätsunterstand. Links und rechts davon schlugen die gewaltigen Flügelminen ein. Der Unterstand war mit Soldaten vollgestopft wie eine Heringsbüchse mit Heringen. Plötzlich ein furchtbares Getöse über unseren Köpfen, eine Mine war direkt auf dem Unterstand geplatzt. Rundum, wo der aus Eisenbeton bestehende Deckel auf den Mauern auflag, zeigten sich Risse. Durch die gewaltige Erschütterung hatte sich der meterdicke Deckel losgelost. Ängstlich schauten wir uns an. Wieder ein

Knall, daß wir fast alle zu Boden Högen. Wir hatten wieder einen Volltreffer auf den Unterstand erhalten. Diesmal war der ganze Zementdeckel etwa eine Handbreit zur Seite gerutscht. Da sagte ich zu meinem Kameraden Karl Herter, mit dem ich bereits gut befreundet war: » Karl, hier bleibe ich nicht!. - »Wo willst du denn hin? « fragte er. »Wir warten den nächsten Einschlag ab. Wenn du willst, kannst du mitkönnen.. Als die nächste Mine explodiert war, gingen wir beide zum Unterstand hinaus, liefen im Laufschritt die Stellung entlang bis zu einem Graben, der nach dem vorne in den Drahthindernissen gelegenen Horchpostenloch führte. Da hinein begaben wir uns. Wir waren nun vollständig sicher, denn die Minen Högen alle über uns hinweg. Wir konnten sie schön betrachten, wenn sie in einem hohen Bogen über uns hinweghören. Nun fing die deutsche Artillerie an, Antwort zu geben. Bum-bum-bum-bum, krachten die Abschüsse hinter uns in den Wäldern. Mit lautem Zischen sausten sie über uns hinweg, um bei der russischen Stellung einzuschlagen. Durch den Grabenspiegel, der sich im Horchpostenloch befand, beobachteten wir drüben die Einschlage. Es war ein sehr aufregendes, interessantes Schauspiel, so daß wir beide die Kälte vergaßen. Die russische Artillerie, die wohl zeigen wollte, daß bei ihnen auch noch Munition vorhanden war, schickte nun auch eine Menge Granaten, untermischt von Schrapnells, herüber. Überall ein Donnern und Dröhnen, daß einem Hören und Sehen verging. Gegen Abend flaute das Feuer ab. Wir gingen zurück in die Stellung. Stellenweise war der Graben fast ebengeschossen. Wir warteten, bis es dunkel war, dann wurde der Graben wieder gangbar gemacht und einigermaßen repariert. Mehrere Unterständen waren zusammengeschossen, jedoch war nur einer von 6 Soldaten besetzt gewesen, von denen vier getötet und die beiden anderen schwer verwundet waren. Es war eine traurige und schwere Arbeit, im Dunkel der Nacht die beiden Schwerverwundeten und die 4 Leichen unter gefrorener Erde und zerschlagenen Tannenstämmen hervorzuholen. Die Russen wurden an diesem Frontabschnitt immer frecher. Wo nur Rauch aus einem Unterstand aufstieg, schossen sie mit Minen und Granaten. Von da ab durften wir bei Tage nur noch mit Holzkohlen heizen. Diese wurden in den großen Wäldern hinter der Front gebrannt und mit der Feldbahn nach der Front geschafft. Alle 2 Tage erhielt jede Gruppe einen großen Sack davon. Eines Morgens schickte mich der Unteroffizier Blau zum Kohlenempfangen. Die Säcke lagen auf einem Haufen bei der Mündung des Laufgrabens in die Stellung. [Viele der Säcke waren schon weggetrgen..] Ich war eben im Begriff, meinen Sack über den Rücken zu heben, als ein Schrapnell herangesaust kam und über uns zerplatzte. Die ganze Ladung schlug kaum 1 m vor uns in die Grabenwand. Im selben Moment fühlte ich ein heftiges Brennen im Rücken. Wir sprangen alle Hals über Kopf in einen in der Nähe befindlichen alten Unterstand. Dort fragte ich einen Soldaten, ob er nichts an meinem Rock auf dem Rücken sehe. Er entdeckte ein erbsengroßes Loch. lch sagte, daß ich einen kleinen Splitter abbekommen hätte, fühlte aber, daß es gar nicht schlimm war Ich zog den Rock aus. Der Splitter war durch das Stückchen Leder gedrungen, das auf dem Rücken die Hosenträger zusammenhält, wodurch seine Durchschlagskrafterheblich geschwächt wurde. Der Splitter, der nicht ganz die Große einer Erbse hatte, saß nur unter der Haut und wurde von einem Soldaten mit den Fingernägeln herausgedrückt. Ich war froh, als die »Operation« vollendet war, denn mich fing es an, auf dem nackten Rücken gewaltig zu frieren. [Ich nahm meinen Sack in die Arme und trug ihn nach dem Unterstand. Auf den Rücken zu nehmen getraute ich micht nicht, denn der obere Rand des dicken Sackes hätte über die Grabendeckung hinweggereicht, und jedenfalls wäre gleich wieder ein Schrapnel herangeflogen….]

Die Verpflegung wurde immer schlechter und weniger. Sehr oft, wenn man halberfroren vom Postenstehen so gegen Morgen mit einem mächtigen Hunger in den Unterstand kam, war kein Stückchen Brot, noch viel weniger sonst etwas zum Beißen da

EIN HANDSTREICH GEGEN DIE RUSSISCHE STELLUNG-JANUAR 1917

Eines Tages kam der Befehl: » Morgen gegen Abend hat die 9. Kompanie nach heftiger Artillerievorbereitung anzugreifen, in die russische Stellung zu dringen und Gefangene mitzubringen, zur Feststellung, welche Truppen uns gegenüberliegen. Wenn möglich, sind die russischen Minenwerfer zu zerstören! «Als ich dies hörte, fiel mir das Herz fast in die 1Iosen, denn ich gehörte zur 9. Kompanie. Ich dachte, wie schrecklich es sein müsse, wenn man bei dieser Kalte schwerverwundet und hilflos zwischen den Stellungen liegenbleiben und langsam erfrieren mußte. Wie schon wäre es gewesen, wenn ich bei der MG-Kompanie gewesen wäre! Dann hätte ich diesen Angriff nicht mitzumachen brauchen! Die nächste Nacht mußten wir mit Drahtscheren Gange durch unsere drei Drahtverhaue schneiden, um schnell vorwärtszukommen beim Angriff. Wir wurden bei dieser Arbeit zum Glück von den Russen nicht bemerkt. Langsam schlich der folgende Tag dahin. Wir alle waren sehr niedergeschlagen, denn keiner wußte, wie es ihm beim Angriff ergehen würde.

Am Nachmittag fingen die deutsche Artillerie und Minenwerfer furchtbar die russische Stellung zu beschießen an. Bald entstanden breite Lücken in den russischen Drahthindernissen. Das Artilleriefeuer hörte wieder auf. Gegen Abend mußten wir uns fertigmachen. Jeder mußte sich 3 Handgranaten an das Koppel hängen und die Seitengewehre aufpflanzen. So standen wir im Graben, mit vor Aufregung klopfenden Herzen, und warteten. Alles war in diesem Moment still. Ganz plötzlich setzte starkes deutsches Artilleriefeuer ein. » Vorwärts! « schrien die Kompanie- und Zugführer. Wir alle kletterten zum Graben hinaus, liefen durch die Gange im Drahtverhau, so schnell es der hochliegende gefrorene Schnee erlaubte, nach der russischen Stellung hinüber. Als wir uns dem Graben näherten, legte die deutsche Artillerie an unserer Angriffsstelle das Feuer weiter zurück, während links und rechts die Granaten in und um die vordere russische Stellung platzten, um die Russen daran zu hindern, uns in die Flanke zu schießen. Am russischen Graben angekommen, wurden einige Handgranaten hineingeworfen, dann hineingesprungen. Die wenigen Russen, die den Graben besetzt hielten, waren vollständig überrascht. Einige setzten sich zur Wehr. Dabei wurden 2 Mann unsererseits niedergeschossen und drei verwundet. Die Russen wurden wie Hunde niedergeknallt, ebenso einige, die fliehen wollten. Die armen

Teufel dauerten mich. Der Rest, etwa 30 Mann, ergab sich. Wie die Armen Angst hatten! Wir ließen sie ihre Habseligkeiten in den Unterständen zusammenpacken, um sie mit in Gefangenschaft zu nehmen. Auf beiden Seiten der Einbruchstelle standen mehrere Soldaten mit Handgranaten bereit, um sie im Falle, daß die Russen uns im Graben angreifen wollten, ihnen über die Schulterwehren entgegenzuschleudern. Jedoch kein Angriff erfolgte. Ich hatte nur den Wunsch, wieder' in unserer Stellung zu sein. Langsam fing es an zu dunkeln. Die deutsche Artillerie legte wieder stärker los. Das war für uns das Zeichen, im Schutze des Artilleriefeuers zurückzugehen. Die russische Artillerie fing nun ihrerseits an, die deutsche Stellung unter Feuer zu nehmen, so daß das Zurückgehen auch gefährlich zu werden schien. Wird deuteten den Russen an, sich bereit zu halten. Alle kletterten wir nun zum russischen Graben hinaus, nahmen die Gefangenen in die Mitte, und los ging's. Da stieg eine russische Leuchtkugel hoch. Wir wurden von den Russen gesehen. Mehrere Schüsse knallten. Ein Mann bekam einen Armschuß, einer der Russen einen Beinschuß. Trotzdem wurden alle mitgeschleppt, ebenso die 3 in der russischen Stellung Verwundeten. In unserem Graben angekommen, suchte jeder so schnell wie möglich in einen Unterstand zu kommen, denn die russische Artillerie schickte immer noch einige Granaten herüber. Als das Feuer aufhörte, mußte die Kompanie im Graben antreten. Es fehlten 8 Mann. Zwei waren im russischen Graben gefallen, drei waren dort und einer war auf dem Rückweg verwundet worden, acht sechs. Niemand wußte, wo die beiden anderen geblieben waren. Als es am nächsten Morgen hell wurde, sahen wir einen tot zwischen den Stellungen auf dem Schnee liegen. Von dem letzten fehlte jede Spur.

38 GRAD KÄLTE - JANUAR 1917

In der folgenden Nacht wurde unser Bataillon abgelöst. Wir marschierten etwa 8 km zurück und wurden in großen Unterständen untergebracht. Nun setzte eine Kalte ein, wie ich sie noch nie erlebt hatte. Das Thermometer sank auf 38 Grad unter Null. Morgens beim Sonnenaufgang war es am kältesten. Es war so kalt, daß die Luft flimmerte. Ein Bächlein, etwa 1m tief, mit stark fließendem Wasser war bis auf den Grund gefroren, so daß wir gezwungen waren, Schnee- und Eisklumpen im Kochgeschirr auf dem Ofen zu schmelzen, wenn wir Kaffee kochen wollten oder zu sonstigen Zwecken Wasser haben mußten. Das Brot und die anderen Lebensmittel, die auf Schlitten hergebracht wurden, war en hart wie Stein.

Wenn ein Mann den Kopfschoner nicht über die Nase gezogen hatte, war die Nasenspitze binnen 5 Minuten weißgelb, alles Blut daraus gewichen. Dabei wurde die Nase vollständig gefühllos. Da kam der Befehl, daß einer den anderen beobachten sollte. Auch erhielt jeder eine Schachtel Frostsalbe, um sofort die erfrorenen Stellen einzuschmieren und zu verbinden. »Mensch, du hast ja eine weiße Nase!- hörte man oft einen zum anderen sagen. Die Nase wurde dann sofort mit der Frostsalbe eingeschmiert und verbunden. Am schnellsten erfroren Nase, Ohren, die Haut auf den Backenknochen, Fingerspitzen, Zehen und Fersen.

Nachdem wir einige Tage Ruhe hatten, mußten wir täglich nach vorn zum Stellungsbau. Das war nicht so einfach bei dieser bitteren Kalte. Wir mußten fast immer Zementplatten durch die Laufgräben nach der Stellung schleppen, die zum Bau von Unterständen dienten. Auf dem Hin- und Herwege zogen wir weiße Schneehemden mit Kapuze über unsere Uniform, um von den Russen nicht so gut gesehen zu werden.

WIEDER IN DIE STELLUNG – ENDE JANUAR 1917

Als unsere Ruhezeit vorbei war, ging es wieder in die Stellung. Diesmal kamen wir etwa 1 km weiter nordwärts. An dieser Stelle war der russische Graben kaum 50 m von unserem entfernt. Daß keiner von uns den Kopf zeigen durfte, war selbstverständlich. Des Nachts mußte immer die Hälfte der Mannschaften Posten stehen, um im Falle eines Überfalls bereit zu sein. Also mußte jeder bei dieser bitteren Kälte 8 Stunden draußen stehen jede Nacht. Da wurde gefroren! Selten, daß einer einige Minuten stillstand. Immer wurde getrampelt und um sich geschlagen. Wenn man abgelöst wurde und sich etwas im Unterstand erwärmt hatte, waren eine halbe bis dreiviertel Stunde vorbei. Dann legte man sich den Rest der Stunde aufs harte Drahtbett. Kaum daß man eingeschlafen war, mußte man wieder raus. Es war strengstens verboten, des Nachts abzuschnallen oder die Stiefel auszuziehen. So konnte man nur auf dem Rücken liegen und hatte die gefüllten Patronentaschen auf dem Magen. Die Gewehre wurden am Bett aufgehängt, so daß man sie bei Alarm sofort bei der Hand hatte. Jede Woche wurde mindestens zweimal Alarm gegeben, damit die Offiziere feststellen konnten, wie lange es dauerte, bis der Graben besetzt war.

Eines Morgens wurde ich zum Brotempfang geschickt. Ich legte das Zelttuch über die Schulter, steckte die Hände in die Manteltaschen und ging nach der etwa 300 m entfernten Empfangsstelle. Ich nahm so viele Brote ins Zelt, wie ich tragen konnte. Da sah ich, daß ich meine Handschuhe im Unterstand liegengelassen hatte. Ich nahm nun mit den bloßen Händen die Ecken des Zeltes zusammen, schwang das Brot auf den Rücken und lief, so schnell ich konnte, dem Unterstand zu. Herrgott, wie mir die Finger anfingen zu frieren! Ich konnte kaum das Zelttuch noch halten. Endlich erreichte ich den Unterstand, ließ Zelt und Brot zu Boden fallen. Mehrere Fingerspitzen waren bereits erfroren und weißgelb. Sofort schmierten meine Kameraden meine Hände mit Frostsalbe ein und verbanden sie. In den Fingern hatte ich fast gar kein Schmerzgefühl, aber die Arme hinauf und besonders in der Brust schmerzte es mich derart, daß ich mich auf den Drahtbetten herumwälzte. Nach etwa einer Viertelstunde war der Schmerz wieder fast ganz weg. Ich nahm den Verband von den Händen und sah, daß das Blut in die Fingerspitzen zurückgekehrt war.

Anfang Februar 1917 wurden wir wieder abgelöst und kamen in das Dörfchen Kekely in Quartier. Kekely bestand aus einigen zerstreuten Holzhütten, die mit Stroh gedeckt waren. Nun konnten wir einige Nächte durchschlafen. Jeden Tag mußten wir vor dem Dörfchen an einer Stellung, welche mit Schnee gemacht wurde, arbeiten. Nach etwa einer Woche ging es wieder nach vorne. Wir kamen wieder in dieselbe Stellung wie zuvor. Da kam wieder der Befehl, einen Handstreich gegen die russische Stellung zu machen. Es wurde gefragt, wer sich freiwillig melden wolle. Die Freiwilligen bekamen nach der Ausführung des Handstreichs das Eiserne Kreuz. Zu meinem nicht geringen Staunen meldeten sich 12 Mann. Am folgenden Tage, morgens bei Tagesanbruch, stellten sich die zwölf im Graben auf, kletterten auf Kommando hinaus und waren in ein paar Sprüngen in der russischen Stellung. Das Ganze ging so schnell, daß von seiten der Russen kein einziger Schuß fiel. Wir lauschten gespannt hinüber. Da fielen einige Schüsse. Nach etwa 2 Minuten fingen unsere Maschinengewehre an zu rattern und fegten links und rechts von der Einbruchstelle knapp über die russische Stellung. Nun kletterten unsere Soldaten aus dem russischen Graben und liefen, so schnell sie konnten, in unsere Stellung zurück. Es waren nur noch elf. Keiner wußte, wo der zwölfte geblieben war. Wir nahmen an, daß er absichtlich drüben geblieben sei, um in Gefangenschaft zu kommen. Die Angreifer hatten, wie sie sagten, nur einen Russen niedergeschossen. Sie brachten dessen Brieftasche und abgerissene Achselklappen mit.

Die Stellung, in der wir lagen, war zu dicht am Feind und zu gefährlich. Deshalb sollten wir in der Lange von 1km etwa 300 m zurückgenommen werden, wo bereits eine schöne Stellung mit Unterständen ausgebaut war. In der letzten Nacht, die wir in der vorderen Stellung zubrachten, mußten wir Kistchen mit Sprengstoff nach vorne tragen. Dieselben wurden von den Pionieren in die Unterstände verteilt, mit einem Draht verbunden, und dann wurden die Eingange und Fensterchen zu den Unterständen mit gefüllten Sandsäcken zugebaut. Am Morgen bei Tagesanbruch verließen wir die vordere Stellung und bezogen die weiter zurückgelegene, neu erbaute Stellung. Punkt 12 Uhr mittags sollte die Sprengung stattfinden. Gespannt schauten wir alle nach vorne. Plötzlich eine Explosion, daß die Erde zitterte. [..Vorne gingen mehr als 100 schwarze Rauchwolken in die Höhe, darüber hinweg flogen nach allen Seiten Erdschollen, zerfetzte und ganze Tannenstämme, die großem Getöse niederprasselten...] Sofort wurde eine [..8-Mann-starke..]Patrouille durch den Laufgraben nach vorne geschickt, um nachzusehen, ob alle Unterstände zerstört waren. [..Sie stieß auf eine 6-Mann-starke russische Patrouille, die sich sofort ergab und von unseren Leuten zurückgebracht wurde...]

Nun ging das Leben seinen gewöhnlichen Gang weiter: Postenstehen, schlechte Verpflegung und quälende Läuse. Ende März 1917 wurden wir abgelöst, um wieder einige Tage in Ruhe zu kommen. Das Wetter war etwas gelinder, doch lag der Schnee noch massenhaft. Wir mußten nun im Schnee herumexerzieren. Ich hatte als Gruppenführer den Unteroffizier Schneider, der trotz seiner 29 Jahre bereits Doktor der Chemie war, dem aber das Militärleben absolut nicht zusagte. Unser Bataillonskommandeur, ein sehr strenger Mann, ritt im Bataillon herum und schaute den Bewegungen der Gruppen zu. Als er eben bei uns anhielt, gab Unteroffizier Schneider einige verkehrte Befehle. Als hätte er das größte Verbrechen begangen, schrie ihn der Bataillonskommandeur an: »Wie kommt es, daß so ein Rindvieh wie Sie zum Unteroffizier befördert wurde? Sie gehören ins Rekrutendepot, um den Dienst von vorne zu lernen! Sie, der Gefreite«, sagte er dann zu mir, »übernehmen sofort den Befehl über die Gruppe!- Ich trat nun vor. Da ich eine kräftige Stimme hatte und die Kommandos in meiner 4jährigen Militärzeit natürlich genau kannte, war es ein leichtes, die Gruppe zu führen. Ich ließ sie einige Schwärmbewegungen machen, einige Male Stellung nehmen und dann wieder sammeln. Der Bataillonskommandeur, der zugesehen hatte, ritt heran und sagte: »Gut, der Gefreite. Wie lange sind Sie schon Soldat?« - »Seit Oktober 1913!« antwortete ich. »Wie lange sind Sie schon im Feld?« - »Seit Kriegsausbruch, mit etwa 4 bis 5 Monaten Unterbrechung.« - »So, wie kommt es dann, daß Sie noch nicht Unteroffiziere sind?« - »Ich bin Elsässer und habe deshalb schon viermal die Regimenter wechseln müssen. Als Neuling wird man dann gewöhnlich als Rekrut behandelt.« Dann ritt der Bataillonskommandeur weg und rief unseren Kompanieführer, Leutnant Kerrl, der ein guter Vorgesetzter war und mich gut leiden konnte, zu sich. Ich sah, daß beide oft nach mir sahen, also von mir sprachen. Als wir eben aufhörten mit dem Exerzieren, brachte die Regimentsordonnanz eine Meldung zu unserem Bataillonskommandeur. Als dieser dieselbe gelesen hatte, rief er: »Das ganze Bataillon hier rumkommen!- Alles lief hin und stellte sich im Kreis um den Bataillonsführer. »Soldaten«, fing er an, »der Krieg auf dieser Front ist so viel als beendet. In Rußland ist eine Revolution ausgebrochen. Der Zar ist abgesetzt. Die Garnison von Petersburg, 30000 Mann, hat sich den Revolutionären angeschlossen.« [..Es war die Februarrevolution vom 23. Februar 1917, der am 17. Marz 1917 die Abdankung von Zar Nikolaus II. folgte....]

Wir alle horchten mit offenem Munde, dann konnten wir in unsere Quartiere gehen. Alle möglichen und unmöglichen Vermutungen wurden ausgetauscht. Den einen graute schon, die dreckigen Feldbahngeleise nun abreißen zu müssen; andere meinten: » jetzt geht's los nach Petersburg und Moskau.. Fast alle freuten sich, daß das Schützengrabenleben nun bald ein Ende haben sollte. Ich selbst war jedoch noch nicht so ganz von der Sache überzeugt, sagte aber nichts weiter. Vorne an der Front ertönten die einzelnen Kanonenschüsse genau wie vorher. Also war's mit der Revolution nicht so schlimm. Einige Tage später wurde der wahre Sachverhalt bekannt. Wirklich, der Zar war abgesetzt worden, aber nur weil er Frieden schließen wollte. Der Krieg jedoch wurde unter dem Befehl des Diktators Kerenski [damals Mitglied des Provisorischen Exekutivkomitees des Arbeiterdeputiertenrates, vom. Juli 1917 bis zur Oktoberrevolution russischer Ministerpräsident aufs Neue fortgesetzt. Das klang ganz, ganz anders als die erste Meldung.

Anfang April 1917 wurde unser Regiment ganz abgelöst. Wir marschierten zurück und wurden in dem ganz von Juden bewohnten Städtchen Sabbat 2 Tage einquartiert, Hier sah ich seit meinem Urlaub im Oktober 1916 wieder die ersten Zivilisten. Lebensmittel waren keine zu kaufen, aber sonst allerhand. Und in den Teestuben gab es noch einigermaßen guten Tee zu trinken, der statt mit Zucker mit Sacharin versüßt wurde. Dann marschierten wir nach der Bahnstation Abeli. Dort wurden wir verladen. Kein Mensch wußte, wohin, Wir fuhren zurück über Radsiwilischki, Rakischki über Schaulen nach Jünschke. Dort verlieben wir den Zug und wurden 3 Tage in Massenquartieren untergebracht; dort schliefen wir auf den Zimmerböden. Es gelang mir auf Schleichwegen, 12 Eier und 1 Pfund Speck zu kaufen. Das gab wieder mal zwei vernünftige Mahlzeiten. Als die 3 Tage um waren, fuhren wir mit der Bahn nach Schaulen zurück. Ich sollte mit noch einem Gefreiten zum Unteroffizier befördert werden. In Schaulen angekommen, hieß es: » Alle Elsass Lothringer aussteigen! « Ich ahnte gleich, weshalb. Wir mußten auf dem Perron antreten. Der Kompanieführer kam zu mir, übergab mir einen Brief, den ich meinem zukünftigen Kompanieführer geben sollte. Es sei ein Empfehlungsschreiben, mich und die übrigen Elsässer der 9. Kompanie betreffend. Ich dankte, dann nahm der Kompanieführer Abschied von uns. Von unseren Kameraden konnten wir nicht Abschied nehmen, denn sie durften nicht aussteigen. Bei unserem Abmarsch winkten wir ihnen ein letztes Lebewohl zu. [..Das Regiment oder vielmehr….] die Division wurde nach dem französischen Kriegsschauplatz transportiert, und wir Elsässer durften nicht mit. Wir wurden in Schaulen in einer früheren Lederfabrik für 2 Tage einquartiert. Wir waren etwa 1200 Mann. Es war hier wieder dieselbe Schimpferei wie bei unserer Versetzung vom Regiment 44 zum Regiment

Mich wunderte sehr, was eigentlich in dem Empfehlungsschreiben meines früheren Kompanieführers stand. Auf dem Briefumschlag stand nur: »An den Kompanieführer«. Ich dachte: Ich kann den Brief ebenso gut in einem unbeschriebenen Briefumschlag abgeben. So riß ich ihn einfach auf und las. Dieser Brief war der reine Lobgesang auf mich, dann auf den Soldaten Runner Harry, der aus Rufach stammte, und die übrigen Soldaten der 9. Kompanie. Es freute mich doch, daß wir bei unserem Kompanieführer so gut angesehen waren. Ich teilte den Inhalt des Briefes nur meinem Kameraden Runner Harry mit. Am nächsten Tag ging ich mit Runner in die Stadt, um zu sehen, ob etwas Eßbares zu kaufen wäre. Wir konnten leider nichts finden als Tee in den Teestuben. Es fiel uns auf, daß viele Soldaten in eine abgelegene Gasse gingen, ebenso von dort kamen. In der Meinung, daß dort etwas zu kaufen wäre, gingen wir beide auch hin. Wir betraten ein Haus, in dem es ein und aus ging wie in einem Bienenstock . .Ja, da war wirklich was zu kaufen, aber was! Wir waren in ein öffentliches Haus geraten, in dem etwa 8 Dirnen ihr Unwesen trieben. Var jeder Tür stand eine ganze Reihe Soldaten, einer nach dem anderen ging hinein. Wir beide kehrten um, denn wir schämten uns unserer Landsleute. Die Soldaten waren nämlich alle Elsässer. Am folgenden Tag ging es wieder mit einer Feldbahn nach der Front, etwa 60 km nordwärts. In der Nähe von Jakobstadt verlieben wir die Bahn und wurden auf verschiedene Regimenter verteilt. Lch wurde mit noch etwa 200 Mann dem Regiment 332 zugeteilt. Ein Feldwebel führte uns nach der Front. Wir hatten etwa 15 km zu marschieren. Der Feldwebel hörte auch allerhand und war froh, als er uns beim Regimentsstab abgeben konnte. Wir wurden sofort den Bataillonen zugeteilt und hingeführt. Wir mußten antreten. Da kam der Major Zillmer, ein etwa 65jahriger Mann, um seine Begrüßungsrede zu halten. Bis jetzt war noch kein Elsässer im Regiment, daher kannte sie der Major nur vom Hörensagen. Und nach allem, was er sprach, schien er noch wenig Gures über die Elsaß-Lothringer gehört zu haben. Zuerst ging er vor uns durch und sah jedem einzelnen auf die Mütze. »Es geht noch. Ich dachte schon, es seien mehrere Soldaten 2. Klasse dabei.« Das war der erste Satz, den er sprach. (Die Soldaten 2. Klasse, »Schwerverbrecher«, dürfen nämlich keine Kokarden an der Mütze tragen.) Dann fuhr er fort: »Was seh' ich? Einige von euch tragen sogar das Eiserne Kreuz l- Darüber schien er so verwundert, als ob er etwas ganz Unmögliches entdeckt hatte. Am liebsten hatte ich den alten Halunken niedergeschlagen. Verdient hätte er es!

Nun wurden wir den Kompanien zugeteilt. Ich kam zur 5. Kompanie, obwohl ich zur MG-Kompanie verlangte. Der Kompaniefeldwebel, den ich vom ersten Augenblick nicht leiden konnte, empfing uns ähnlich. Hier bist du geliefert, dachte ich bei mir. Lm stillen nahm ich mir vor, bei der nächsten Gelegenheit zu den Russen überzulaufen, denn bei dieser Bande schien mir das Aushalten unmöglich.

IN STELLUNG BEIM REGIMENT 332

Am folgenden Tage mußte ich mit mehreren Kameraden in die Stellung nach vorne. Der Weg führte meist durch eine sumpfige Gegend. Durch den Sumpf waren stellenweise lange Brücken aus Tannenstämmen gebaut, um das Passieren zu ermöglichen. Endlich kamen wir in der Stellung an. Sie bestand hier nicht aus einem in die Erde gegrabenen Schützengraben, sondern aus einem aufgeworfenen Erdwall. In die Tiefe graben war unmöglich, denn in der sumpfigen Gegend wäre der Graben sofort voll Wasser gewesen. Die oben auf die Erde gebauten Unterstände waren auch nur schwach gebaut und hatten bei einer Artilleriebeschießung wenig Dekkung geboten. Die Stellung schien je doch sehr ruhig, und wie mir Soldaten erzählten, kamen nur selten einige Schrapnells herübergeflogen.

Wir mußten uns beim Kompanieführer, Leutnant Pelzer, vorstellen. Der Leutnant, der eine heisere Stimme hatte und sehr welk und schlecht aussah, betrachtete uns, wie man ungefähr ein widerwärtiges Stück Vieh betrachtet, und befahl dem uns begleitenden Feldwebel, uns in die Gruppen zu verteilen. Vorher gab ich den Empfehlungsbrief meines früheren Kompanieführers ab; der Leutnant öffnete den Brief, las ihn und sagte einfach: »Sie können gehen!« Ich schob ab und kam in die Gruppe des Unteroffiziers Stein.

Es schien hier eine strenge Disziplin zu herrschen, denn beim Postenstehen mußte man wie verrückt immer geradeaus nach den Russen hinübersehen, und wenn ein Offizier den Graben passierte, mußte man stillstehen und immer nach vorne sehend melden: »Gefreiter Richert, auf Posten Numero soundso, vom Feinde nichts Neues!- Dabei waren in dieser Stellung die Russen gar nicht zu fürchten, denn zwischen uns und ihnen strömte der große Fluß vorbei, die Düna, die an dieser Stelle etwa **400** m breit war. Bei Tage war ein Herüberkommen ganz unmöglich. Nach etwa **10** Tagen wurden wir abgelöst und wohnten in Baracken, die am Rande eines Tannenwaldes etwa 3 km hinter der Front errichtet waren.

HUNGER

Plötzlich gab's pro Mann und Tag statt wie bisher 1 ½ nur noch 1 Pfund Brot. In Deutschland und den eroberten Gebieten war der Bestand der Lebensmittel aufgenommen worden; dabei stellte sich heraus, daß das Brot unmöglich bis zur neuen Ernte ausreichen könne. Daher wurde uns täglich ein halbes Pfund abgezogen. Kartoffeln hatten wir bereits seit 4 Monaten überhaupt keine mehr zu sehen, noch viel weniger zu essen bekommen, da im Herbst 1916 die Kartoffelernte sehr schlecht ausgefallen war. Nach und nach stellte sich bei allen Soldaten ein derartiger Hunger ein, daß man sich nicht mehr zu helfen wußte.

Die Verpflegung bestand morgens und abends aus schlechtem, schwarzem Kaffee, aus Kaffee-Ersatz gebraut, ohne Zucker, 1 Pfund Brot pro Tag, das jeder gleich am Morgen zum Kaffee gegessen hatte. Dann gab es noch abwechselnd Butter, Marmelade oder eine Leberwurst, ein graues Fett, »Affenfett« genannt, jedoch nur wenige Gramm pro Kopf - was hingereicht hätte, eine junge Katze zu ernähren, aber nicht junge, ausgehungerte Soldaten.

Dabei gab es jetzt drei fleischlose Tage pro Woche. Das Mittagessen bestand aus 1 Liter dünner Suppe, hauptsachlich Grieß- oder Dörrgemüsesuppe. Die Feldküche fuhr mit dem Essen nach vorne in die Stellung. Uns, dem Reservezug, wurde die Suppe auf einem Wägelchen in einem Kübel hergefahren. Wenn die Zeit herannahte, daß der Wagen kommen sollte, gingen ihm die meisten Soldaten entgegen, denn jeder wollte der erste sein in der Hoffnung, außer seinem Liter, wenn noch etwas Rest im Kübel war, davon zu erhaschen. Der Kübel selbst wurde mit Löffeln sauber ausgekratzt. Manchmal, wenn sich die ersten an den Wagen anhängen wollten, um zuerst da zu sein, hieb der Fahrer plötzlich auf die Pferde los und sprengte im Galopp nach der Ausgabestelle, so daß jene, die die ersten sein wollten, nun die letzten waren. Trotzdem gab es noch so blödsinnige Patrioten, die immer noch an einen deutschen Sieg glaubten.

Da nun Frühling geworden war, sprossen in den Gemüsegarten der zerstörten Hauser, in Hecken und an Wegrändern viele Brennnesseln. Sie wurden, kaum daß man sie fassen konnte, gerupft, in Salzwasser gekocht und mittags unter die Suppe gemengt und vertilgt. Ebenso wurde der Löwenzahn (Kettenstüdasalat) sowie die Blätter der Melden [.Spinatähnliche Unkräuter, häufig als Gemüse verwendet.] gesammelt, gekocht und gegessen. Alles, was kreuchte und fleuchte, wurde gegessen. Einmal gelang es mir, eine Wildkatze von einer Tanne herunterzuschießen. Sie schmeckte ausgezeichnet. Ich hatte früher nie gedacht, daß ich so tief sinken würde, Katzenfleisch zu essen.

Wir mußten nun jeden Abend nach der Stellung gehen, um neue Drahthindernisse zu bauen und Reservegräben auszuheben. Bei Tagesanbruch marschierten wir wieder zurück in die Baracken. Auf dem Rückweg ging jeder, wie er wollte, in Gruppen von 2, 3 bis 10 Mann. Da lief vor uns ein Igel über den Weg. Etwa 8 Mann sprangen in den Graben, um den Igel zu fangen. Jedoch jeder, der den Igel anfassen wallte, stach sich an den Stacheln und lief ihn mit einem Aufschrei 'Nieder los. So stießen sich die Soldaten im Graben herum, keiner wollte sich die Beute entgehen lassen, und doch konnte sie keiner erhaschen. Ich sprang nun ebenfalls in den Graben und sah den Igel, der natürlich zusammengerollt war, zwischen den Beinen der sich herumstoßenden Soldaten liegen. Schnell scharrte ich den Igel hervor, nahm die Mütze vom Kopf und rollte ihn mit dem Fuß hinein. Der Igel war mein! Die Hälfte briet ich, während ich die andere Hälfte als Suppe kochte. Das war für mich das reinste Festessen. Eines Morgens, als wir von der Arbeit kamen, sah ich in einer Wasserlache etwa 100 Frosche, die eben laichten. Ich ging mit einem Kameraden, einem Gartner aus Straßburg, hin, um sie zu fangen. Sofort reinigten wir sie. Die Preußen, die zusahen, mußten sich fast erbrechen vor Ekel, denn in Preußen werden keine Frösche gegessen. Nun fingen wir beide an, sie in einer Pfanne auf dem Ofen zu braten. Der Gärtner hatte am Tage vorher ein halbes Pfund Butter von zu Hause erhalten, und Froschschenkel, in Butter gebraten, verbreiten bekanntlich einen sehr' angenehmen Duft. Einer nach dem anderen der Preußen kam herbei, von dem herrlichen Geruch herbeigelockt, und guckte verlangend in die Pfanne. »Du, ich mochte auch mal kosten!- Jene, die sich beim Putzen der Frosche am meisten geekelt hatten, hatten nun die ganze Pfanne leer gegessen. Wir beide sagten aber einfach, sie sollten sie selber fangen und kochen. Von da ab war kein Frosch mehr in der ganzen Umgebung sicher.

Wir hofften, daß die Verpflegung wieder etwas besser werden würde. Leider hatten wir uns getäuscht. Es war wirklich fast nicht mehr zum Aushalten. Nie, nicht ein einziges Mal konnte man sich satt essen. [..und dabei waren die Lebensmittel noch meist minderwertiger Ersatz Eines Tages ging ich mit mehreren Soldaten zum Kompagnieführer und beschwarten uns wegen der allzu knappen Verpflagung. In seinem unverfälschtem Berliner Deutsch sagte er einfach: „Kocht Spinat, ich ab auch nischt!" Was wollten wir nun machen? Nichts! Die Soldaten nannten nämlich die gekochten Brennesseln und sonstiges Grünzeug einfach Spinst (auf Elsässisch: Benatsch)...]

Eines Tages war Bataillonsappell. Wir mußten alle antreten. Da kam der Regimentskommandeur hergeritten. Er nahm die Parade ab. Von einem schneidigen Parademarsch war natürlich keine Rede, denn erstens war der Parademarsch nicht geübt, und zweitens fehlte die Kraft, die schlappen Beine rauszuwerfen. Nachher mußte das ganze Bataillon im Halbkreis um den Regimentskommandeur antreten. »Kameraden!- fing er an. »Wir hungern, dies ist eine Tatsache!- (Dabei hatte er ein richtiges Vollmondgesicht und ein mächtiges Fettkissen im Nakken.) »Ja, wir hungern«, fuhr er fort, »aber England hungert auch, unsere Unterseeboote schaffen's, selten gelingt es einem Schiff, England zu erreichen, ohne versenkt zu werden. Frankreich ist ebenfalls erschöpft und leidet unter dem Lebensmittelmangel!« (Dabei erhielt ich zwei Tage vorher einen Brief aus der Heimat, in welchem mir meine Schwester mitteilte, daß dort Lebensmittel in Hülle und Fülle vorhanden seien, und von Not keine Spur!) »Es ist gerade wie in einem Ringkampf«, redete er weiter, »bei dem der Gegner zu Boden gerungen ist, jedoch noch eine Schulter hochhält. Diese Schulter muß noch niedergerungen werden, deshalb müssen wir aushalten. Denn wir wollen, müssen und werden siegen!« Dieser Dickkopf hat gut reden, dachte ich. Mehrere patriotische Soldaten glaubten natürlich dem Regimentskommandeur. Wenn sie nachher von dem bald ausgehungerten England und Frankreich sprachen, langte ich die Brieftasche hervor und gab ihnen den Brief meiner Schwester zu lesen. »Donnerwetter!- meinte mancher. »Wenn das so ist, geht's mit uns zuletzt doch noch schief!« Im Mai 1917 marschierte unser Regiment zurück. Wir wurden von einer Feldbahn etwa 150 km weiter nach Süden transportiert. Bei dem Städtchen NowoAlexandrowsk verließen wir die Feldbahn und marschierten auf einer sehr guten, breiten Straße an die Front [..Bei Smelins, des aus einigen Hütten und aus einer Kirche bestand, deren Turm abgeschossen war, bogen wir linke ab und erreichten nach einer weiteren Stunde die vorderste Stellung,..] nach der vordersten Stellung, wo wir das darin befindliche Regiment ablösten. Die Soldaten sahen auch alle elend und abgemagert aus; das zeigte uns, daß auch hier der Hunger herrschte

Meine Kompanie lag in einem kleinen Wäldchen, welches auf einer Landzunge zwischen zwei Seen, rechts der Meddumsee, links der Ilsensee, lag. Die russische Stellung befand sich etwa 150 m vor uns. [..Eines Nachts als ich aben Posten stand, fing ein russisches Maschinengewehr an, unsere Stellung absus treuen. Links und rechts von meinem Kopf schlugen die Kugeln ein, sodaß mir die Erde ins Gesicht spritzte. Wie der Blitz war ich in sicherer Deckung und wagte in jener Nacht nicht mehr über die Deckung zu sehen....] Die Stellung war hier sehr stark ausgebaut. Die ganze Linge des Schützengrabens lief ein Gang in 5 m Tiefe entlang, welcher durch mit Treppen versehene Eingänge alle 15 m mit dem Schützengraben verbunden war. lm großen und ganzen war die Stellung nicht sehr gefährlich. Wahl flogen jeden Tag einige Granaten und Schrapnells hinüber und herüber. Aber sie richteten wenig Schaden an. Ich wurde nun wieder Gruppenführer und brauchte nicht mehr Posten zu stehen. Bloß jede Nacht hatte ich eine Stunde Grabendienst, um die Posten zu revidieren. Mehrere Male traf ich in besonders schwülen Nächten Posten an, die vor Schwäche ohnmächtig geworden waren und neben dem Postenstand im Graben lagen. Die gänzlich erschöpften Soldaten kamen 14 Tage bis 3 Wochen in ein irgendwo hinter der Front eingerichtetes Erholungsheim, um wieder etwas zu Kräften zu kommen Ich versuchte nun nochmals, zur MG-Kompanie meines Bataillons zu kommen, ging zum Kompanieführer der MG-Kompanie und erzählte ihm mein Anliegen. Der Kompanieführer, ein Freiherr von Reißwitz, war sehr freundlich zu mir und sagte, er wolle mich von meiner Kompanie anfordern. [..Ich ging wieder zu meiner Kompagnie zurück....] Nach 2 Tagen kam der Bataillonsbefehl: »Gefreiter Richert von der 5. Kompanie ist zur 2. MG-Kompanie, Infanterieregiment 332 versetzt! « Ich freute mich nicht wenig, nahm Abschied von meinen Kameraden und ging zur MG-Kompanie. Der Feldwebel nahm mich freundlich auf und fragte, ob ich Telephondienst machen könne. Obwohl ich noch wenig mit dem Telephon zu tun gehabt hatte, bejahte ich und wurde Telephonist. [..Der Telefonunterstand befand sich in einem Abhang eingehaut, dicht am Wasser des Ilsensees, der hier eine große Biegung machte und durch ein Waldstück gegen die Russen gedeckt war...,] Wir waren 3 Telephonisten, jeder hatte täglich 8 Stunden Dienst, der natürlich sehr leicht war. Man saß im Unterstand und wartete, bis das Telephon klingelte, und gab dann die Befehle per Telephon weiter. Auch kam jeden Tag der Heeresbericht vom Großen Hauptquartier. Dieser mußte niedergeschrieben und in einem Kasten an einer Tanne aufgehängt werden, damit sich die Soldaten an den aufgebauschten Siegesmeldungen »satt essen« konnten. Das Leben war hier sehr angenehm. Wenn nur der Magen mehr Arbeit gehabt hätte Es war wirklich ein Jammer mit der Verpflegung. Zuwenig zum Leben, Zuviel zum Sterben! Einmal bekam ich 1 Pfund Brot von der Familie Gauche! aus dem Rheinland geschickt. Das Paket war wohl irgendwo liegengeblieben, denn es war 14 Tage auf der Reise. Die Mutter

Gauche! hatte das Brot wohl im warmen Zustand eingepackt, denn als ich das Paket öffnete, sah man vom Brot innen und außen nichts als grünen Schimmel. Trocken dasselbe zu genießen war unmöglich, wegwerfen konnte ich es nicht. Also versuchte ich, eine Suppe zu kochen, nahm Wasser ins Kochgeschirr, tat etwas Salz hinzu und schnitt das Brot hinein. Durch das Kochen löste sich viel von dem Schimmellos; diesen schöpfte ich ab. Dann aß ich die Suppe. Es war mir fast unmöglich, sie zu genießen. Aber' mit Todesverachtung würgte ich sic hinunter. Gleich am Rande des Sees breitete sich ein großes - nun natürlich verwildertes - Ackerfeld aus. Stellenweise befanden sich einige zusammenstehende Roggenähren dort, die nun reif waren. Ich schnitt mit dem Taschenmesser einen Brotbeutel voll Ähren ab, rieb die Körner aus, blies die Spreu weg, nahm einen runden Stein und zerdrückte die Körner auf einer Steinplatte. Daraus kochte ich wieder Suppe. Natürlich hatte ich schon besser gegessen. Acht Tage lang machte ich es so, bis keine Roggenähre mehr in der Umgebung zu finden war. Oft suchte ich auch Himbeeren, um etwas in den Magen zu bekommen. Gleich hinter dem Unterstand erhob sich ein runder Hügel, an dem es viele Himbeersträucher gab. Die vordere Seite des Hügels lag frei gegen die Russen; deshalb sammelte ich zuerst nur hinter dem Hügel. Da es heiß war, zog ich meinen Rock aus. In meinem Eifer kam ich um den Hügel herum, ohne es zu beachten, daß ich nun nicht mehr in Deckung war. Plötzlich sauste eine Granate heran und schlug etwa 3 m links von mir in den Hügel. Die Russen hatten mich in meinem weißen Hemd gesehen. Ich erschrak natürlich heftig bei dem plötzlichen Einschlag und lief, so schnell ich konnte, um den Hügel herum, um in Deckung zu kommen. Beim Laufen blieb ich mit den Füßen an den Dornen hängen, stürzte zu Boden, so daß fast alle Himbeeren aus dem Kochgeschirr herauskollerten. Mit einem fast leeren Kochgeschirr ging ich in den Unterstand zurück.

Auf dem See gleich neben dem Unterstand lag ein kleiner Kahn mit 2 Rudern. Darauf fuhren ich und der andere Telephonist, der eben dienstfrei hatte, auf den See hinaus, um mit Handgranaten zu fischen, trotzen dies streng verboten war. Manchmal gelang es uns, mehrere schöne Fische zu fangen. Wir nahmen eine Handgranate, entzündeten sie und warfen sie etwa 3m vom Kahn ins Wasser. Von der Explosion hörte man nur' einen dumpfen Schlag. Das Wasser wurde jedoch derart in Bewegung gesetzt, daß der Kahn anfing zu schaukeln. Die Fische, die sich in der Nahe befanden, wurden teils getötet, teils nur betäubt. [..Da wir im Rudern sehr ungeschickt waren, ging es manchmal längere Zeit bis wir den Kahn zu den Fischen brachten, sodaß oft die betäubten Fische wieder zu sich kamen und in der verschwanden...] Einmal fuhren wir in unsrem Eifer zu weit in den See hinaus, wo er nicht mehr durch den Wald gedeckt war und ihn die Russen genau einsehen konnten. Wir beide waren eben beschäftigt, mehrere betäubte Fische einzufangen, als eine Granate etwa 30 m vor uns ins Wasser schlug. Im selben Moment bog ich mich weit über den Rand des Kahnes, wahrend mein Kamerad auf der anderen Seite stand, um das Gleichgewicht zu halten. Bei dem Einschlag der Granate bückte sich mein Kamerad, der Kahn fing an zu schaukeln, und beinahe wäre ich kopfüber in den See gestürzt. [...Jeder griff nun nach einem Ruder und wir suchten so schnell wie möglich hinter den Wald zu kommen. Dies ging jedoch nicht so schnell, da wir im Rudern sehr ungeschickt waren, und in der Aufregung dieselben oft verkehrt eintauchten. Die zweite Granate flog knapp über uns und platzte etwa 30 m rechts von uns. Ohne weiter behelligt zu werden fuhren wir zur Landungsstelle zurück. Mehrere Soldaten, die am Ufer standen, lachten uns aus und meinten,...] Uns war für einige Zeit die Lust am Fischen vergangen. [.Und sie hatten wirklich recht...] Unweit von unserem Unterstand befand sich im Gebüsch eine alte Müllgrube, die nicht mehr gebraucht wurde. Da mußte wohl im Frühling eine Kartoffel hineingeraten sein, denn eine schöne Staude wuchs da. Ich wollte sie zuerst ausreißen, dachte aber, daß wahrscheinlich noch keine oder nur kleine Kartoffeln daran seien, und ließ sie stehen. damit sie den Blicken der anderen Soldaten entzogen sei, steckte ich rundum dichte grüne Reiser. Ich wollte die Staude ausreifen lassen, um wieder mal einige Kartoffeln essen zu können. Seit über einem halben Jahr hatte ich keine einzige Kartoffel gesehen, noch viel weniger gegessen! Eines Tages mußte ich eine Meldung zum Bataillonsstab bringen, der gleich hinter dem Wald in einem Bauernhaus wohnte. Vom Waldrand bis zum Haus zog sich ein [Shone mehrere Male war nachts gestehlen worden, sodaß jede Nacht Infantriewache stand und um den Kartoffelacker patrouillieren mußte. Ich ging in meinen Unterstand zurück und sagte zu meinen beiden Kameraden " Heute Nacht gibts Kartoffeln!»Wie, was?" riefen sie wie aus einem Munde. "Ja, ganz sicher!" antwortete ich, nur laßt mich machen" Als es dunkel surde, ging ich in Richtung des Estaillonsstabs. Der Posten patrouillierte schon, um den Kartoffelacker. Jedesmal wenn der Posten bei seinem Rundgang sich dem Waldrad näherte, blieb ich still hinter dem Gebüsch knien, Zulsazt trennte mich nur noch ein Busch von dem Weg, den der Posten passierte. Ich ließ ihm verbei gehen und krech dann, als er am unteren Ende angelangt war, auf allen vieren in den Kartoffelacker. und fing an, mit den

Händen die Knollen herversuwühlen und steckte dieselben in einen mitgebrachten Sandsack...] Schon mehrere Male war nachts gestohlen worden, so daß jede Nacht Infanterie Wache stehen und um den Acker patrouillieren mußte. Ich ging in meinen Unterstand zurück und sagte meinen beiden Kameraden: »Heute nacht gibt's Kartoffeln!- - »Wie, was? « riefen sie wie aus einem Munde, »[..a, ganz sicher!- antwortete ich.»Laut mich nur machen. « Als es dunkel wurde, ging ich in Richtung des Bataillonsstabes. Der Posten patrouillierte schon um den Acker. Jedesmal wenn der Posten bei seinem Rundgang sich dem Waldrand näherte, blieb ich still hinter dem Gebüsch knien. Zuletzt trennte mich nur noch ein Busch von dem Weg, den der Posten passierte. Ich ließ ihn vorbeigehen und kroch dann, als er am unteren Ende angelangt war, auf allen vieren in den Acker und fing an, mit den Händen die Knollen hervorzuwühlen. [..und find an, mit den Händen die Knollen herversuwühlen und steckte dieselben in einen mitgebrachten Sandeack...] Jedesmal wenn der Posten vorbeiging, lag ich mäuschenstill zwischen den Stauden, um dann gleich, wenn die Gefahr vorbei war, mit der Wühlerei von vorne zu beginnen. So füllte sich nach und nach mein Sandsack, und ich schätzte meine Beute
auf 25 Pfund. [..Wie mir schien, wurde eben der Posten abgelöst, denn ich hörte wie 2 Soldaten am unteren Ende des Ackers miteinander sprachen. Ich benützte diese Gelegenheit und kroch in den Wald zurück, wo ich mich dann im Laufschritt entfernte....] Bei meinem Unterstand angekommen, horchte ich erst, ob die beiden Telephonisten alleine seien. Öffnete die Tür zum Unterstand und warf den Sack hinein. Wie da ein Jubellosbrach! Als hätte jeder das große Los gewonnen! Sofort wurde ein gehöriges Quantum gewaschen, geschalt und in Salzwasser gekocht. Das Wasser wurde abgeschüttet und die Kartoffeln mit dem Griff des Seitengewehrs zerstoßen. Die beiden wollten nun gleich drauflosessen. Ich aber sagte: »Nur langsam! «, ging an meinen Tornister, holte die eiserne Portion hervor, öffnete die Büchse und mengte das Fleisch unter die Kartoffeln. Da das Essen der eisernen Portion ohne Erlaubnis mit 3 Tagen Arrest bestraft wurde, waren meine Kameraden über meine Dreistigkeit sehr erstaunt und sagten: »Was ist nun, wenn Appell ist? « - »Nur ruhig. Ich telephoniere morgen einfach dem Kornpaniefeldwebel, daß mir meine eiserne Portion gestohlen worden sei. Ich hoffe, daß er mir eine andere mit der Feldküche zuschickt. « Meine Kameraden mußten nun herzlich lachen, und seelenvergnügt aßen wir nun dieses seltene Essen.
Eines Tages bekam ich sehr starke Zahnschmerzen Da sie mehrere Tage anhielten, meldete ich mich krank und bekam vom Bataillonsarzt

eine Bescheinigung, die Zahnstation in Nowo-Alexandrowsk aufzusuchen, um meine kranken Zähne ziehen zu lassen. Im Wartezimmer saßen etwa 12 Soldaten, die wortlos vor sich hinzitierten. Ein Soldat mir gegenüber kam mir bekannt vor. Ich konnte ihn jedoch unmöglich erkennen. Es fiel mir bald auf, daß er mich ebenso betrachtete wie ich ihn. Ich wollte eben fragen, ob er nicht Elsässer sei, ais er aufstand, auf mich zukam, mir die Hand zum Grüße bot und sagte: » Dü bisch doch der Richert vo St.Ulrich! « Nun erkannte ich ihn. Es war der Schwob .Josef aus Hindlingen. » Dü bisch o feist worda wia ich! « meinte er dann. Und wirklich, Schwob war schrecklich abgemagert. Deshalb konnte ich ihn nicht gleich erkennen. Daß ich bei solcher Verpflegung auch nur noch ein wandelndes Knochengerüst war, kann sich wohljeder denken. Wir erzählten uns von der Heimat, was eben jeder von dort wußte. [..Dann wurde Schob zum Zahnarzt hineingerufen, wo er ein neues, künstliches Gebiß erhielt...] Ohne daß ich die Zahne gezogen hatte, gingen wir in das Städtchen in der Hoffnung, etwas zum Beißen kaufen zu können. Jedoch nichts war aufzutreiben als ein Glas Bier in einer Kantine. Gerne hätte ich noch eins getrunken, aber jeder Soldat bekam nur ein Glas, damit es weiter reichte. Uns beide wunderte nur , wovon die armen Einwohner, die hohlwangig und zu Skeletten abgemagert herumliefen, wohl eigentlich lebten. [..Wir gingen nun wieder nach der Stellung und trennten uns bei Smelina . Er sagte mir, daß der Winninger Thiebaut aus Füllern auch bei ihm in der Näne sei, den ich später aufauchte. Beide waren Soldaten ohne Waffen, Arbeits- oder Armierung es Soldaten .Am folgenden Tag ging ich nochmals nach Nowo-Alexandrowsk, wo mir nun 2 Zähne gezogen wurden, sodaß die Zahnschmersen aufhörten .....] Mitte August 1917 wurde ich als Telephonist abgelöst und sollte auf dem Gute Tabor einige Tage verbringen. [...Der Feldwebel seigte mir vom Unterstande aus das Gut, das in stwa 6 km Entfernung auf einem Hügel lag und durch die Entfernung nur gans klein aussah. Bis dahin war überall wellenförmiges Hügelland. Da ich den Weg nicht kannte, wollte ich in gerarder Richtung über Steck und Stein dahin gelangen. Aber ich sollte mich getäuscht haben, denn als ich einen flachen Hügel erstieg, braitate sich vor mir in einer Mulde ein etwa 3-km-langer, etwa 300-m-breiter See aus, den ich umgehen mußte. Endlich erreichte ich des Gut Tabor,.] dort war die Schreibstube der Kompanie untergebracht sowie die Reserveschützen, die Fahrer und die Pferde. Da der Kompanie- feldwebel namens Laugsch ein guter Mensch war, hatten wir nur wenig Dienst. Ein bißchen MG-Exerzieren und MG-Reinigen. Eines Tages sagte der Feldwebel zu mir, der Kompanieführer habe aus der Stellung telephoniert; der Gefreite

Richert solle sich sofort bei ihm melden. Der Feldwebel wie auch ich hatten keine Ahnung, weshalb. Neugierig machte ich mich auf den Weg nach der Stellung, wo ich den Kompanieführer in seinem Unterstand traf. Ich meldete mich zur Stelle. Der Kompanieführer sagte lächelnd: »Sie müssen ein guter Soldat sein, Richert! « Da ich nicht wußte, worauf er hinauswollte, gab ich zunächst keine Antwort. »Es ist etwas für Sic angekommen«, sagte er, » von der 9. Kompanie, Infanterieregiment 260, der sie früher angehören, nicht wahr? « Ich bejahte. Da langte er eine Schachtel von einem Brett herunter, nahm ein Kreuz aus Bronze mit dunkelblau und gelbem Bändchen heraus und sagte, indem er mir den Orden an der Brust befestigte: »Ich verleihe Ihnen im Namen der 9./260 hiermit das Braunschweigische Kriegsverdienstkreuz- Dann drückte er mir die Hand. Ich war natürlich überrascht, denn vor 4 Monaten mußte ich das Regiment 260 verlassen und hatte nicht den geringsten brieflichen Verkehr mit der Kompanie, außer mit meinem früheren Kameraden Karl Herter. Der Kompanieführer meinte, ich sei wohl die längere Zeit bei jener Kompanie gewesen oder hätte mich durch irgendeine Heldentat ausgezeichnet. Ich antwortete, daß ich nur *3 1/2* Monate bei jener Kompanie gewesen sei und nichts Besonderes geleistet hätte ais meinen Dienst gemacht, wie es sich eben gehörte. Ich verlief nun den Kompanieführer und ging nach Tabor zurück. Unterwegs badete ich mich noch in einem See. Der Feldwebel sowie alle Soldaten schauten mich wie ein Wundertier an und gratulierten mir zu der erhaltenen Auszeichnung. Da das Regiment 332 ein preußisches Regiment war, gab es keine Auszeichnung ais das Eiserne Kreuz, das ich 1916 bereits erhalten hatte. Mancher Neidische Blick der jungen Leutnants traf mich, da dieselben nur mit dem Eisernen Kreuz ausgezeichnet waren. Wenn sie gewußt hatten, was ich von diesem Klimbim hielt, hatten sie mich nicht so beneidet, denn für einen Laib Weißbrot hätte ich das Kreuz samt Bändchen feilgeboten. Die einzige Freude, die ich hatte, war die, daß ich bei der 9./260 so geachtet war. [..Ich schrieb nun einen höflichen Brief an die 9.260, in welchem ich meinen Dank aussprach. Wenige Tagespäter erhielt ich einen schönen Brief als Antwort von dem Kompagniefeldwebel 9.260, in dem er mir für die Zukunft alles Gute wünschte und ebenfalls an alle braven Elesässer, die früher bei der Kompagnie gewesen waren, Grüße sandte. …..]

Ich mußte nun wieder in Stellung, ein neues MG übernehmen. Einige Kilometer südlich von uns hörte man eines Tages dauernd Kanonendonner, untermischt von dem Rattern der Maschinengewehre und dem Knallen der Infanterie. Wir waren alle gespannt, was eigentlich los sei. Da kam der Befehl: "Der 2. Zug, Gewehr 3 und 4 unter Führung des Leutnants Herbst soll sich sofort fertigmachen und sich beim Bataillonsstab melden. « Ich führte Gewehr 3, Unteroffizier Kurz Gewehr 4. Wir machten uns fertig und trugen unsere Maschinengewehre sowie die Geräte zurück. In der Deckung erwarteten uns die beiden Fahrzeuge. Dort erhielten wir für 3 Tage Verpflegung: pro Tag wieder 1 ½ Pfund Brot, ½ Pfund ais Kampfzulage. Dann bekamen wir den Befehl, uns auf der großen Straße entlang nach der Front zu begeben. [..Ein Bataillonsstab, der hart an der Straße einen Unterstand bewohne, werde uns aufnehmen und uns weitere Befehle geben....] Das schien wieder gut zu werden! Wir erreichten die große Straße, die durch schier endlosen Wald führte. Gerade vor uns, in nicht allzu weiter Entfernung, hörte man den Kanonendonner und den Einschlag der Granaten. Auf einmal ein kurzes Sausen, ein Knall, etwa 100 m vor uns war ein Schrapnell mitten über der Straße geplatzt. Gleich darauf ein zweites, das kurz vor uns platzte. Pferde wie Mannschaften fingen an, unruhig zu werden. »Gewehr frei! « schrie der Leutnant. Wir rissen die Gewehre vom Wagen herunter, ebenso das dazugehörige Gerät. lm selben Moment sauste es über uns, und eine Granate schlug etwa 100 m hinter uns in die Straßenböschung ein. Die Fahrer machten nun kehrt und sprengten im schärfsten Galopp zurück. Wir wären gern seitlich der Straße vorgegangen, dies war jedoch unmöglich, da der Wald links und rechts aus dichtem, undurchdringlichem Gebüsch bestand. Jeder nahm nun das ihm zustehende Material. Schütze 1 und 2 das Gewehr, Schütze 3, 4,5 die Munitionskasten, während ich als Gewehrführer den Wasserkessel, den großen Spaten und den Dampfablaßschlauch zu tragen hatte. Die Straße lag nun dauernd unter dem russischen Artilleriefeuer. Oft mußten wir uns in den Straßen graben werfen, um etwas besser gedeckt zu sein, oder wir sprangen hinter die Stämme der auf dem Straßenrand stehenden Baume. Nirgends war ein Unterstand oder eine sonstige Deckung zu sehen. Da kamen einige Leichtverwundete von vorne gerannt. Wir fragten, was eigentlich hier los sei. Sie waren jedoch so verängstig; und atemlos vom Laufen, daß sie uns im Vorbeilaufen nur unzulänglichen Bescheid gaben. Endlich ging die Straße durch einen Einschnitt; in der linken Böschung war ein Stollen gegraben. Wir ließen Maschinengewehr und Gerate draußen liegen und flüchteten in den Stollen. Hier, in Sicherheit, fühlte man sich wohl und behaglich und konnte wieder verschnaufen. Leutnant Herbst, der im großen und ganzen ein vernünftiger Mensch war und wohl auch nicht gern den Heldentod sterben wollte, sagte: » So, auf jeden Fall bleiben wir hier, bis die Schießerei aufhört.. Das war uns allen aus dem Herzen gesprochen.

Nach etwa einer Stunde hörte das Beschießen der Straße auf. Wir nahmen unsere Sachen und erreichten endlich [.den Rataillonsstab. Der Bataillonsadjudant führte uns sofort nach..] unsere Stellung, die sich im Walde auf einem Hügel in der Nähe von mehreren Unterständen befand. Es war eine Reservestellung. Wir sollten, Falls die Russen durchbrechen sollten, sie hier aufhalten. Schnell bauten wir Schießstände für unsere Maschinengewehre, die wir dann schußfertig aufstellten. Nun richteten wir uns in 2 Unterstanden ein. Das Artilleriefeuer tobte mit unverminderter Heftigkeit weiter. Mehrere Granaten schlugen rund um unsere Unterstande ein, jedoch ohne uns zu schaden. Vorne prasselte nun plötzlich sehr starkes Infanteriefeuer, welches etwa eine halbe Stunde anhielt. Viele Leichtverwundete kamen an uns vorbei und berichteten, daß die Russen in die vordere deutsche Stellung eingedrungen seien. Mehrere Kompanien Infanterie gingen nun nach vorne, um durch einen Gegenangriff die Russen wieder aus der Stellung zu werfen. Alle ließen die Kopfe hangen, mehrere sagten zu uns: »Ihr MG-Schützen habt wieder Schwein! Könnt hier in sicherer Deckung bleiben, während wir uns kaputtschießen lassen müssen!«

Nach etwa einer Stunde fing die deutsche Artillerie furchtbar zu schießen an. Die Russen, die an dieser Stelle viel Artillerie zusammengezogen hatten, blieben die Antwort jedoch nicht schuldig. Starkes Infanteriefeuer sagte uns, daß der Gegenangriff im Gange sei. Als die Schießerei aufhörte, wurden viele russische Gefangene an uns vorbei zurückgeführt, von den en viele dem langsamen Hungertod geweiht waren. Viele der Gefangenen schleppten zu viert in Zelten deutsche sowie russische Schwerverwundete zurück. Nun trat wieder Ruhe ein.

Am folgenden Tag erhielten wir den Befehl, zu unserem Regiment zurückzukehren. Wir waren alle froh, ohne Verluste die Sache überstanden zu haben. Bei unserer Kompanie angekommen, wurde uns von mehreren Soldaten erzählt, daß wir hier wegkommen würden, wohin, hatte niemand eine Ahnung. Ich ging nun zu meiner Kartoffelstaude, die immer noch einsam in der alten Müllgrube stand und anscheinend von niemandem entdeckt worden war. Ich riß sie aus, 4 Kartoffeln hingen dran. Ich wusch und kochte sie in Salzwasser. Welch ein Genuß! Sie schmeckten mir besser als vor oder nach dem Kriege das beste Festessen. Denn seit Monaten hatte ich keine Kartoffeln gegessen, abgesehen von den beim Bataillonsstab gestohlenen.

TRUPPENVERSCHIEBUNG NACH DER RIGA-FRONT

Am 26. August 1917 wurde unser Regiment von anderen Truppen abgelöst. Nach 2 Marschtagen erreichten wir Jelovka. Unsere Kompanie wurde auf dem Gute Neu-Mitau, etwa eine halbe Stunde von Jelovka entfernt, einquartiert. Auf dem Gute wohnte auch ein Divisionsstab. [..Die Divisionswache bestand aus Husaren....] Bei dem Gute befand sich ein Obstgarten, von dessen Größe und Schönheit ich noch keinen gesehen hatte. Die Baume hingen zum Brechen voll von den edelsten Sorten von Äpfeln und Birnen. Die frühen Sorten waren fast reif. Es war uns strengstens verboten, in den Garten einzudringen und Obst zu holen. Das Obst sollte als Tafelobst für die Herren Offiziere dienen. Natürlich mußten diese Herren zu ihrem großen Gehalt, besserer Verpflegung auch noch Tafelobst haben. Der gewöhnliche Soldat hat ja nichts weiter zu tun, ais zu hungern, hurra zu schreien, sich von Läusen quälen und sich fürs » heißgeliebte Vaterland- totschießen zu lassen. Dafür bekam er außer Verpflegung und Kleidung noch 53 deutsche Reichspfennig Löhnung pro Tag. Ist das nicht herrlich? Immer gut einquartiert, und wenn's zum Schlafen ging, legte man sich einfach auf den Rücken und deckte sich mit dem Bauche zu. ja, » ... lustig ist 's Soldatenleben! « hab ich früher mal singen hören.

Der viereckige Obstgarten war rundum mit Maschendraht von 2 m Höhe umgeben. An jeder Ecke stand bei Tage ein Husar mit geladenem Karabiner Posten. Bei Nacht gingen noch Patrouillen um den Garten herum. Und wenn der Kuckuck kommt, will ich doch Apfel haben! dachte ich. Zuerst ging ich, als es dunkel wurde, zu einem der Husarenposten und sagte: »Hör mal, Kamerad, ich mochte mal Apfel essen. Seit 2 Jahren habe ich keinen mehr im Mund gehabt! « Aber da war nichts zu machen. Der Husar sagte: » Es geht nicht. Wenn ich erwischt würde. würde ich in den Schützengraben fliegen, und ich mochte nicht deinetwegen den schönen Druckposten beim Divisionstab verlieren. « Ich gab ihm recht. Aber Äpfel wollte ich doch haben. Ich ging zu meinem Fahrzeug, nahm den Sandsack, in welchem ich meine Habseligkeiten eingepackt hatte, leerte ihn aus, schnallten die am Fahrzeug befestigten Drahtscheren los und ging im Bogen um den Posten herum. Die acht war dunkel, dadurch wurde mein Vorhaben begünstigt. In der Mitte zwischen den beiden Posten legte ich mich auf etwa 30 Schritte vom Gartenzaun auf den Baden und wartete, bis die Patrouille vorbeiging, kroch nach dem Zaun, nahm die Drahtschere, und knips-knips-knips schnitt ich einen Spalt in den Draht, drückte ihn auseinander und schlüpfte hinein, Dann machte ich das Loch wieder zu. Um bei meiner Rückkehr die Stelle wiederzufinden, legte ich meine Mütze an den Boden. Leise ging ich nun in den Garten, griff an den tiefhangenden Ästen, ob die Äpfel und Birnen weich waren, oder hob Fallobst auf und biß hinein. [..Lange suchte ich, konnte jedoch nichts passendes finden.Endlich fühlte ich unter einem Baum viel Fallobat, nahm ein Stück und biß hinein. Es war ein sehr guter , ausgereifter Apfel. ...] Ich füllte meinen Sandsack bis obenan, band ihn mit einer Schnur zu, um mich dann aus dem Staub zu machen. [..Nach längerem Suchen fand ich endlich meine Mütze, somit auch den Eingang, kroch hindurch ohne bemerkt zu werden. Nachdem ich meine Taschen zum sofortigen Genuß vollgestopft hatte, verpackte ich den Sandsack unter dem Sitzbock des Fahrers in meinem Fahrzeug. Ich legte mich dann zu meiner Besatzung und aß Apfel bis mir der Magen bald platzte . Einen Mann der Besatzung, der eben erwachte, drückte ich einige Äpfel in die Hände. „ Donnerwetter, wo hast du denn die her?" „ Nur ruhig", sagte ich, morgen kriegst du noch mehrt...]

Am folgenden Morgen marschierten wir nach Jelovka, wo wir auf der Bahn verladen wurden. Wir fuhren den ganzen Tag bis spät in die Nacht hinein. Kein Mensch wußte wohin. Als wir nachts durch einen größeren Bahnhaf fuhren, kannte ich den Namen Mitau sehen. Ich wußte, daß Mitau südlich von Riga in Kurland liegt. Nachdem wir noch etwa 2 Stunden gefahren waren, mußten wir aussteigen und sofort weitermarschieren. Gegen Morgen wurde etwa zwei Stunden Halt gemacht. Dann ging es weiter weiter, den ganzen Tag hindurch, nur mit einigen kurzen Schnaufpausen.

Nachts kamen wir in einen großen Wald, in dem schon viele Soldaten lagen. Hier erfuhren wir, daß die russische Front vor uns durchbrochen und eine Offensive ergriffen werden sollte. Das waren wieder nette Aussichten! Uns allen graute vor dem morgigen Tag Zwei unserer Bataillone des Regiments sollten im Walde in Reserve bleiben, während das andere den Durchbruch mitmachen sollte. Alles war gespannt, welches Bataillon angreifen müsse. Es dauerte nicht lange, da waren wir im Klaren. » Das 2. Bataillon, fertigmachen! « Welches Pech, ich gehörte Dazu! Wir machten uns fertig und tappten im dunklen Wald nach vorne. Nun wurde es etwas heller, der Wald horte auf, das Gelände ging bergab. Vor uns lag dichter, weißer Nebel. Von drüben kam hie und da eine Granate angesaust oder knallte ein Cewehrschuß, sonst war alles ruhig. Plötzlich standen wir vor einem Schützengraben, der mit deutschen Soldaten ganz vollgestopft war. Wir mußten darüber hinwegspringen und stießen nach wenigen Schritten auf einen anderen Schützengraben, der nur schwach besetzt war: Darin mußten wir Aufstellung nehmen. Immer neue Soldaten kamen hinzu, bis der Graben ganz voll war. Wir mußten nun an verschiedenen Stellen den Graben etwa 3 m breit anfüllen und die Erde feststampfen. Wozu, wußte ich nicht. Ich glaubte ein leises Rauschen und Glucksen zu hören und fragte einen der Soldaten, der bereits vor uns im Graben war, was das eigentlich sei. »Das ist die Düna«, sagte er. »Sie ist an dieser Stelle über 400 m breit. Die russische Stellung liegt auf dem jenseitigen Ufer.« - »Und hier müssen wir angreifen?« sagte ich. »Das wird was abgeben!« Dem Soldaten graute ebenfalls vor dem kommenden Morgen.

DIE RIGA-OFFENSIVE, DÜNAÜBERGANG BEI ÜXKÜLL - 2. SEPTEMBER 1917

Nummer 9 auf der Karte

Langsam graute der Morgen. Fast nirgends fiel ein Schuß. Das war die Ruhe vor dem Sturm! Als es heller wurde, konnte ich das Wasser der Düna, das hier mit ziemlicher Schnelligkeit floß, sehen. Die russische Stellung auf dem jenseitigen Ufer war noch nicht sichtbar, denn ein weißer Nebel verhinderte den weiteren Ausblick. Alles war gespannt, was nun kommen würde. Mit einem Schlag fing die deutsche Artillerie, die sehr zahlreich hier zusammengezogen worden war, zu schießen an. Die Geschoss sausten über uns und explodierten jenseits des Flusses mit dröhnender Krach. Eine Menge Minenwerfer, meist schwere, die 2-Zentner-Minen schießen, griffen nun ebenfalls in den Tanz ein. Es war überall ein Krachen, Sausen und Dröhnen, daß mir die Ohren anfingen zu schmerzen. Als die Sonne aufging, verschwand nach und nach der Nebel, so daß ich die russische Stellung am jenseitigen Ufer sehen konnte. Sie war ganz in schwarzen Rauch gehüllt, immer und überall zuckten Blitze, und gewaltige Rauchwolken schossen in die Höhe. Ebenso lag dichter Granatenrauch über einigen Stellen des weiter zurückliegenden Waldes, wo allem Anschein nach die russischen Batterien standen, die ebenfalls von unserer Artillerie gehörig eingeseift wurden. Die russische Artillerie fing nun ebenfalls an zu schießen, so daß wir gezwungen waren, uns im Graben niederzudrücken. Ein Volltreffer tötete und verwundete mehrere Soldaten unweit von mir. Plötzlich horten wir dicht vor uns einen gewaltigen Einschlag, dichter, schwarzer Rauch wehte über uns, und eine Unmenge Erdschollen prasselte auf uns nieder. Ich schaute dann über die Deckung nach vorne, wo ich das Granatloch sehen konnte. Es hatte die Größe eines Zimmers und rührte jedenfalls von einer der 28-cm-Granaten her. Da, wieder ein Sausen, im selben Moment der furchtbare Einschlag. Diesmal hinter uns. Die folgenden großen Granaten schlugen alle im Walde hinter uns ein. Immerfort dauerte das Trommelfeuer der deutschen Artillerie und Minenwerfer an. In diesem Getöse kam der Befehl: »Alles fertigmachen! « Wir schauten uns an. »Wir können doch unmöglich durch den Fluß schwimmen!- meinten einige meiner Nachbarn. Da hörten wir hinter uns Geschrei, als ob Pferde vorgetrieben würden. Ich schaute rückwärts und sah, daß der Brückentrain gefahren kam. Im schnellen Tempo fuhren die mit großen Blechkähnen beladenen Wagen über die Stellen im Graben, die wir vorher auffüllen mußten, bis zum

Fluß hinunter. Viole Pioniere liefen im Laufund hinter, und im Nu waren die Kähne abgeladen und ins Wasser geschoben. Nun hieß es bei uns: »Alles raus und zu den Kähnen!« Schnell wurden wir eingeteilt und bestiegen immer 20 Mann je einen Kahn. Sechs Pioniere ruderten, und los ging's über den Fluß. Es war sehr unheimlich auf dem Wasser. Wir duckten uns alle in die Kähne. Über uns die sausenden Geschosse, unter und um uns das gurgelnde Wasser. Wo ich hinschaute, wimmelte der ganze Fluß von Kähnen, die so schnell wie möglich dem jenseitigen Ufer zuschwammen. Einzelne russische Granaten schlugen zwischen den Kähnen in den Fluß und warfen große Wassersäulen in die Hohe. Oberhalb von unserem Kahn bekam ein anderer Kahn einen Volltreffer und sank in wenigen Sekunden. Die unverwundeten Insassen kämpften ganz kurze Zeit mit den Wellen und waren dann alle verschwunden. Mir lief es eiskalt den Rücken hinunter.Als ich dies sah, schnallte ich das Sturmgepäck los, öffnete die Koppel und legte alles neben mich in den Kahn, um im Falle, daß uns dasselbe Schicksal ereilen sollte, besser schwimmen zu können, Ich fürchtete, aus der russischen Stellung Infanterie und MG-Feuer zu bekommen, jedoch außer einigen Infanterieschüssen blieb drüben alles ruhig. Wir näherten uns nun dem Ufer. Unsere Artillerie legte ihr Feuer nun weiter vor. Knirschend fuhr unser Kahn auf den Sand. Alle sprangen hinaus, und wir waren froh, wieder festen Boden unter den Füßen zu haben. Kahn um Kahn legte an, und bald standen Hunderte von Soldaten gedeckt hinter dem etwa 3 m hohen, steilen Ufer. Wir landeten etwa 200 m weiter elbabwärts von unserer Abfahrtsstelle. Die Strömung hatte uns, wie alle übrigen Kahne, mitgerissen. Das Ufer, auf dem die russische Infanteriestellung lag, sowie der Drahtverhau war alles durch das Trommelfeuer in Fetzen geschossen. Nun mußten wir den russischen Graben stürmen. Das war eine leichte Arbeit. Nicht der geringste Widerstand trat uns entgegen. Der Graben war größtenteils ebengeschossen, zerfetzte Leichen der russischen Infanteristen lagen herum. Hie und da hockte noch ein unverwundeter Russe in einer Grabenecke und streckte zitternd bei unserem Erscheinen die Arme in die Höhe, um sich zu ergeben. Hinter der russischen Stellung zerstreut lagen ebenfalls gefallene russische Soldaten, die wohl auf der Flucht getroffen wurden. Ich schaute nach dem jenseitigen Ufer hinüber und sah, daß die Pioniere bereits eine Schiffbrücke vortrieben. Immer noch sausten einzelne russische Granaten heran, die bei uns im Fluß oder am jenseitigen Ufer platzten. Wir mußten nun in Schützenlinien gegen den etwa 600 m vor uns liegenden Wald vorgehen. Vorläufig waren wir noch durch eine kleine, langgestreckte Erhöhung gedeckt. Als wir jedoch über die Höhe vorgingen, hörten wir vom Waldrande her das Rattatata mehrerer russischer Maschinengewehre. Die Kugeln zischten lins unheimlich um die Ohren, und schon stürzten einige Mann getroffen zu Boden. Meine Besatzung sprang auf mein Kommando in ein in nächster Nähe gelegenes Granatloch. Mit dem großen Spaten machte ich schnell eine Stellung für das MG, so daß der Lauf knapp über dem Erdboden hinaussah. Die Russen schossen wie rasend, so daß noch mancher von uns beim Eingraben getroffen wurde. Schnell wurde nun unser MG geladen. Ich jagte in der Zeit von 3 Minuten 4 Gurte, 1000 Schuß, hinüber. Ich ließ den Waldrand, von wo das Geknatter herübertönte, aufsitzen [d.h. D. R. visierte ihn über Kimme und Korn an] und streute hin und her. jedoch das Schießen der Russen hörte nicht auf. Inzwischen hatte sich unsererseits alles eingegraben, so daß die russischen Kugeln nicht mehr viel schaden konnten. Die Russen hatten sicher am Waldboden versteckte MG-Unterstande gebaut, so daß wir ihnen nicht beikommen konnten. Nun kam uns die deutsche Artillerie zu Hilfe. Der Waldrand wurde mit einem Granat- und Schrapnellfeuer überschüttet. Unter dem Schutze des Artilleriefeuers gingen wir vor und erreichten den Wald ohne weitere Verluste .Wir drangen in denselben ein und stießen bald auf eine russische Batterie Feldartillerie, die vollständig zusammengeschossen war. Etwas weiter vorne trafen wir eine unversehrte Batterie aus 4 Geschützen, aus denen die Russen den Verschluß mitgenommen hatten. Der Wald bestand hier nu r aus verkrüppelten Kiefern, die in dem sandigen Boden wenig Nahrung fanden..Auf einem schlechten Sandweg stießen wir auf 2 mächtige Geschütze [..die weiter fortzubringen,den Russen wohl unmöglich geyorden war . Beide hatten Kaliber 28 cm und waren wohl die Geschütze,..], die uns am frühen Morgen jenseits der Düna solche Angst eingejagt hatten. Langsam senkte sich der Abend nieder. Wir mußten im Walde übernachten. Starke Feldwachen vurden zur Sicherung ausgestellt. Nachdem wir etwas Kommißbrot und Büchsenfleisch gegessen hatten, legten wir uns auf den Waldboden und schliefen ein, denn jeder war todmüde. Am frühen Morgen kamen die Feldküchen und brachten uns Essen, Brot und Kaffee. Der Koch erzählte, daß die Pioniere die 400 m lange Schiffbrücke in 3 Stunden fertiggebaut hatten.

Als wir gegessen hatten, kam der Befehl: »Fertigmachen, es geht weiter!« Mir sowie allen anderen graute, denn wir wußten nicht, was der Tag bringen würde. Nachdem wir eine Weile marschiert waren, hörten wir vor uns MGund lnfanteriefeuer, also eine neue Verteidigungsstellung der Russen.

[...Vorsichtig näherten wir uns dem Waldrand. Wir mußten mit 2 Maschinengewehren wieder zurück, um im Bogen gedeckt nach eines vorspringenden Waldstück zu gelangen, Dort mußten wir, ohne gesehen zu werden, am Waldstück zu gelangen. Dort mußten gedeckt nach einem vorspringenden Waldstück zu gelangen. Dort mußten wir, ohne gesehen zu werden, am Waldrand im dichten. Gebüsch unsere beiden Maschinengewehre einbauen. Ich kroch nun aus dem Loch und schaute nach vorne, blieb jedoch immer gedeckt. Vor wir lag in etwa 500 m Entfernung auf einem Hügel ein großen Gut, bestehend aus einem Schloß und vielen Wohnungen für das Gesinde, nebst vielen Scheunen und Stallungen, Zwischen den Gebäuden sah ich hie und da russische Soldaten hin-und hergehen. Von unserem Waldrand fielen nun einige Schüsse. Von da ab konnte ich keinen Russen mehr sehen. Sie blieben in Deckung. Wir beiden Maschinengewehre erhielten den Befehl, bei dem bald erfolgenden Angriff, das Gut kräftig unter Feuer zu nehmen . Mit dem Glase beobachtete ich weiter und entdeckte, mehr versteckt 2 russische gewehrunterstände, deren Lage den russischen. Maschinengewehren gestattete, das ganze Angriffsgelände abzustreuen. Ich kroch zum Maschinengewehr zurück und richtete es auf den Schießschlitz des einen Unterstandes. Bald hrachen mehrere Brände aus. In kurzer Zeit waren mehrere Schäumen niedergebrannt.

Nun ging plötzlich unsere Infanterie zum Angriff vor. Vor dem Waldrand wimmelte alles von Soldaten, die im Laufschritt auf das Gut losstürzten. Nun fingen die russischen Maschinengewehre an zu rattern. Sofort eröffneten wir das Feuer. Ich sah wie Erde und Rasenstücks um den russischen Schießschlitz wegepritzten. Jedoch konnten wir den Russen nicht viel anhaben, da wir mehr von der Flanks schossen und die russische Maschinengewehrbassatzung nicht erreichen konnten. Da brach oberhalb von uns sin Bataillon aus dem Walde und überrumpelte von der Seite das Out und die Maschinengewehrunterstände. Die Maschinengewehrunterstände wurden mit Handgranaten, die in Unterstände geworfen wurden, getötet. Die russische Infanterie gab sich nach geringem Widerstand gefangen. Die Kompagnie, die direkt gegen die russischen Maschinengewehre angriffen, hatten schwere Verluste er litten. Überall lagen dort Tota und Schwerverwundete. Wir besetzten nun das Gut. Bald ging as ah eine Schweine-, Hühner- und Schafe-schlächterei, als ob die Wilden da wären. Die ausgehungerten Soldaten wollten wieder mal gut und genug essen. Überall wurden Feuerchen angezündet und gebraten, gekocht und geschmort. Kartoffeln gab's in Mengen auf den neben dem Gut gelegenen Kartoffeläckern. Fast alle überluden ihren Magen derart, daß viele Durchfälle bekamen. Wir blieben den ganzen Tag und die folgende Nacht auf dem Gut als Reserve:

Am frühen Morgen ging es wieder weiter. Wir kamen durch die Gegend, in der tags vorher das Gefecht stattgefunden hatte. Einzelne tote Deutsche und Russen lagen umher. In der folgenden Nacht kampierten wir wieder in einem Walde. Ein mächtiges Feuer wurde angezündet. Fast unsere ganze Kompagnie stand darum, um sich zu wärmen. Da verlas unser Kompagnieführer den Befehl zum Angriff am nächsten Morgen .Dieses wirkte wie eine Dusche kalten Wassers. Jeder dachte, was wohl der morgige Tag bringen werde. Da fing einer der Soldaten das Lied an zu singen „ Im Feldquartier, auf hartem Stein streck ich die müden Füße und sende in die Nacht hinein, dem Liebchen tausend Grüße. Nicht ich allein hab so gemacht, Anne-Marie, von ihrem Liebchen träumt bei Nacht die ganze Kompagnie, die ganze Kompagnie. Wir müssen mit der Feinde Schar manch schwere Schlachten schlagen, von einem Wiedersehenstag kann ich dir noch gar nichts sagen, vielleicht werd´ ich bald bei dir sein, Anne-Marie; Vielleicht scharrt man schon morgen ein, die ganze Kompagnie, die ganze Kompagnie!"

Bei der letzten Zeile des Liedes lief mir, wie sicher jedem andern auch ein Schauer über den Rücken, denn keiner konnte wissen, ob er morgen nicht irgendwo eingescharrt werden würde. Wir legten uns hin, aber lange wollte kein Schlaft kommen. Ich betete, bis ich vor Müdigkeit übermannt, einschlief. Ich erwachte erst, als wir uns fertigmachen mußten .Wir tranken Kaffee und vorwärts ging´s. Wir marschierten mehrere Kilomater und mußten uns an einem Waldrand Gedeck hinlegen. In etwa 300 m Entfernung. Auf dem Ackerfeld vor uns lagen ziemlich viele tote Deutsche Infanteristen, die beim Angriff am vorherigen Tag, der von den Russen abgeschlagen worden war, gefallen waren. Drüben fiel kein Schuß, alles war ruhig. Diese Ruhe mußte auffallen. Eine noch das Artilleriefeuer unsererseits einsetzte, wurde eine Patrouille hinübergeschickt, welche feststellte, daß die Russen in der Nacht ihre Stellung geräumt hatten. „ Gott sei Dank! ,, dachte ich, „Nun ist unser Todesurteil wieder aufgeschoben! Wir marschierten weiter. Bei einem Einzelstehenden Gehöft wurde Halt gemacht. Unsere Kompagnie bezog Quartier. Die armen Bewohner mußten in der Zeit von 6 Stunden ihre Heimat verlassen. War das ein Jammern und Wehklagend Sie durften nicht mehr als 2 Kühe mitnehmen, alles andere mußte dableiben. Die Offensive hatte ihr Endziel erreicht, weiter sollte nicht mehr gegangen werden. Diese Nachricht freute uns sehr. Wir mußten nun jeden Tage einige Stunden am neuen Stellungsbau. Als in dem Gehöft allen Vieh, Schweine und Kleinvieh, aufgegessen war, ließ unser Oberleutnant, Freiherr von Reißwitz, die Kompagnie antreten. En ging vorn an der Front vorbei und ließ die größten Raudis vortreten. Nun wurden 2 Wagen angespannt, die Bande saß auf und zog auf Raub aus. Gegen Abend kamen sie zurück. Wie ein Raubritter, der Freiherr voran. Nun wurde die Beute abgeladen: etwa 10 tote Scheine, eine Menge Hühner und Gänse, mehrere Schafe, eine Nähmaschine für den Kompagnieschneider und ein wunderschöner Schlitten für den Kompaniefführer, der sich scheinbar im nahen Winter dem Schlittensport hingeben wollte. Nun ging es wieder ans Kochen und Braten, fast die ganze Nacht hindurch. Die ausgehungerten Soldaten konnten fast nicht genug bekommen. Als kein Fletsch mehr zu haben war, stürzte alles auf die Kartoffeln, von denen es eine Mengte auf den Kartoffeläckern gab. Ich selbst kochte jeden Tag etwa 4 l, welche ich vertilgte, dazu noch das Essen, welches ich von der Feldküche erhielt und das hier gut und reichlich war. Eine Muttereschwein mit etwa 10 Jungen, die ungefähr 5 Wochen alt waren, liefen verwildert im nahen Wald umher und wurden von den Soldaten abgeschossen, gekocht und gegessen. Etwa 2 km vor uns dehnte sich ein etwa 8-km-breiter Sumpf aus. Der Boden war fast ganz mit Preiselbeere Sträuchern bedeckt, die eben voll von reifen Beeren hingen. Eine Willkommens Abwechslung für uns. Als ich eben mit einigen Kameraden beim Pflücken der Beeren war, sprang kaum einige Meter vor uns ein mächtiger Hirsch auf, der mit einigen Sprüngen in dem Gebüsch verschwunden war. Dies war der einzige Hirsch, den ich je in Freiheit sah......]

Nach etwa 10 Tagen Aufenthalt mußten wir uns wieder marschfertig machen. Der Marsch ging etwa 15 km hinter der Front entlang nach der Ortschaft Sunzel. Wir wurden in einer vollständig ausgeraubten Épicerie einquartiert. Die Zimmer wurden vollgepfropft mit Soldaten, was eben reinging. Auch hier ernährten wir uns hauptsächlich von Kartoffeln. Ich fühlte, daß meine Kräfte in letzter Zeit sehr zugenommen hatten. Auch hatte ich wieder, wie auch die anderen Soldaten, ein viel besseres Aussehen. Auf einer Höhe vor der Ortschaft mußten wir eine starke Stellung bauen. Weit vorgeschobene Feldwachen sicherten uns. Von den Russen sah man keine Spur. Die meisten hatten sich allem Anschein nach weit zurückgezogen. Wie wir hörten, sollten wir uns nächstens auch weiter zurückziehen. Die Ortschaft Sunzel, in der ein wundervolles Schloß stand, sollte, wie alle zwischen den Linien liegenden Gebäude, verbrannt oder gesprengt werden. Auf die armen Bewohner wurde gar keine Rücksicht genommen.

Eines Tages mußte ich mich beim Kompaniefeldwebel melden. »Richert«, sagte er, »Sie sind wieder an der Reihe, in Urlaub zu fahren. Sie bekommen Ihre 18 Tage; wenn Sie wollen, können Sie noch 2 Tage warten, dann fahre ich auch mit.« Es war mir natürlich angenehm. »Herr Feldwebel«, sagte ich, »könnte ich nicht 28 Tage landwirtschaftlichen Urlaub haben?« Da mußte der Feldwebel, der ein freundlicher, rechtschaffener Mann war, lachen. „Aber Richert«, sagte er, »Sie fahren doch jedenfalls wieder zu der Flüchtlingsfamilie nach Baden hinunter, und die haben vielleicht höchstens einige Blumentöpfe voll Erde zu bebauen. Lachend gab ich ihm recht, zeigte ihm mein Soldbuch, in dem mein Beruf, Landwirt, geschrieben war, und sagte: »Mit etwas gutem Willen ließe sich das schon machen. Auch ist es erst das zweitemal, daß ich seit Kriegsausbruch in Urlaub fahre. - »Gut, Richert«, sagte Dun der Feldwebel, "Sie kriegen 28 Tage, ich werde dafür sorgen !- Ich bedankte mich und ging weg.

MEIN ZWEITER URLAUB

Nach 2 Tagen marschierten wir beide los. Oft mußten wir die Karte des Feldwebels zur Hand nehmen, um den rechten Weg zu finden. Endlich erreichten wir das Gut, wo unser Regiment am zweiten Tag der Offensive beim Angriff schwere Verluste erlitten hatte. Die Toten waren alle in einem Massengrab am Waldrand bestattet. [..Wir marschierten weiter und passierten über die Schiffsbrücke die Düna...] Wir hatten noch 3 Stunden zu marschieren, bis wir den ersten Bahnhof erreichten. Dort war auch eine Entlausungsanstalt. Jeder Urlauber mußte im Besitz eines Entlausungsscheines sein, ehe er abfahren durfte. Da es bald Abend war, hatte die Anstalt bereits den Betrieb eingestellt. Wir sollten erst am nächsten Nachmittag entlaust werden. Das paßte dem Feldwebel nicht, denn zu gern wäre er so bald wie möglich bei seiner Frau und seinen Kindern gewesen. Mir war's so ziemlich einerlei, da ich doch nicht nach Hause fahren konnte. Ganz zufällig traf der Feldwebel einen Gefreiten aus seiner Heimat an, der Schreiber in der Entlausungsanstalt war. Ihm klagte der Feldwebel sein Leid. »Das ist 'ne Kleinigkeit«, meinte der Schreiber, »die Scheine hab' ich schnell besorgt«, ging in sein Büro und brachte sie uns nach wenigen Minuten. Wir bedankten uns und bestiegen den Zug, der eben zur Abfahrt bereitstand. Auf dem Papier waren wir beide nun entlaust, aber in Wirklichkeit hingen wir beide derart voll von diesem Ungeziefer, daß das Beißen überhaupt kein Ende nahm. Diese lieben Tierchen hatten sich halt unheimlich vermehrt während der Offensive.

Wir fuhren die ganze Nacht, bis wir die deutsche Grenze bei Memel passierten. Nun ging die Fahrt durch Ostpreußen. Es war sehr schönes Herbstwetter, und die Landbevölkerung war eben mit dem Ausmachen der Kartoffeln beschäftigt. Den gefüllten Säcken nach zu urteilen fiel die Kartoffelernte sehr gut aus. [..Auf den Wiesen weideten viele Kuhherden, die meist schwarz-weiß gefleckt waren und von vorzüglicher Rasse zu sein schienen. Auch sah ich mehrere Motorpflüge, die ihre Furchen durch die Felder zogen...]

In Königsberg nahm der Feldwebel Abschied von mir, denn er stammte aus der Provinz Posen und mußte eine andere Strecke fahren als ich. [...] Im Abteil saß eine ältere Dame mit ihren beiden hübschen Töchtern. Wir ließen uns in ein Gespräch ein über alles Mögliche. Sie fragten mich, woher ich käme. Ich sagte: »Von der Riga-Front.« Dann fragten sie mich, ob ich die Offensive von Riga auch mitgemacht hätte, was ich bejahte. Die drei waren durch die übertriebenen Siegesmeldungen in den

Zeitungen ganz begeistert. Ich erzählte ihnen nun meine Erlebnisse während der Offensive und sagte ihnen meine Ansicht dar über, wie den Bewohnern alles gestohlen wurde und daß, meiner Ansicht nach, die Offensive nicht den geringsten Einfluß auf das Kriegsende habe. Und ich bedauerte die 500000 Einwohner der Stadt Riga, die nun dem Hunger überliefert seien. Mit offenem Munde hörten die drei zu. Ihre Begeisterung hatte einen mächtigen Stoß erlitten. Sie erzählten nun ihrerseits, wie knapp die Lebensmittel seien und alles nur auf Karten zu haben sei, so daß die Leute, die die Mittel nicht besäßen, sich für teures Geld auf Schleichwegen Lebensmittel zu beschaffen, fast nicht mehr existieren könnten. Trotzern waren alle drei von einem deutschen Sieg überzeugt, denn überall ständen unsere Truppen tief im Feindesland. Ich antwortete, daß es sehr schwer für Deutschland sein werde zu siegen, denn England habe noch nie einen Krieg verloren, und sie sollten auch Amerika nicht vergessen. Die Damen waren aber von ihrer Meinung nicht abzubringen. Nach einer Weile schlief ich ein. Als ich wieder erwachte, krochen mehrere große Lause auf den Hosen umher, die wohl durch den Hosenschlitz herausspaziert waren. Ich genierte mich vor den Damen und beobachtete sie, ob sie vielleicht die Viecher bemerkt hatten. Sie sprachen jedoch ganz harmlos weiter, und ganz unauffällig zerrieb ich die Lause mit den Händen. In Küsterin verließen die Damen den Zug. Ich ging in ein anderes Abteil, in dem mehrere Soldaten saßen. Dort traf ich auch einen Berliner von meinem Regiment, dessen Frau gestorben war und der deshalb 14 Tage Urlauberhalten. hatte. Die übrigen Soldaten waren Rheinländer.

In Berlin verließen wir den Zug. Auf dem Schlesischen Bahnhof wimmelte alles von Menschen. Mir fielen sofort die schmalen Gesichter der Frauen und Mädchen auf, die fast alle bleich und elend waren und dunkle Ringe um die Augen hatten. Hier ist auch Krieg, dachte ich, der Hungerkrieg! Ich ging mit den drei Rheinländern in die Stadt. Wir besichtigten den Kaiserpalast, die Siegessaule, den Eisernen Hindenburg und vieles andere. Gegen Abend stellte sich der Hunger ein, und keiner von uns hatte etwas zu beißen. Wir gingen in ein hellerleuchtetes, großes Restaurant und bestellten Bier. Herrgott, war das ein fades Getränk! Hier war wirklich Hopfen und Malz verloren! Wir verlangten etwas zu essen. » Habt ihr Karten? « fragte der Kellner. »Ja, was für Karten? Wo sollen wir die denn herhaben? « - »Brot-, Fleisch- und Kartoffelkarten«, sagte nun der Kellner. » Ohne diese ist es uns unmöglich, Ihnen etwas zu servieren. « Die Rheinländer fingen nun an zu schimpfen: » So geht's! Wenn man sich lange genug an der Front herumgeschlagen hat, kann man im eigenen Land noch verhungern! « Wir gingen weiter und versuchten in drei weiteren Wirtschaften unser Glück. Bier konnte man haben, soviel man wollte. Aber zu essen gab es nichts. Ein freundlicher Berliner Zivilist bezahlte jedem von uns 2 Glas Bier und sagte, er würde uns in ein Restaurant Führen, in dem wir sicher etwas zu essen bekämen. Gesagt, getan; wir bestiegen die Elektrische und fuhren etwa ½ Stunde lang durch die sehr schon erleuchtete Stadt. Endlich stiegen wir aus. Der Berliner führte uns in ein Restaurant, in dem es Rehrücken mit Kartoffeln gab. Wildbret war nördlich das einzige Fleisch, das man ohne Karten kaufen konnte. Die Portion bestand aus etwa 6 kleinen Kartoffeln, einem kleinen Stückehen Rehfleisch, darüber ein Eßlöffel voll Sauce. Es schmeckte uns vorzüglich, aber zu schnell war der Teller leer. Obwohl ich nicht unter die Vielfraße zu zählen war, hätte ich doch ruhig meine 8 bis 10 Portionen gegessen, aber es durfte nicht mehr ais eine Portion pro Pers on ausgegeben werden. Der gutmütige Berliner bezahlte alles. Wir bedankten uns und gingen noch in der Stadt spazieren. Oft wurden wir von Dirnen angehalten oder im Vorbeigehen mit dem Ellenbogen angestoßen, indem sie mit einem Blick deuteten, mit ihnen zu kommen. Wir bedankten uns jedoch für diese gemeine Gesellschaft und gingen nach dem Anhalter Bahnhof, den wir endlich nach vielem Herumfragen erreichten. lch entschloß mich, den Umweg nach dem Rheinland zu machen, denn ich fand das Durchfahren der mir unbekannten Gegenden sehr interessant. Gegen Abend des nächsten Tages erreichten wir Köln. Hier nahmen die Rheinländer Abschied von mir. Ich fuhr dann weiter dem Rhein entlang bis Koblenz, von da die Mosel entlang nach Trier, eine wunderschöne Fahrt. In Trier stieg ich aus. Ich wußte, daß dort das Ersatzbataillon meines Regiments lag. Ich hoffte nämlich, eine neue Uniform zu bekommen, da die meine ganz abgetragen war. Die Mannschaften holten eben das armselige Mittagessen. Ich ging zum Unteroffizier vom Dienst und bat, auch eine Portion holen zu dürfen, da ich eben von der Front käme. Ich hatte Glück. Dann fragte ich nach der Bekleidungskammer und ging hin. lch wurde jedoch von dem Kammersergeanten gehörig angeschnauzt, als ich ihm mein Begehren vortrug. »So könnte mir jeder kommen!- meinte er. Ich fragte den Sergeanten nach der Wohnung des Bataillonsführers, ging hin, und der Bursche meldete mich. »Soll reinkommen!- hörte ich den Major sagen. Ich ging hinein. Der Major aß eben Mittag. Hier konnte man von der Kriegsnot wenig sehen. »Was wollen Sie? fragte er mich nicht sehr freundlich. »Herr Major«, antwortete ich, »ich komme eben von der Front in Urlaub und möchte hier beim Ersatzbataillon meines Regiments um einen neuen Anzug bitten!- Der Major betrachtete mich und meinte, ich könne zu Hause während meines Urlaubs Zivilkleider tragen. Worauf ich antwortete: »Herr Major, ich bin ganz auf das Tragen der Uniform angewiesen. Meine Heimat liegt in dem von den Franzosen besetzten Teil des Elsasses und ist deshalb für mich unerreichbar. « - "Gut, Sie sollen eine neue Uniform bekommen«, sagte darauf der Major, schrieb einen Zettel, den ich beim Kammersergeanten abgeben sollte. Ich ging hin und erhielt einen neuen Anzug nebst Mütze. Ich kaufte dann in einem Laden neue Wickelgamaschen, die ich anzog. Nun war mein Äußeres wiederhergestellt. Ich dachte: Bei mir ist's auch oben hui und unten pfui, denn da wimmelt es von Läusen! Ich besah die Sehenswürdigkeiten der Stadt, von denen mir am besten das alte Römertor gefiel. Ich bestieg wieder den Zug und fuhr die Saar entlang nach Saarbrücken, Kaiserslautern, bei Ludwigshafen über den Rhein nach Mannheim und Heidelberg. Dort war der letzte Personenzug nach Eberbach schon abgefahren; also mußte ich in Heidelberg übernachten.

Mit Mühe und Not konnte ich im Bahnhofsrestaurant Kartoffelsalat mit 2 dünnen Würstchen bekommen. Ein Mann vom Roten Kreuz fragte mich, ob ich in Heidelberg übernachten wolle, was ich bejahte. »Kommen Sie mit! « sagte er und führte mich in ein in der Nähe des Bahnhofs gelegenes Hotel und wies mir ein Zimmer mit einem schönen, sauberen Bett an. Dann fragte er, wann ich geweckt werden wolle, und ging. Ich zog mich aus und legte mich samt den Läusen ins Bett. Gott, welch ein Gefühl, wieder nach einem vollen Jahr ausgezogen in einem guten, weichen Bett liegen zu können! Hier kam mir das armselige Leben an der Front erst so richtig vor Augen. Da ich von der Fahrt sehr ermüdet war, schlief ich bald ein. Nächsten Morgen in aller Frühe wurde ich von dem Rote-Kreuz-Mann geweckt, stand auf, zog mich an. Da dachte ich: Ich will doch mal sehen, ob ich keine von meinen Einwohnern im Ben verloren habe. Und wirklich, so etwa 10 der lieben Tierchen krabbelten im Bett umher. Ich wollte sie zuerst fangen. Ach was, dachte ich dann, mein Nachfolger darf auch was zu spüren bekommen. Ich fuhr nun nach Eberbach zur Familie Mattler, bei der ich sehr freundlich aufgenommen wurde. Ich bat sofort, heißes Wasser zu machen, um mich baden zu können. So wurde ich wieder läusefrei.

Ich verlebte sehr angenehme Tage. Nur mit den Lebensmitteln war's ein Elend. Man konnte sich nie satt essen. Da ich kein Taschentuch mehr hatte, ging ich in ein größeres Geschäft, um 2 Stück zu kaufen. »Bitte den Bezugsschein«, sagte der Inhaber des Geschäftes. Ich wußte gar nicht, was eigentlich sei. Da klärte mich der Ladeninhaber auf: Er dürfe nichts, gar nichts ohne Bezugsschein verkaufen, da ihm sonst das Geschäft geschlossen werden würde. Die Bezugsscheine seien auf dem Bürgermeisteramt erhältlich. Aber nach vielem Reden ließ sich endlich der Herr herbei, mir ohne Bezugsschein die 2 Taschentücher zu verkaufen. Ich mußte ihm aber versprechen, reinen Mund zu halten.

Das Jahr 1917 war ein sehr gutes Obstjahr. Überall sah ich auf der Reise, daß Apfel- und Birnbaume voll behangen waren. Der Nachbar der Familie Mettler, der eine Mosterei betrieb, fragte mich, ob ich ihm nicht helfen wolle. Er sei mit Arbeit überhäuft und bezahle mir 2 Mark pro Tag. Dafür war ich nicht zu haben; erstens war ich das Arbeiten nicht mehr gewöhnt, und zweitens war ich in Urlaub gefahren, um mich etwas zu erholen, und nicht, um meine abgeschwächten Kräfte total zu erschöpfen. [...Ich wollte die letzten 6 Tage meines Urlaube bei meinen Kameraden August Zanger im Rheinland verbringen. Da starb jedoch die Großmutter der Familie Mattler und ich wollte zur Beerdigung dableiben. Am Tage nach der Beerdigung nahm ich von der Familie Mattler Abachied...] (Drei Tage vor Urlaubsende nahm ich Abschied von der Familie) und fuhr nach dem Rheinland hinunter. In Wetzlar hatte ich einen längeren Aufenthalt. In der Nähe des Bahnhofs war ein großes Gefangenenlager. Die Gefangenen waren in Baracken untergebracht. Hohe Stacheldrahtzäune umgaben die Höfe, in denen sich die Gefangenen bewegen konnten. Da ich Zeit hatte, ging ich hin, um mir die Gefangenen anzusehen. Wie arm diese Menschen aussahen! Bleich, abgemagert, mit halb erloschenen Augen standen diese armen, bedauernswerten Menschen umher. Sie schienen vor Hunger ganz stumpfsinnig und gleichgültig zu sein. Alle Rassen waren hier vertreten: Franzosen, Belgier, Engländer, Schottländer mit ihren kurzen Höschen, Italiener, Serben, Rumänen, Russen, Inder, Araber und Neger. Sie alle hatten ihre Heimat verlassen müssen, um dem furchtbaren Kriegsgott so schwere Opfer zu bringen.

Bei August Zanger und der Familie Gauchel verlebte ich noch drei seine angenehmen Tage; dann ging es wieder nach der Front. Ich fuhr diesmal nach Riga und war überrascht, ais ich die Stadt sah. So schon hatte ich sie mir nicht vorgestellt. Wunderschone Straßen wechselten mit herrlichen Platzen ab. Auch sah ich dort herrliche Kirchen. Ich wäre gerne langer geblieben. Mein Urlaub war jedoch abgelaufen, und ich mußte schleunigst meinen Truppenteil aufsuchen, um nicht bestraft zu werden. Ich ging in ein Auskunftsbüro, wo mir gesagt wurde, daß das Regiment 332 seine Stellung gewechselt habe und jetzt an der livländischen As sei. Ich könne mit der Bahn bis nach Rothnepois-Kussau, fahren, einer Ortschaft, die aus lauter in einem schönen Wald versteckten Villen und Restaurants bestand. Von dort hätte ich nur noch einige Kilometer zu laufen. Gegenwärtig war die Ortschaft, ein Lieblingsausflugsort der Rigaer Bevölkerung, ganz von den Einwohnern verlassen und hauptsächlich von deutschen Offizieren bewohnt. Ich erkundigte mich, wo das Regiment liege. Ich mußte der Hauptstraße Riga – Petersburg folgen [bis gegan die Ortschaft Hinzenberg.] Neben der Straße standen oder lagen eine Unmenge Feldküchen und sonstige Fahrzeuge, welche die Russen auf ihrem Rückzug im Stich gelassen hatten. Ich ging nun auf einer Brücke über die Aa, das war ein Flüßchen von etwa 30 m Breite. Endlich traf ich Soldaten meines Regiments, die mir den Aufenthaltsort meiner Kompanie bezeichnen konnten. Unterwegs traf ich den Berliner Infanteristen, der mit mir in Urlaub gefahren war. Er erzählte mir, daß seine Frau bei seiner Ankunft bereits beerdigt gewesen sei. Auch sei er nur 6 Tage in Berlin geblieben. Er sei dann freiwillig zum Regiment zurück, da er in Berlin sonst halb verhungert wäre. Der Kompaniefeldwebel, die Fahrer, Reserveschützen und die Pferde meiner Kompanie kampierten in Wawer Nord, einem kleinen, armseligen Weiler, der nur aus einigen Hutten bestand. Ich meldete mich vorn Urlaub zurück. Am folgenden Tage mußte ich mit noch mehreren Kameraden an dem Bau eines Unterstandes für den Kompanieführer' mithelfen. Ich war eben daran, aus Tannenstammen eine Lehne neben der in den Unterstand führenden Treppe zu machen, ais über mir eine Stimme sagte: »Salü, Nickel!" Überrascht sah ich auf und erkannte zu meiner nicht geringen Freude den Emil Winninger aus meinem Heimatdorf. Ich ging hinauf zu ihm, und in dem nahen Wäldchen unterhielten wir uns über die Heimat. Jeder erzählte dem anderen Neuigkeiten, die er von dort wußte. Dem Emil Winninger war dieses elende Hungerleben auch sehr verleidet, und wir entschlossen uns, zu den Russen überzugehen, da mir von zu Hause mitgeteilt wurde, daß mehrere Bekannte aus der Heimat, die als deutsche Soldaten in russische Gefangenschaft gekommen waren, sich nun in Frankreich befanden, also daß die von den Russen gefangenen Elsaß-Lothringer nach Frankreich transportiert würden. Emil lag einige Kilometer weiter vorne auf einer vorgeschobenen Feldwache. Er zeichnete eine Skizze auf ein Blatt Papier, damit ich den Weg nicht verfehlen sollte.

Ich ging mm zum Kompaniefeldwebel und bat um Urlaub für den nächsten Tag, um meinen »Cousin« besuchen zu dürfen. Sofort schrieb er mir den Urlaubsschein, den ich dann beim Kompanieführer unterschreiben lassen mußte. Ich kaufte in der Kantine eine Flasche Rheinwein, um uns Mut anzutrinken, und 100 Zigaretten, um sie den Russen bei unserer Ankunft zu verteilen, damit sie uns nichts tun sollten.

Bei Anbruch der Nacht wurde ein großes Feuer im Hofe angezündet, an welchem sich die Soldaten wärmen konnten, denn obwohl es erst Ende Oktober war, waren die Nächte bereits kalt. Ich trat nun mit einem guten Kameraden, Alfred Schneider aus Metz, auf die Seite ins Dunkel und erzählte ihm mein Vorhaben. Nachher nahm ich Abschied von ihm. Wie ich später erfuhr, wurden wir von einem Feldwebel, der weiter zurück eben austrat, beobachtet, und der teilte seinen Verdacht dem Kompaniefeldwebel mit.

Mein Nachtquartier war oben über einem Stall unter dem Strohdach, in einem früheren Hühnerstall, den ich mit mehreren Kameraden teilte. Als ich glaubte, daß alle eingeschlafen waren, stand ich leise auf, zündete eine Kerze an, zog noch ein zweites Paar Unterhosen an, ebenso ein zweites Hemd und steckte ein Paar Strümpfe in meine Rocktasche. Dies hatte ein Rheinländer namens Geier beobachtet, dies erfuhr ebenfalls der Feldwebel. Als ich morgens in der Frühe eben die Leiter herabsteigen wollte, um hinunter und zu Winninger Emil zu gehen, kam der Kompanieschreiber Krebs und sagte: » Richert, du sollst heute hierbleiben! « Sofort merkte ich, daß etwas nicht in Ordnung war, sagte aber ganz harmlos: "So bleibe ich eben hier..

Mein Kamerad Alfred Schneider, der morgens nach Libau abreiste, um MG-Ersatzteile zu holen, erzählte mir am folgenden Tag bei seiner Rückkehr: »Du, Richert, sie müssen etwas von deinem Vorhaben gemerkt haben, denn ehe ich nach Libau abreiste, mußte ich zum Feldwebel auf die Schreibstube gehen. Man fragte mich, was du mir an jenem Abend heimlich gesagt hast. Ich log ihm natürlich etwas vor«, sagte er, der ein heller Junge war. »Der Feldwebel fragte weiter: >Weshalb hat Richert Abschied von dir genommen?< Ich habe ihm lachend geantwortet, daß du wußtest, daß ich nach Libau reisen mußte, und da hättest du scherzhaft Abschied genommen im Falle, daß sich ein Eisenbahnunglück ereignen sollte. « Schneider hatte seine Sache gut gemacht. Trotzdem merkte ich am Blick des Kompaniefeldwebels, daß er mir nicht recht traute und immer einen Verdacht auf mich hatte. Ich stellte mich so harmlos wie möglich und machte meinen Dienst genau wie früher.

Eines Tages war Löhnungsappell. Die Mannschaften waren in zwei Gliedern angetreten. Ich stand in der Reihe der Unteroffiziere vorne dran, da ich Gewehrführer war. Nach dem Löhnungsappell sagte der Kompaniefeldwebel:» Ich habe einige Worte an die Kompanie zu richten: Wenn ein Mann oder ein Vorgesetzter merken sollte, daß ein Mann oder ein Vorgesetzter sich verdächtig macht, zum Feinde überzugehen, so hat er es sofort auf der Schreibstube zu melden!- Ich wußte natürlich sofort, daß diese Rede an meine Adresse gerichtet war, brachte es jedoch fertig, so harmlos wie möglich auszusehen, als ob mich die ganze Sache nicht das geringste anginge. Der Feldwebel, der mich mit einem verstohlenen Blick beobachtete, wußte nun selbst nicht, woran er war.

Das Leben ging weiter seinen gewöhnlichen Gang. Die hauptsächlichen Dinge waren Arbeitsdienst, Hunger, Läuse. Nahe den Hütten von Wawer Nord befanden sich einige Kartoffeläcker, die wohl schon 20mal umgegraben worden waren und immer noch durchsucht wurden in der Hoffnung, noch einige Kartoffeln zu finden. Ganz plötzlich [..am 15. Dezember 1917..] verbreitete sich das Gerücht:

WAFFENSTILLSTAND MIT RUSSLAND!

Und wirklich, das Gerücht entsprach der Wahrheit. Unser Regiment sollte die Stellung verlassen, um in Riga auf unbestimmte Zeit einquartiert zu werden. Diese Nachricht wurde von allen freudig begrüßt. Sofort mußtte ich mit einem Leutnant und noch 3 Mann abmarschieren, um in Thorensberg, einer südlich von Riga gelegenen Vorstadt, für die Kompanie Quartier zu machen. Wir bestiegen in Rodenepois-Kussau den Zug, der uns nach Riga brachte. Dort übernachteten wir in einem Hotel. Am folgenden Morgen landen wir für Mannschaften und Pferde der Kompanie gute Quartiere in einer graßen Lederfabrik in Thorensberg, welche den Betrieb eingestellt haue - wie alle anderen in Riga befindlichen Fabriken infolge des Mangels an Rohmaterial. Gegen Abend langte die Kompanie an; die Mannschaften waren mit uns Quartiermachern zufrieden. Die Mannschaften wohnten in den früheren Büros, die ausgeräumt wurden und in die wir nun Drahtbetten stellten. Die Unteroffiziere und Feldwebel wohnten in der Villa des Direktors, in welcher ebenso die Kompanieschreibstube eingerichtet war. Der Kompanieführer, Freiherr von Reißwitz, wohnte in einem Schlösschen außerhalb der Fabrik.

DAS LEBEN IN RIGA

Die Stadt Riga liegt an der Düna und ist eine der größten Handelsstädte Rußlands. Sie zählt 500000 Einwohner [da 1897 für die Stadt samt Patrimonialgebiet von amtlicher Seite knapp 283 000 Einwohner gezählt wurden, erscheint diese Angabe stark übertrieben], die hauptsächlich aus Letten, aber auch aus vielen Deutschen bestehen. Beinahe sämtliche Einwohner beherrschen die deutsche Sprache. Die Bewohner waren, bis auf die ärmsten Bevölkerungsschichten, sehr modern und hübsch gekleidet, so daß sie eigentlich gar nicht für Rußland paßten. Die Letten sind im Durchschnitt ein schöner, kräftig gebauter Volksstamm, die Mädchen und Frauen fast durchweg hübsch und reizend anzusehen. Der Dienst in Riga wurde uns leicht gemacht. Morgens 2 Stunden Unterricht, nachmittags MG-Reinigen und Sport. Jede Woche gab es zwei kleine
Ausmärsche mit Gefechtsübungen. Das Leben war im Großen und ganzen angenehm, wenn nur die Verpflegung besser gewesen wäre. Man konnte sich kein einziges Mal satt essen. Bei der Bevölkerung wuchs die Not auch von Tag zu Tag, und die ärmeren Leute konnten kaum noch ihr Leben fristen. Verdienst für die Arbeiterschaft war fast keiner mehr da, alle Betriebe lagen still. Oft beklagten sich die Einwohner bei uns, daß wir sie so ins Elend gebracht hatten, und warum wir Livland und Estland nicht besetzt hatten. Denn von den beiden nördlich von Riga befindlichen und an Landwirtschaft reichen Provinzen hatte Riga mit Lebensmitteln versorgt werden können. Für dies alles konnten wir Soldaten doch nichts! Von dem früher besetzten Teil Rußlands konnte so viel wie gar nichts in die Stadt geliefert werden, denn das Land war durch die deutsche Besetzung derart ausgesogen, daß die Bewohner für sich selbst kaum existieren konnten. Durch die Not wurde ein großer Teil der Bevölkerung von einer grenzenlosen Wut gegen die Tïcutschen erfaßt, so daß mehrere Male deutsche Soldaten in abgelegenen Straßen ermordet wurden. Nun durften wir nachts nie ohne geladene Pistole ausgehen. Die Vorstadt Thorensberg ist durch die hier etwa 600 m breite Düna von der Stadt Riga getrennt. Da deutscherseits ein Aufstand in der Stadt befürchtet wurde, war oft der Verkehr von der Vorstadt in die Stadt verboten und der einzige Übergang über die Düna, eine von den Deutschen erbaute Holzbrücke, von Militär gesperrt. Da wurde manchmal geschimpft, denn vielen Leuten war es dadurch unmöglich gemacht, nach Hause zu kommen,
Die Stadt Riga, die einige Kilometer landeinwärts Von der Mündung der Düna in die Ostsee liegt, konnte von den größeren Schiffen erreicht werden. vor dem Kriege war diese Stadt die drittgrößte Handelsstadt

Ruhlands, gegenwärtig war der ganze Handel lahmgelegt; nur einige Militärtransportschiffe, Vorposten- und Küstenwachboote verkehrten im Hafen. Die Ausladerampe, an welcher die Schiffe anlegten, war 3 km lang. Am unteren Ende des Hafens lag der Güterbahnhof; dort wurden die Waren früher von Schiff in die Eisenbahnwaggons verladen. Die Gebäude des Güterbahnhofs waren von den Russen vor ihrem Rückzug niedergebrannt worden. Die weiter oben über die Düna führende Straßen und Eisenbahnbrücke, eine der größten und schönsten Brücken, die ich bis jetzt gesehen hatte, war von den Russen gesprengt worden. Tag und Nacht wurde gearbeitet, um die abgestürzten, aus Eisen konstruierten Brückenteile, die Tausende von Tonnen Gewicht hatten, mittels Maschinen zu heben. [..Oft sah ich dieser Arbeit, die für mich sehr interessant und neu war, zu…] (Ich konnte nicht begreifen, daß man die dicksten Eisenträger mittels Stichflammen wie Wachs durchsehneiden konnte.) Der Winter hatte sich inzwischen eingestellt, und alles starrte in Schnee und Eis. Die Düna war ganz zugefroren. […Eiebrecher, das sind kleinere Dampfer mit starker Kraft und spitzem, scharfem Vorderteil, durchschnitten das Eis, um den Schiffsverkehr nach der Ostsee möglich zu machen….] An Weihnachten wurde ein kleines Fest von der Kompanie organisiert. Ein schöner Christbaum wurde in einem großen Fabriksaal angezündet, und von den Mannschaften wurden einige Weihnachtslieder gesungen. Nachher gab es eine kleine Christbescherung für jeden Mann. Am folgenden Tag wurde ich zum Unteroffizier befördert. Ich zog nun in die Villa, wo ich in einem Zimmer mit Ofen einquartiert wurde, in dem Schon 2 Unteroffiziere wohnten. Als Schlafstätten dienten Drahtbetten, jedoch ohne Strohsack und Matratzen, so daß man auch nachts angekleidet schlafen mußte. Trotzdem fühlte man sich hier sehr glücklich, dennes war keine Lebensgefahr vorhanden, man konnte trocken und warm wohnen und schlafen. Überhaupt hatte man fast vergessen, daß noch immer Krieg war. Ich hatte nun ais Unteroffizier 2 Mark Löhnung pro Tag. Auch hatte ich, wie jeder Unteroffizier, einen Mann ais Putzer, der meine Kleider in Ordnung hielt, Stiefel putzte, morgens das Zimmer fegte, einheizte und den Kaffee und das Essen holte. Mein Dienst war ungefähr derselbe wie als Gefreiter da ich vorher auch schon Gewehrführer war. Sonntags nahm ich immer bis 1 Uhr morgens Urlaub, um das deutsche Stadttheater besuchen zu können. Es wurden fast immer herrliche Stücke gespielt; am besten gefiel mir »Die Reise um die Weil in 80 Tagen «. [..Ob D. R. sich hier missverständlich ausdrückt? Von einer Bühnenfassung des Erfolgsromans von Jules Verne ist nichts bekannt. Hingegen wurde der Stoff bereits 1914 in den USA verfilmt; möglicherweise meint der Autor dieses Kinostück...] Oft besuchte ich au eh ein Kino, von denen die Stadt viele aufs modernste eingerichtete besaß.

Da es Sonntagabend weder Kaffee noch sonst etwas von der Kompanie gab, ging ich gewöhnlich ins Soldatenheim, wo man mit Mühe und Not einen Teller Bohnen-, Linsen- oder Erbsensuppe erhaschen konnte, fleisehlos natürlich, zu 50 Pfennig. Der Andrang im Soldatenheim war derart groß, daß man fast nicht hineinkommen konnte. An einem Schalter erhielt man für 50 Pfennig einen Teller und eine Marke, die man an der Suppenausgabestelle abgeben mußte. Den Löffel mußte man bei sich haben. Man stellte sich nun der Reihe nach auf. In Schlangenwindungen füllten die Reihen der hungrigen Soldaten fast den ganzen großen Saal aus. Manchmal reichte die Suppe nicht für alle, die letzten bekamen ihre 50 Pfennig wieder zurück und konnten mit leerem Magen weitergehen. So erging es mir auch einmal. Uber eine Stunde war ich in der Reihe gestanden. Endlich war ich fast an der Ausgabestelle angelangt und freute mich sehr auf den Teller heißer Suppe, da es draußen bitter kalt war. Nur noch 2 Mann waren vor mir. Da hieß es: »Die Suppe ist alle! - Mit leerem Mau-en konnte ich gehen, nachdem ich meine 50 Pfennig' zurückerhalten hatte.

In den Cafés und Restaurants der Stadt konnte man nichts zu essen erhalten. Nur schlechtes Kriegsbier oder Tee. Die Bevölkerung litt immer mehr am Lebensmittelmangel. Aus Not und Arbeitslosigkeit gaben sich viele Mädchen und jüngere Frauen der hin, um auf diese traurige Art ihren Lebensunterhalt zu verdienen. Viele andere waren bereits vom russischen Militär bodenlos verdorben und setzten nun ihr Treiben mit den deutschen Soldaten fort. Manche Soldaten, die dieser Leidenschaft verfallen waren, sparten sich von dem bißchen Brot und sonstigen Lebensmitteln ab, um es ihren Mätressen zu bringen. Der Gefreite an meinem Gewehr namens Westenberg hatte auch solch eine Nulpe kennengelernt und brachte ihr von den wenigen Lebensmitteln, die er von der Kompanie erhielt und so notwendig für sich gebraucht hatte. Daß er bei diesem Hungern und schlechten Lebenswandel zum Skelett abmagerte, ist selbstverständlich. Ich warnte ihn oft, fand aber nur taube Ohren, so sehr hielt ihn seine Leidenschaft gefangen.

Ein guter Kamerad, Unteroffizier Kurz, hatte auch ein Mädchen kennengelernt und sich bis über beide Ohren in sie verliebt. Dauernd erzählte er mir von seiner Lola, rühmte ihre Schönheit und Bravheit. Eines Tages traf ich die beiden. Lola war wirklich ein sehr hübsches Mädchen und machte den besten Eindruck. [Ich ging eine Strecke mit ihnen spazieren und trennte mich dann von ihnen ...] Eines Tages erzählte mir Unteroffizier Kurz freudestrahlend, daß er das Ziel seiner Wünsche erreicht habe. Zu diesem Zwecke nahm er Nachturlaub bis zum Wecken. Am folgenden Morgen hatten wir Exerzieren auf einem vor der Stadt gelegenen Sandplatz. Unteroffizier Kurz kam erst, ais wir auf dem Sandplatz ankamen, und meldete sich beim Freiherr von Reißwitz, der an eihnachten zum Rittmeister befördert worden war, zur Stelle. Der Rittmeister, der selber ein sehr ungebundenes Leben führte und von den Mannschaften im geheimen »H----bock« genannt wurde, lachte nur und sagte: »Gut, übernehmen Sie Ihr Maschinengewehr. Sie scheinen anstrengende Nachtarbeit gehabt zu haben. Sie sehen blaß aus.« Zwei Tage später fühlte Kurz, daß er geschlechtskrank war. Er schämte sich, sich krank zu melden, und hoffte, daß ihn der Sanitätsoffizier heilen könne. Gerade das Gegenteil trat ein, sein Zustand wurde immer schlechter. Schließlich mußte er sich doch krank melden und kam ins Seuchenlazarett, von den Soldaten » Ritterburg- genannt. Die Krankheit hatte ihm bereits das Blut verdorben, und zeitlebens hatte er die Folgen zu tragen.

Es wurden überhaupt viele Soldaten geschlechtskrank, so daß jede Woche Appel! durch den Arzt stattfand. Jeder Soldat bekam außerdem eine Schachtel mit Inhalt, um dem Krankwerden vorzubeugen. Die meisten Soldaten gewohnten sich nach und nach dieses Lumpenleben als etwas Selbstverständliches an. Oft hörte ich von der Grabenstra8e reden, Dort sei was los! Ich ging auch einmal, mit einem meiner Kameraden, dem aus Ostpreußen stammenden Unteroffizier Kizmann, nach der so viel gerühmten Grabenstraße. Wirklich, da war etwas los. Ein öffentliches Haus nach dem anderen. Wir beide gingen hinein. In einem größeren Zimmer saß an den Tischen den Wänden entlang alles voll von Soldaten, die Tee tranken. Drei gänzlich heruntergekommene Burschen spielten auf ihren Musikinstrumenten Tänze. Etwa 8 Dirnen drehten sich mit Soldaten im Tanze, dabei die gemeinsten Körperbewegungen ausführend. Fast alle Dirnen sahen infolge ihres liederlichen Lebenswandels sehr schlecht aus, markierten trotzdem heuchlerische Lebhaftigkeit und suchten die Soldaten nach Möglichkeit zu verführen. In einer Ecke stand ein Verschlag; dahinter saß eine alte Megäre und schaute durch den Schalter dem Treiben zu. Wenn ein Soldat mit einer Dirne hinaufgehen wollte, ging er zum Schalter, legte 2 Mark hin und bekam ein Kärtchen. Dieses zeigte er der Dirne, die ihm gefiel und die dann mit ihm hinaufgehen mußte. Dieses Treiben fanden wir beide menschenunwürdig. Es war mir gleich aufgefallen, daß eine der Dirnen gar keinen so schlechten Eindruck machte; auch spiegelten sich auf ihrem Gesicht tiefes Leid und Kümmernis. Kizmann sagte zu mir:»Dieses Mädchen ist nur ungern hier!« Ich antwortete:»Ich habe sie auch beobachtet und habe den gleichen Eindruck.. Da wir unsere Glaser geleert hatten, bestellten wir bei ihr neuen Tee. Sie brachte uns denselben, auch ein Glas für sich, was in diesen Häusern Sitte zu sein schien. Sie setzte sich zwischen uns.

Wir beide fingen ein Gespräch mit ihr an, sie sprach ein sehr gutes Deutsch. Ich sagte ihr offen, daß sie gar nicht hierher passe, und fragte sie, wie es denn komme, daß sie in diese Gesellschaft geraten sei. Sofort auf meine Frage fing sie an zu weinen und drehte dem alten Scheusal, das durch den Schalter die Vorgänge im Saale beobachtete, den Rücken, um so ihr Gesicht und ihre Tränen zu verbergen. Sie erzählte uns nun, immerfort leise schluchzend:» Ich hätte eher an alles Mögliche gedacht, als daß ich in meinem Leben in eine solche Lage komme. Ich stamme aus Petersburg und habe mich vor einem Jahr mit einem russischen Offizier, der hier in Riga stationiert war, verheiratet. Um bei meinem Manne zu sein, mieteten wir eine Wohnung in Riga und lebten sehr glücklich.« Sie brachte vor Weh fast kein Wort mehr heraus. Ais sie sich etwas gefaßt hatte, fuhr sie fort:»Plötzlich setzte die deutsche Offensive ein. Ehe wir uns zur Flucht entschließen konnten, war die Stadt von den Deutschen umzingelt, und mein Mann wurde in Gefangenschaft abgeführt. Da wir die früher im Umlauf gewesenen russischen Rubel verbraucht hatten, waren wir nur noch im Besitze einer Summe Kerenski-Geldes [.unter Ministerpräsident Alexander Kerenskis kurzer Regierungszeit, Juli bis November 1917, in Umlauf gebrachtes Geld..], das nach dem Einmarsch der Deutschen wertlos war. So stand ich allein da, oh ne Geld, nur noch für einige Tage Lebensmittel. Als diese aufgebraucht waren, verkaufte ich alle entbehrlichen Gegenstände, die nur wenige waren, da wir eine möblierte Wohnung gemietet hatten. Jeden Tag lief ich in der Stadt herum, um irgendwo als Stütze, Dienstmädchen oder Stundenfrau unterzukommen. Umsonst, überall erhielt ich den nämlichen Bescheid: Es sei unmöglich, Dienstpersonal zu halten, da nicht einmal für die Herrschaften Lebensmittel aufzutreiben seien. Mit jeder, selbst der gemeinsten Arbeit wäre ich zufrieden gewesen. Da ich die Miete nicht bezahlen konnte, mußte ich die Wohnung, in der ich 50 glücklich mit meinem Mann gelebt hatte, verlassen. So stand ich auf der Straße, ohne Wohnung,ohne Geld, der Verzweiflung nahe. Ich wollte mich vor Verzweiflung von der Dünabrücke hinunterstürzen, doch fehlte mir der Mut. So geriet ich, als letzten Rettungsanker, hierher. Oh habe ich schon gedacht, es wäre besser, ich würde auf dem Boden der Düna ruhen, als so leben zu müssen. Da ich nicht so heruntergekommen bin wie diese schrecklichen Menschen, mit denen ich vor Ekel kaum zu leben imstande bin, werde ich von den Soldaten am meisten begehrt. Sie können nicht glauben, welche Überwindung es mich jedesmal kostet, hinaufzugehen und diesen Schimpf über mich ergehen zu lassen!« Wieder fing sie an zu schluchzen und fuhr fort: »Oh, was würden meine guten Eltern oder mein Mann sagen, wenn sie wüßten, in welchen Verhältnissen ich jetzt lebe! Dabei soll ich ein fröhliches, übermütiges Gesicht zeigen, um m6glichst viel für das alte, schlechte Weib zu verdienen, die mir schon mehrmals gedroht hat, mich hinauszuwerfen, wenn ich ein 50 trauriges Gesicht mache!«- -»Schrecklich!« sagten wir beide. »Gibt es denn keine Möglichkeit, außerhalb dies es abscheulichen Hauses ein Fortkommen zu finden?« - »Ich zermartere mir ständig den Kopf«, antwortete sie, »finde aber keinen Ausweg.« Die arme Frau dauerte uns sehr. Helfen konnten wir weiter nicht, als daß wir ihr jeder von uns 2 Mark schenkten, welche sie dankend annahm. Nun wurde sie wieder von einem Soldaten zum Tanze geholt, der dann gleich mit ihr hinaufstieg. Auf der Treppe schaute sie uns mit einem todtraurigen Blick an. »Siehst du, Richert«, sagte mein Freund, »was hinter dieser zur Schau getragenen Fröhlichkeit steckt. Die junge Frau dauert mich wirklich. Und da gibt es noch Menschen, die sagen, der Krieg sei eine Strafe Gottes. Gott habe den Krieg gewollt' Dies sagen aber nur jene, die eben keine rnilitärpflichtigen Männer und Söhne haben und durch den Krieg finanzielle Vorteile erzielen. [..Wir blieben noch eine Weile sitzen und schauten dem Treiben zu....]

Wir verließen die Stätte des Lasters und gingen in unser Quartier zurück. Unterwegs unterhielten wir uns immer noch über das Schicksal der bedauernswerten jungen Frau. Ja, was ein solch schrecklicher Krieg alles mit sich bringt! Hunger, Todesangst, Nasse, Kälte, Draußenliegen, Läuse, Trennung von der Heimat für die Frontsoldaten, die oft furchtbaren Schmerzen der Verwundeten, die Angst der Daheimgebliebenen um ihre Sohne und Gatten, die Tränen und Schmerzen um die Gefallenen, dann die Tausende von solchen oder ähnlichen Fällen wie der von der bedauernswerten Frau. Wirklich, die Schuldigen an solchem Elend hatten es verdient, mit allen erdenklichen Mitteln langsam zu Tode gemartert zu werden.

Wie ich erfuhr, waren am Güterbahnhof Züge mit Kartoffeln angekommen. Ich hatte nur den Wunsch: Wenn ich doch nur einen Sack holen konnte! Beim Dunkelwerden ging ich hin, gab dein an einem kleinen Nebentor des Bahnhofspostens stehenden Soldaten 5 Mark und bat ihn, einen Sack. Kartoffeln holen zu dürfen. »Machen Sie doch, was Sie wollen, Herr Unteroffizier«, meinte er gutmütig. »Ich sehe Sie einfach nicht! -

Vorsichtig ging ich unter den auf den Geleisen stehenden Waggons durch und kam zu den Kartoffeln, die waggonweise auf Haufen lagen. Ein Soldat patrouillierte um den Kartoffelhaufen herum. Ich mußte warten, bis er am jenseitigen Ende des Haufens war. Schnell hob ich den Sack, der schätzungsweise 1 Zentner wog, auf den Rücken und verlief so schnell wie möglich den Bahnhof. Kaum war ich in einer dunklen Seitenstraße, als mehrere Zivilisten mich anhielten und baten, ihnen doch die Kartoffeln zu verkaufen. Ich wollte davon jedoch nichts wissen, denn ich wollte für eine Zeitlang Vorrat haben, und was ein Sack Kartoffeln wert ist, weiß nur der, der sie lange entbehrt hat. Alle paar Schritte wurde ich gebeten und gequält, die Kartoffeln doch zu verkaufen! Schließlich wurde mir der Sack zu schwer. Auch hatte ich noch eine halbe Stunde bis zu meinem Quartier zu gehen. Zudem fürchtete ich, in den hellerleuchteten Straßen mit dem großen Sack aufzufallen, von Offizieren angehalten zu werden, denen ich dann die Herkunft der Kartoffeln verraten müßte. Ich war eben in diese Gedanken vertieft, als ich wieder von einer jungen Frau angesprochen wurde. »Nun, Soldat, möchten Sie mir nicht Ihre Kartoffeln verkaufen? « - »Was würden Sie mir dafür bezahlen?« fragte ich. »20 Rubel«, antwortete sie. »Cut«, sagte ich, »Sie können die Hälfte davon um 10 Rubel haben.. Ich mußte mit der Frau in die Wohnung kommen, die ganz in der Nähe lag. Die Frau wohnte im 2 Stock. Ihrem Benehmen, ihrer Kleidung und der Zimmereinrichtung nach schien sie eine bessere Dame zu sein. Ich schüttelte die Hälfte der Kartoffeln in eine Kiste. Die Frau lud mich dann ein, auf dem Sofa Platz zu nehmen, und schickte sich an, Tee zu bereiten. Bis das Wasser kochte, setzte sie sich dicht an meine Seite, drückte ihr Knie an das meine und sagte mit einem verheißungsvollen Augenaufschlag zu mir: »Mein Mann ist im Felde! « Ich wußte nun ganz genau, auf welche Weise sie die Kartoffeln bezahlen wallte, tat aber, als hätte ich sie gar nicht verstanden, und meinte: »So hat Ihr Mann dasselbe Pech wie ich! Nun, jetzt, da der Friede nahe ist, wird er bald heimkomme! « Wir unterhielten uns noch eine Weile, sie wagte nicht mehr auf das zuerst begonnene Thema zurückzukommen. Nachdem ich meine Tasse Tee getrunken hatte, sagte sie zum Abschied, ich könne ihr so viele Säcke Kartoffeln bringen, wie ich wolle, sie gebe mir für jeden Sack 20 Rubel. Ich verlief nun mit meinem halben Sack Kartoffeln und den 10 Rubel das Haus, merkte mir genau die Hausnummer und den Namen der Sraße und ging nach der nächsten Trambahnhaltestelle. Dort warf ich meinen Sack in den Wagen und fuhr nach der Düna hinunter. Von dort hatte ich noch eine Viertelstunde zu laufen. Auf der

Dünabrücke ging schwankend eine ältere Frau an mir vorbei, die immerfort leise stöhnte. Ich fragte, was ihr fehle. »Hunger!« antwortete sie mit müdem, todtraurigem Blick. Sie hatte eine größere Handtasche bei sich. Ich stellte meine Kartoffeln auf die Straße und füllte ihre Tasche voll, vielleicht 10 Pfund. Die Frau wurde nicht fertig, mir zu danken. Ich sagte: »Lassen Sie nur, es ist schon gut!« und ging weiter in mein Quartier. Ich kochte in jener Nacht noch ein Kochgeschirr voll, das ich dann mit meinen beiden Zimmerkameraden aß.

Ich hatte mir vorgenommen, in der folgenden Nacht Kartoffeln am Bahnhof zu holen und zu der Frau zu bringen, denn 20 Rubel pro Sack war ein lockender Verdienst. Ich nahm Urlaub bis 12 Uhr, um möglichst viele Säcke abschleppen zu können .Als ich an das Bahnhofstor kam, stand derselbe Soldat wie in der vorigen Nacht Posten. Ich versprach ihm für jeden Sack, den er mich passieren ließe, 3 Mark. Er war sofort einverstanden. Ich ging gleich an den Kartoffelhaufen, lud einen Sack auf den Rücken und wollte ihn wegtragen. Kaum war ich einige Schritte gegangen, als ich an der Schulter gefaßt wurde. »Halten Sie mal!« befahl eine Stimme. Ich blieb stehen und ließ den Sack zu Boden fallen. »Was haben Sie hier?" fragte mich der Pionier Unteroffizier, denn ein solcher war es, in Begleitung von 2 Mann, die sogenannte Kartoffelpatrouille. »Kartoffeln«, antwortete ich. Ich mußte nun mit ihnen nach dem Wachlokal gehen. »Ich muß Sie bei Ihrer Kompanie melden«, meinte der Unteroffizier. »Hör mal, Kamerad, ich will Ihnen was erzählen«, sagte ich. »Daß man nicht zum Vergnügen Kartoffeln hungern, wissen Sie auch. Es blieb mir nichts anderes übrig, ais auf diese Weise meine Lage etwas zu verbessern. Wenn Sie mich melden, werde ich vielleicht bestraft. Dies wäre das erstemal in meiner bis jetzt über vierjährigen Militärdienstzeit. Außerdem liegt meine Heimat in dem von den Franzosen besetzten Teil des Elsaß, so daß es mir unmöglich ist, von dort Geld oder Pakete zu bekommen. Denken Sie sich mal in meine Lage, Kamerad!« schloß ich. » Ja, das ist allerhand«, meinte nun der Pionier Unteroffizier. »Wissen Sie was? Nehmen Sie einfach den Sack mit, aber lassen Sie sich nicht erwischen!« Dann gab er mir die Hand zum Abschied. Ich ging zu meinem Sacke, hob ihn wieder auf die Schultern, gab im Vorbeigehen dem Posten 3 Mark, trug den Sack wieder zu der Frau und ging dann mit meinen 20 Rubel ins Kino. Ich getraute mich nicht mehr, nochmals auf Kartoffelraub zu gehen. Meine Kartoffeln, die ich im geheizten Zimmer liegen hatte und die gefroren waren wie Stein, waren in 2 Tagen durch und durch faul, so daß nichts mehr davon zu genießen war.

Die Gedanken aller Soldaten waren nur darauf gerichtet, Lebensmittel auf jede erdenkliche Art zu beschaffen. Einmal hatte ich die Aufsieht bei den Kartoffelschalen in einem Raum, neben dem die Feldküche stand. Etwa 20 Soldaten waren damit beschäftigt, einen großen Korb voll Kartoffeln zu schalen. Als die Schälerei zu Ende war, fehlte über die Hälfte der Kartoffeln. »Hört, Soldaten! Was ihr da treibt, ist übertrieben!« sagte ich. »Raus mit den Kartoffeln, oder ich bin gezwungen, eure Taschen zu untersuchen!« Alle machten die unschuldigsten Gesichter, keiner wollte eine Kartoffel haben. Ich untersuchte ihre Taschen, und, 0 Wunder, ich fand keine einzige. lch untersuchte den ganzen Raum, keine Kartoffel kam zum Vorschein. Ich konnte nicht klug werden aus der ganzen Geschichte und ließ die paar Kartoffeln zur Feldküche bringen. Der Koch war mit dem geringen Quantum nicht zufrieden, aber da war nichts zu machen. [Ich bemerkte in den Gesichtern mehrerer Soldaten ein ganz heimlichen Schmunzeln, welches mir bewies, daß sie doch im Besitze der fehlenden Kartoffeln sein müssen. Ich ging nochmals in den Schälraum mit demselben Resultat Nichts, gar nichts war zu finden…] Am folgenden Tage sagte mein Putzer zu mir, wenn ich nichts sagte, teile er mir den Verbleib der Kartoffeln mit. Ich war sehr gespannt und versprach zu schweigen. »In dem Schälraum befindet sich eine Treppe, die mit Brettern verschalt ist. In den Bretten. befindet sich ein Loch in der Größe einer mittleren Kartoffel. Da hinein werden die Kartoffeln gesteckt. Damit Sie nichts merkten, stellten sich beim Schalen mehrere Mann davor. Als Sie dann weggegangen waren, wurde eines der Bretter losgelöst und die Kartoffeln herausgenommen und verteilt.« Ich mußte nun doch über die Schlauheit der Soldaten lachen. Sie hatten das oft wiederholte Sprichwort befolgt: »Not kennt kein Gebot.« Und ich konnte ihnen nicht zürnen.

Einmal kam ich abends zufällig in das Wohnzimmer meiner Besatzung. Ich staunte nicht wenig, denn die Leute waren eben dabei, einen großen Kochkessel voll Fleisch zu verzehren. »Donnerwetter! Wo habt ihr denn das Fleisch her?« Sie sahen einander an und lachten und luden mich ein mitzuhalten. Ich konnte immer noch nicht verstehen, woher das Fleisch kam. Auf dem Tisch saß ein Westfälinnen, der ein ganz unangenehmes Gesicht mit roten Triefaugen hatte. Mit beiden Händen hielt er ein Stück Fleisch, biß ab und kaute mit vollen Backen. Ich mußte an die Kannibalen denken, ais ich ihm so zusah. »Weißt du, Richert«, sagte er, »ich habe gestern abend in den Straßen mit der Pistole einen graßen Hund geschossen. « Damit zeigte er mit dem Finger in den Kessel. Also Hundefleisch allen sie. Also so tief sind die Soldaten schon gesunken, daß sie Hundefleisch verzehren!

Wenn ich alleine bei meiner Besatzung war, wollte ich nicht haben, daß mich die Leute mit »Herr Unteroffizier« ansprachen. Nur wenn Offiziere in der Nähe waren, mußten sie es natürlich tun. Der Rittmeister horte einmal, daß ich mit einem Soldaten perdu sprach. Sofort ließ er mich auf die Schreibstube kommen und kanzelte mich gehörig ab. Ich müsse meine Autorität bewahren, meinte er. Ich dachte: Wenn dich nur der Teufel hole, mit deinem verfluchten Autoritätswahn!

[...Eines Tages war ich Unteroffizier vom Dienst. Als ich eben durch den Hof ging, rief der Schütze Anton Schäfer, der ein heller Rheinländer war, in seinem unverfälschten Dialekt: „ Unteroffizier Rischert, kommen´s hei!" Als ich hinging, fragte ich:„ Was ist denn les Tünnes?"(rheinischer Asdruck für Anton). „Der H....bock will di uff Schribstube sprä- scha" (sprechen)". Ich mußte natürlich auflachen. Selbst als ich vor dem Rittmeister stand, konnte ich mich nur mit größter Mühe beherrschen, ihm nicht ins Gesicht zu lachen. Er merkte es und sagte: „Ihnen muß etwas Angenehmes über die Leber gelaufen sein, daß Sie ein solches Grinsen im Gesicht haben!" Lachend antwortete ich: „ Jawohl Herr Rittmeister". Er gab mir nun die Befehle für den Tag, wonach ich verschwand. ...] Eines Sonntag nachts veranstaltete die Kompanie ein Fest im Lettischen Vereinshaus. Es ging recht fidel zu. Es gab pro Mann 6 Glas Bier, um Mitternacht 2 Würstchen mit Kartoffelsalat, nachher in der Feldküche gekochten Tee mit viel Rum. Acht Musikanten der Regimentsmusik spielten zum Tanz auf. Mädchen waren in Mengen vorhanden, und bald wirbelte alles, was einigermaßen tanzen konnte, in dem großen Saal herum. Da ich früher gerne tanzte, ließ ich diese Gelegenheit nicht vorübergehen und walzte gehörig drauflos. Schmunzelnd schaute der Rittmeister dem Treiben zu. Ais ich an ihm vorbeiging, sagte er zu mir: »Sie tanzen auch, Richert? Ich dachte immer, Sie seien so ein Marienjunge! « - »Ach, Herr Rittmeister, lustig in Ehren kann doch keiner verwehren! « antwortete ich und dachte im Stillen: Riech dran, H---- bock! [Einmal hatte die Kompagnie ein Scheinangriffgefecht außer halb der Stadt. Der Rittmeister verlangte nun, daß jeder Feldwebel, Sergeant und Unteroffizier den Verlauf des Gefechtes niederschrieb und ihm abgab. Gesagt, getan. Am folgenden Tage mußten wir alle zu ihm in seine Wohnung gehen. Jedes einzelne Schreiben las er laut ver. Gespannt wartete ich auf meinen Gefechtsbericht, dann er kritisierte oder lobte jeden Verfasser des Schreibens. Als alle verlesen waren, hielt er nur noch mein

Schreiben in der Hand. „Hier ist noch der Gefechtsbericht des Unteroffiziers Richert. Um es kurz zu sagen, war ich völlig Überrascht. Keiner von allen hat den Verlauf des Gefechtes so erfassen und zu Papier bringen können wie Richert. Sie sind doch von Beruf Landwirt, nicht wahr Richert? Von Ihnen hätte ich das nicht erwartet. Haben Sie den Bericht wirklich alleine geschrieben?" „ Jawohl, Herr Rittmeister!" antwortete ich. Da gab er mir zwei gute Zigarren. „ Richert.Sie bleiben noch einen Augenblick hier. Die anderen können gehen. Horchen Sie Richert, Sie melden dem Feldwebel, daß Sie auf meinen Befehl morgen dienstfrei haben. Dafür schereiben Sie mir Ihren Lebenslauf seit Sie Soldat sind nieder und geben das Scheiben sofort an mich ab!" Dann konnte ich gehen. Ich dachte, bei mir, „dar Rittmeister scheint doch nicht überzeugt zu sein, daß ich den Gefechtsbericht alleine geschrieben habe!" Ich schrieb nun am folgenden Tag meinen Lebenslauf als Soldat nieder und brachte denselben in die Wohnung des Rittmeisters. Als er ihn durchgelesen hatte, sagte er: Nun bin ich überzeugt, daß Sie den Gefechtsbericht alleine geschrieben haben, über haupt haben Sie in diesen Kriege Schhweres mitgemacht und haben Ihre beiden Auszeichnungen wohl verdient. „ Dann bekam ich von ihm noch 2 Zigarren und schob ab. Von da ab konnte ich merken, daß ich beim Rittmeister, der mich ja immer gut leiden konnte, eine sehr feine Nummer hatt---] Oft hieß es, daß unser Regiment nächstens nach der Westfront transportiert werden würde. Uns allen graute davor. Doch die Zeit verging, und immer blieben wir noch in Riga.

Am Sonntag, dem 18. Februar 1918, hatte ich wieder Nachturlaub bekommen und kam mit mehreren Kameraden um 1 Uhr morgens aus dem Deutschen Theater nach Hause. Gleich legte ich mich schlafen. Schon um 3 Uhr wurde ich vom Kompaniefeldwebel Laugsch geweckt, ebenso mein Zimmerkamerad Kizmann. » Horen Sie«, begann der Feldwebel, »die Friedensverhandlungen mit den Russen sind gescheitert und abgebrochen. Wir müssen eine neue Offensive machen. Ihr beide sollt mit dem Leutnant Herbst mit der Bahn sofort bis zur Endstation Hinzenberg fahren und dort an der Aa für die Kompanie Quartiere machen, die zu Fuß dahin marschieren und bei Anbruch der Nacht dort ankommen wird.« Brrr! Mir lief eine Gänsehaut um die andere über den Rücken. Jetzt bei dieser Kalte und diesem hohen Schnee eine Offensive machen! Unsere Führer schienen verrückt geworden zu sein. Nun hatte das schöne Leben in Riga ein jähes Ende gefunden. Wir packten unser Hab und Gut in den Tornister, schwangen denselben auf den Rücken und gingen zur Bahn. Mir graute furchtbar vor der Zukunft, denn ich wußte nicht, daß die Russen keinen Widerstand leisten würden. Mit Tagesanbruch hielt der Zug in Hinzenberg. In dem sehr schönen, an der Aa gelegenen Schlösse Semneck machten wir Quartier für Pferde und Mannschaften. Als der Abend kam, wurden wir vom Divisionsstab, der sich in dem Schloß einquartierte, einfach rausgeschmissen. Alle Hauser und Hütten in der Umgebung waren mit Mannschaften und Pferden vollgestopft, nirgends war ein freies Plätzchen. Da fanden wir im Wald einige alte Unterstände ohne Tür und Fenster, das Innere steinhart gefroren, aber schneefrei. Die Kompanie, die eben todmüde vom Marsche ankam, schimpfte furchtbar auf uns schlechte Quartiermacher. Aber in Wirklichkeit konnten wir doch nichts dafür. Die Pferde wurden dicht zusammengestellt an die Baume gebunden und mit Decken zugedeckt. Die Mannschaften setzten sich in den kalten Unterständen so dicht wie möglich zusammen und deckten sich mit Decken und Zelten zu. Gegen Morgen gab's derart kalte Füße, daß mehrere aufstanden, Tannenreiser sammelten und Feuer machten. Wir alle hatten große Sehnsucht nach unseren Drahtbetten in Riga. Bei Tagesanbruch wurden von der Feldküche Kaffee und Brot empfangen. Wie köstlich so ein Trunk heißen Kaffees schmeckte: Wir wurden alle wie neu belebt. Wir mußten nun antreten, die Pferde wurden vor die Maschinengewehrwagen gespannt, und vorwärts, Marsch, ging's einer ungewissen Zukunft entgegen.

Die Offensive gegen die Bolschewisten-Besetzung der baltischen Provinzen Livland und Estland

Nummer 10 auf der Karte

Durch den knirschenden, hartgefrorenen Schnee marschierten wir nach dem Aa. Mit Mann, Roß und Wagen setzten wir über das Eis, des etwa 40-m- breiten Flüßchens. Bei Rothenpois-Kussau erreichten wir die Hauptstrarße Riga-St.Petersbure und wandten uns naeh Norden, den Rus-sen entegen. Am Mittag vurde Halt gemacht. Die kompagnieführer mußten zum.Regimentskommandeur Befehle empfangen, Der Rittmeister ließ nach seinem Zurückkommn die Kom-pagnie um ihn antreten. „Soldaten", fing er an, „Die Ritter-und Groß-bauernschart der balrischen Provinsen
..Livland und Estland. hat an seine Majestät gebeten . sie van den bolschewistischen Horden zu hefrsien. Also vorwärts Soldaten, zur Befreiung von Livland und Estland! Mein ersten Gedanke war: Befrei end Das wird wieder eine schöne Bafreiung abgeben! In wirklichkeit sollte der Befehl heißen "Die Arbeiter und Kleinbauern Livlands und Estlands, denen es gelungen war sich einige Tage von dem Joch der Adeligen und Großgrundbesitzer , welch letztere von je her die Bevölkerung aufs gemeinste susbenteten und während des Krieges als Generäle und Offiziers um hohe Bezahlung die aus den unteren Schichten der Bevölkerun, gewalteam rekrutierten Soldaten zu Tausenden in den Tod jegten, münsen nun von deutschen Militarismus nach kurzer Freiheit auf des neue unterjocht und dem Hunger und Elend ausgeliefert werden " Überhaupt warfen die Deutschen bei jeder Gelegenheit mit dem Wort " Befrein" nur so umher! Mich wunderte nur ,daß sie nicht schrieben : Sie wollten Frankreich von den Frangesen und England von den Engländern befrei an! Obwohl man allerlei hörts, konnte man sich doch von den jetzigen Zuständen in der russischen Armee kein Bild machen. Wir marsrchierten durch einen großen Wald. Am Ende desselben führte die Straße durch einen tiefen Einschnitt, Hier war die Straße fiber 6 m hoch voll Schneegewehrt, sodaß ein Weiterkommen für die Fahrzeuge unmöglich war. Im hintergrunde sahen wir ein weit herDörfchen liegen strautes, davor soin etwa llte die Stellung der Russen sein , in etwa 1 1/2 km Entfernung. Man sah nur einen dunklen Streifen im Schnee, den oberen Teil des fast gang eingeschneiten russischen Drahtverhaues. Wir mußten die Dunkelheit abwarten, dann mußte alles , was einen Spaten hatte, Schnee schippan, um die Straße freizukommen. Es war mindestans Mitternacht als wir mit

dieser Arbeit fertig waren. Den Rest dar Nacht verbrachten wir im tiefverschneiten Wald. An Schlaf war der Kälte wegen wenig zu denken. Alles trampelte herum und schlug mit den Händen um sich, am sich etwas zu erwärmen. "Morgen früh müssen wir die ruesische Stellung angreifen! " schieß es. Alle waren sehr niedergeschlagen. Bei Tagesanbrüch gab es heißes Essen und Kaffes von der Feldküche. Dann mußte sich die Infanterie am Waldrand in Schützenlinien aufstellen. Wir selbst mußten die Maschinengewehre und Munitionskasten von dem Maschinengewehrwagen herunternehmen und uns verteilt in der Infantrieschützenlinie aufstellen. Ich schärfte meiner Besatzung ein , bei zu starkem Feuer der Russen, sich sofort hinzuwerfen und sich mit Rändern und Beinen in den tiefen Schnee einzuwithie, im as vort den Ressen ..sen gar nicht gesehen werden. zu können. Es war ein klarer, kalter Wintermorgen. Als die Sonne sich im Geten zeigte, hieß es: " Vorwärts, Marsch!" Wir gingen zum Wald hinaus , lange Reifen durch das Schneefeld bildend. Von der russischen Stellung fiel kein Schuß. 'Ob sie uns noch nicht gesehen haben oder ob die Stellung verlassen ist" dachte ich. Da sah ich auf dem Schnee hinter dem russischen Drahtverhau dunkle Funktz, zuerst einzeln, dann immer mehr. Ich nahm mein Fernglas und schaute hinüber. Es varen die Köpfe der Russen, die mit großen Pelzmützen bedeckt waren. Laugsam rückten wir näher heran. Meine Mannschaften fingen an zu schwitzen, denn es war nicht so einfach, die schwere Last zu schleppen, da man jeden Schritt bie über Knie in den hohen Schnee ainsank. Wir waren nun schon nahe an die russiche Stellung gekommen. Kopf an Kopf schauten uns die Russen an. Ich hob meinen freien Arm und winkte ihnen wie run Gruß. Sofort kamen drüben viele Arme in die Höhe, die uns lebhaft zuwinkten. Kein einziger Schuß fiel, weder hier noch dort. Auf der in der Nähe durch die russische Stellung führenden Straße war der Dreahtverhau entfernt. Dort kamen die. Russen zuerst einzeln, dann in Massen zu uns gelaufen, mit hoch erhobenen Händen" Alles auf der Straße sammeln!" riefen unsere Offiziere. Alles wandte sich der StraBe zu. Dort angekommen, stellten wir unser Gerät zu Boden. Die Russen marschierten nun vor uns vorüber. Alles waren junge Burschen, kaum 2o Jahre alt, aber alle hatten ein gutes Aussehen. Die älteren Russen hatten sich geweigert im Graben zu bleiben, zum Teil waren sie nach Hause surückgekehrt, zumTeil trieben aie sich in den hinter der «Front gelegenen Städten und Dörfern herum. Wir marschierten weiter, Zuerst eine Eskadron Huseren zu Pferd, dann ein Bataillon Infantrie, dann unsere Maschinengewehrkompagnie. Zuerst kamen wir durch einige gänzlich verlaseens Dörfer. In einem derselben wurde Halt gemacht und die Nacht zugebracht. Wir schliefen in Stuben, Ställen und Scheunen, auf den alten Stroh, das früher den Russen ais Lager gedient hatte. Die Folge war, daß wir alle wieder voll von Läusen hingen. Das war nicht so schlimm, denn wir waren die lieben Tierchen längst gewöhnt, und wenn, man fest kratzte, bekam man ein bißchan warm. Den nächsten Morgen ging es in derselben Marschordnung weiter. Unterwegs kamen viele Soldaten in russischer Uniform an uns vorbei. Wir alle glaubten es seien Russen, es waren aber deutsche Gefangene, die von den Belschewlsten freigelassen worden waren und gehen konnten, wohin sie wollten. Ein groß... schnauziger Berliner meinte: "Ich hab' die Nesse vollt Seit 14 in Gefangenschaft!" Dabei hatte er ein sehr gutes Aussehen und schien absolut keinen, Mangel gelitten zu haben. Ich dachte be mir:"Jetzt kommt ein paar Wochen nach Berlinin Urlaub, dort bekommt er vom Hunger die Neese noch mehr voll. Dann fliert er wahrscheinlich nach der französischen Front und dort wird ihm die Nesse sicher übervoll!: Gegen Abend näherten wir uns dem Städtchen Wolmar, wo wir gleich in den ersten Häusern Quartier bezogen. Da hörten wir im Städtchen einige Schüsse fallen. Müde legten wir uns hin und schliefen bald ein. Am folgenden Tag war Ruhetag. wir blieben in Wolmar. Ich ging mit mahraren kameraden in das Städtchen. Von weitem sahen wir an einer Stelle viele Soldaten zusammenstehen. Wir gingen auch hin und drängten uns duch die Menge. Welch ein Aublick bot sich uns! 6 erschessene Menschen lagen da am Boden, alle in russischer Soldarenunniform, einen Lattenzaun entlang. 2 lagen gänz zusammengekauert, in der Stellung, die sie in der Todesangst singenommen hatten. Der eine saß mit dem Rücken an den Zaun anagelehnt im Schnee. Ihm war mit einam Säbelhieb der Kopf von Ohr zu Ohr bis auf das Kinn gespalten. Das Gesicht hing auf die Brust herunter, während der Hinterkopf in die Höhe stand, Einantsetzliches Bild! Schaudernd wandten wir uns ab und gingen weiter, um wenn möglich Lebensmittel zu kaufen. Von weitem sahen wir, daß auf dem Marktplats mehrere Mann gshenkt worden waren. Wir gingen hin und betrachteten diese grausige Tatsache. Im ganzen hingen 5 Mann da, 4 junge und ein älterer, das waren schon welche von denen, die von den Deutschen befreit wurden, natürlich nur von ihrem Leben! Alle 5 hingen sie da, Arme, Hände, Beine und Füße schlaff herabhängand. Alle hatten den Kopf etwas sur Seite geneigt und hatten die Zungenspitze schräg zwischen den Lippen liegen. Neben ihnen lag im Schnee eine erschossene Freu auf dem Gesicht. Ihre Füße waren nur mit Strümpfen bekleidet. Die Schuhe waren ihr wahrecheinlich während der Nacht gesichlem worden. Eine ältere Frau stand weinend an einer Hausecke. Als sich der

Schwarm der Gaffer etwas versagen hatte, ging die arme Frau zu einem der Gehenkten und laut weinend strich sie ihm wie liebkesend das Hosenbein hinunter. Die arm bedauernswarte Mutter dauerte mich ins Hers hinein. Aber es wae nichte zu machen. Aber es war nichts zu machen.

Auf dem Marktplatz standen eine Menge russische Kanonen, die einfach in Stich gelassen worden waren. Da in der Stadt keine Lebensmittal su kaufen waren, ging, ich mit Untereffizier Kipmann nach einem in.der Nähe liegenden Fauernhof. Die Leute verstanden Deutsche und gaben uns Milch, Kartoffeln und Brot, rohes Schwarzbrot. wie es in jener Gegend überall in Gebrauch war. Wir fragten nun, was das denn für Leute seien. die auf dem Marktplatz aufgehangen neien. Die Leute waren jedoch vorsichtig und wollten zuest nicht raus mit der Sprache. Als wir ihnen sagten, daß sie von uns nichs zu befürchten hütten, erzähten sie, daßdie Gehenkten Bürger des Städtchens seien. Zwei davon seien vor wenigen Tagen aus der Armes heimgekommen. Alle fünf seien als friedliebende Leute bekannt gewesen und hätten nicht das Geringate verbrochen. Die tote Frau sei die Mutter des einen, die einen, die sich verzweifelt gegen die Hinrichtung ihres Sohnes gewehrt hatte. Die Husaren hätten einfach die erstbesten fastgenommen und aufgehängt.als abschreckendes Beispiel. Wie furchtbari! Ob diese Aussagen stimmten, wieß ich ja nicht, halte sie aber für möglich.

Am folgenden Norgen ging es weuter. Als wir am Markplatze vor beikamen, hingen die armen Menschen immer noch. Wir marschierten den ganzen Tag. Oft kamen früher von den Russen gefangene deutsche und österreichische Soldaten an uns vorüber. Die meisren Österreicher sahen sehr mißmutig aus. Sie wären wahrscheinlich lieber in Gefangenschaft geblieben. als wahrscheinlich nochmals an eine Front zu kommen. Es war sehr schlecht zu marschieren auf den spiegelglatten Straßen. Fast immer rutschten die hinteren Räder der Fahrzeugs zur Seite. Am nächsten Abend wurden wir in einem an der Straße gelegenen, größeren Gutschofe einquartiert. In dem Gute hielten sich viele Flüchtlinge auf. Als ein Feldwebel nach einem alleeinstehenden kleinen Stall ging um nachzusehen, ob dort für einige Pferde Platz sei, fingen die Flüchtlinge wie verrückt zu heulen und jammern an. Wir wußten gar nicht weshalb. Bald wußten wir warum, denn in dem Stalle fand der Feldwebel die Leiche eines älteren, vornehm gekleideten Herrn. Die Flüchtlinge hatten Todesangst, wir würden sie Täter ansehen und erachießen. Wir ließen sie jedoch in Ruhe, worüber sie sehr glücklich waren. Tags darauf ging es wieder weiter. Die Gegend war hier ziemlich dicht besiedelt, die Häuser besser gehaut als sonst und die Einwohner ziemlich sauber angezogen. Auf beiden Straßenrändern sowie in den Straßengraben, lagen viele krepierte, russische Pferde, die zum Teil unter dem Schnee legen. Da sahen wir im Hintergrund eine Stadt liegen, welche Walk hieß. Die Husaren ritten veraus. Soweit man nach rückwärts die Straße sehen kommt war sie mit deutscher

    Infanterie, Kavallerie, Artillerie , Maschinengewehrkompagnien und Bagagen . Plötslich sahen wir Kolonnen russischer Soldaten aus der Stadt kommen. Wir wußten nicht, was das zu bedeuten hatte. " as wehr frei! " schrie der Rittmeister. Wir rissen die Maschinengewehre von den Wagen herunter und brachten sie links sie links und brachten sie links und rechts von der Straße auf einer kleinen Anhöhe in Stellung. "Geladen, Visier 900! " komandierte der Rittmeister, " Sobald von drüben Schüsse knallen, sofort Dauerfeuer auf die Kolonne abseben!" Mir wurde ganz gruselig debei, wenn ich daren dachte, welches Unheil unser Maschinengewehr in der Kolonne anrichten würde. Jedoch kein Schuß fiel. ich glaubte schon einige Male Klängs einer Musik zu hören. Wirklich Jetzt hörten wir deutlich eine russishe Regimentsmusk spielen. Unglaublich, Es war ein russisches Infantrieregiment, welches mit Musik freiwilligin unsere Gefangenschaft kam. Die Mannschaften lachten und winkten uns zu, als sie an uns vorbeimarschierten. Hinterher folgten nach mehrere hundert Soldaten, die mit Wagen und Pferde in die Gefangenachaft kamen, Überall auf den Feldern liefen halbverhungerte russischs Militärpferde herum, welche die Rinde von den Bäumen sowie die gefrorenen Zweire der Gebüsche fraßen. Kein Mensch kümert sich um die armen fiere.

    Plötslich hörten wir in der Stadt eine gewaltire Explösion. Alles erscchrak und schaute nach der Stadt hinüber. Eine mächtire. schwerse Wolke war in die Böhe geschessen, viele Gerenstände, die man der Entfernung wegen nicht erkennen flogen under. Wir erfuhren dann, daß die in Walf liegende Munitiensfabrik in die Luft geflogen sei. Wir marschierten nun in die Stadt. Tausende österreichisehs kriegegefabgene standen auf beiden Seiten der Straße und schauten unserem Einmarsch zu. Ich sah unter ihnen wenige fröhliche Gesichter.

    Sie waren alle von den Bolschewisten freigelassan worden und wurden nun erneut unter den deutsch-österreichischen Militarismus gesteckt. Die Einwchner sahen unserem Einzug mit gemischten Gefühlen entgegen und fürchteten sich bereits vor dem sicher kommenden Eunger .Auf dem Platze vor der Kirche hatten die Husaren wieder zwei Mann aufgehängt.Weshalt, hat man nie erfahren . In Wal wurden wir einquartiert. En war kalt in den Zimmern, da durch die gewaltige Explosion fast alle

Fensterscheiben in Brüche gegangen waren. In Walk standen viele russische Kanonen auf den Straßen und Plätzen. Die ruessischen Soldaten verweigerten einfach den Gehorsan und liefen davon. Auch wurde am ersten Abend unserer Ankunft ein großen tussisches Lebensmitteldepot, des aus mehreren großen Baracken bestand entdeckt, Alles ging dahin um sich Lebensmittel zu besorgen. Ich ging auch mit 3 Mann meiner Besatzung hin gleich die Baracken hinein. Auf einer Seite standen eine Menge kleinere Kisten, in denen sich Kerzen befanden. Auf der anderen Seite standen hohe Stöße Konservenbüchsen in Kisten verpackt. Im Eintergrunde waren viele Kisten mit Zucker, oben darauf ebenfalls eine Menge Säcke mit Zucker gefüllt. 2 Mann beluden sich mit je einer Kiste Konservenfleisch, der dritte nahm einen Sack Zuker auf den Rücken, während lch für die Beleuchtung sorgte und eine Kiste Kerzen mitnahm. Es ging wie in einem Taubenshlag aus und ein und die Barscken leerten sich schnell. Kaum waren wir mit ungserer Beute weg, als mehrere Offiziere auf der Bildfläche erschienen. Die Soldaten wurden und Posten vor Eingänge der Baracken gestellt. Uns war 's gleich, denn wir hatten unsere Beute in Sicherheit. Gleich wurde von erbeuteten Konservenfleisch gekocht und von uns 5 Mann ein unglaubliches Quantum vertilgt. Der Kaffee wurde derart gezuckert, daß er süs wie Honig und Klsbrig war. Am folgenden Morgen ging ich in den Hof einer neben unserem Quartier sich befindlichen Fabrik. Hunderte russischer waren hier zusammengetrieben worden. Von Futter war keine Rede, kein Halm Stroh, noch viel weniger. Heu war da. Die armen Tiere fraßen sich gegenseitig die Schwang und Mähnenhaare ab, um ihren Hunger zu stillen. Einige kleinere Wagen, die auf einer, Seite des Hofes standen, wurden bis auf das Eisen von den bedauermowerten Tieren gefressen. Wo Holz vorhanden wurde es zernagt und gefressen. Neben der Fabrik waren unsere Haschinengewehrpferde in einem Stall untergebracht. Ich ging hinein und holte aus der Raufe elnen Arm voll Heu, um es den armen Beutepferden zu. bringen. Als ich zum Tor hineinkam und die Tiere das Heu sahen, kamen sie von allen Seiten auf mich losgaloppiert. Mir wurde ganz bange, ich ließ das Heu fallen und flüchtete zum Tor hinaus. Die Pferde biesen sich gegenseitig um das Bißchen Heu, das irn Nu verschwunden war. Mit flehendem Blick sahen sie mich an, als wollten sie sagen ihne doch mehr zu holen was mix unmöglich war, denn ftir unsere Pferde war, denn für unsere Pferde war fast nichts zum Fressen vorhanden. Am Nachmittag ließ mich der Kompagniefeldwebel zu sich kommen. "Richert," sagte er, " die Kommandantur von Walk hat eben 2 Unteroffiziere und 6 Mann verlangt, die aufs Land geschickt werden sollen, zu welchem Zweck, weiß ich nicht. Hätten Sie Lust dazu Richert?"

…Ich antwortet "Warum denn nicht, Herr Feldwebel.» Herr Feldwebel. " Also ging ich mit Unteroffiezier Langer und 6 Mann zur Kommandantur und dort. Wir mußten nochmale ins Quartier zurück, um unsere Sachen zu helen. Außerdem mußte jeder mit Karabiner und Selbstladepistole bewaffnet sein. Auch mußte genügend Munitionmit genommen werden. Als wir wieder auf der Kommanantür ankamen, wurden eben 2 Russen hergefürth, die Bolschewissen sein sollten. Die beiden Menschen machten einen ganz guten Eindruck, auch verstanden sie kein Wort deutsch. Ich hörte, wie ein Offozier zu ihnen sagte: " Wartet nur, ihr Schweine, morgen kriegt ihr kalte Füße! " Diese beiden armen Menschen waren auch " befreit"! Unteroffizier Länger erhielt nun den Auftrag, nach Schloß Rollershof zu fahren, um die Bewohner des Shlesses gegen die Bolschewisten zu schützen. Ich selbst bekam mit meinen 3 Mann den Befehl, nach dem Schloß Ermes zu fahren, das auf dem Schloß wohnende Fräulein, den Pastor auf Pasterat Ermes; den Lehrer und Bahnhofaversteher zu schütsen, Bolschewisten oder bolschewistisch gesinnte Personen zu verhaften und nach Walk zu bringen. Ferner im Dorf Ermes und Umgebung die sich im Besitz der Bevölkerung befindlichen Waffen zu sammeln. Das war allerhand verlangt. Beschützen, verhaften, dazu noch Waffen sammeln und das alles mit einer Streitmacht von 3 Mann! Von der Kommandantur wurden mehrere Bauern mit ihren Schlitten und Pferden requiriert, die ständig auf der Kommandantur bereit standen zum sofortigen Gebrauch. Unteroffizier Langer sowie ich bekamen jeder eine Karte, auf der jedes Gehöft und alles in der Gegend genau aufgezeichnet war. Wir bestiegen nun die Schlitten und les ging"s: Kaum hatten wir die Stadt verlassen, als wir durch einen nicht enden wollenden, verschneiten Tannenwald fuhren. Vor dem Schlitten war ein kleinen, struppiges Pferd gespannt, welxhes mit einer unglaublichen Ausdauer immerfort trabte. Über dem Hals des Pferdes wölbte sich ein hölzerner Bogen, darunter hing ein Glöckchen , des immerfart klingelte. Neben mir saß der Bauer in Pelzmantel und einer hehen Pelzmütze. Ich dachte bei mir, alles zusammengenommen, ein echt russischen Bild, wie ich sie schon früher in Kalendern gesehen habe.Nur eines fehlte, die Wölfe! Ich glaubte zuerst, daß der Bauer kein Wort Deutsch verstehen würde. Auf einmal fing er ein Gespräch mit mir an. Ich gab ihm gleich eine Zigarre, nahm selbst eine und zündete beide an. Ich fragte ihm, wie weit das Dorf Ermes von der Stadt Walk entfernt sei. " 22 werst" , sagte der Bauer, das sind etwa 25 km . Wir kamen durch mehrere Dörfer. Die Einwehner staunten uns an, denn waren die ersten wir

…Deutschen , die sie zu sehen bekamen. Fast in jedem Dorf stand ein schönes Schloß. Dort wohnte gewöhnlich der Herr Baron oder Herr Barron oder weiter im Süden. Auch waren die Leute anständig gekleidet. Gegen Abend kamen wir ins Dorf dem Schloßfräulein. "Gnädiges Fräulein, seien verreist ", sagte mir der Verwalter. Um es kurz zu sagen, war ich erfreut darüber. Sofort bratete die Schloßköchin einen ganzen Stoß Schweinskotelette für uns. Der Bauer, der uns hierhergebracht hatte , und der gleich wieder in der Dunkelheit zurückfahren wollte , mußte nun auch mitessen waren für uns etwas ganz Neues. Die Folge war überladener Magen, dann Durchfall. Das Schönste dabei war, daß keiner von uns den anderen auslachen konnte, dann es ergine allen gleich. Am selben Abend noch liegen wir uns von einem Jungen zur Schule führen. Ich klopfte an, keine Antwort. Ich klopfte stärker, da hörte ich drinnen jemand auf Lettisch etwas sagen. Ich antwortete: "Wir sind deutsche Soldaten und von Walk hierhergeschickt worden, um Sie zu schüttzen. " Es war der Lehrer, der natürlich ein sehr gutes Deutsch sprach. Vorsichtig öffnete er die Tür ein wenig beleuchtete uns mit einer Kerze. Da sah ich, daß er in der rechten Hand eunen Revolver hielt. Ich lachte nun und sagte, daß er uns nicht zu fürchten brauchten. Er ließ uns eintreten, war sehr freundlich, ebenso seine Frau, welche sofort das Dienstmädchen aufforderte, uns Tee sowie feine Zuckerbrötchen zu servieren. Wir erzählten etwa 1 Stunde, dann verabschiedeten wir uns, um nach dem Schloß zu gehen und dort zu übernachten. Beim Abschied lud uns der Lehrer ein, am nächsten Tag bei ihm zu Mittag zu spiesen, was wir natürlich gerne annahmen. Am folgenden Morgen gingen wir nach dem auf einem nahen Hügel liegenden Pasterat und wurden sehr freundlich auf genommen. Der Paster hatte eine sehr hübsche Frau, sowie 3 wunder hübsche Kinderchen. Wir verlebten dort angenehme Stunden. Wir wurden gut bewirtet , dann spielte einer von meinen Soldaten , der Gefreite Keßler aus Berlin, auf dem Klavier einige schöne Stücke. Wir bedankten und begaben uns zum Lehrer um dort zu Mittag zu speisen. Ein Lehrer ist inLettland ein großer Herr, der neben seinem Beruf noch Landwirtschaft betreibt. Natürlich hat er Arbeiter, die die Arbeit verrichten. Wir arhielten dort ein Essen, wie ich es während meinem

….naunte ein Dorf, des in 20 km Entfernung südlich der stadt Dorpat lag. Ich überlegte ging Weille, denn sagte ich: " Haben Sie hier niemanden , den Sie voll vertraueil können und der Pferd und Schlitten besitzt ? " " Gewiß" , antwortete sie und ziegte nür durch das Fenster das Haus, in dem Bauer wohnte ." Hören Sie, Fräulein, Ich brings Sie morgen frith zu Ihren Eltern. Sie schreiben mir einen Zettel, auf dem Sie Ihrem Vertrauten unsereu Plan mitteilen. Ich gehe morgen früh hin, gib ihm den Zettel ab. Dann kommen wir beide mit dem Schlitten. Sis halten sich bereit, ich markiere dann Ihre Varhaftung. Sie weinen ein bißchen, steigen in den Schlitten und ich sage zum Lehrer, das ich Sie nach Walk bringe, und dann gehtle les statt nach Walk, Ihrer Heimat zu. Sind Sie einverstandan?" fragte ich, " O, wie glücklich binich Sie sind ein prächtiger Mensch. Ihrer werde ich mein ganzes Leben gedenken! Nachtem wir uns die Hände redrückt hatten, ging ich zr Lahrersfamilie hinunter und sagte mit ernster Miene, daß ich die Lehrerin den nächsten Morgen nach Walk bringen werde. Die Freude, die sich auf dem Gesicht der Lahrersfrau spiegelte, ekelte mich an. Wir gingen nun wieder nach dem Schloß Ermes zurück, we wir den Rest des Tares verbrachten. Am nächsten Morgen ging ich zu dem Vertranten der Lehrerin, den ich im Stall traf.Der Mann erschrak bei meinem Eintreten, much kommte er kein Wort Deutsch. Ich gab ihm die Hand und nickte ihm freundlich zu. Dann nahm ich den Zettel der Lehrerin und gab ihn dem Mann. Ich selbst konnte ihn nicht lesen, da er wohl mit deutschen Buchstaben jedoch in lettischer Sprache geschrieben war. .Der Mann las, als er fertig war,, nah er mich erstaunt an, dann wieder den Zettel .Ich lachte ihn an und deutste " Ja, Ja mit dem Kopfe, zeigte zur Lehrerin hinüber und machte mit der Hand das Zeichen fort. Nun traute mir der Mann. Ich mußte mit in die Stube und heiße Milch trinken. Inzwischen nehmen zog er. Filzstiefel sowie einen Pelzmantel an. Das Pferd wurde einguspannt und wir fuhren zum Schulhaus hinüber. Sofort ging ich hinauf zur Lehrerin. Sie empfing mich sehr freudlich, doch war sie in einer gewissen Aufregung. Wir warteten ein Weilchen, denn ich mußte noch eine Tasse Tee trinken. Dann gingen wir hinunter. Die Lehrerin spieleltegut Komödie, hielt das Taschentuch vor die Augen und schluchste. Der Bauer wußte gar nicht, als er sie weinen sah, was er denkeu sollte.Da erschien die Lehrersfrau unter den Fenster mit freudestrahlend am Gesicht. Barsch deutche ich dem Bauer einzusteigen, netwte mich mit

….der Lehrerin hinten in den Schlitten und fort ging's in Richtung Walk. Als wir aus dem Gesichtskreis der Lehrersfrau warer, boren wir nach Norden ab, der Heimat der Lehrerin zu. Wir drei waren sehr vertgnügt auf unserer Schlittenfahrt. Die Lehrerin erzählte nun dem Bauer den ganzen Sachverhalt; er wurde nun sehr freundlich zu mir, klopfte mir auf die Schulter und sagte etwas in lettischer Sprache, was mir die Lehrerin übersetzte. Der Bauer sagte: Wenn alle deutschen Soldaten, seien wie ich, hätten wir schon früher kommen dürfen! Ich sagte nun der Lehrerin, sie solle ihm übersetzen, daß nicht alle deutschen Soldaten wie ich gehandelt hätten und er solle nur ein gehöriges Quantum Lebensmittel zur Siete schaffen, denn wahrscheinlich würde von den Deutschen fast alles Vieh and alle Lebensmittel requiriert werden, das heißt soviel wie gastohlen, und wer sich nicht beizeiten einrichtet müsse sich in nächster Zeit den Gürtel enger schnallen. Auf meine Worte sah der Bauer ganz niedergeschlagen aus. Bie allen Dörfern und Gehöften sahen uns die Bewehner staunend nach. Das Pferd lief dauernd im Trab. Mich wunderts nur wo der kleine struppige Gaul die Kraft hernahm. Der Rund den Bauern, ein kleiner Ratti, lief hinter dem Schlitten her und ihm hing vor Anstrengung die Zunge weit hinaus. Ich deutete dem Bauern zu halten, stieg aus und hobden Ratti in den Schlitten. Die Lehrerin meinte, daß ich ein sehr gutes Herz haben müsse und sie könne nicht glauben, daß ich im Kriege schon jemanden totgeschossen habe. Worauf ich antwortete: "Ich hoffe, daß alle, die ich totgeschossen habe, sich einer guten Geaundheit erfreuen!" Worauf wir beide herzlich lachen mußten. Immer wieder bedankte sie sich für meine Hilfe. Endlich kam ihr Heimatdorf in Sicht. "Dort wohnen meine Eltern" sagte sie. Das Dorf war etwa noch 1 1/2 km entfernt. "Hören Sie, Fräulein», sagte ich, "nun mussen wir Abschied nehmen!" "Nein," sagte sie, "Sie müssen mit zu meinen Eltern komme!""Es geht wirklich nicht", sagte ich, "denn in Ihrem Dorf braucht niemand zu wissen, daß Sie von einem deutschen Soldaten nach Hause gebracht worden sind " - Da wir durch ein Wäldchen fuhren, ließ ich den Bauer halten und das Fräulein sagte ihm meinen Entschluß. Da wollte sie aussteigen um zu Fuß nach Hause zu gehen. Ich sagte, sie solle nur mit dem Schlitten fahren, ich wolle hier Im Wäldchen auf die Rückkehr des Bauern warten. Nun nahmen wir Abschied. " Wie soll ich Ihnen danken?" wiederholte sie mehrmals, und plötzlich in einer Aufwallung innigster Dankbarkeit, legte sie beide Arme um meinen Hals und gab mir .....zwei herzhafte küsse auf den Mund, die ich ebense herzhaft erwiderte. Mir wurde ganz sonderbar uns Herz. Sie riß sich nun los bestieg wieder den Schlitten, gab mir zum letzten Mat die Hand, dann fuhr der Schlitten ab. Bis in die Nähe des Dorfes winkte sie mir immer wieder Lebewohl zu. Mir war ganz sonderbar zu Mute, die ganze Sache batte mich angegriffen, und es dauerte einige Zeit, bis ich das Mädchen wieder vergessen hatte. Der Bauer ließ mich ziemlich lange auf seine Rück kehr warten.Endlich sah ich den Schlitten von dem Dorfe kommen. Als ich eingestiegen war, gab mir der Bauer eine Fotografie der Lehrerin, die

sehr hübsch getroffen war. Auf der Rückseite stand geschrieben: " Meinem lieben Retter zum Andenken, Olga Anderson." Nun packte der Bauer ein großes Stück gekechten Schinken, Brot und eine Flasche warman Tee aus. Ich ließ mir die Sachen wohl schmecken und deutete dem Mann doch mitzuhalten. Er lachte, deutete nach dem Dorfe zurück und tat mit dem Munde als esse er. Also hatte er bei den Eltern der Lehrerin gegessen. Ich fütterte nun den neben mir sitzenden Ratti, der sehr zutraullch wurde. So fuhren wir drei yergnügt nach Ermes zuruck. Dort angekommen, erzälte ich die ganze Sache meinen 3 Soldaten; sie alle vertraten meinen Standpunkt und sagten, ich hätte Recht gehabt. Wir alle fuhren mit den Schlitten zum Pastor hinüber. Ich bat ihn, bekanntmachen zu lassen, daß sämtliche sich im Bevölkerung befindlichen Waffen auf Schloß Ermes abgegeben werden sollen. Gegen Abend kamen von allen Seiten die Bewohner und brachten russische und japanische Militärgewehre, Revolver von allen Gattungen, Pistolen, neue sowie uralte jagdgewehre auch Bajonette. Nach und nach füllte sich ein unbewohntes Zimmer ganz mit Waffen an. Am folgenden Morgen réquirierten wir einen Mann mit Roß und Schlitten, der uns zu den verstreut liegenden Gehöften fahren mußte, wo wir Waffen sammelten. Er Sprach ein ziemlich gutes Deutsch. Er fragte, ob es denn wahr sei, daß unser Brot nur aus Holzmehl gebacken sei und wie wir es denn fertlgbringen konnten, das Fett der gefallenen Russen, Engländer und Franzosen, das ausgekocht worden sei, zu verzehren. 'Horchen Sie, lieber Mann», gab ich zur Antwort, "Wohl ist die Not in Deutschland bei Militär und Volk groß. Auch befindet sich etwas Holzmehl unter dem Brot, aber das mit den Leichen ist glatt gelogen, Aber ich will Ihnen etwas sagen. Es wird nicht lange dauern, werdet ihr auch hier große Not haben, denn das meiste wird auch weggenomen werden. Ihr tut gut
…wenn ihr gleich Lebenemittel beiseite sechafft. Ihr könnt euren Bekannten dasselbe sagen!" Wir gingen nun von Haus zu Haus. Fast überall wurden wir freundlich empfangen, gleich bekamen wir Milch oder Tee serviert. Wir wußten, daß auf Leettisch " Guten Morgen " " Wir wußten, "Lalies" heißt. Mit diesem Gruß gingen wir in die Häuser und sagten " Flint-Revolver", sofort wurden uns die Sachen gebracht. Mehrere Bauern, denen ich es ansah, daß es ihnen schwer fiel sich von ihrer alten Jagdonnerbüchse zu trenne, gab ich dieselben zurück und deutete ihnen, dieselben zu verstecken. Darüber waren sie sehr erfreut, In vielen Häusern trafen wir altertümliche Hausinndustrie - Webstühle und Maschinen, denen ich keinen Namen geben konnte. Da uns dies neu war,

nschauten wir oft eine Weile zu. In mehren Gehöften waren die Einwohner eben dabei größere Rinder oder Schweine zu schlachten. Bei unserem plötzlichen Erscheinen, schraken sie gewöhnlich zusammen, denn schon glaubten sie, daß wir ihnen das Fleisch wegnehmen. Ich deutete ihnen mit Gebärden an, das Fleisch nur gut zu verstecken, worauf sie eifrig mit dem Kopf nickten. In solchen Gehöften mußten wir überall in die Stuben, wo uns heiße Milch, Tee und Essen aufgetischt wurde. Natürlich konnten wir in jenen Tagen nicht alles essen, was uns angeboten wurde. Wir hatten nur den wunsch, lange hierbleiben zu können. Wir lebten hier, im Vergleich zu früher, wie die Fürsten. Als wir uns einem anderen Gehöft näherten, hörten wir die Töne einer Ziehharmonika. Wir gingen hinein. Außer der Familie befanden sich in der Stube 8 junde starke Burschen, denen ich trotz ihrer Zivilkleidung sofort ansah, daß es russishe Soldaten waren. Mehrere davon machten gar keinen vertrauenserregenden Eindruck. Wir wurden durch Zeichen singeladen am Tisch Platz zu nehmen, wo wir Tee trinken sollten. Meine Soldaten ihre Karabiner in eine Ecke lehnen. Ich sagte ihnen: "Waffen in der Hand behalten!" Da bemerkte ich, wie die Kammertür einen Spalt breit geöffnet wurde und sah in der Kammer noch 2 Mann, die uns durch den Spalt beobechteten. Ich winkte ihnen hereinzukommen, war sie taten. Ich sagte nun " Flint Revolver" und deutete, die Sachen herzuholen. Sie zuckten nur die Schultern. Ich zeigte ihneb am dennFingern, daß viele deutsche Soldaten (Germansky) kommen würden und wenn sie Waffen finden würden, würden sie gefesselt nach Walk geführt. Um es ihnen verständlich zu machen, legte ich meine Hände wie gefesselt übereinander wie gefesselt übereinander. Nun gingen sie in die Scheune und brachten 10 japanische Gewehre. Wir luden sie auf den Schlitten und fuhren nach Ermes zurück, wo ich den Bauer entließ.

Wir gingen dann auf die Foststelle; die Frau sprach sehr gut Deutsch und ihre dreil Töchter konnten schön Mandoline und Zither spielen. Als wir die Poststelle verließen, kamen zwei russische Soldaten den Weg entlang. Sie waren wohl auf dem Heimweg. Wir hatten von der Kommandantur in Walk den Auftrag erhalten, alle lettischen Soldaten, die keine von den Deutschen ausgestellten Entlassungsscheine haten, zur Feststellung ihrer Personalien nach Walk zu bringen. Die beiden erschraken, als ich sie anhielt. Ich deutete ihnen an, ihre Papiere vorzuzeigen. Jeder zeigte ein Papier vor, auf dem ich kein Wort lesen konnte. Ich ging mit ihnen zu, der Frau auf der Poststelle, welche die Sache verdel verdelmetschre. Die Soldaten erzählten, sie selen nur 10 km von hier zu Hause und hätten ihre Angehörigen seit 2 Jahren nicht mehr gesehen. Ich bat die Frau ihnen zu sagen, daß sie von mir aus ruhig nach Hause gehen können; wir selbst würden auch gerne heimgehen. Die beiden waren wehr erfreut. ich gab jedem eine Zigarette, Sie gingen weiter und winkten mehrmals mit der Hand zurück. Am nächsten Tage fuhren wir mit dem Schlitten nach Schloß Hollershof, weoUnteroffizier Langer von meiner Kompagnie mit 4 Mann abkommandiert war. Herrgott, wie sah es in dem Schloß aus! In allen Sälen und Zimmern waren säntliche Möbel zerschiagen, zerschnitten und zertrümmert Tische, Sessel, Spiegel, Schränke, Buffets und Betten bildeten einen wüsten Trümmerhaufen. Sogar die Federbetten waren aufgeschnitten und die Federn umhergestreut. "Wer hat denn das getan? t, fragte ich die Köchin, die gut deutsch sprach. "Die russiseh-bolschewistischen Soldaten. "Weshalb denn?" fragte ich. Der Eigentümer von Schloß Hollershof wäre russischer General gewesen und hat mit brutaler Rücksichtslosigkeit seine Truppen zu oft nutzlosen Angriffen vorgetrieben, bei denen es Tausenden von russischen Soldaten das Leben gekostet hat. Auch glaubte sie, daß der General ermordet worden sei. Neben dem Schlosse wohnten in mehreren Häusern etwa 2oo österreichische Kriegsgefangene. Zwei davon sprachen deutsch. Die Bolschewisten hatten sie bei Ausbruch der Revolution freigelassen. Nun bekamen wir den Befehl sofort nach Walk zurückzukehren, wo wir spät in der Nacht ankamen. Am folgenden Morgen marschierte unser Batailion nordwärts. Überall dasselbe Bild Schnee, Tannenwälder, verschneite Dörfer und Gehöfte. Auf den Straßenrändern viele verendete Pferde, zurückgelassene Kanonen, Feldktüchen, Munitions- und Bagagewagen. Wir kamen nach der Stadt Dorpat, die schon von. den Deutschen besetzt war. Man sah hier mehr russische als deutsche Soldaten herum laufen . Es waren alles Letten und Esten, die auf ihre Entlassung warteten. Des herrschenden Stoffmangels wegen durfen sie die russische Uniform tragen, nur mußten sie Kokarden un den Mützen und Gradabzeichen entfernen. Am folgenden Tage ging es wieder weider nordwärts. Num gab es Tauwetter. Eis und Schnee fingen an zu schmelzen, und in einem entsetzlichen Schjamassel bewegten wir uns vorwärts. Da gab es nasse und kalte Fuße. Wir übernachteten in einem Städtchen. Schon am folgenden Morgen wurden wir von einem Landwehrbataillon abgelöst und marschierten in mehreren Tagesmärschen zurück nach einem deutschen Truppenübungspltz kämen, dann an die westfront. Also hatten wir nochmals die schöne Aussicht, den süßen Heldentot fürs heiß geliebte Vaterland sterben zu dürfen

DIE REISE VON RUSSLAND NACH FRANKREICH

Nachdem Pferde, Wagen und Mannschaften verladen waren, fuhr der Zug in Richtung Riga. Ich sah auf der Straße, unweit der Bahn, Viehherden, die von Soldaten südwärts getrieben wurden. Also hatte die »Befreiung- der lettischen und estländischen Bauernschaft schon begonnen. Bald hatten wir Riga erreicht und winkten der Bevölkerung zu. Fast alle erwiderten unser Winken, aber wie! Sie winkten: »Nur fort mit euch! «. Südlich von Riga war der Schnee stellenweise schon geschmolzen; man war es gar nicht mehr gewohnt, schneefreies Land zu sehen. Wir fuhren durch Ostpreußen, Westpreußen, Brandenburg. Viele arme, sandige Gegenden gibt es da. Wir passierten Berlin, als eben die ersten Siegesmeldungen aus dem Westen eintrafen. Diese Nachricht schien der halbverhungerten Bevölkerung neuen Mut gebracht zu haben, denn überall wurde uns gewaltig zugejubelt; Zug um Zug, mit Soldaten und Kriegsmaterial vollgestopft, rollte von Rußland nach dem Westen hinüber. Man glaubte, die in Rußland frei gewordenen Armeen könnten die englisch-französische Front durchbrechen und den Sieg doch noch erringen. Da sich die Nacht niedersenkte, schlief alles ein in den Waggons. Etwa um Mitternacht hielt der Zug auf einem schlechtbeleuchteten kleinen Bahnhof. »Alles aussteigen! « Pferde und Wagen wurden ausgeladen, angespannt, und dann fuhren wir nach einem Dorf. Das Dorf hieß Schweinitz und lag neben dem großen Truppenübungsplatz Altgrabow unweit von Magdeburg. [..Quartiermachern hatte bereits Quartier vorbereitet. Unteroffizier Krämer, ein Rheinländer, und ich wurden bei einer Frau Sanftenberg einquartiert. Die Frau stand mitten in der Nacht auf und kochte uns heißen Kaffee, Wir legten uns in einem Zimmer auf eine Schütte Storch und schliefen bald ein. Am anderen Morgen fragte ich die Frau, wo wir eigentlich seien. Sie sagte das Dorf heiße Schweinitz und liege neben dem großen Truppenübungsplatz Alten-Grabow, unweit von Magdeburg. Die Division war auf dem Truppenübungsplatz untergebracht. Der Boden war hier sehr sandig, und mich wunderte nur, wie die Bauern diesen armen Boden einen Ertrag abringen konnten..] Morgens war Exerzieren, nachmittags dienstfrei. [..Ich machte der Frau Sanftenberg die schdlichen Raupen von den Bäumen und fuhr dann mit einem Schubkarren Dung in den Gemüsegarten. Der Mann der Frau war auch im Felde. Sie hatte drei Töchterchen Ida, Maria und Gretel, 16, 12 und 11 Jahre alt...] Alle Abende, außer Karfreitag, wurde in den beiden Wirtschaften des Dorfes getanzt. Die meisten Mädchen waren infolge der dauernden Einquartierungen bodenlos verdorben und liefen den Soldaten wie

Hunde nach. Viele Eltern, Geschwister und Bräute kamen aus allen Teilen Deutschlands, um ihre Angehörigen Soldaten zu besuchen. Für viele war dies das letzte Wiedersehen.

Am Ostersonntag war plötzl.ich Alarm: In einer Stunde sollten wir auf dem 5 km entfernten Bahnhof Nedlitz verladen sein. Anspannen, alles kunterbunt auf die MG-Wagen geworfen, schneller Abschied, und schon ging's im Galopp Nedlitz zu. In einigen Minuten war alles auf den bereitstehenden Zug verladen. Auf der Weiterfahrt fuhren wir durch das Ruhrgebiet und über Köln nach Belgien. [...Viele Bauersleute waren auf den Feldern beschäftigt Wir winkten ihnen ZU. Fast alle machten das Zeichen des Halsabschneidens und zeigten Richtung Front. AIs wir uns Laon näherten, explodierten neben dem Zug 4 Fliegerbomben, der erste Gruß der Westfront. [..Sie richteten aber keinen Schaden am Zug an...] Wir sollten in Laon ausgeladen werden, mußten aber eine Station vorher aussteigen, da Laon unter dem Feuer schwerster französischer Granaten lag. Wir marschierten nach La Fère; in dem halbzerschossenen Städtchen übernachteten wir. Von vorne tonte das Feuer der Geschütze. Alle Gesichter sahen ernst aus.

Am folgenden Morgen ging es der Front zu, durch die Gegend, in der 1916 die große Somme- Schlacht gewütet hatte. In 60 km Umkreis stand fast kein Haus mehr, alles nur Trümmer und Ruinen. Die Felder waren ganz mit nun verwachsenen Granatlöchern bedeckt. Dazwischen Kreuze der Gefallenen. Wer es nicht selber sah, kann sich von diesen Zerstörungen kein Bild machen. Manche dieser Dörfer waren vollständig verschwunden; nur eine Tafel stand da, auf der englisch geschrieben stand: »This is ---« und der Name des Dorfes. Nun erreichten wir die Somme bei dem ehemalien Dorf Brie und kampierten dort in den von den Engländern errichteten Wellblechbarakken. Wir gingen nach der Somme hinunter, welche hier ziemlich breit und morastig, aber nicht tief ist. Eine Brücke führte hinüber. Die Brücke war von den deutschen Pionieren wieder instand gesetzt worden. Westlich der Brücke sah ich die ersten toten Engländer liegen, von vorne tönte unablässig das Donnern und Dröhnen der Geschütze. Auf allen Gesichtern bei uns stand das Grauen vor der Zukunft zu lesen. »Helden- nennt man uns, ein wunderbarer Name, der aber selten, sozusagen nie, Wirklichkeit ist.

Wir trafen auch auf die Leiche eines Fliegers, die neben dem verbrannten Flugzeug lag, welches auf einer Schulterwehr [..einem befestigten Schützengrabenrand..] beim Anprall zertrümmert worden war. Die Leiche bot ein entsetzliches Bild. Der Flieger war verbrannt, von seinen Kleidern war keine Spur mehr zu sehen als die Schuhe und ein Streifen der Hosen und Unterhosen. Hunderte von Mücken saßen auf dem teilweise verkohlten Körper. Am MG konnten wir sehen, daß es sich um keinen deutschen Flieger handelte. Da sah ich am verkohlten Arm das Kettchen mit der Erkennungsmarke. [..Ich sprang hin um nachzusehen, wer der Tote sei...] Das Kettchen war an der Stelle, wo es zusammengelötet war, geschmolzen, so daß ich es samt Erkennungsmarke an mich nehmen konnte. Ich konnte nichts entziffern als »Canada« und »protestantisch«. Offenbar handelte es sich um einen kanadischen Flieger, der Tausende Kilometer von seiner Heimat einen grässlichen Tod gefunden hatte. Östlich der Brücke lagen neun zum Teil gesprengte englische Tanks, die bei dem Ansturm der Deutschen nicht mehr über die von den Granaten zerstörte Brücke zurückfahren konnten. Es waren die ersten Tanks, die ich im Kriege sah. Auf der Rückseite des einen war die Stahlplatte eingedrückt. In den Spalt geklemmt befand sich ein Stück von einem deutschen Koppel sowie ein Fetzen feldgrauen Tuches. Im Innern lag eine abgerissene linke Hand, die ganz vertrocknet aussah und an deren zweitkleinstem Finger ein Ehering steckte. Ich konnte mir die Sache nicht anders erklären, als daß deutsche Soldaten beim Übergang über die Somme hinter den Tanks Deckung gesucht hatten und von zu kurz einschlagenden deutschen Granaten getötet worden waren.

Wir gingen nun über die Brücke; jenseits dasselbe Bild wie diesseits: Granatlöcher und alte Graben. Etwa 60 tote Engländer waren hier zusammengetragen worden und harrten der Beerdigung. Überall zerstreut fand man einzelne tote Engländer liegen. Mehrere hatten Goldzähne, die man in dem oft weit geöffneten Mund gut sehen konnte. In größeren Granatlöchern fanden wir die Trümmer von 4 englischen Feldgeschützen; bei zwei derselben lag die ganze Besatzung tot und teilweise zerrissen daneben. Bei jedem Geschütz lag eine Menge Kartuschen [..Geschoßhüllen..], an welchen man sehen konnte, daß die Engländer von dieser Feuerstellung viel geschossen hatten. Die nächste Nacht verbrachten wir wieder in den Wellblechbaracken, ohne diesmal von den Fliegern behelligt zu werden.

Am folgenden Morgen marschierten wir weiter der Front zu. Nichts als Trümmer, teilweise fast ganz verschwundene Dörfer. In der Nähe des Städtchens Harbonnières übernachteten wir in einem aus Pappeln bestehenden Wäldchen. In der Nähe lagen einige tote Engländer, deren Uniformen und Gesichter teilweise ganz zerfressen waren. Neben ihnen befanden sich 2 Granatlöcher; der Boden um dieselben war grün und gelb besprizt. Also handelte es sich hier um das von den Deutschen gebrauchte, soviel gefürchtete Grün- und Gelbkreuzgas.

[....Etwa 500 m von dem Wäldchen entfern befand sich ein englischer Feldbahnhof. Dort standen eine Unmenge Lokomotiven und Waren...] Neben einer zerstörten Fabrik befand sich ein englisches Munitionslager, wie ich noch keines gesehen hatte. Tausende und Abertausende von Granaten aller Kaliber, von den größten bis zu den kleinsten, standen da. Das Lager war von vielen Erdwällen kreuz und quer durchzogen, so daß alles in ungefähr 1 Ar große Vierecke eingeteilt war. So würde nicht das ganze Lager explodieren, wenn Flieger Bomben darauf würfen, sondern nur die in einem Viereck befindlichen Granaten.

Wir blieben 2 Tage in dem Wäldchen liegen. Den ersten Abend ging ich in das Städtchen Harbonnières, um in einer Kantine eine Flasche Wein zu kaufen. Das Stadtchen war fast ganz unversehrt, jedoch konnte ich keine Einwohner sehen. Als ich in das Wäldchen zurückkehrte, stand eben die Kompanie angetreten dort. Der Rittmeister las einen Divisionsbefehl vor. Ich blieb hinter einem Fahrzeug stehen und horchte. Der Inhalt des Befehls ließ mir fast die Haare zu Berge stehen: Morgen abend sollte es nach der Front gehen. Wir sollten uns an einer bestimmten Stelle eingraben und übermorgen früh, nach furchtbarer deutscher Artillerievorbereitung, die englischen Stellungen angreifen und durchbrechen und den Westrand des Dorfes Cachy erreichen. Mehrere Divisionen sollten den Angriff ausführen, über 800 deutsche Kanonen sollten die englischen Stellungen mit Zerstörungsfeuer belegen. Auch würden 4 deutsche Tanks eingesetzt werden, um der Infanterie den Weg zu bahnen. Angreifen gegen eine zahlreiche, wohlgenährte, mit allen möglichen und unmöglichen Mordinstrumenten ausgerüstete Armee, das war allerhand! Jedenfalls war dieser Befehl das Todesurteil für viele arme Soldaten. Keiner wuf3te, was ihm bevorstand, und die Stimmung war, wie sich wohl jeder ausmalen kann, eine sehr gedrückte. Als die Kompanie weggetreten war, ging ich hinter dem Wagen vor und traf zu meiner nicht geringen Freude und Überraschung den Joseph Hoffert aus meinem Heimatdorf. Er war als Offizierstellvertreter bei einem Landwehrregiment und gegenwärtig in dem einige Kilometer entfernten Dorf Rosières. Hoffert hatte zufällig einen Soldaten meines Regiments getroffen. Er sah, daß er auf der Achselklappe die Nummer 332 trug. Da wir uns oft schrieben, hatte er meine Adresse, glaubte mein Regiment jedoch noch in Rußland. Sofort war er mit dem Soldaten zu meiner Kompanie gekommen, wo wir uns nun trafen. Wir erzählten uns von der Heimat die Neuigkeiten, die jeder von dort über die Schweiz zugeschickt bekommen hatte. Hoffert war auch im Besitze einer Photographie, auf welcher die jungen Burschen und Mädchen, [welche in unserem Heimatdorf die Nachtschule besuchten...] Herrgott, wie staunte ich! Sie waren noch Kinder, als ich sie zum letztenmal vor 4 Jahren gesehen hatte, und jetzt erwachsene Jünglinge und Jungfrauen. Wir blieben bis tief in die Nacht zusammen. [..Dann begleitete ich Hoffert noch eine Strecke weit in Richtung Rosieres....] Beim Abschied sagte ich, er solle meine Eltern und meine Schwester von mir grüßen, falls ich nicht mehr heimkehren sollte. Mir war in diesem Moment das Weinen näher als das Lachen. Nach nochmaligem Händedruck schieden Wir. Ich ging zur Kompanie zurück und legte mich im Wäldchen schlafen. Ein sehr starker Regen durchnäßte uns, da wir es unterlassen hatten, die Zelte aufzubauen. Am folgenden Tag war wieder das schönste Wetter, so daß wir unsere Kleider trocknen konnten. In der Hohe spielten sich mehrere heftige Luftkämpfe ab, bei denen 2 Flugzeuge brennend abstürzten. Diese Flieger sterben einen dreifachen Heldentod: Zuerst totgeschossen, dann verbrennen sie, und zum Schluß zerschellen sie noch am Boden.

Von der Front dröhnte dauernd, bald stärker, bald schwächer, das Artilleriefeuer. Langsam ging der Tag zur Neige. » Fertigmachen! . » kam der Befehl. Man packte seine Sachen zusammen. Jeder hatte denselben, ernsten Gesichtsausdruck. Nun wurden die MG-Besatzungen neu eingeteilt. Ich bekam als Richtschützen den Gefreiten Alex Knut aus Berlin, den Schützen Lang aus Wermelskirchen und noch zwei Rheinländer, deren Namen ich vergessen habe. Zugführer war Feldwebel Bar aus Berlin. Als die Sonne sank, ging es los, jedes Fahrzeug 40 m Abstand vom vorderen. Mehrere englische Flieger kreisten über der Straße. Plötzlich das bekannte, pfeifende Sausen! Mit einem Satz lag alles, außer den Fahrern und Pferden, in den Straßengräben. Krack, bum, krack! Die Bomben explodierten neben der Straße. ohne Schaden anzurichten. Nur die Pferde wurden scheu, so daß die Fahrer sie kaum bemeistern konnten. Nun fing es an zu dunkeln. Da die Gegend fast ganz eben war, konnten wir vorne das Blitzen der Schrapnells sehen. Vor uns waren auch Brande ausgebrochen, die den Himmel blutrot färbten. Wir kamen nun an großen Geschützen vorbei, die auf Eisenbahnwaggons aufmontiert waren und von Zeit zu Zeit Schüsse abgaben. Wir näherten uns nun dem Dorfe Marcelcave, in dem die Brände ausgebrochen waren. Mit furchtbarem Heulen kam alle paar Minuten ein schweres englisches Geschoß in das Dorf geflogen, dasselbe bei der gewaltigen Explosion für einen Moment beleuchtend. Vor dem Dorfe wurde nun haltgemacht, die Maschinengewehre von den Wagen, die mm umkehrten, heruntergenommen. In diesem Moment hätte ich weiß Gott was darum gegeben, wenn ich nur Fahrer gewesen wäre, um umkehren zu können. Nun ging es los durch die

Dorfstraße. Wir gingen gewehrweise, mit etwa 20 m Abstand. Wie sah das Dorf aus! Viele Häuser waren fast ganz weggeschossen, andere an der Vorderfront aufgerissen, so daß Bettstellen und andere Möbel heraushingen. Das Dorf befand sieh seit etwa einem Monat in der Hand der Deutschen.Da sauste wieder eine der schweren Granaten heran; unwillkürlich duckte sich alles. Sie schlug abseits von der Straße ins Dorf. Nach wenigen Minuten kam wieder eine, welche in ein an der Straße stehendes Haus einschlug und durch die Kraft der Explosion alles auseinanderwarf. Ein Lothringer, der eben vorbeilauten wollte, wurde von den Trümmern zusammengeschlagen und zugedeckt. Alles rannte nun vorwärts, ohne sich um den Soldaten zu kümmern. Jeder wollte so schnell wie möglich aus dem Dorfe und dem Bereich der Granaten kommen. Jenseits des Dorfes folgten wir noch etwa 2 km der Straße. Auf allen Seiten auf den Feldern fielen einzelne Granaten jedoch kam keine in unsere nächste Nähe. Nun ging der Mond auf und beleuchtete mit seinem Hellen Schein die Gegend. Hinter einem Erdwall sah Ich mehrere Gefallene liegen, die teilweise die Hände gespensterhaft in die Hohe streckten. Vorne An der Front stiegen dauernd Leuchtkugeln in die Höhe, knallten einzelne Gewehrschüsse, oder man hörte das Rattern der Maschinengewehre. Die deutsche Artillerie schickte nur vereinzelte Geschosse hinüber, die zischend über uns sausten. Die englische Artillerie belegte die Gegend bald hier, bald dort mit prasselnden Feuerüberfällen. Plötzlich setzte auf eine bestimmte Stelle Trommelfeuer ein, welches nach 2 bis 3 Minuten ebenso plötzlich aufhörte [...Nun bogen wir rechts von der Straße in einen Feldweg ein....] Bald hieß es: »Halt!« Wir mußten uns nun eingraben. Ich grub mit rneiner Besatzung 2 etwa 1,20 m tiefe Löcher, dann setzten wir uns hinein. Die Soldaten hatten von der Arbeit Durst bekommen und fingen an zu trinken. Jeder hatte nämlich 2 Feldflaschen voll Kaffee (1 ½ Liter) mitbekommen. Ich sagte ihnen, nur sparsam mit dem Kaffee umzugehen, denn morgens gebe es wahrscheinlich noch mehr Durst.

Nach und nach schliefen wir in den feuchten Löchern ein; man kam sieh so ziemlich begraben vor. Durch das Surren eines englischen Fliegers erwachte ich, konnte ihn jedoch trotz des Mondenscheines nicht sehen. Auf einmal schwebte eine große, an einem Fallschirm befestigte Leuchtkugel über uns, welche unsere Umgebung hell erleuchtete. »Alles in den Löchern bleiben!« Auf einmal sausten 4 Bomben herunter. Jedenfalls hatte der Flieger die dunklen Löcher und die Frisch aufgeworfenen Erdhügel entdeckt. Nun verlor sich das Surren des Flugzeuges nach der englischen Front. Gleich sagte ich zu meiner Besatzung: »Achtung,

Kameraden, bald kommt etwas angeflogen!« Ich ermahnte sie nochmals, treu zueinander zu halten, und keiner solle den anderen im Stiche lassen. Im Falle, daß einer von uns schwer verwundet werden sollte, würden wir das MG und den ganzen Kram liegenlassen und, wenn irgend möglich, den Verwundeten zurückschaffen, denn Maschinengewehre gäbe es genug; jeder habe aber nur einmal sein Leben zu verlieren. Alle waren mit dem Vorschlag sofort einverstanden. Wir plauderten noch weiter. Plötzlich ein kurzes Sausen, ein Blitz, ein Knall, schon regnete es Splitter und Erdschollen. Eine Granate hatte wenige Meter von uns zwischen den Löchern eingeschlagen. Gleich kam die zweite, die dritte, die vierte; ein ununterbrochenes Sausen und Dröhnen war um uns herum. Immerfort polterten uns größere und kleinere Erdschollen auf den Stahlhelm oder das Sturmgepäck. Zusammengekauert hockten wir in den Löchern, um bei jedem in nächster Nähe einschlagenden Geschoß zusammenzufahren. Von Zeit zu Zeit kam auch ein sehr schweres Geschoß angeflogen, welches fast senkrecht von oben herabfiel und die anderen Granaten an Sprengkraft weit übertraf. Ich hob einen Moment den Kopf und sah, daß das Feld ringsum in dichten Granatrauch gehüllt war. Plötzlich hörte ich » G-a-a-s!« rufen. Alle wiederholten den Ruf. Jeder warf den Stahlhelm zu Boden, riß die Gasmaske aus der Büchse und setzte sie vors Gesicht. Nach und nach hörte das Feuer fast ganz auf. Wir nahmen die Masken herunter und erkundigten uns gegenseitig, ob es Verluste gegeben habe. Drei Mann, die zusammen in einem Loch lagen, wurden von einem Volltreffer in Stücke gerissen. Außerdem waren 2 Mann durch ins Gesicht geflogene Splitter verwundet; sie machten sich spornstreichs rückwärts aus dem Staub. Unsere Kompanie war somit gut davongekommen. Die Lükken in den MG-Besatzungen wurden sofort von den Reserveschützen, die sich bei den Zugführern aufhalten mußten, wieder besetzt.

Langsam graute nun der Morgen. Ein leichter Nebel breitete sich aus, so daß man nur etwa 300 bis 400 m weit sehen konnte. Der Rittmeister, der sich in ziemlicher Aufregung befand, ging nochmals bei den Besatzungen durch, uns aufmunternd, unsere Pflicht voll und ganz zu tun. Als er eben zu uns sprach, kamen einige Granaten angesaust, die in der Nähe platzten. Der Rittmeister sprang zu uns ins Loch, um gedeckt zu sein. » Herr Rittmeister «, sagte ich, » ich werde aus der Sache nicht recht klug. Wo liegen wir? Wo ist die englische Front? Wer liegt vor uns? « Da nahm der Rittmeister seine genaue Karte hervor, auf welcher die Gegend sowie der Plan der Stellungen aufgezeichnet waren. Unsere Division war auf 500 m Breite eingesetzt. Vor uns lagen die anderen Regimenter der Division eingegraben. Unser Bataillon befand sich in der letzten Angriffsstaffel. Wir sollten an einer Waldecke vorbei und dann direkt in gerader Richtung auf das Dorf Cachy vorgehen. Nun wußte ich Bescheid.

24. APRIL 1918, GROSSKAMPFTAG –
DER ANGRIFF BEI VILLERS-BRETONNEUX

Nummer 11 auf der Karte

6.30 Uhr morgens. Alles ruhig, nur selten ein Artillerieschub. Diese Ruhe wirkte unheimlich. Es kam mir vor, als ob beide Parteien nochmals Atem und Kraft schöpfen wollten, um sich dann aufeinanderzustürzen und zu zerfleischen. Punkt 7 Uhr eröffnete die deutsche Artillerie das Trommelfeuer. Mit einem Schlag schossen die über 800 Geschütze ihre eisernen Grüße hinüber und immer in einem fort; eine volle Stunde lang donnerten und krachten die Geschütze. Über uns war ein ununterbrochenes Sausen der Geschosse. Von drüben hörte man momentweise das Bersten der Granaten. Es war fast unmöglich, sich gegenseitig zu verständigen. Man mußte sich die Worte ins Ohr schreien. Die Engländer waren auch nicht faul und überstreuten das ganze Gelände mit Granaten. Um 8 Uhr sollte der allgemeine Angriff beginnen. Langsam und doch viel zu schnell rückte der Zeiger der Uhr dem verhängnisvollen Moment zu. 5 Minuten vor 8 Uhr hob ich den Kopf und schaute über das Feld. Alles wie ausgestorben. Nur 2 bis 3 Köpfe konnte ich entdecken und die Einschläge der englischen Granaten. Da hörte ich hinter mir das dumpfe Rattern starker Motoren. Es waren die 4 deutschen Tanks, Sturmwagen genannt. Es waren die ersten deutschen Tanks, die ich zu sehen bekam. Sie waren ganz anders als die französischen und englischen, ein zugespitztes Stahlhäuschen, an dem man weder die Triebketten noch sonst etwas sehen konnte. Die gepanzerten Maschinengewehre schauten auf allen Seiten heraus. Zwei der Tanks waren auch mit 2 kleinen Geschützen ausgerüstet. Als Erkennungszeichen trugen sie an beiden Seiten ein großes Eisernes Kreuz.

»Fertigmachen!- Mit klopfendem Herzen machte sich jeder fertig. »Vorwärts, marsch!« Wir ergriffen nun unser Gerät, verließen das schützende Loch und gingen vorwärts. Das Artilleriefeuer dauerte mit verminderter Heftigkeit an; dazwischen hörte man nun das Prasseln des Kleingewehrfeuers. Der Angriff war in vollem Gange. Wohin man schaute, wimmelte alles von deutschen Soldaten, die vorwärtsstrebten. Infanterie, Maschinengewehre, leichte und mittlere Minenwerfer, alles bewegte sich vorwärts, Ein ganzer Schwarm deutscher Flieger flog niedrig über uns, um mit Bomben, Handgranaten und MG-Feuer zum Gelingen des Angriffs beizutragen. Als wir uns der Waldecke näherten, lagen schon verschiedene Tore auf dem aufgewühlten Gelände,

Plötzlich wurden wir mit einem Hagel Granaten und Minen überschüttet, so daß alles in die Granatoder die von den Mannschaften gegrabenen Löcher sprang. Wir duckten uns so tief wie möglich, um von den herumschwirrenden Splittern und Erdschollen nicht getroffen zu werden. »Hier können wir nicht bleiben!« schrie ich, indem ich mich erhob, um schnell Umschau nach einer passenden Deckung zu halten. Im selben Moment fiel eine Mine in ein etwa 3 m von mir entferntes Loch, in welchem 3 Infanteristen kauerten, Ihre zerrissenen Körperteile wurden nach allen Richtungen geschleudert. Ich sagte nun zu meiner Besatzung: »Ich springe vor. Einer beobachtetmich. Wenn ich bessere Deckung gefundenhabe, halte ich den großen Spaten in die Höhe, und ihr kommt dann so schnell wie möglich zu mir gerannt! Gesagt, getan. Ich fand etwa 50 m weiter ein großes Granatloch, das gute Deckung bot. Ich sprang hinein und hielt den Spaten hoch. Sofort kam meine Besatzung hergelaufen. So ging es weiter von Loch zu Loch. Als ich eben über einen Kleeacker sprang, platzte über mir ein Schrapnell; rundum klatschten die Kugeln in den Boden. Wie durch ein Wunder blieb ich unversehrt. Ich schaute an meinem Körper hinunter, denn ich meinte, irgendwo bluten zu müssen. Anfangs war ich aufgeregt, doch nun überkam mich trotz der ununterbrochenen Explosionen eine kalte Ruhe, die sich schon früher in den gefährlichsten Momenten bei mir einstellte.

Wir kamen nun an dem Waldrand vorbei, von dem die vordersten deutschen Angriffswellen gegen die auf dem freien Felde sich hinziehenden englischen Stellungen losstürmten. Eine Menge toter Infanteristen lag am Baden, teilweise durch das Artilleriefeuer schrecklich zugerichtet. Viele Leichtverwundete rannten an uns vorbei zurück, ebenso gefangene Engländer [...die sich den vordersten Angriffstruppen haben ergeben müssen...] Die Engländer mußten sich an einem bestimmten Punkte sammeln, wo der ganze Boden mit khakibraunen Uniformen bedeckt war. Diese armen Tröpfe mußten dort im stärksten Feuer aushalten. Nun waren wir am ersten englischen Graben angelangt und sprangen hinein. Viele abgeschossene Infanteriepatronen lagen da, an denen wir sahen, daß sich die englische Infanterie tapfer verteidigt hatte. Im Graben lagen zwei tote Engländer übereinander. Oben auf dem Felde einer, der in den letzten Zuckungen lag. Etwa 3 m hinter dem Graben lag wieder einer, der dauernd flehentlich »German Fritz« rief. Ich hob den Kopf und winkte ihm, doch zu uns zu kriechen. Er deutete nach seinem Rücken, und da sah ich, daß er eine Kugel dorthin erhalten hatte; dadurch waren seine Beine gelahmt. Gern hatte ich ihn in den Graben geholt, aber ich wagte nicht hinauszugehen, denn die Engländer streuten nun dauernd mit Maschinengewehren das Feld ab, deren Kugeln massenweise über uns zischten. Wir hakten nun 3 Traggurte zusammen, und ich warf dem Engländer das eine Ende zu. Er hielt sich mit den Händen daran fest, und so zogen wir ihn langsam zum Grabenrand, um ihn dann auf die Grabensohle zu legen. Ich gab ihm dann noch einen Tornister, den ich einem der Gefallenen abschnallte, unter den Kopf und ließ ihn von meinem Kaffee trinken. Var Schmerz und Blutverlust wurde er nun ohnmächtig. Einem der toten Engländer schaute ein Päckchen Zigaretten aus der Tasche, das ich an mich nahm.

Da kam ein MG-Schütze eines anderen Regiments den Graben entlang und fragte mich: »Herr Unteroffizier, darf ich mich ihrem Maschinengewehr anschließen?« Ich hörte gleich an der Aussprache, daß er ein Elsässer war, und meinte: »Wo kommst du denn her?« Er antwortete: »Ich lag mit meiner Kompanie in der ersten Angriffsstaffel am Waldrand. Die Engländer, die uns bemerkt haben müssen, beschossen nun den Waldrand schrecklich mit kleinen Geschützen. Meine ganze Besatzung ist im Liegen gefallen. Mir selbst wurde von Sprengstücken mein Sturmgepäck, die Feldflasche und der Brotbeutel in Fetzen gerissen.« Damit zeigte er mir die Sachen, die vollständig zerfetzt waren. »Hör, Kamerad «, sagte ich, »wenn du schlau bist, dann bleibst du hier im Graben liegen.« Inzwischen hatte sich der Graben mit vorgehenden Soldaten ganz angefüllt. Einige Leutnants machten einen Heidenlarrn, um uns weiter vorzujagen. Ich kletterte zum Graben heraus, suchte eine Deckung und winkte wieder mit dem Spaten. Meine Besatzung kam hergelaufen. Da sah ich, daß einer meiner Rheinländer einen Schrei ausstieß, den Munitionskasten fallen ließ und zu mir gelaufen kam. Er hatte einen Schuß durch die Schulter erhalten. Sofort wurde er verbunden, dann rannte er zurück in den englischen Graben, den wir vorhin verlassen hatten. Var uns, auf etwa 80 m Breite, legten nun die Engländer ein furchtbares Sperrfeuer. In einer Linie schlugen immerwährend Granaten ein, um das Vordringen der letzten Angriffsstaffeln unmöglich zu machen. Und durch mußten wir! Ich bekam nun von meinem Zugführer einen Reserveschützen hergeschickt, um die Lücke des verwundeten Rheinländers auszufüllen. Ich bemerkte, daß zwischen den Einschlägen der Granaten in der Sperrfeuerlinie immer kleine Pausen eintraten, die Zeit, die wohljedes- mal das Laden der Geschütze erforderte. Sofort hatte ich meinen Plan fertig. Wir gingen bis in die Nähe des Einschlags vor und legten uns dann hin. »Hort, Kameraden!« sagte ich. »Wir warten einen bestimmten Moment ab. Kaum daß vor uns wieder eine Lage Granaten krepiert ist, springen wir so schnell wie möglich durch.« [...Vielleicht kommen wir bis zur nächsten Lage jenseits der Sperrfeuezone...] Kaum daß wieder eine Lage geplatzt war, erhoben wir uns und rannten, so schnell es unser Gerat gestattete, vorwärts. Schon sausten wieder die folgenden Granaten knapp hinter uns hinweg und explodierten wenige Meter hinter uns. Schleunigst trachteten wir weiter von der gefährlichen Zone wegzukommen. Die Leichen vieler Gefallener lagen auf dem zerrissenen Gelände der Sperrfeuerzone. Viele derselben wurden noch im Tode hin- und hergeschleudert und zerfetzt. Plötzlich zischten uns eine Unmenge Maschinengewehrkugeln um die Ohren. Sofort warfen wir uns zu Baden, ließen unser Gerat liegen und krochen auf dem Bauche nach dem nahen großen Granatloch, in dem schon etwa 12 bis 15 kauerten. Wir legten uns platt über die Köpfe, Schultern und Rücken der im Loch befindlichen Soldaten, so daß die untersten fast erstickten. Wir konnten jedoch nicht weg, denn knapp über unserem Rücken zischten die MG-Geschosse. Plötzlich ein Einschlag in nächster Nähe, Wir wurden fast ganz mit Erde zugedeckt. Alle waren zu Tode erschrocken. Ich hob den Kopf und sah, daß sich zwischen dem neuen Granatloch und unserem nur noch etwa einen halben Meter breit Erde befand. Ein Meter weiter, und sämtliche 18 Mann wären zerfetzt gewesen. Sofort sprang ich mit meiner Besatzung in das frische Loch; als das Feuer einen Moment etwas nachließ, krochen wir zu unserem Gerät und schleiften es in unser Loch. Das Maschinengewehr stellten wir vorne hin, um schußfertig zu sein. Unser Loch füllte sich bald mit Infanteristen. Auch unser Sanitätsunteroffizier war da. Da kam ein Infanterist von vorne zurückgelaufen, der einen Schuf durch eine Zehe erhalten hatte. Da wir zusammengepreßt wie die Heringe das Loch anfüllten, sagte der Gefreite Alex Knut, der immer ein äußerst gutmütiger Mensch war: »Ich will ein wenig Platz machen«, und kroch nach einem anderen, in der Nahe befindlichen Granatloch. Als immer mehr Infanteristen in unser Loch kamen, sagte ich zu einem meiner Schützen: »Schau mal nach, ob jenes Loch frei ist. Wir gehen dann hinüber. Er krach hin und rief: »Es liegt nur ein Toter drin. Gott, es ist der Alex!« Sofort kroch ich hinüber. Der arme Alex hatte einen Schuß über dem linken Auge in die Stirn erhalten, der in der linken Schläfe den Ausgang gefunden harre. Alex war noch nicht tot, aber besinnungslos. Wir legten ihn zurecht, und ich verband ihm mit seinem Verbandspäckchen den Kopf. Ich rief ihn beim Namen, er horte und sah nichts mehr, Nun fing er an zu röcheln. Das Röcheln wurde immer schwacher, dann durchlief ein Zittern seinen Körper, er streckte sich und war tot. Wir machten auf einer Seite des Granatloches etwas Erde weg, legten ihn hin und deckten ihn zu. Wie es uns bei dieser Arbeit zumute war, läßt sich leicht denken. Ich nahm dann sein Seitengewehr, steckte es in Form eines Kreuzes durch die Lederscheide und steckte es auf sein Grab.

Das Feuer der Geschütze, Maschinengewehre und so weiter wütete seit dem Morgen in gleicher Heftigkeit. Während wir den armen Alex begruben, glaubte ich in dem Getose den scharfen Knall einer Pistole in nächster Nähe zu hören. Als ich in das Granatloch, in welchem das MG stand, zurückkroch, sah ich, daß einer der Rheinländer einen Handschuß erhalten hatte. Eben war einer der Schützen dabei, die Hand zu verbinden. Der Verwundete sagte, er habe den Dampfablaßschlauch vorn am Maschinengewehrmantel befestigen wollen und habe in diesem Moment den Schuf erhalten. Ich glaubte es ihm nicht, denn sein scheuer Blick sagte mir, daß er sich mit der Pistole selbst durch die Hand geschossen hatte, um zurück ins Lazarett zu kommen. Er schnallte Sturmgepäck und Kappelzeug ab und lief, so schnell er konnte, zurück. Er hatte ganz recht gehabt, getraute es mir aber doch nicht zuzugestehen. Nun hatte ich 2 Verwundete und einen Toten an meinem Maschinengewehr. Es wurde mir ganz unheimlich. Infolge der ungeheuren Verluste war der Angriff zum Stehen gekommen. Alles hatte sich in die unzähligen Granatlöcher verkrochen. Unaufhörlich donnerten die Granaten hernieder. Das ganze Feld war dauernd in schwarzen Granatrauch gehüllt. Auf einmal liefen Offiziere und Ordonanzen bei den besetzten Löchern herum und schrien: »Divisionsbefehl: Der Angriff muß weiter vorgetragen werden!« Wir waren alle entsetzt. Schon sprangen einzelne Gruppen vor, die aus den Löchern getrieben wurden. Unser Rittmeister erhob sich in unserer Nähe aus einem Loch und schrie den Befehl, vorzugehen. Was blieb uns anderes übrig! Wir hatten wieder einen Reserveschützen erhalten. Also ging ich mit meinen 4 Mann auch vor. Furchtbar setzte das englische Feuer ein, so daß wir gezwungen waren, uns aufs Neue in Granatlöchern zu verkriechen. Ein Gefreiter von der Infanterie, den ich seit Riga gut kannte, kniete im Vorgehen neben meinem Loche nieder, um sich eine Zigarette anzuzünden. Plötzlich stürzte er kopfüber zu Boden und rührte sich nicht mehr. Wir bauten unser Maschinengewehr mit dem Spaten schußfertig ein, so daß nur der Lauf über die Erde hinwegsah. Dann duckten wir uns im Loch nieder. Da erblickte ich 2 Infanteristen, die mit angsterfüllten Gesichtern, so schnell sie konnten, zurückrannten. Ich erhob mich und sah, daß das ganze Gelände voll von zurücklaufenden Infanteristen überstreut war. Ich schrie: »Was ist denn los?« - »Tanks!-bekam ich zur Antwort. Der Bataillonsführer, Hauptmann Berthold, suchte die Infanteristen mit erhobener Pistole zum Stellungnehmen zu zwingen, was einige befolgten; andere rannten weiter. Viele der Fliehenden wurden von dem rasenden MG-Feuer der Tanks niedergemäht. Ich sah nach vorne und sah mehrere englische Tanks, die, immer feuernd, gegen uns kamen. Im Unterricht hatten wir immer gelernt, daß 2 Kugeln Stahlkernmunition an dieselbe Stelle eines Tanks dessen Eisenwand durchschlagen würden. Der englische lische Tank fuhr in gerader Richtung auf unser Loch zu, immerfort mit dem Maschinengewehr schießend. »Kameraden. jetzt gilt's! Stahlkernmunition!« schießend. Sofort reichte mir einer der Schützen den Gurt, ich Lud, zielte genau auf die Mitte der Vorderseite des Tanks und ließ den Gurt, 250 Schuß, durchlaufen. Der tank fuhr weiter, ich Schoß noch drei Gurte Stahlkernmunition, also 1000 Schuß auf dieselbe Stelle. Alles nützte nichts. Ich riß mein Glas ans Auge und sah, daß der Tank an der beschossenen Stelle ganz weif aussah. Aber anhaben konnten wir ihm nichts. »Volle Deckung!« schrie ich. So kauerten wir alle im Loch, den Moment abwartend, bis der Tank kommen und uns totschießen würde. Da hörte ich hinter uns mehrere Abschüsse und das Rattern eines Motors. Ich hob den Kopf und sah einen deutschen Tank daherkommen, der immerfort mit seinen kleinen Kanonen Schüsse abgab. Da schaute ich nach vorne und sah, daß der englische Tank mit mehreren klaffenden Löchern unbeweglich auf dem Felde stand. Wir waren gerettet! Der deutsche Tank brachte noch zwei englische zum Stehen, dann fuhr er in die englischen Linien und jagte etwa 200 englische Infanteristen mit Maschinengewehrfeuer aus den Löchern. Den Engländern blieb nichts anderes übrig, als mit erhobenen Händen zu uns überzulaufen. Drei Mann, die an uns vorüberliefen, winkte ich in unser Loch. Sie keuchten vom Laufen und zitterten vor Todesangst. Sie wollten uns ihr Geld geben, was wir natürlich nicht annahmen. Der deutsche Tank wurde nun von der englischen Artillerie derart beschossen, daß er fast in den Rauchwolken der Granaten verschwand und plötzlich stehenblieb. Nach einigen Minuten fing er wieder an zu wackeln und fuhr an uns vorüber zurück. Die englischen Flieger flogen mit unglaublicher Kühnheit etwa in Haushohe über uns und warfen Bomben und Handgranaten nach den von uns besetzten Löchern. Ich sah 4 Flieger abstürzen. Einer fiel nur etwa 40 m neben uns zu Boden, sich mit dem Motor in die Erde bohrend, so daß das Schwanzende in die Höhe ragte. Der Flieger, der tot zu sein schien und angeschnallt sein mußte, hing mit dem Oberkörper aus dem Sitzloch heraus. Gleich nach dem Absturz fing das Flugzeug Feuer und verbrannte bis auf das Eisengerippe.

Der Reserveschütze Martz, ein Unterelsässer, beobachtete eben nach vorne, als eine Gasgranate direkt vor uns einschlug und das dichtgeballte

Gas ihn im selben Moment umgab. Ein Atemzug, und schon stürzte er betäubt zwischen uns nieder. Ich selbst fühlte beim Atmen das Gas in die Nase bis zum Halse eindringen und stieß es dann mit einem festen Atemstoß wieder hinaus, hielt den Atem an und riß die Gasmaske aus der Büchse, um sie blitzschnell aufzusetzen. Nun fühlte ich, daß doch etwas Gas in die Brust gedrungen sein mußte, denn es fing mich an zu krabbeln, und ich bekam Brechreiz. In Nase und Rachen brannte es derart, daß mir die Augen überliefen. Auch mußte ich husten und hatte Mühe, in der Maske Luft zu bekommen. Dies alles war in wenigen Sekunden geschehen. Sofort riß ich die Gasmaske des betäubten Martz hervor und setzte sie ihm auf. Dann krach ich auf allen vieren zum Zugführer, da ich wußte, daß bei ihm der Sanitätsunteroffizier war mit dem Selbstretter (Sauerstoffapparat). Sofort kam er mir nachgekrochen, wir setzten dann dem armen Martz den Selbstretter auf, und nach einer Viertelstunde kam er wieder zu sich, war aber wie gelähmt.

Nun kam unser Rittmeister zu uns ins Loch gekrochen. »Na, Richert«, sagte er, »noch gesund?« - »Ich selbst wohl«, antwortete ich, »aber Alex Knut tot, 2 Mann verwundet. Besatzung Herrmann ist's viel schlimmer ergangen; ein Volltreffer tötete alle 6 Mann.. Der Rittmeister war sehr aufgeregt, denn es war das erste große Treffen, das der mitmachte. Früher, ehe er zu unserer Kompanie kam, war er beim Generalstab und sollte nächstens wieder dahin kommen. Mir fielen nun die englischen Zigaretten ein, die ich in der Tasche hatte. Ich bot dem Rittmeister zuerst an, dann den Soldaten. Wie fein so eine englische Zigarette schmeckte im Vergleich zu den deutschen, die nichts als hundsmiserabler Tabakersatz, hauptsächlich Buchenlaub, enthielten! Nach etwa einer halben Stunde sagte der Rittmeister: »Richert, geben Sie mir noch eine englische Zigarette, ich will dann zum Reservezug.« Ich gab ihm gleich zwei. Er kletterte aus dem Loche und lief rückwärts. Es war so um 4 Uhr nachmittags. Das Artilleriefeuer hatte ziemlich nachgelassen, doch platzten immer noch Granaten auf dem Felde. Wir atmeten nun erleichtert auf. »Wenn wir nur aus diesem Schlamassel heraus wären!« war der allgemeine Wunsch. Meine Soldaten hatten alle den Kaffee leer getrunken und lechzten vor Durst, während ich kaum eine halbe Flasche getrunken hatte. Auf ihre Bitte gab ich jedem einen Schluck.

Langsam wurde es Abend, und bald bedeckte tiefe Dunkelheit dieses Elend. Was würde die Nacht bringen? Ich selbst rechnete mit einem Gegenangriff der Engländer. Ich hatte nur den einen Wunsch, in Gefangenschaft zu kommen. Dort wär man doch wenigstens seines Lebens sicher. [....Da kam eine Ordonnanz zu unserem Loch und sagte, die Essenholer sollen sich fertigmachen und mit ihr kommen....] Die Engländer unterhielten seit Anbruch der Dunkelheit ein furchtbares Sperrfeuer etwa 400 m hinter uns, um es den Verstärkungen unmöglich zu machen, vorzukommen, und um überhauptjede Rückwärtsverbindung zu verhindern. Da ich keinen meiner Schützen zum Essenholen bestimmen wollte, fragte ich, wer freiwillig gehen wollte. Alles still. Ich sagte: »Cut, wir essen unsere eiserne Portion!« Auch hatte jeder ein Stück Kommißbrot im Brotbeutel. Wenn wir nur mehr zum Trinken gehabt hatten. Also blieben alle im Loche.

[...Die Ordonnanz entfernte sich...] Die wenigen Infanteristen, die noch vor uns zerstreut in den Granatlöchern lagen, mußten nun zurückkommen und in der Linie, in der wir lagen, Stellung nehmen. So bildete sich wieder eine feste Front. Das andere Maschinengewehr des Zuges mußte sich 3m neben uns einbauen. [...Der Zugführer, Feldwebel . Martin Bär, lag einige Meter hinter und in einem Granatlech...] Immerfort sausten die englischen Granaten heulend über uns, um hauptsächlich in der Sperrfeuerlinie zu platzen. Ich schlief mm im Loch ein. Ein Mann mußte dauernd wachen und hie und da nach vorne beobachten. Plötzlich wurde ich von einem prasselnden Granatenhagel aufgeschreckt. Aha, dachte ich, Vorbereitungsfeuer für den Gegenangriff. Wir hatten noch ziemlich Glück, denn bei uns platzten nur wenige Granaten. Sie zischten knapp über uns hinweg, um etwas weiter hinten einzuschlagen. Tz-tz-tz, zischten eine Unmenge MG-Geschosse über uns, so daß keiner von uns wagte, den Kopf zum Beobachten zu heben. Als das MG-Feuer nachließ, schoß ich eine Leuchtkugel ab und beobachtete das vor mir liegende Gelände. Ich glaubte, daß sich an mehreren Stellen etwas bewegte, und schoß noch einige Leuchtkugeln ab. lm selben Moment horte ich schon links und rechts rufen: »Sie kommen! Sie kommen! Alarm!- Und wirklich. Nun wimmelte alles vor uns von Engländern. Die ersten waren vielleicht noch 150m entfernt. Ängstlich gebückt sprangen sie von Loch zu Loch. Was sollte ich machen? Schießen? Wenn ich genau einrichtete, würden mindestens 30, 40, 50 dieser armen Menschen getroffen. lch faßte rasch den Entschluß, nicht zu schießen und mich bei ihrem Herankommen zu ergeben. ich sprang ans Gewehr, lud einen Gurt, drückte auf die Deckfeder, nahm mit der linken Hand eine Prise Erde und streute sie unauffällig in den Mechanismus des Maschinengewehrs; dann drückte ich los. Die im Lauf befindliche Patrone ging los, dann war Schluß. Die Gleitvorrichtung war durch das bißchen Erde an den Bewegungen gehindert. »Was machen wir nun?« fragten ängstlich die Schützen. »Hände hoch, wenn sie kommen!« sagte ich. »Pistolen raus!« kommandierte ich nun. »In lle, daß sie uns massakrieren wollen, verteidigen wir uns mit den Pistolen, so lange es geht.« Dann schnallten wir das Koppelzeug ab und warfen es hinter uns ins Loch. Da kam der Feldwebel Bar gekrochen: »Richert, Nicki, Mensch, warum schießt du nicht«. - »Hemmung«, antwortete ich. »Wir haben abgeschnallt.« - »Es wird das Beste sein«, meinte der Feldwebel, schnallte ebenfalls ab und warf sein Koppelzeug auf das unsere. Von 100 Leuchtkugeln war die Nacht nun taghell erleuchtet. Viele rote Leuchtkugeln, die das Sperrfeuer der deutschen Artillerie anforderten, stiegen nun kerzengerade in die Höhe. Viele leichte und schwere Maschinengewehre und Infanteristen hatten das Verteidigungsfeuer aufgenommen. Nun sausten die deutschen Granaten massenhaft über uns und schlugen bei den Engländern ein. Die Engländer, die große Verluste erlitten, verkrochen sich nun in den Granat löchern, und wir mußten unser Koppel wieder umschnallen. In diesem Moment hatte ich eine Wut gegen die Engländer, weil sie uns nicht geholt hatten. Trotz der Dunkelheit reinigte ich nun das MG, damit niemand sehen konnte, daß sich etwas Erde darin befand. Dann lud ich und ließ einen Gurt durchrattern. Nachher schliefen wir bis gegen Morgen im feuchten Loche .

25. APRIL 1918

Bei Tagesanbruch fingen die Engländer wieder wie toll zu schießen an, was etwa eine Stunde anhielt. Nachher war alles ziemlich ruhig. Ein wunderschöner Frühlingstag brach an, hell und klar schien die Sonne hernieder. Welch ein Gegensatz: Die Natur erwachte zu neuem Leben, und diese arme, betörte Menschheit schlachtete sich gegenseitig ab. Und alle wollten doch so gerne leben! Aber dem Starrsinn einiger Großer mußten sich Hunderttausende fügen. Da war nicht daran zu rütteln. Verweigert man den Gehorsam, so wird man einfach erschossen. Gehorcht man, kann man auch erschossen werden, hat aber auch Aussicht durchzukommen. Also gehorcht man, wenn auch ganz mit Widerwillen.

Gegen 10 Uhr morgens kam ein Mann der Kompanie angekrochen und meldete, daß der Rittmeister soeben schwer verwundet aufgefunden worden sei. Er sei seit gestern abend nach etwa 4 Uhr allein und verlassen in dem Schilf eines Wasserabzuggrabens gelegen. Wer sich freiwillig melde, ihn zurückzubringen, würde um einen Grad befördert und erhalte das Eiserne Kreuz. Von meinem Maschinengewehr meldete sich der Schütze Lang, vom anderen Maschinengewehr des Zuges Gefreiter Beck. »Wenn ich heil zurückkönne«, sagte Lang, »komme ich jedenfalls nicht mehr nach vorne!« - - -» Selbstverständlich! « sagte ich. Also krochen die beiden zurück. Der Rittmeister mußte gestern abend verwundet worden sein, als er sich von uns nach dem Reservezug begeben wollte.

Gegen Mittag stellte sich ein quälender Durst ein. Meinen Kaffee hatte ich zum Teil getrunken, zum Teil den Schützen verteilt. Da sahen wir nicht weit von uns ein mächtiges Granatloch. Ein Schütze krach mit dem Kochgeschirr hin und fand, wie er richtig vermutet hatte, in dem tiefen Loch etwas Wasser, das sich dort zusammengezogen hatte. Er verschwand im Loch, um gleich wieder mit dem Kochgeschirr zu erscheinen und zurückzukriechen. Aber was für eine Brühe brachte er da! Den reinen Lehmbrei. Wir legten nun ein Taschentuch über ein anderes Kochgeschirr, um so das Wasser durchsickern zu lassen und etwas zu reinigen. Dann schlürfte jeder einige Schlucke dieser ekelhaften Brühe.

Ich betrachtete nun, durch das eingebaute MG gedeckt, die Gegend. Rundum aufgerissene Erde und Granatlöcher. Dazwischen hingestreckte Leichen der Gefallenen. Vor uns das verbrannte Flugzeug, etwas weiter der zerschossene englische Tank und in etwa 1 km Entfernung das zerschossene Dorf Cachy, das wir gestern erobern und dessen Westrand, also den jenseitigen, wir hatten besetzen sollen. Also war unser Angriff

mißlungen, obwohl wir etwa 800 m in die englischen Stellungen eingedrungen waren und, wie es hieß, 2000 Gefangene gemacht hatten. Ich war nun überzeugt, daß an der englisch-französisch-amerikanischen Front nicht mehr viel zu rütteln war. Halbrechts, etwa 2 km vor uns, lag das Städtchen Villers-Bretonneux, das nur noch einen Ruinenhaufen bildete. Ich schaute nun nach allen Richtungen mit dem Glas nach der englischen Front hinüber. Nicht das geringste Lebenszeichen konnte ich entdecken als die in die Höhe steigenden Rauchwolken der deutschen Granaten. Über uns spielte sich ein heftiger Luftkampf ab, an dem über 30 Flieger teilnahmen. Drei derselben stürzten ab, zwei brennend, während der dritte pfeilschnell niederstürzte
. Da wurden wir von der Besatzung des anderen Maschinengewehrs angerufen, ob wir denn nichts mehr zu trinken hatten. Sie würden bald vor Durst vergehen. Da antwortete ein Mann meiner Besatzung, daß in dem großen Granatloch sich wohl wieder etwas Wasser angesammelt haben würde; wir hatten vorhin schon davon geholt. Schütze Schroback, ein frecher Berliner Junge, kroch nun hin und verschwand im Loch. Bald kam er wieder herauf, it gefülltem Kochgeschirr, und wollte mit ein paar Sprüngen das Loch seiner Besatzung erreichen. Im selben Moment sauste eine Granate knapp über unsere Köpfe und zersprang kaum 2 m hinter unserem Loch. Erschrocken duckten wir uns, so tief wir konnten. Dann hob ich den Kopf und sah, daß Schroback bewegungslos etwa 2 m jenseits des neuen Granatloches lag. Da ich nicht wußte, ob er tot oder bloß betäubt war, krach ich hin, um nachzusehen. Hier war keine Hilfe mehr möglich, Schroback hatte mehrere Granatsplitter in den Bauch erhalten, so daß die Gedärme hervorsahen. Schroback war tot.

Ganz unerwartet legte unsere Artillerie ein Sperrfeuer zwischen die beiden Linien, so daß wir durch die massenweisen Granateinschläge, den Rauch und umherfliegende Erdschollen wie durch eine Mauer von den Engläridern getrennt waren. Nach und nach flaute das Feuer wieder ab. Etwa um 4 Uhr nachmittags schlug plötzlich eine zu kurz gehende deutsche Granate kaum 3 m neben uns ein. Gleich kam eine zweite, die direkt neben dem Loch der anderen Besatzung einschlug und die Leute mit Erde fast zudeckte. Wie uns das aufregte! Mehr, als wenn 20 englische Geschosse eingeschlagen hatten. Gleich kam noch eine und wieder eine. »Schnallt euer Sturmgepäck auf den Rücken, nehmt Gasmaske und Stahlhelm! Wir kriechen zurück! Denn von den eigenen Granaten will ich nicht totgeschossen werden!« sagte ich zu meinen Leuten. Dann krochen wir auf dem Bauche rückwärts, Aber immer mehr Granaten kamen, so daß wir gezwungen waren, etwa 200 m weit zurückzukriechen. Nun hockten wir in einem Granatloch, während unser Maschinengewehr vorne stand. Inzwischen waren sämtliche vorne liegenden Soldaten zurückgekrochen, ohne daß die Engländer etwas gemerkt hatten. Mir war's doch nicht recht, daß wir ohne unser Maschinengewehr zurückgekrochen waren. Ich sagte zu meinem Gefreiten Fritz Keßler, der in der Nacht zum Maschinengewehr gekommen war: » Kommst du mit, Fritz, das Maschinengewehr holen? « - »Warum nicht!- antwortete er. "Wir hingen uns einen Traggurt um und wollten eben das Loch verlassen, als der Bataillonsadjutant Leutnant Knapp vorbeikroch und fragte, wohin wir denn eigentlich wollten. Ich sagte ihm, daß wir unser Maschinengewehr holen wollten, das wir infolge der Beschießung durch die eigene Artillerie vorne hatten stehen lassen. Er ermahnte uns, vorsichtig zu sein. Dann rutschten wir, alle auf dem Bauche, vorwärts. Es war schwer, über den aufgewühlten Boden zu kriechen. Auch mußten wir vielen Leichen gefallener Soldaten ausweichen. Endlich erreichten wir unser Gerat. Zuerst das Maschinengewehr rückwärts auf die Erde. Ich befestigte 2 Munitionskästen auf dem Schlitten, dann hakten wir die Traggurte ein und schleiften die Last, immer kriechend, hinter uns her. Müde und schweißtriefend kamen wir endlich bei den zurückgebliebenen Leuten an. Leutnant Knapp kroch eben wieder zurück, an unserem Loch vorbei und sah, daß wir unser Maschinengewehr wieder im Besitze hatten. Er fragte nach meinem Namen und machte dann an dessen Seite [in seinem Dienstbuch] ein Kreuzzeichen. Damit meinte er, ich bekäme das Eiserne Kreuz 1. Klasse.

    Langsam wurde es Abend, dann dunkle Nacht. Ich hoffte, in dieser Nacht von anderen Truppen abgelöst zu werden, Doch Stunde um Stunde verging, wir warteten vergebens. Die Engländer schossen wieder ein gewaltiges Sperrfeuer hinter uns. Sie schienen keinen Munitionsmangel zu haben. Nun fing es langsam, dann immer starker zu regnen an. Den Mantel anzuziehen hielt ich nicht für angebracht, denn im Falle, daß wir fliehen müßten, wäre der Mantel hinderlich gewesen. Nach und nach wurden wir alle bis auf die Haut durchnäßt, und im Loche bildete sich eine klebrige Brühe. Wir fingen an zu zittern vor Nasse, aber herumzulaufen, um uns zu erwärmen, getrauten wir uns nicht, da immer einzelne Granaten einschlugen und die Engländer mit dem Maschinengewehr das Feld oft abstreuten. Endlich schlief ich ein. Von der Besatzung mußte immer ein Mann wach bleiben. Auf einmal weckte mich der wachhabende Soldat und sagte: »Die Ablösung ist da! « Sofort stand ich auf und dachte: Gott sei Dank! Aber noch graute mir vor dem Rückweg über das offene Gelände, da wir das weiter zurückliegende englische Granatfeuer passieren mußten. Die Ablösung trieb uns zur Eile an, denn sie wollten sich in das schützende Loch begeben. Ich gab nun den Befehl: »Munitionskasten, Gewehrschlitten bleiben hier. Nur das Gewehr wird mitgenommen und ab- wechselnd getragen!« Darüber waren meine Soldaten sehr erfreut, da sie die schweren Sachen nicht zu schleppen brauchten. Da es ziemlich finster war und immer noch regnete, stolperte man oft über Tote oder stürzte in die Granatlöcher. Durch Zurufe hielten wir uns zusammen. Überall huschten Gestalten zurück, denn die Trümmer der ganzen Division wurden abgelöst. Da horte ich ziemlich weil von uns eine jammernde Stimme: »Kameraden, um Gottes willen, nehmt mich mit! Ich habe eine Frau und drei kleine Kinder zu Hause.« Der arme Verwundete, der hilflos dalag, hatte wohl die zurücklaufenden Soldaten bemerkt. Ich sagte zu meiner Besatzung: »Diesen nehmen wir mit!« Als ich nichts mehr hörte, rief ich:» Wo liegt denn der Verwundete «- - » Hier!« kam die Antwort. Ich bückte mich mit einem Soldaten, um den armen Verwundeten aufzuheben. Im selben Moment schlugen 4 englische große Granaten direkt neben uns ein, so daß wir durch den Luftdruck und den Schrecken fast zu Boden geflogen wären, Wir liefen durch die herniederprasselnden Erdschollen so schnell wie möglich, um aus dem Bereich der gefährdeten Stelle zu kommen. Den armen Verwundeten hatten wir liegenlassen. Wir waren auseinandergesprengt, nur ein Mann war noch bei mir. Durch Zurufe fanden wir uns wieder vollzählig. Da hörte ich seitwärts rufen: »2. MG Kompanie, Infanterieregiment 332, hier sammeln! « Es war die Stimme des Leutnants Strohmayer. Wir gingen hin. Der Leutnant, der moralisch ganz kaputtgegangen war, kommandierte nun, als sich die Reste der Kompanie gesammelt hatten: »In dieser Richtung zurückgehen! «, und marschierte parallel zur Front statt zurück. »Herr Leutnant! « sagte ich. »Wir müssen nach dieser Richtung zurück. Der Brand, den wir hier sehen, ist im Dorf Marcelcave, und dahin müssen wir!« Der Leutnant, der sich fast nicht mehr zu helfen wußte, sagte: »Ach, machen Sie doch, was Sie wollen 1- Im nächsten Augenblick lag alles am Baden, 4 sehr schwere Granaten hatten in nächster Nähe eingeschlagen.» Niemand verwundet? « rief ich. »Nein«, kam es zurück. »Die Kompanie hört auf das Kommando von Unteroffizier Richert!« schrie ich nun. »Alles geht so schnell wie möglich in Richtung des Brandes zurück! Verbindung wird durch Zurufen aufrechterhalten!« [..Nun ging es so schnell wie möglich zurück...] Leutnant Strohmayer tappte wie ein Betrunkener hinter mir her. Obwohl noch oft Granaten in unserer Nahe einschlugen, kamen wir alle heil zurück. Auf dem vom Regen aufgeweichten Felde war nur ein langsames Fortkommen möglich, denn der klebrige Dreck hing sich sehr an die Stiefel.

Endlich erreichten wir die Straße in Richtung Marcelcave, der wir nun folgten. »Fritz, Fritz! « horte ich im Straßengraben rufen, und noch einige Wörter, die ich nicht verstand. Sofort dachte ich, daß hier ein verwundeter Engländer liegen müsse, sagte »Tommy« und ging in den Graben. Richtig, da lag ein Engländer mit verbundenem Bein; er hatte sich anscheinend bis hierher geschleppt und konnte nun, infolge Ermüdung und Schwäche, nicht mehr weiter. Ich gab einem meiner Soldaten mein Sturmgepäck zu tragen, deutete dann dem Engländer, auf meinen Rücken zu kriechen, und kniete vor ihm nieder. Der Tommy verstand mich sofort, krach auf meinen Rücken, hielt sich mit den Armen um meinen Hals, während ich mit meinen Armen seine Knie seitwärts faßte. Der Engländer war nur ein ganz schmächtiger Bursche, der meiner Ansicht nach kaum 100 Pfund wog. Trotzdem wurde mir bald heiß unter meiner Last. Da hörte ich hinter uns Wagengerassel. Als der Wagen nahe bei uns war, legte ich den Engländer auf den Boden, faßte das Pferd am Zügel und hielt den Wagen an. »Was ist denn los? fragten die beiden auf dem Bock sitzenden Sanitäter. »Ich habe hier einen Verwundeten, den ihr mitnehmen könnt. Sie sagten, sie hatten keinen Platz mehr, der Wagen sei bereits mit Schwerverwundeten überfüllt. Ich antwortete, daß der Verwundete nur einen Beinschuß habe und sicher noch vorne auf dem Bock Platz habe. Nun nahm ich den Engländer und hob ihn auf den Wagen, wo er von den Sanitätern in Empfang genommen wurde. Erst jetzt sahen sie, daß es sich um einen Engländer handelte. Ich lief nun der Kompanie nach, die ich bald wieder eingeholt hatte. Als wir uns Marcelcave näherten, flogen viele englische Granaten über uns, die teils im Dorf, teils am Dorfrand platzten. » 2. MG-Kompanie, halt! « schrie ich. »Wir müssen das Dorf nach rechts umgehen, um dem Granatfeuer auszuweichen! « Nun ging es wieder über das dreckige, nasse Ackerfeld. Nun konnte man doch wenigstens sehen, wo man hintrat, denn langsam graute der Morgen. Wir näherten uns einem zerschossenen Wald. Plötzlich horten wir vor uns einen so starken Knall, daß sich fast alle unwillkürlich zu Boden warfen. Eine schwere deutsche Batterie, die gedeckt im Wald stand, hatte eben eine Salve abgeschossen. [..Das war die Ursache des heftigen Knalls...] Jenseits des Dorfes erreichten wir die weiter zurückführende Straße, die noch immer im Feuerbereich der englischen Artillerie lag. Wir schritten schnell aus, um endlich in Sicherheit zu kommen, und passierten noch ein Dorf, in dem die meisten Hauser unversehrt waren. Dann kamen wir durch ein Waldstück, darin kampierten der Kompaniefeldwebel, Fahrer und Pferde der Kompanie. Sofort empfingen wir heißen Kaffee, Essen, Schnaps und Rauchmaterial. Aber wie sahen wir aus! Drekkig, naß von oben bis unten. Nun sagte der Feldwebel: »Ihr scheint was durchgemacht zu haben! Wie ich schon gehört habe, ist der Rittmeister an seinen schweren Verwundungen gestorben.« Jeder Gewehrführer muße nun die Verluste in seiner Besatzung angeben. Wir breiteten dann unsere Zelte an einer von der Sonne beschienenen Stelle aus, zogen die nassen Röcke aus, schlüpften in die Mäntel, legten uns hin und waren bald eingeschlafen. Denn die letzten 48 Stunden hatten alle nur wenig geschlafen und waren infolge der Aufregung total erschöpft.

Am Nachmittag schlugen plötzlich 2 sehr schwere englische Granaten vor uns am Waldrand ein. Herrgott! Waren wir denn hier noch nicht in Sicherheit? Gleich daraufkam es wieder angeheult. Diesmal krepierten die Granaten nur etwa 100m vor uns. »Jungens«, sagte ich zu meiner Besatzung, »nehmt Stahlhelm und Gasmaske, wir sind hier genau in der Schußrichtung. Wir wollen nach rechts rüberlaufen.« Sofort liefen wir weg. Eine der nächsten Granaten schlug in die Fahrzeuge ein, ein MG-Wagen wurde völlig zertrümmert. Die folgenden 2 Granaten flogen über den Wald hinweg und töteten 2 Pferde und einen Artilleristen, der die Pferde auf der Weide hütete. Lange kam kein Schuß mehr, und wir gingen zur Kompanie zurück. Man hatte jedoch ständig ein unsicheres Gefühl, denn jeden Augenblick konnten neue Granaten heranfliegen. Die beiden getöteten Pferde wurden von den Soldaten abgehäutet, das Fleisch abgeschnitten und Gehacktes gemacht, das mit Salz vermengt vertilgt wurde.

Gegen Abend sah ich den Bataillonsmelder durch den Wald nach der Kompanie kommen. Da er mich gut kannte, winkte er mir und sagte: »Was meinst du: Heute Abend müßt ihr die Reservestellung vorne beziehen.« - »Was?« sagte ich. »Wie kommen doch erst heut' morgen zurück!« - »Sicher«, sagte der Melder. »Ich habe hier den Befehl.« Wie mir davor graute, wieder nach vorne zu gehen, kann ich keinem Menschen beschreiben. Die Reservestellungen waren am meisten dem Granatfeuer ausgesetzt. Und vorne donnerten unaufhörlich die Geschütze. Ich ging zum Feldwebel Bar und zum Unteroffizier Peters und erzählte ihnen, was uns bevorstand. Beide waren starr vor Schrecken. Wir sannen auf ein Mittel uns drücken zu können. Davonlaufen konnte man doch nicht, und mitgehen wollten wir nicht. Da sah ich zufällig neben der Feldküche einen Eimer, der halbvoll! von miserablem Schnaps dastand. Sofort sagte ich zu den beiden: »Ich weiß einen Ausweg!« holte mein Kochgeschirr und tauchte dasselbe unauffällig in den Schnapseimer. Ich hatte fast 2 Liter im Kochgeschirr. Wir gingen nun ins Gebüsch, wo wir uns mit Widerwillen derart betranken, daß wir bald nicht mehr stehen und gehen konnten. Wir torkelten wieder zur Kompanie, wo wir uns auf den Boden legten. Nun mußte die Kompanie antreten. Der Feldwebel verlas den Befehl. Als wir drei nicht aufstanden, merkte der Feldwebel gleich, was los war, sagte aber nicht viel. Der Leutnant Strohmayer jedoch, der nun die Führung der Kompanie übernommen hatte, wurde nicht fertig, uns auszuschimpfen. Da erhob sich der Unteroffizier Peters, ergriff einen großen Spaten und taumelte gegen den Leutnant. Den Spaten erhebend, schrie er: »Wenn der Herr Strohmayer noch so einen dämlichen Befehl geben wie letzte Nacht, schlag ich Ihnen den Schädel ein!« Der Leutnant griff nach der Pistole, wich aber immer dem Peters aus, der dann stolperte, hinfiel und liegenblieb. Während nun die Kompanie wegrückte, lagen wir drei Helden schlafend im Walde. Am anderen Morgen erhoben wir uns mit schwerem Kopf. Der Kompaniefeldwebel meinte, das sei doch nicht schon von uns gewesen. Worauf ich antwortete: »Das war zuviel verlangt!« Und er gab mir vollständig Recht. Nun rückte die Kompanie von vorne an. Sie hatte Glück gehabt, es waren nur ein Toter und 3 Verwundete zu beklagen.

Wir blieben nun den ganzen Tag bis in die Nacht hinein im Wald. Da hieß es, wir kämen nach Harbonnières ins Quartier. [..Da sagte ich zu meinem Gefreiter Keßler: „ Du Fritz, übernimmst die Führung des Maschinengewehrs. Ich gehe voraus, vielleicht finde ich dort was zum Beißen oder ein günstiges Quartier." Also ging ich los, die Unteroffiziere Peters und Schulz begleiteten mich. Die Nacht war stockdunkel und oft mußten wir uns begegnenden Soldaten nach dem Weg fragen . Endlich erreichten wir Harbonnieres....] In Harbonnières war alles mit Soldaten überfüllt, denn die Trümmer unserer Division lagen dort einquartiert, dazu noch eine Division, die eben erst aus Rußland gekommen war. Endlich fanden wir eine leere Küche. Im Zimmer nebenan hörte ich Stimmen. Ich ging hinein. Es waren Chauffeure der Kraftwagenkolonne. Ich fragte, ob sie nicht etwas zu essen für mich und meine beiden Kameraden hätten. Sie gaben mir frech Antwort. Ein Wort gab das andere, und als ich sie »faule Etappenschweine- nannte, wären sie bald handgreiflich geworden. Doch meine Pistole und das Hinzukommen der beiden anderen Unteroffiziere, Peters und Schulz, hielt sie zurück. Wo nun schlafen? Auf dem kalten Backsteinboden der Küche paßte uns nicht. Da nahmen wir den alten Küchenschrank, legten ihn um, nahmen die Bretter heraus und legten uns hinein. Wir mußten uns auf die Seite legen, denn unser »Bett«

war zu schmal. Als wir eine Weile geschlafen hatten, mußte ich schiffen gehen, nahm meine Taschenlampe und ging zur Hintertür hinaus. Da sah ich ein kleines Gebäude, ähnlich einer Waschküche. Auch vermeinte ich, im Inneren desselben ein lautes Schnarchen zu hören. Ich ging leise zur Tür, die eine Glastür war, drückte auf die Klinke. Die Tür war verschlossen. Da sah ich, daß eine Ecke des Glases ausgebrochen war, und leuchtete mit der Taschenlampe hinein. Vor Freude prallte ich fast zurück. Auf dem Tisch, gerade der Tür gegenüber, lag ein Stoß Brot aufgeschichtet, daneben standen mehrere 3-Pfund-Büchsen mit Leberwurst, auch eine Schachtel Zigarren und Zigaretten. Das war sicher die Verpflegung der Kraftwagenkolonne. Leise ging ich nun zu meinen beiden Kameraden zurück und weckte sie. »Wir müssen ausziehen«, sagte ich. »Bist wohl verrückt!- war die Antwort. Da erzählte ich ihnen meine Entdeckung. Schon hatten sich beide erhoben. Leise machten wir uns fertig und gingen auf den Fußspitzen nach der Tür. Ich langte durch das Loch im Glas und schob den Riegel zurück. Langsam öffnete ich die Tür, ging auf den Fußspitzen hinein und reichte den beiden 3 Brote, 2 Schachteln zu je 100 Zigaretten hinaus und nahm dann 3 Büchsen Leberwurst. Nun verschwanden wir, wie wir gekommen waren. Der Schläfer, der ruhig weiterschnarchte, wird auch nicht wenig erstaunt gewesen sein, als er' das Fehlen der Sachen am nächsten Morgen entdeckte. Nach längerer Suchen fanden wir endlich Unterkunft in einer Spreukammer. Beim Schein der Kerze wurde nun von unserer Beute gegessen.

Am nächsten Morgen gingen wir auf die Suche nach unserer Kompanie. Endlich fanden wir sie in einem Schuppen einquartiert. Meine Besatzung war etwas verdrießlich, weil ich sie im Stich gelassen hatte. Als ich aber das Kommißbrot und eine Büchse Leberwurst hervorlangte, waren alle zufrieden und langten wacker zu, bis Brot und Leberwurst verschwunden waren. Dann gab ich jedem noch 10 Zigaretten.

Untertags kam auch der Schütze Lang wieder zu mir, der geholfen hatte, den Rittmeister zurückzutragen. Er erzählte, daß der Rittmeister sie noch erkannt hätte. Sie hatten ihn zuerst auf ein Zelt gelegt und kriechend geschleift. Weiter zurück, in einer Mulde, hatten sie dann eine Tragbahre gefunden, auf der ein Toter lag. Diesen hatten sie auf den Boden gelegt, den Rittmeister auf die Bahre gehoben und ihn so zum Arzt nach Marcelcave getragen. Als der Arzt kam, hatte der Rittmeister den letzten Atemzug getan. Lang hatte sich mit seinen drei Kameraden nun hinten herumgedrückt, bis die Kompanie abgelöst wurde.

Am Nachmittag wurde die Kompanie zum Begräbnis des Rittmeisters kommandiert, der auf dem Soldatenfriedhof in Harbonnières, wo schon

Tausende der armen Opfer des europäischen Militarismus begraben lagen, beerdigt. Natürlich wurde eine Rede gehalten, worin hauptsachlich die Worte figurierten: Vaterland, Heldentod, Ehre, der heiße Dank des Vaterlandes ist ihm gewiß, und 50 weiter. In Wirklichkeit ist das alles Lug und Trug, denn meiner Ansicht nach fallen nur fürs Vaterland die gemeinen Soldaten bis hinauf zum Feldwebel. Die höheren Grade sind doch bezahlt und sterben fürs Geld.

Nach dem Begräbnis kam Joseph Hoffert mich aufsuchen, da er nicht wußte, wie es mir vorne ergangen war. Ich erzählte ihm nun, daß der Feldwebelleutnant Orschel, der vor dem Kriege in unserem Heimatdorf Grenzaufseher gewesen war, sich in der 1.MG-Kompanie meines Regiments befinde und daß ich ihn schon oft gesprochen hätte. Sofort gingen wir nun beide hin, um ihn aufzusuchen. Bald fanden wir die 1.MG-Kompanie. Dort erhielten wir den Bescheid, daß Orschel durch eine Granate schwer verwundet worden sei, noch einen Tag gelebt habe und dann gestorben sei. Er werde eben auf dem Soldatenfriedhof beerdigt. Das war für uns eine traurige Nachricht. Wir gingen zum Friedhof, aber Orschel war bereits beerdigt. Sein Grab befindet sich an der Seite des Grabes von meinem Rittmeister, dem Freiherrn Götz von Reißwitz. Immer neue Opfer wurden auf den Friedhof gebracht, die zum Teil entsetzlich aussahen.

Nun wurden die Verluste der Division beim Angriff bekannt; sie hatte 65 Prozent ihres Bestandes verloren. Von 32 Offizieren meines Regiments, die den Angriff mitgemacht hatten, waren 22 gefallen. Von der 44 Mann starken Minenwerferkompanie meines Bataillons waren nur 4 Mann übriggeblieben, die anderen 40 tot oder verwundet. Meine Kompanie hatte noch ziemlich Glück gehabt, dennmehr als die Hälfte der Mannschaften kam wieder heil zurück.

Am folgenden Tage war Regimentsappell. Die Trümmer des Regiments 332 mußten auf einer Wiese neben dem Städtchen antreten. Dann kam der Divisionskommandeur, General von Adams, geritten, ein Mann, der ein sehr unangenehmes Gesicht hatte und von allen wegen seiner brutalen Rücksichtslosigkeit gehaßt wurde. » Stillgestanden, Augen rechts! « Alles mußte nun diesen Menschen ansehen. »'n Mojen, Kinder! « begrüßte er uns. Ich dachte: Du verfluchter Massenmörder brauchst uns »Kinder« zu nennen! Viele mußten nach dem beim Angriff gegebenen Befehl (» Der Angriff muß weiter vorgetragen werden! «) durch die Rücksichtslosigkeit dieses bezahlten Halunken sterben, ohne Ziel und Zweck. Nun folgte eine Ansprache, die ganz von Nationalismus, Militarismus, Heldentod und 50 weiter triefte. Wenn wir auch das gesteckte

Ziel des Angriffs nicht erreicht hatten, hatten wir doch den Briten gezeigt, was deutscher Mut und Draufgängertum zu leisten vermögen. In Wirklichkeit ist von Mut überhaupt nichts zu finden. Die Todesangst übersteigt alle anderen Gefühle, und nur der furchtbare Zwang treibt die Soldaten vorwärts. Ich hatte mal sehen wollen, wenn zum Beispiel die Erlaubnis gegeben worden wäre, diejenigen, die nach Hause gehen wollten, dürften gehen und diejenigen, die an der Front bleiben wollten, konnten dableiben. Ich glaube, nicht ein Mann wäre freiwillig an der Front geblieben. Alle hatten auf das Vaterland gepfiffen und nur danach getrachtet, ihr Leben in Sicherheit zu bringen und wieder zu leben, wie es eben einem Menschen zusteht.

Anschließend an den Appell war Ordensverleihung. Etwa 60 Mann des Regiments wurden mit dem Eisernen Kreuz 2. Klasse ausgezeichnet. Auch zwei Eiserne Kreuze 1. Klasse wurden verliehen, natürlich an zwei Offiziere, denn zu deren ho hem Gehalt gehören natürlich auch hohe Auszeichnungen. Nachher konnten wir wieder in unser Schuppenquartier gehen. In der Nacht hörte ich das Surren mehrerer englischer Flieger über dem Städtchen. Ich kannte sie sofort an dem hohen, singenden Ton der Motoren. Jeden Augenblick erwartete man das Sausen und Platzen der Bomben. Weglaufen hatte keinen Zweck; am besten war es, man blieb liegen, wo man war. Bekam man einen Volltreffer, war's vorbei. Schlug die Bombe nicht in nächster Nähe ein, konnte sie nichts schaden. Plötzlich das bekannte Sausen und Pfeifen der Bomben. Alles zog den Kopf in die Schultern, dann machte es krack-krack-krack. Zum Glück fielen die Bomben nicht in unsere Nähe.

Am folgenden Morgen hörten wir, daß mehrere Mann und Pferde getötet worden seien. Bis jetzt war Harbonnières, das etwa 15 km hinter der Front lag, von Artilleriebeschießung verschont geblieben. Da, am Nachmittag des 30. April, sausten plötzlich 2 schwerste Granaten heran, die mitten in dem Städtchen mit furchtbarem Krachen explodierten. Alles befand sich sofort in einer unbeschreiblichen Aufregung. Gleich kamen wieder zwei der Ungeheuer angesaust, die Verwirrung noch vergrößernd. »Sofort alles fertigmachen!« kam nun der Befehl. Schnell wurden die Sachen gepackt, die Pferde vor die Wagen gespannt, und los ging es weiter zurück. In den Straßen wimmelte es von Soldaten, Offizieren, Pferden und Wagen, alles wollte sich so schnell wie möglich in Sicherheit bringen. Immer wieder kamen die Dinger angeflogen, hier ein Haus auseinanderwerfend, dort ein gewaltiges Loch in die Gräben reißend. Endlich hatten wir das Städtchen und die Gefahr hinter uns. Es war eine reine Völkerwanderung auf der rückwärts führenden Straße.

» 2. MG-Kompanie begibt sich nach Framerville! kam der Befehl. Das Dorf Framerville liegt etwa 5 km rückwärts von Harbonnières und ist seit der Sommeschlacht 1916 halb zerstört. Es liegt am Rande der Gegend, in der die Sommeschlacht gewütet hatte. Von Framerville bis Le Fère - 70 km – ist kein bewohntes Haus mehr stehengeblieben. Alles zerschossen und von den Deutschen im Rückzug 1917 gesprengt worden. Unsere Kompanie wurde im Schloß von Framerville einquartiert. Das Schloß war jedoch halb zerstört, nirgends mehr Türen und Fenster, .und bei Regenwetter war man gezwungen, 111 den Zimmern die Zelte aufzuschlagen. Das Dorf wurde nun mit Militär überfüllt. Die Engländer, die dies zu wissen schienen, sandten fast jede Nacht ihr Fliegergeschwader, das uns mit Bomben belegte. Man konnte fast nicht ruhig schlafen.

DAS DIVISIONSSPORTFEST - 8. MAI 1918

Unsere Division veranstaltete nun ein Turnfest, um die Soldaten wieder aufzumuntern und ihre Moral zu heben. Jeder, der glaubte, etwas leisten zu können, konnte sich melden. Ich meldete mich zum Handgranatenwerfen, Weitsprung mit Sprungbrett und Hindernisrennen. Am Abend vorher ging ich mit mehreren Kameraden nach dem Festplatz, um die Hindernisbahn kennenzulernen und Versuche machen zu können. [...Vom Startplatz mußte man etwa 50 m laufen, dann kam das erste Hindernis, eine Bretterwand mit 4 ganz gleichen Löchern. Es sollten nämlich immer 4 Soldaten zusammen laufen. Da ich schlank bin, schlüpfte ich ohne große Anstrengung durch das Loch. Nach etwa 20 m kam ein 5-m-breiter Drahtverhau, der jedoch nur aus glatten Draht hergestellt war. Nach weiteren 20 m befand sich ein Graben von 2,50 m Breite; dieser mußte übersprungen werden. Wieder 20 m weiter kam das gefährlichste Hindernis, eine glatte Bretterwand in der Höhe, die man mit einem Hochsprung mit der Hand erreichen konnte. Ich probierte alles Mögliche aus, wie ich am schnellsten rüberkomme. Mit einem Klimmzug sich hochziehen, ging mir zu lang. Bald hatte ich raus, welche Weise die vorteilhafteste war. Ich sprang hoch, hielt mich am oberen Rand mit den Händen fest, zog mich etwas empor, stemmte den linken Fuß gegen die Bretterwand, schwang das rechte Bein hoch und hängte mich mit der Kappe des Schuhes am oberen Rand fest, zog mich mit den Armen und dem rachen Bein hoch und saß rittlings oben drauf. Nun brauchte ich nur noch sin Bein hinüberzuheben und abzuspringen. Zu diesem Übergang brachte ich höchstens 6 Sekunden. Nun mußte man im Bogen wieder zum Startplatz zurücklaufen....] Das Ganze war doch ziemlich anstrengend, da man infolge der Unterernährung und des unregelma13igen Lebens nicht bei voller Kraft war.

Um 9 Uhr morgens sollten die sportlichen Vorführungen ihren Anfang nehmen. [..Von allen Seiten strömten Offizier und Soldaten in Scharen herbei, um sich die Leistungen anzusehen. Zuerst hielt ein höherer Offizier eine Ansprache....] Der Sportplatz war so angelegt, daß er durch ein Wäldchen gedeckt war, und so konnten die englischen Fesselballons diese Massenansammlung nicht sehen. Ständig kreiste ein deutsches Flugzeuggeschwader um den Platz herum, um etwaige Angriffe englischer Flieger abzuwehren. [..Zuerst kam der Wettlauf. Ein Rheinländer, den ich immer für einen steifen, unbeholfenen Menschen angesehen hatte, holte den 1. Preis. Alle waren von der Schnelligkeit dieses Mannes überrascht. Nun kam das Hindernisrennen...]zu dem sich viele gemeldet hatten. Immer zu vieren ging es los, und die Sekunden wurden festgestellt, die jeder brauchte. Ich lief mit der 4. Gruppe. [..Ich bemerkte gleich, daß zwei davon erstklassige Läufer waren. Sie hatten etwa bis zum Hindernis – Bretterwand mit Löcher zum Durchschlüpfen – schon einige Schritte Vorsprung. Ich selbst war jedoch zuerst durchgeschlüpft. Im Drahthindernis stürzte der 4. und blieb zurück. Wir drei kamen im selben Moment an die Bretterwand....] Da ich schon am vorhergehenden Abend die vorteilhafteste Übergangsmethode für die Bretterwand ausprobiert hatte, war ich in wenigen Sekunden drüben, während die anderen viel langer brauchten, um rüberzukommen. Wie der Wind lief ich mm dem Ziel zu und hatte bei der Ankunft nur 2 Schrittlängen voraus. Ich war ganz erschöpft und legte mich hin, um auszuruhen. [..Es dauerte lange bis das Hindernisrennen fertig war. ...] Nun kam der Weitsprung, dann kam der Hochsprung. Nachher das Handgranatenwerfen. Das Ziel war 45 m entfernt und bestand aus einem mit alten Soldatenkleidern behängten Strohmann. Natürlich wurde nicht mit scharfen Handgranaten geworfen, sondern mit Übungshandgranaten. Ich brachte meine Handgranate dicht zum Ziel und hatte Hoffnung auf einen der ausgesetzten Preise. Nachher kam Sacklaufen, bei dem man sich fast zu Tode lachen mußte. Ferner waren 2 glatte Stangen eingegraben, an denen man versuchte hochzuklettern. Der am höchsten kam, erhielt den ersten Preis. Nachher wurden zuerst 2, dann 3 und 4 Pferde nebeneinander gestellt und im Hechtsprung darübergesprungen. Daran konnten sich natürlich nur die besten Turner beteiligen. Die Übungen waren alle sehr interessant, und fast vergaß man, daß man sich mitten im Kriege befand. Nachher wurden die Preise verteilt. Ich bekam vom Hindernisrennen den 6. Preis, eine Flasche - etwa 3/4 Liter - Cognac. Vom Handgranatenwerfen bekam ich den 8. Preis, ein schönes Zigarrenetui mit guten Zigarren. Nach und nach leerte sich der Platz, und alles ging wieder in die Quartiere. Unterwegs wurde man durch den rollenden Kanonendonner daran erinnert, daß noch immer Krieg war.

[...Am folgenden Tage sah ich ein Bataillon Infanterie in der Sommewüste exerzieren. Es wurde von einem englischen Bombengeschwader mit Bomben belegt, wobei einige Mann ihr Leben verloren...] In Framerville befanden sich etwa 100 gefangene Franzosen und Englander, die allerlei arbeiten mußten. Die Franzosen konnten die Engländer nicht leiden und beschuldigten sie, durch ihre Schuld sei der Krieg noch nicht zu Ende. Ich gab den Franzosen oft Zigaretten, wofür sie sich sehr bedankten.

Nun wurde bekanntgegeben, daß jeder, der Blei, Kupfer, Messing, Zinkblech und so weiter nach einer bestimmten Sammelstelle im Dorfe bringe, pro Kilogramm soundso viel erhalte. Was nun für eine Zerstörung losging, läßt sich nicht beschreiben! Alle Türklinken und Fensterriegel aus Messing wurden losgeschraubt oder abgeschlagen. Alle kupfernen Kochgeräte und alles, was aus Kupfer bestand wurde ebenfalls weggenommen. Ganze Zinkblechdächer wurden abgedeckt und nach der Sammelstelle geschleppt. Manche Soldaten erhielten für ihren Raub mehrere 100 Mark. Nun ging es an die Glocken im Kirchturm. Da waren einige Spezialisten, die nichts taten, als in den von den Deutschen besetzten Gebieten herumzustreifen und die Kirchenglocken hinunterzuwerfen. Ich sagte zum Leutnant Strohmayer, der neben mir stand und ebenfalls zuschaute: »Ich finde das doch gemein, sich am Kirchengut zu vergreifen!« - » Was wollen Sie?« sagte nun Strohmayer. »Not kennt kein Gebot.. Ja, »Not kennt kein Gebot«, damit entschuldigten sich die Deutschen.

Eines Tages mußten wir uns, jede Besatzung für sich, eingraben, jedoch so, daß wir von vorne nicht gut gesehen werden konnten. Jede Besatzung sollte schußfertig sein. Als wir fertig waren, ging der neue Kompanieführer, den ich noch nicht kannte, vorn an den Gewehren durch und fand, daß meine Besatzung am unsichtbarsten war. Die ganze Kompanie mußte nun herkönnen und ein Beispiel nehmen, wie man sich eingraben sollte. Ich bekam vom Kompanieführer zwei gute Zigarren und hatte nun eine sogenannte gute Nummer bei ihm.

Nachdem wir etwa 12 Tage in Framerville zugebracht hatten, kam neuer Ersatz aus Deutschland, und es hieß: »Morgen abend geht es wieder in Stellung! Uns war allen bange davor. Direkt neben dem Dorfe befand sich ein Flugplatz, auf dem etwa 14 Flugzeuge stationiert waren. Diese lieferten zum Teil den Engländern Luftkämpfe, zum Teil wurden sie nachts als Bombardierungsflieger verwendet. Am Nachmittag des Tages, an dem wir abends in Stellung sollten, ging ich mit dem Gefreiten Fritz Keßler nach der Fliegerkantine, um einen Verrat Zigaretten zu kaufen und mit nach vorne zu nehmen. Im Dahingehen sahen und hörten wir, daß 2 große Schrapnells in großer Höhe über uns platzten. So weit nach hinten hatte noch nie ein Artilleriegeschoß gereicht. »Fritz«, sagte ich, » paß auf, hier gibt's Senge!« (Senge ist ein Soldatenausdruck, gilt soviel wie Hiebe.) »Wohl möglich«, meinte Fritz, »aber wir verschwinden ja hier heute abend, und vorne müssen wir uns jedenfalls an ganz was anderes gewöhnen.« Wir kauften unsere Zigaretten und gingen gemütlich in Richtung der Kompanie. Es war ein herrlicher Maientag, die Luft so klar, warm und würzig, daß es eine Freude war zu leben. »Wie schön es jetzt wäre auf der Welt «, meinte Fritz, »und wir blödsinnigen Menschen bringen uns gegenseitig ums Leben.« Im selben Moment warfen wir uns beide zu Boden. Wir hörten einen Moment das gurgelnde Sausen zweier großer Granaten, im selben Moment die furchtbaren Explosionen. Eine der Granaten hatte mitten in den Flugzeugen eingeschlagen, so daß die Trümmer derselben nach allen Seiten flogen. Die andere hatte im Hof eines Hauseseingeschlagen, in dem die Regimentsmusik eines Artillerieregiments einquartiert lag. Wie wir nachher hörten, wurden mehrere Mann getötet und verwundet. Hals über Kopf verlief alles das Dorf. Im Laufschritt liefen wir beide zu unserer Kompanie. Die Pferde waren schon angespannt. Meine Schützen hatten meine und Keßlers Sachen zusammengepackt und auf das Flugzeug geladen. Nun ging es im Laufschritt zum Dorf hinaus. Hinter uns hörten wir die dröhnenden Einschläge der schweren Granaten. In einem Hohlwege warteten wir den Abend ab.

WIEDER AN DIE FRONT

Dann ging's los, der Front zu. Wir fuhren auf eine"!" sehr guten, breiten Straße, die nach Amiens führte und Römerstraße genannt wurde. Als es etwas zu dunkeln anfing, sah ich in der Ferne vor uns viele Schrapnells blitzen. Also war hier auch was los. Unbehelligt kamen wir bis an das Dorf Warfusée-Abancourt. Dort mußten wir die Maschinengewehre und Geräte von den Wagen herunternehmen und schleppen. Zwei Führer von der Front erwarteten uns. Wir gingen nicht durch das Dorf, da es oft im Feuer der englischen Artillerie lag. Wir wurden von den Führern zu einer Mulde entlang um das Dorf geleitet. In der Mulde standen mehrere deutsche Batterien eingebaut. Da es noch nicht dunkel war, standen noch einige englische Fesselballons hoch, die bis in die Nacht hinein beobachteten. Die Batterieführer schimpften und fluchten mit uns, wir seien schuld, wenn die Engländer den Stand ihrer Batterien entdeckten.

Nun wurde es dunkle Nacht, und wir hatten Mühe, uns zusammenzuhalten. In diesem fremden Gelände war man grad so dumm wie ein Kalb, das zum erstenmal den Stall verläßt. Alle paar Schritte stürzte man in eines der vielen Granatlocher. Die Soldaten, die unter der Last sehr schwitzten, fingen an, mißmutig zu werden und zu murren. Von den vorne hochgehenden Leuchtkugeln wurde man oft geblendet. lm Hintergrunde der englischen Front sah man oft eine Unmenge zuckender Blitze, dann hörte man sekundenlanges Sausen und das Explodieren der Schrapnells und Granaten. Es waren die von uns so sehr gefürchteten englischen Feuerüberfalle, die nie langer als 2-3 Minuten anhielten, um dann nach wenigen Minuten an einer anderen Stelle des Feldes niederzuprasseln. Nun waren wir um das Dorf herum und erreichten wieder die Straße. Als wir dieselbe eben überqueren wollten, befanden wir uns plötzlich mitten in einem englischen Feuerüberfall. Blitzschnell lag alles im Straßengraben. Ich drückte mich an die Böschung und hielt die beiden Wasserkästen sowie den großen Spaten über den Kopf, um mich so gut wie möglich gegen die Splitter zu schützen. Wie das sauste und krachte um uns herum! jeden Augenblick glaubte man getroffen zu werden. Das ist ein Gefühl in solchen Momenten, das sich nur der vorstellen kann, der schon in derselben Lage war. Mehrere Granaten schlugen auf der Straße ein, welche eine Menge Steine losrissen, die auch in der Luft umherschwirrten und niederprasselten. Plötzlich, so schnell, wie es gekommen war, hörte das Schießen auf. Erleichtert atmeten wir auf, und alles fragte, ob jemand getroffen worden sei. Wie durch ein Wunder blieben alle unverletzt. Nun ging es wieder weiter, und wir erreichten die in Tiefengliederung besetzte Front. Tiefengliederung heißt: in 600-800 m Tiefe der Front entlang überall zerstreute Soldaten, Infanteristen, leichte und schwere Maschinengewehre, die die MG-Nester besetzt halten, Minenwerfer, Granatwerfer und 50 weiter. Die Soldaten liegen in Granatlochern oder selbstgegrabenen Lochern. Einen durchgehenden Schützengraben hier zu halten wäre fast unmöglich gewesen, denn derselbe würde bald entdeckt und von der feindlichen Artillerie derart beschossen werden, daß kaum ein Mann am Leben bliebe. Durch die Tiefengliederung ist die feindliche Artillerie gezwungen, ziel- und planlos das ganze Feld abzustreuen, wobei es natürlich auch Verluste gibt, da hier weder Unterstand, Drahtverhau noch sonst eine gute Deckung vorhanden ist. Überall fragten die in den Lochern kauernden Soldaten, was für ein Regiment wir seien, oder ob sie denn nicht bald los und zurück könnten. Alle hatten schon die Tornister aufgeschnallt, um sofort, wenn der Befehl käme, zurücklaufen zu können. Wir mußten uns oft zu Boden legen, da die Engländer das Feld mit Maschinengewehren abstreuten. Jedoch ohne Verluste erreichten wir das MG-Nest Eule. Kaum daß wir eingetroffen waren, krochen die Soldaten, die das Nest besetzt hatten, aus dem Loche und verschwanden rückwärts in der Dunkelheit. Wir waren froh, nun im Loch doch etwas gedeckt zu sein.

IM MASCHINENGEWEHRNEST EULE MAI 1918

Das MG-Nest Eule war einfach ein Granatloch, das viereckig ausgehoben und an dem vorne der Stand für das MG eingegraben war. In der Dunkelheit konnte man sich unmöglich orientieren. Auch wurde uns nicht gesagt, ob wir zuvorderst an der Front lagen, wie weit die Engländer entfernt waren, Und was hier los sei. Man war gerade wie hergeschneit. Ich schoß eine Leuchtkugel in die Höhe. Aber was sah ich? Rundum von Granatlöchern übersätes Ackerfeld, sonst gar nichts. Gerade als ob wir alleine hier seien. Und doch lagen rund um uns Tausende Soldaten in den Löchern. Wir hatten noch das Pech, den neuen Kompanieführer in unser Loch zu bekommen. Nun war es natürlich mit der Gemütlichkeit zu Ende, denn diese Brüder wissen immer etwas zu kommandieren oder zu schikanieren. Das andere MG des Zuges unter Führung des Unteroffiziers Krämer lag nur etwa 4m neben uns und zahlte auch zum MG-Nest Eule. Gegen Morgen schlugen mehrere Granaten in nächster Nähe ein, die uns nicht wenig in Aufregung brachten, denn ein Volltreffer kennt nichts als Fetzen. Und die Aussicht, in Fetzen gerissen zu werden, ist natürlich höchst unangenehm und regt auf.

Als es hell war, hob ich einen Moment den Kopf, um mich zu orientieren. Ich sah nichts als das zerschossene Feld und konnte nicht feststellen, wo die vordere deutsche Front war, ebensowenig, wo die Engländer saßen. Etwa 100 m links von uns lief die Straße, etwa 800 m vor uns lag das Städtchen VillersBretonneux, das nur noch einen Ruinenhaufen bildete. Weiter links lag das zerschossene Dorf Cachy, das wir beim Angriff am 24. April hatten erobern sollen. Auch sah ich mehrere zerschossene Tanks auf den Feldern liegen. Hinter uns sah ich das zerschossene Dorf Warfusée-Abancourt. Das war alles. Eine Menge englischer Fesselballons stieg in die Höhe; wir zählten 28 Stück.

Unser Kompanieführer meinte nun, wir sollten für ihn eine bessere Deckung graben. Wir sollten etwa vom Loch 4 bis 5 Staffeln [Stufen] tiefer Graben und dann eine Art Backofen ausheben, worin er wohnen wolle. Am liebsten hätte ich diesem Halunken den großen Spaten über den Kopf gehauen. Ob wir Deckung hatten, kümmerte ihn nicht. Wenn nur sein kostbares Leben gesichert war. Ich sagte: » Herr Leutnant, meiner Ansicht nach ist es unmöglich, bei Tage zu graben, denn wenn wir Erde. aufwerfen, lenken wir sofort das englische Artilleriefeuer auf uns.. Das schien ihm doch einzuleuchten. Im Loche lagen viele neue Sandsäcke, die wahrscheinlich von der vorhergehenden Besatzung herrührten. Nun verlangte der Leutnant, wir sollten die Säcke bei Tage füllen und nachts in die Granatlöcher ausleeren. Was sollten wir machen? Wir mußten einfach. Also füllten wir die Säcke.

Am Tage spielten sich oft schreckliche Luftkämpfe ab; es war schauerlich-schön zuzusehen. Auf dem Felde standen viele rohe Holzkreuze, die von den Kameraden der Gefallenen auf deren Gräber gestellt worden waren. Gleich hinter unserem Loche befanden sich auf einem angefüllten Granatloch drei solcher Kreuze. Wenn man nicht so abgehärtet gewesen wäre, hätte man es wohl als unangenehm empfunden, so nahe an Toten zu kampieren. In der folgenden Nacht wieder dieselben Feuerüberfälle und MG-Feuer. Von jedem MG mußten ein Mann zum Essenholen gehen. Diesen Leuten graute auch davor, ihr Leben wegen dem bißchen Hundefraß aufs Spiel setzen zu müssen. Wir leerten nun die Sandsäcke in die Granatlocher, zum Tiefergraben war's zu dunkel. Ich hatte am Tage uns gegenüber noch eine Telephonstange an der Straße stehen sehen. Ich lieh mir nun die Sage beim Nachbargewehr, ging mit zwei anderen hin, sägte die Stange um und zersägte sie in Stücke von ungefähr 1 1/2 m Länge. Dann trugen wir das Holz nach dem MG-Nest. Dort gruben wir die Hölzer etwa einen halben Meter tief in einem Viereck in den Boden des Loches. Ich holte mehrere dünne Wellbleche, die von den Engländern herrührten und auf dem Felde herumlagen, legte sie über die Holzer, dann schaufelten wir etwas Erde obendrauf und hatten so Deckung gegen Splitter und Regen. Auch über dem Loche des Leutnants befestigten wir eines der Bleche. Am folgenden Tage machten wir den Backofen des Leutnants fertig. Nun lag dieser Mensch ständig in seinem Loch. Er sprach nicht viel, dazu war er zu stolz. Die Bataillonsmelder brachten ihm die Bataillons-, Regiments und Divisionsbefehle. Wenn wir nur dies en Menschen los waren l dachte ich.

Abends, mit dem Dunkelwerden, mußten wir seine Befehle den anderen Maschinengewehren überbringen, was immer mit Lebensgefahr verbunden war. Am vierten Abend unseres Hierseins rief er mich in sein Loch hinunter. »Richert«, sagte er, »es ist ein Regimentsbefehl gekommen, wonach jede Nacht ein Maschinengewehr nach vorne, sich beim Infanteriekompanieführer dort melden und zwischen 12 und 2 Uhr 1500 Schuß Störungsfeuer auf die Straßenkreuzung hinter der englischen Front abgeben soll, denn man vermutet, daß dort ein reger englischer Verkehr herrscht des Nachts. Es ist am besten, Richert, Sie machen diese Nacht den Anfang.« - »Das fehlt noch«, sagte ich, »es sind über 400 m zurückzulegen bis zur vordersten deutschen Infanterie; daß man unterwegs ständig in höchster Lebensgefahr schwebt, wissen der Herr Leutnant so gut wie ich. Außerdem kann man im Dunkel Hals und Bein brechen in diesen Granatlochern, Ich wollte nur, daß der, der den Befehl gegeben hat, ihn selbst ausführen müßten!« -» Richert, werden Sie nicht ausfallend. Befehl ist Befehl. Mir wär's auch lieber, Sie könnten hierbleiben. Aber da ist nichts anderes zu machen. Gehen Sie in Gottes Namen, und kehren Sie heil wieder zurück.. Meinen Schützen, die das Gespräch gehört hatten, standen die Haare zu Berge. Jeder hatte Angst, von mir den Befehl zu erhalten mitzugehen. Da sagte ich ihnen leise etwas. Sofort waren alle getröstet. »Also fertigmachen!-« sagte ich laut, so daß es der Leutnant in seinem Loche hören konnte. »Den Schlitten lassen wir hier, ich trage das Maschinengewehr, Keßler die Hilfslafette [provisorisches Untergestell für das MG…] und einen Kasten Munition, Thomas die beiden anderen Munitionskästen, mache zusammen 1500 Schuß, die verlangte Zahl, Fertig! Also in Gottes Namen los!« Wir kletterten zum Loch hinaus und gingen einfach in das nur 4 m entfernte Loch zu der Besatzung des Maschinengewehrs Krämer. Sofort erzählte ich ihm die Sache. »Du wärst ja jeck, wenn du gingst! Diese Sturköpfe können uns am A! Die solln selber hinjohn«, sagte Kramer. Wir zogen die 1500 Schuf aus den Gurten, und ich warf sie in ein Granatloch und scharrte sie zu. Dann schwärzte ich mit einer Kerze den Rückstoßverstärker vorne am Lauf des Gewehrs, so daß er aussah, als ob geschossen worden wäre. Nun blieben wir fast 3 Stunden im Loch bei Unteroffizier Krämer. »Morgen Nacht komm' ich dran«, sagte Krämer. »Wir setzen uns einfach ins erste beste Granatloch.« - »Oh«, sagte ich, »du kannst ruhig in deinem Loch bleiben, denn dieser Feigling von Leutnant hat doch nicht den Mut, von seinem Loch die 5 Schritte über die Deckung zu machen, um nachzusehen, ob ihr wirklich gegangen seid.« Alle paar Minuten wurde das Feld von englischen Maschinengewehren abgestreut, und zing-zing-zing zischten die Kugeln über die Locher. Als einen Moment Ruhe eintrat, sagte ich: »So, jetzt springen wir in das Loch zurück, für das Weitere laßt mich sorgen. Mit dem Leutnant werde ich schon fertigwerden.« Also na hm ich das MG, Keßler und Thomas die leeren Munitionskästen, und dann sprangen wir in unser Loch; dabei keuchten wir, als ob wir uns halbtot gelaufen hatten. Wir warfen das Gerät hin. Da erhob sich der Leutnant. »Seid ihr alle zurück?« - »Ja«, sagte ich »Aber ich sage dem Leutnant freiheraus, daß Ich dies nicht mehr machen werde. Ein Wunder ist es zu nennen, daß wir alle drei wieder heil zurückgekommen sind, denn mehrmals zischten uns die Maschinengewehrkugeln haarscharf um die Ohren, und im Dunkel hätte man sich gut verlaufen können, um bei den Engländern zu landen«, log ich. »Na, die Hauptsache ist, daf ihr wieder zurück seid. Ich fürchtete schon, es sei Ihnen was passiert.« Ich dachte: Wenn der wüßte! Meine Besatzung, die mir immer treu ergeben war, hielt mm noch größere Stücke auf mich, da ich ihr Leben - und natürlich auch meins - soviel wie irgend möglich nicht der Gefahr aussetzte.

Es war sehr langweilig, dauernd im Loche zu hokken, und sprechen konnten wir auch nicht, was wir wollten, wegen des Leutnants. Als ich eines Tages bemerkte, daf ich überzeugt sei, der Krieg für Deutschland sei verloren, rief mich der Leutnant zu sich ins Loch.»Richert«, sagte er eindringlich,»was führen Sie da für eine Sprache! Sie sind überhaupt mit den Mannschaften viel zu kameradschaftlich. Sie sollten ihnen gegenüber besser Ihre Autorität als Vorgesetzter zeigen und überhaupt nichts sagen, was die Siegeszuversicht der Soldaten stören könnte.« - »Ich kann doch auch nicht gegen meine Überzeugungen sprechen, Herr Leutnant«, antwortete ich.»Herr Leutnant sehen doch so gut wie ich und jeder andere, daß, wenn 50 deutsche Granaten hinüberfliegen, 300 englische als Antwort zurückkommen. Unsere Flieger wagen sich selten über unsere Front hinaus, während die englischen Flieger massenweise über uns herumschwirren. Daß die englisch-französische Front Fest ist, hat doch unser Angriff vom 24. April zur Genüge gezeigt. Und, Herr Leutnant«, fuhr ich fort, »ich bin jetzt fast 5 Jahre Soldat und wieß, was ich von einem strengen, unvernünftigen Vorgesetzten halte; ich bin überzeugt, daß man mit Gerechtigkeit und Karneradschaft mit den Mannschaften weiterkommt und im Ernstfall mehr zu leisten vermag. Und wenn ich zum Beispiel mal verwundet würde, wäre ich sicher, daß mich meine Leute nicht im Stich lassen würden. Was sicher eher eintreffen würde, wenn ich ihnen gegenüber roh sein und sie meine Macht zu sehr und rücksichtslos fühlen lassen würde.« - »Sie mögen in dieser Hinsicht recht haben«, meinte nun der Leutnant, »aber Sie dürfen die Siegeszuversicht der Mannschaften nicht beeinträchtigen.« Worauf ich antwortete:» Das wäre uns bald allen gleich, wie der Krieg endet, wenn wir nur unser Leben behalten und so bald wie möglich in unsere Heimat zurückkehren konnten.. Nun wurde der Leutnant doch halb wütend.»Was sagen Sie hier? Ihnen ist gleich, wie der Krieg end et? Bedenken Sie doch die Folgen, die eine Niederlage unsererseits für uns nach sich ziehen würde!« - »Herr Leutnant«, antwortete ich, »der Krieg kann enden, wie er will: Wenn ich das Kriegsende erlebe, bin ich immer bei den Siegern.« - »Wieso denn? « fragte nun erstaunt der Leutnant.»Ganz einfach«, gab ich zur Antwort.»Ich bin Elsässer'. Gewinnt Deutschland, bleibt das Elsaß deutsch, und wir befinden uns bei den Siegern. Gewinnen die anderen, dann wird das Elsaß Französisch, und wir befinden uns wieder bei den Siegern!« - »Wirklich«, sagte nun der Leutnant, »daran hätte ich jetzt nicht gedacht. Aber selbstverständlich wäre Ihnen ein deutscher Sieg doch lieber als ein Sieg der Gegner!« Worauf ich zur Antwort gab: »Herr Leutnant, ich bin Landwirt und muß meine Scholle sowieso bebauen. Ob ich nun meine Steuern hier oder dort bezahle, ist mir so ziemlich einerlei.« - »Hören Sie, Richert, Sie führen hier eine Sprache, die sich nicht für Sie schickt. Sie sind gegenwärtig deutscher Unteroffizier, und ihre Gesinnung soll deutsch sein. Sie können gehen!« Ich stieg die 4 Stufen hinauf und legte mich zu meiner Besatzung ins Loch. Leise fragten mich meine Soldaten, was es eigentlich gegeben habe. Worauf ich ihnen das Gespräch mit dem Leutnant leise erzählte, Sie mußten alle lachen.

Da es unmöglich war, am Tage außerhalb des Loches auszutreten, war man gezwungen, seine Notdurft im Loche zu verrichten. Zu diesem Zwecke hatten wir eine leere Konservenbüchse, die zum Hineinschiffen diente. Der Urin wurde dann einfach hinausgeschüttet. Sonst beim Austreten wurde etwas Erde auf den Spaten gemacht und der Stuhl ebenfalls rausgeschmissen. Das war im Großen und Ganzen kein menschenwürdiges Leben mehr. Aber anders war es nicht zu machen. Eines Tages war eben der Leutnant aus seinem Loche gekommen, um zu schiffen. Als er fertig war, platzte plötzlich ein Schrapnell über uns. Eine Kugel durchschlug das dünne Wellblech und traf den Leutnant über dem linken Auge an der Stirn. Mit einem Aufschrei stürzte er vor Schreck und Betäubung rückwärts hinunter. Dabei ergoß sich der in der Büchse befindliche Urin über sein Gesicht und die Brust. Ich sprang schnell zu ihm hinunter, denn ich wußte nicht, ob er schwer verwundet sei. Schon erhob er sich, bleich vor Schrecken. Die Schrapnellkugel hatte nur eine runde Vertiefung in seine Stirn geschlagen und war dann herausgefallen. Das Blut lief dem Leutnant über das Gesicht hinab. Ich verband nun seine Stirn mit seinen beiden Verbandspäckchen. Als es Abend wurde, lief der Leutnant flink wie ein Hase zurück. Er hatte eine bessere Zukunft vor sich als wir. Meine Schützen mußten nicht wenig lachen, weil er sich selbst beim Fallen seinen Urin in das Gesicht gegossen hatte. Die Hauptsache war, daß wir diesen Menschen los waren, Ich lief dann in der Nacht zu dem etwa 100 m weiter zurückliegenden MG-Nest Geier zurück, da dort der Leutnant Clemens sich als Zugführer aufhielt. Dieser übernahm nun die Führung der ganzen Kompanie. Leutnant Clemens war ein guter Vorgesetzter und bei der ganzen Kompanie beliebt. Er gab mir gleich, als ich ihm die Meldung von der Verwundung des Kompanieführers überbrachte, zwei gute Zigarren. Nachher lief ich wieder nach meinem MG-Nest.

Diese Nacht schossen die Engländer besonders viel, und ich war gezwungen, mich zweimal niederzuwerfen, um mich gegen die MG-Geschosse zu decken. Auch die Artillerieüberfälle der Engländer wurden immer häufiger, und das waren oft bange Minuten, wenn rundum die Granaten einschlugen und die Schrapnells über uns blitzten. Man wurde oft ganz geblendet. Doch hatten wir bis jetzt Glück. Noch war keiner von meiner Besatzung, seit unserem Aufenthalt in der »Eule«, verletzt worden. In der folgenden Nacht, nach der Verwundung des Kompanieführers, war der Schütze Thomas in einem ruhigen Moment oben auf dem Felde beim Austreten, Plötzlich fing ein englisches Maschinengewehr zu rattern an, Thomas erhielt eine Kugel durch den Stiefel, welche ihm die kleine Zehe schrag der Linge nach wegriß. Mit einem Schmerzensschrei kam er so schnell wie möglich ins Loch gestürzt, denn die heruntergeschobenen Hosen hinderten ihn, Schritte zu machen. Wir richteten ihn auf. » Auweh! « schrie er.»Mi hat's! « - »Wo denn? « fragte ich. » Am Bein, am Fuß! « antwortete er in höchster Aufregung. Ich nahm nun meine Taschenlampe und sah am zerschossenen Stiefel, wo sich die Wunde befand. Schnell schnitt ich mit dem Taschenmesser den Stiefel vom Fuß, zog ihm den Strumpf ab und verband seine Wunde, während mir einer der Schützen mit der Taschenlampe leuchtete. Thomas hatte heftige Schmerzen, da die Sehne der Zehe zerrissen und der Zehenknochen zersplittert war. »Wenn ich nur zurück wär'! « Dies jammerte Thomas die ganze Nacht. In der Nacht getraute er sich nicht zurückzuhumpeln, um nicht bei der Finsternis in die unzähligen Granatlöcher zu stürzen. Gegen Morgen banden wir Thomas' Hemd, das in seinem Tornister war, so gut wie möglich um seinen Fuß und befestigten es mit Schnüren. Beim ersten Morgengrauen humpelte Thomas, so schnell es ihm möglich war, rückwärts, wo er bald in Dunkelheit und Morgennebel auf Nimmerwiedersehen verschwand.

Wir alle hatten großes Verlangen, abgelöst zu werden. Doch wir schienen fast vergessen zu sein. Am Nachmittag sausten plötzlich 4 schwere englische Granaten heran, die etwa 100 m vor uns platzten. Sofort befürchtete ich, daß dieses Schießen uns gelten würde, denn das MG-Nest Eule lag auf einer kaum sichtbaren Erhöhung des ebenen Geländes. Die Engländer konnten annehmen, daß sich hier ein MG-Nest befinden mußten. Nach wenigen Minuten kamen wieder 4 Granaten, die kaum 30 m vor uns platzten. Polternd stürzten die emporgeschleuderten Erdschollen auf unser bißchen Deckung und in unser Loch. Auch hatte ich Hoffnung, daß die Batterie vielleicht das Feld in einer geraden Linie abstreuen würde. Bald, nur zu bald, kamen wir zur Überzeugung, daß die Granaten uns galten. Mit nervenerschütterndem Sausen flogen die nächsten Granaten, wahrscheinlieh Kaliber 21, knapp über uns, um mit schrecklichem Krachen gleich hinter unserem Loch zu explodieren. Die nächste Salve krepierte nun vor uns. Die Batterie hatte sieh auf uns eingeschossen. »Richert!« schrie aus dem Loche nebenan der Unteroffizier Krämer. »Diesrnal sind wir verloren!«- -»Noch nicht«, rief ich zurück. »Vielleicht hören sie bald wieder auf!« Aber ich hatte mich getäuscht. Salve um Salve kam genau alle 5 Minuten. Die Granaten schlugen vor, neben und hinter uns ein, so daß unser Loch bereits ein Viertel mit den niederstürzenden Erdschollen angefüllt war. Bleich, zitternd lagen wir im Loch zusammengekauert. Wir zündeten jeder eine Zigarette an, die unsere Nerven etwas beruhigen sollte. Jedesmal, wenn die 5 Minuten verstrichen waren, horchten wir gespannt. Dann hörten wir zu unserem namenlosen Schrecken in weiter Ferne, bum-bum-bum-bum, die Abschüsse, dann sekundenlang nichts mehr, und schon kamen die Geschosse herangesaust. Unwillkürlich schmiegte sich jeder so dicht wie möglich an den Boden, denn jedesmal glaubten wir bestimmt, einen Volltreffer zu bekommen. »Diesmal hat uns wenig gefehlt«, rief Krämer herüber. »Eine hat direkt neben unserem Loch eingeschlagen.« Zitternd lagen wir da. Nach der nächsten Salve flog uns ein zerfetztes Bein ins Loch. Einige 1nfanteristen, die unweit von uns ein Loch besetzt hielten, hatten einen Volltreffer erhalten, der jedenfalls alle zerrissen hatte. Auch kam uns ein Geruch in die Nase wie svon verweenden Leichen. Ich erhob mich und sah bald die Ursache dieses Geruches. Eine der Granaten hatte in das hinter uns befindliche Grab eingeschlagen und die bereits in Verwesung übergegangenen Leichen zum Teil zerfetzt und hinausgeworfen. Es war in unserem Loch fast nicht mehr zum Aushalten. Gleich neben uns lagen einige Fetzen dieses ekelerregenden Menschenfleisches. Schon wieder kam eine Ladung, alles dicht um uns. Wir waren halb verzweifelt. Weglaufen ging nicht, denn sobald man sich gezeigt hätte, wäre man mit MGFeuer überschüttet worden. Nach der nächsten Salve hörten wir grässliches Wehgeschrei. Eine Granate hatte wieder in ein Loch geschlagen, das von Infanteristen besetzt war, die teils tot, teils schwer verwundet waren. Den armen Verwundeten ging trotz ihres Jammerns kein Mensch zu Hilfe. Endlich, nach etwa 2 Stunden, hörte das Granatfeuer auf. Erleichtert atmeten wir auf. Die Zigarette, die ich nach der ersten Salve angezündet hatte, war bald erloschen, und ich hatte sie, ohne es zu wissen, in der Aufregung fast bis ans Ende zerkaut. Nun sausten viele deutsche Granaten über uns. Ich hob den Kopf und konnte schön die Einschläge drüben bei den Engländern sehen. In diesem Moment gönnte ich es ihnen, auch etwas auf den Pelz gebrannt zu bekommen. Wie ich so dem Einschlagen der deutschen Granaten zuschaute, sah ich plötzlich einen englischen Fesselballon brennend abstürzen. Ich nahm mein Glas und sah einen deutschen Flieger, der in der Ferne ganz klein aussah, nach dem nächsten Fesselballon hinfliegen. Sobald er ihn erreicht hatte, fing dieser ebenfalls an zu brennen und stürzte ab. Dasselbe Schicksal erlitt ein dritter Fesselballon.Dann kehrte der deutsche Flieger, vollständig umgeben von Schrapnellwölkchen, wohlbehalten nach den deutschen Linien zurück.

Mit dem Anbruch der Dunkelheit machten wir uns sofort daran, die übelriechenden Fetzen der Leichen in das Grab zu werfen und zuzuschaufeln. Da wir keines der Kreuze entdecken konnten, war es uns unmöglich, das Grab zu kennzeichnen. Neben uns hörten wir auch sprechen und arbeiten. Es waren Infanteristen, die ihre gefallenen Kameraden einen Volltreffer erhalten hatten, wodurch ihre Kompanie 12 Tote und einen Schwerverletzten habe. Rund um das MG-Nest Eule befanden sich die frischen, gewaltigen Granatlöcher, und man hielt es kaum für möglich, daß von den beiden Besatzungen alle heil geblieben waren. begruben. Sie sagten uns, daß drei besetzte Löcher je

Mit der Nacht kamen auch wieder die Feuerüberfälle der Engländer. Als ich eben den Essenholer wegschicken wollte, kam der Kompaniemelder und sagte, daß wir in einer halben Stunde von einem anderen Regiment der Division abgelöst würden. Diese Meldung machte uns natürlich große Freude.Und doch graute uns, den deckungslosen Rückweg machen zu müssen. Wir schnallten unsere Tornister auf den Rücken, schraubten das Maschinengewehr vom Schlitten und warteten. Endlich huschten Gestalten an uns vorüber. Es waren Infanteristen, die weiter nach vorn ablösen mußten. Ratatatata, prasselten wieder die englischen Maschinengewehre. Alles warf sich zu Boden, um sich nach dem Schießen wieder zu erheben und eiligst nach vorne zu gehen. Unsere Geduld wurde auf eine harte Probe gestellt. Endlich hörten wir halblaut rufen: »Wo ist denn das MG-Nest Eule?« - »Hier!« rief ich als Antwort. Bald erschien die uns ablösende Besatzung, welche uns sehr drängte, das Loch zu räumen. Die Patronengurte ließen wir liegen, nahmen nur das Maschinengewehr, die leeren Kasten sowie den großen Spaten, den Dampfablaßschlauch und die entleerten Wasserkasten mit zurück. So schnell es unser Gerät erlaubte, strebten wir rückwärts, Zweimal waren wir gezwungen, uns wegen MG-Feuers hinzuwerfen. Ins Granatfeuer gerieten wir erst, als wir die in der Mulde eingebauten Batterien passierten. Jedoch wurde keiner verletzt. Als wir die große Straße hinter dem Dorf erreichten, hörte ich rufen: » 2. MGKompanie 332, hierher!- Wir gingen hin; die ganze Kompanie war bald versammelt. Wir folgten etwa 2 km der Straße und wurden dann nach links über die Felder geführt.

ENDLICH WIEDER IN RUHE

Bald tat sich vor uns eine tiefe Schlucht auf. Hier lag die Kompanie, Fahrer, Pferde und alles. Wir empfingen unser Essen und streckten uns im Gebüsch aus, um mal wieder ruhig schlafen zu können. Als ich erwachte, stand die Sonne bereits hoch am Himmel. Nun konnte man sich doch orientieren, wo man sich befand. Die Schlucht war vielleicht 20 m tief, unten etwa 30 m breit, und die beiden Böschungen waren teilweise mit dichtem Gebüsch bedeckt. Am unteren Ende der Schlucht floß träge die Somme, daneben lag das Dorf Morcourt, auf einer Anhöhe links das Dorf Méricourt und etwa 3 km hinter uns das größere Dorf Proyart. Alle diese Dörfer waren zum Teil zusammengeschossen und von den Einwohnern verlassen. In der Schlucht kampierten auch noch 2 Bataillone Infanteristen mit Bagage. Bis jetzt war die Schlucht noch nicht von den Engländern beschossen worden. Trotzdem machten wir in der der Front zugekehrten Böschung Höhlen, um im Falle einer Beschießung oder Bewerfung mit Fliegerbomben uns verkriechen und decken zu können. Da es Ende Mai war und schönes, warmes Wetter herrschte, fühlten wir uns sehr behaglich.Nur zu bald kam der Befehl, wieder in Stellung zu rücken.

Dieses Mal mußten ich mit meiner Besatzung das MG-Nest Adler besetzen. Die MG-Nester unserer Kompanie hatten alle Raubvogelnamen: Eule, Geier, Adler und Habicht. Die Besatzung vor uns hatte angefangen, einen Stollen in die Erde zu graben und mit Stollenbrettern zu verschlagen. Wir führten die Arbeit weiter. Am Tage gruben wir und füllten eine Menge Sandsäcke mit Erde, um sie abends in die in der Nähe befindlichen Granatlöcher zu entleeren. jede Nacht, als wir mit der Arbeit aufhörten, wurde die frische, feuchte Erde mit weißer, trockener Erde überstreut, um den englischen Fliegern zu verbergen, daß hier gearbeitet wurde. Langsam gingen die Tage dahin, die Nächte noch viel langsamer. Immer dasselbe: am Tage die Sandsäcke füllen und im Loch hocken, abends Essen holen und Stollenbretter herbeischleppen, dazu das englische MG-Feuer und die Artilleriefeuer Überfälle. Mehrere Male belegten uns die Engländer mit Gasgranaten, mit sichtbarem und unsichtbarem Gas, welch letzteres wir an dem knoblauchartigen Geruch feststellen konnten. Wir waren gezwungen, oft stundenlang die Maske aufgesetzt zu behalten.

Eines Nachts wurde ich dazu bestimmt, die Essenholer zur Feldküche zu führen, die nachts bis in die Nähe des hinter uns liegenden Dorfes Abancourt vorgefahren kam. Auf dem Rückweg gerieten wir plötzlich in einen heftigen Artilleriefeuerüberfall. Vor mir sah ich im Dunkel ein

Loch. »Hierher!« schrie ich. Sofort füllte sich das Loch mit Essenholern. Dann merkte ich, daß von dem Loch ein Gang schrag in die Erde ging. Ich tastete weiter den finsteren Gang entlang und sagte zu den Leuten, sie sollten folgen. Da fühlte ich ein Zelt, das den Gang abzuschließen schien. Ich schob es beiseite und leuchtete mit der Taschenlampe hinein. In Decken eingehüllt sah ich auf einer Seite 3 Mann liegen. »Was suchen Sie hier?« schnauzte mich eine Stimme an. »Was wir suchen? Deckung, weiter nichts«, antwortete ich. »Machen Sie schleunigst, daß Sie verschwinden! «- -» Sobald das Artilleriefeuer aufhört«, gab ich zur Antwort. »Wissen Sie überhaupt, wen Sie vor sich haben?« herrschte mich nun dieser in Dekken gehüllter Mensch an. »Nein«, sagte ich. »Ich führe die Essenholer der 2. MG-Kompanie 332, und ich halte es für meine Pflicht, die Leute, wenn irgend möglich, gesund wieder zurückzuführen, und da geht man eben in Deckung, wo man welche findet.. Nun wurde der Ton dieses Mannes schon etwas freundlicher. »Sie befinden sich beim K.T.K. Bataillon.« Nun wußte ich, wo ich war und wen ich vor mir hatte. K.T.K. heißt Kampftruppenkommandeur, und der des 3. Bataillons war der Major von Puttkamer. Da das Feuer nun aufhörte, krochen wir zum Loch hinaus und liefen eiligst nach unseren MGNestern.

Da unsere Kompanie wieder geschwacht war, mußte ein Zug von der MG-Kompanie des Landwehrregiments, in dem sich Joseph Hoffen befand, zu unserer Verstärkung kommen. Die eine Besatzung hatte großes Pech. Als sie sich ihrem zugewiesenen MG-Nest näherte, fiel ein Mann durch MGFeuer. Am folgenden Tag flog ein Volltreffer in ihr Loch und tötete alle bis auf einen jungen Berliner. Da dieser nun alleine war, gesellte er sich zu der anderen Besatzung seines Zuges. Nach 2 Tagen wurden sie von einem anderen Zug ihrer Kompanie abgelöst. Nach zwei weiteren Tagen sollte der junge Berliner wieder in Stellung, obwohl die meisten Mannschaften der Kompanie noch nicht vorne gewesen waren. Das Landwehrregiment lag nämlich dauernd in den Ortschaften hinter der Front. Der junge Berliner sagte zu seinem Feldwebel, er sei noch nicht an der Reihe; er gehe erst wieder nach vorne, wenn er der Reihe nach wieder drankäme. Damit hatte er eigentlich ganz Recht. Nur schien er vergessen zu haben, daß er ein willenloses Werkzeug des preußischen Militarismus war. »Also verweigern Sie meinen Befehl«, sagte der Feldwebel. »Ich gehe, wenn wieder die Reihe an mir ist«, gab der Berliner zur Antwort. Auch dem Kompanieführer sagte er dasselbe. Er wurde weitergemeldet. Das Divisionskriegsgericht trat zusammen und verurteilte den armen Jungen zum Tode durch Erschießen, wegen Verweigerung eines Befehles vor dem Feind. Das Urteil wurde am folgenden Tag vollzogen. Dieser arme Junge war von den Großen als abschreckendes Beispiel benutz worden, denn sie bemerkten, daß die meisten Soldaten nur mit Widerwillen den Befehlen Folge leisteten.

Die Engländer schossen nun mit Granaten mit Verzögerung, das heißt, sie platzten nicht sofort nach dem Aufschlag auf dem Erdboden, sondern explodierten erst tief im Boden, wobei sie die in der Nähe befindlichen Stollen eindrücken sollten. Diese gefährlichen Dinger nannten wir Stollenbrecher. Viele dieser Granaten gingen so tief in die Erde, daß ihre Sprengkraft nicht stark genug war, die Erde, die über ihnen lag, zu sprengen, und sie nur den Boden wie eine Blase hochtrieben. Durch diese Granaten stürzten viele Stollen ein, wodurch die darin befindlichen Soldaten verschüttet wurden und einen schrecklichen Erstickungstod erleiden mußten. Auf alle nur möglichen Arten wurden die armen Soldaten umgebracht, und doch mußte man ausharren, sonst erging es einem wie jenem armen Berliner Jungen. Nach und nach keimte ein tödlicher Haß in mir gegen alle jene, die gegen eine hohe Bezahlung die bedauernswerten Soldaten zwangen, an der Front auszuharren und in den Tod zu gehen.

Eines Abends war Schütze Konkel von meinem MG, ein 20 jähriger Junge aus Danzig, an der Reihe, Essen zu holen. Er nahm die Kochgeschirre und ging. Jedoch kein Konkel kam wieder zurück. Ebenso fehlte der Gefreite Kruchen, ein aus Köln stammender Rheinländer. Wir alle glaubten, daß sie gefallen seien. Natürlich litten wir an jenem Tag schweren Hunger und Durst. In der folgenden Nacht wurden wir wieder abgelöst. Da im Moment alles ruhig war, sagte ich: »Wir gehen heute die Straße entlang durch das Dorf. Es ist viel naher und besser zu laufen als über das Feld. Auch wundert es mich, wie's im Dorf aussieht.. Alle waren gleich einverstanden. Wir erreichten das Dorf. Da heller Mondschein war, konnten wir im Vorbeigehen die Greuel der Verwüstung sehen. Fast alle Hauser waren auseinandergeworfen von den schweren englischschen Granaten. Oft lagen die Trümmer quer über der Straße. Nur ein schmaler Fahrweg war freigelegt worden. An einer Stelle lag eine zertrümmerte Feldküche mit zwei toten vorgespannten Pferden. Einige Schritte weiter lagen zwei tote Soldaten, ebenso zwei Pferde, die an einem mit Stollenbrettern beladenen Wagen angespannt waren. Eiligst suchten wir das Dorf hinter uns zu bringen. Als wir ungefähr die Hälfte desselben passiert hatten, kamen plötzlich mit ohrenbetäubender Sausen mehrere sehr schwere Granaten ins Dorf geflogen. Die Kraft ihrer Explosionen war derart stark, daß man meinte, vom Luftdruck in die Hohe gehoben zu werden. Überall stürzten von den zerschossenen Häusern durch die Erschütterung Ziegel und Gebälk nieder. Wir 4 liefen, so schnell wir konnten, um dem drohenden Unheil zu entrinnen. Doch die Granaten waren schneller als wir. Die nächsten platzten nahe hinter und nicht weit neben uns. Schwirrend sausten die gewaltigen Splitter über uns hinweg. Weiter, nichts als weiter! Vom Laufen und von der Aufregung waren wir fast atemlos. Sch-sch-schr-krack-krack, flogen zwei der Ungeheuer über uns und platzten vor uns, mehrere hinter uns. Nun waren wir mitten drinnen. Das Prasseln der Erdschollen schien kein Ende zu nehmen. Immer neue Granaten flogen heran und explodierten rund um uns. Wir wußten nicht, wohin wir uns wenden sollten. Endlich erreichten wir das Ende des Dorfes und liefen sofort nach links über das Feld, denn wir hatten wahrgenommen, daß das Feuer hauptsächlich der Straße galt. Wir liefen nun durch herrliche Weizenfelder, die teilweise von den Granaten zerfetzt waren. Als keine Granate mehr in unsere Nähe kam, hielten wir an; wir waren derart erschöpft und atemlos, daß wir uns eine Weile niederlegen mußten, um wieder zu Atem zu kommen. Plötzlich ging vorn ein Höllenlärm los. Die englische Artillerie trommelte wie wahnsinnig auf die deutschen Stellungen. Das Feuer wurde von der deutschen Artillerie mit allen Kalibern erwidert. Man sah vorne nichts als das immerwährende Zucken und Blitzen der explodierenden Granaten und Schrapnells. Nun stiegen Hunderte von Leuchtkugeln hoch. Sofort setzte ein Geprassel der Maschinengewehre ein. »Da ist was los!« sagten wir uns und waren überglücklich, abgelöst worden zu sein. Vorne sahen wir viele rote Leuchtkugeln hochsteigen, die das Sperrfeuer der deutschen Artillerie anforderten, das sofort einsetzte. Gebannt schauten und hörten wir diesem Blitzen und Krachen zu, bis uns eine unweit von uns einschlagende Granate sagte, uns schleunigst aus dem Staube zu machen. Wir näherten uns nun der Schlucht, gingen jedoch nicht zur Kompanie aus Furcht, alarmiert zu werden und nach vorne zur Verstärkung gehen zu müssen. Langsam flaute das Feuer ab, dann war alles still. Dann gingen wir zur Kompanie. Wir glaubten, die letzten zu sein, und waren die erste Besatzung, die an der Schlucht eintraf. Am folgenden Morgen erfuhren wir, daß die Engländer einen Nachtangriff unternommen hatten, stellenweise in die deutschen Stellungen eingedrungen seien, wo sie Gefangene machten; dann hatten sie sich wieder zurückgezogen.

WIEDER IN RUHE - ANFANG JUNI 1918

Am ersten Ruhetag spielte sich über uns in großer Höhe ein furchtbarer Luftkampf ab, an dem 52 Flieger teilnahmen. Sechs stürzten ab. Einer davon, ein englischer, stürzte kaum 50 m von uns in die Schlucht. Wir alle glaubten, er würde direkt auf uns zustürzen. Man wußte im Moment nicht, wohin man sich wenden sollte. Der Anprall auf der Erde war furchtbar. Das Flugzeug wurde zerschmettert und fing sofort an zu brennen. Es getraute sich niemand in die Nähe wegen der Stichflammen, die durch das Benzin hervorgerufen wurden und durch die Explosion der erhitzten Geschosse. Als alles verbrannt war, wurde der verkohlte Körper des Fliegers aus den Trümmern gelöst und oben auf dem Feld begraben.

Am zweiten Ruhetag schoß plötzlich ein englischer Flieger mit größter Schnelligkeit aus großer Höhe hernieder und schoß mit wenigen Schüssen den Fesselballon, der ganz in unserer Nähe stand, in Brand. Der Beobachter konnte sich retten, indem er mit dem Fallschirm absprang und langsam schwebend wohlbehalten auf der Erde ankam. Am folgenden Tage war schon wieder ein neuer Fesselballon zur Stelle. Ein englischer Flieger überflog denselben und warf etwas ab, das mir ganz neu war. Man sah viele kleine Rauchstreifen vom Flieger herunterfallen. Dies war wahrscheinlich eine brennende Flüssigkeit [Phosphor], um den Ballon in Brand zu setzen; dieser wurde jedoch sofort heruntergezogen.

Jeden Tag gingen sämtliche Kompaniefeldwebel des Bataillons nach Morcourt, um Befehle zu empfangen und die Parole zu holen. Sie standen in einem Hof und erwarteten den Bataillonskommandeur. Plötzlich schlug eine Granate in ihrer Mitte ein. Alle wurden zerrissen, nur unser Kompaniefeldwebel Laugsch kam mit einer weggerissenen Wade davon. Er hatte sich, sobald er das Sausen vernommen hatte, auf den Boden geworfen. Wir alle verloren diesen en Mann ungern, denn er war ein guter, gerechter Mann, eine richtige Kompaniemutter. Von jenem Tage an wurde das Dorf Morcourt jeden Tag beschossen.

Eines Tages kreisten etwa 40 englische Flieger über dem Dorf. Nur ein einziger näherte sich unserer Schlucht. »Alles in Deckung!- kam der Befehl. Wir hockten vor den Lochern und beobachteten, durch das Gebüsch gedeckt, die Bewegung der Flieger. Plötzlich sah ich, daß einer der Flieger eine Leuchtkugel abschoß; im selben Moment hörte man schon das Pfeifen der herniedersausenden Bomben, und einem Trommelfeuer gleich ertönten die Detonationen derselben im Dorf Morcourt. Bald darauf war das Dorf in schwarzen Rauch gehüllt. Plötzlich sauste es über uns, 4 Detonationen ertönten. Wie der Blitz waren wir alle in die Löcher gekrochen. Der Soldat, der das Loch mit mir teilte, sagte: »Ich hab' eins abgekriegt!« Ein nickelgroßer Splitter war ihm ins Gesäß gedrungen. Ich konnte denselben herausnehmen. Er hatte nur eine Fleischwunde davongetragen und bekam vom Bataillonsarzt einige Tage Schonung. Einem Fahrer der Bataillonsbagage, der eben auf dem Bock sitzend die Schlucht passierte, wurde von einem Splitter die Gurgel weggerissen. Er stieg noch vom Wagen, lief mit erhobenen Händen und Todesangst in den Augen einige Schritte, brach dann zusammen, raffte sich nochmals auf und fiel einigen zu Hilfe eilenden Soldaten in die Arme, wo er sofort starb. Die Leiche, die vorne vollständig mit Blut besudelt war, war schrecklich anzusehen. Wir waren jedoch zu sehr abgestumpft, um besonders ergriffen zu werden. Wann, wann endlich würde dies es Morden ein Ende nehmen? Nirgends Aussicht auf baldigen Frieden. Ich dachte, wie traurig es wäre, wenn ich nach all dem Schrecklichen, Furchtbaren, das ich gezwungen war mitzumachen, doch noch fallen müßte! Diese ungewisse Zukunft war fast noch das Unangenehmste.

Die Verpflegung war etwas besser und reichlicher als 1917. Wir erhielten hier Kampfzulage. Aber immerhin konnte man sich nur einmal des Tages sattessen. Eines Tages sah ich zu meinem nicht geringen Staunen den Schützen Konkel und den Gefreiten Kruchen in Begleitung von 2 Soldaten bei der Kompanie ankommen. Wir glaubten, die beiden seien vor etwa 10 Tagen beim Essenholen gefallen. Sie waren jedoch rückwärts desertiert und in Péronne in den Zug gestiegen, der sie nach Köln brachte. Konkel, der nirgends ein Essen bekommen konnte, war bald gezwungen gewesen, sich den Behörden zu stellen, während der Gefreite Kruchen bei seiner Frau in der Wohnung abgefaßt worden war. Sie wurden nun zum Truppenteil zurückgeführt, um vom Divisionsgericht abgeurteilt zu werden. Jeder erhielt 5 Jahre Zuchthaus. Ich mußten sie in Begleitung von 2 Mann im Gefängnis in Cambrai abliefern. Wir marschierten bis Péronne, immer durch verwüstetes Gebiet. [...Über dem Bahnhof Peronne, kreisten eben einige englische Flieger. Da wir Bombenabwürfe befürchteten, legten wir uns alle unter einen mit Stollenbrettern beladenen Eisenbahnwagen, zwischen die Geleise. Bald kamen die Bomben herabgesaust, die jedoch ihr Ziel verfehlten und neben dem Bahnhof einschlugen...] Wir fuhren nun mit einem Urlaubszug nach Cambrai. Nirgends sah man mehr ein bewohntes Haus. Alles zerschossen, zerstört, gesprengt. Westlich von Cambrai lagen etwa 100 englische Tanks, die bei den Kämpfen 1917 [...Tankschlacht von Cambrai, 20.-29. November

1917...] zerschossen worden waren, auf den Feldern. In Cambrai mußten ich die beiden bei einem Offizier, der das Gefängnis verwaltete, abgeben. »Und wie steht's vorn?« fragte er mich. »Ich finde, nicht zum besten«, antwortete ich. Ich erzählte ihm nun, daß die Engländer mit Fliegern und Artillerie und sicher auch in Lebensmitteln in großer Übermacht seien und daß meiner Ansicht nach die Amerikaner den Ausschlag geben würden. »Ja«, sagte nun der Offizier, »Sie sind meiner Ansicht.« Dies war der erste Offizier, der es laut werden ließ, daß der Krieg für Deutschland verloren gehe. [...Ich ging nun mit den beiden Begleitsoldaten die Stadt besichtigen. Dieselbe war nur wenig von der Kriegsfurie berührt worden, nur einige Häuser waren von Fliegerbomben demoliert. Das schönste Gebäude der Stadt war das Rathaus (Hotel de Ville), ein Gebäude, wie ich selten eines gesehen hatte. Wir gingen nun ins Soldatenheim, wo es Bier, für uns eine Seltenheit, zu trinken gab. Obwohl es nur schales Kriegsbier war, nützten wir diese Gelegenheit gehörig aus. Die Nacht verbrachten wir in der Cürasier-Kaserne. ....] Am folgenden Morgen fuhren wir wieder mit der Bahn nach Péronne, um von dort zu Fuß zu unserer Kompanie zu gehen. Wie glücklich doch die Soldaten waren, die Dienst in der Etappe hatten und nie in Lebensgefahr schwebten! [..Ich meldete mich bei der Kompagnie zurück. Die Hälfte derselben war die Nacht vorher wieder in Stellung gegangen. Diesmel lag unser Regiment weiter nordwärts. ...]

Nach 3 Tagen mußte ich mit meiner Besatzung eine vorne befindliche Besatzung ablösen. [..Wir ringen durch das Dorf Morcourt, folgten einer Straße, die im Tal der Somme em Fluß entlanglief, passierten die zerstörten Dörfer Cherisi und Chipili, bogen dann ab um auf einem zerschossenen Feldweg entlang in die Nähe der Front zu kommen....] Dabei ging es durch einen Laufgraben, der Tag und Nacht unter dem Feuer der englischen Artillerie lag, dem vorderen Frontabschnitt zu. Wir passierten nun einen vollständig zerschossenen Wald, wo von den Bäumen nur einige Stämmchen gleich Telefonstangen i n die Hohe ragten. [Die Soldaten lagen hier ebenfalls in Tiefengliederung; nur gang vorn befand sich ein Schützengraben, der sich durch ein Weizenfeld?--? sodaß der Weisen jede Fernsicht verhinderte. Etwa 50 m breit vor dem Graben war der Weizen nachts von der Grabenbesatzung niedergetrampelt worden, um doch etwas freies Schußfeld zu haben. Wie weit die Engländer weglagen, wußte ich nicht. Zwischen und in den Stellungen lagen die vollständig zerschossenen Dörfer Hamel und Hangard; neben letzterem lag der berüchtigte Hangardwald, um dessen Besitz bereits Tausende von Soldaten beider Parteien ihr Leben lassen mußten...] Die Stellung lag dauernd unter dem Feuer der schweren englischen Minen. Wo die hinfielen, wuchs kein Gras mehr. Sie hatten eine unglaubliche Sprengkraft. Den ganzen Tag sah man nach vorne in die Hohe, ob nicht eine solche angeflogen komme. Die Minen konnte man nämlich im Fluge gut sehen. Mit großer Geistesgegenwart konnte man ihnen manchmal noch schnell ausweichen. Dauernd schwebten einzelne englische Flieger, die sich gegenseitig ablösten, über unseren Stellungen. Sie beobachteten jede Bewegung, und sobald sie etwas entdeckten, warfen sie ihre 4 Bomben ab oder schossen mit dem Maschinengewehr hinab. Wir nannten diese Flieger Grabeninspektoren.

Ohne besonderen Zwischenfall wurden wir nach 3 Tagen ohne Verluste wieder abgelöst. Als wir uns auf dem Rückweg durch das zerstörte Dorf Cherisy befanden, setzte plötzlich furchtbares englisches Artillerie- und Minenwerferfeuer ein. Unablässig krachten und donnerten die starken Explosionen. Ebenso plötzlich kamen englische Granaten herangeflogen, welche die der Somme entlangführende Straße unter Feuer hielten. Eiligst liefen wir in einen in einer nahen Böschung eingegrabenen Stollen. »Vorne rappelt's«, war unsere allgemeine Ansicht. Plötzlich hörten wir vorne Gewehr- und Maschinerigewehrfeuer, jedoch nur schwach. » Paßt auf, die Engländer sitzen in unserer Stellung! « sagte ich. Auf der etwa 30 m von uns entfernten Straße marschierten dunkle Infanteriekolonnen nach vorne zur Verstärkung. Diese armen Teufel hatten jedenfalls auch Herzklopfen, denn erstens mußten sie durch das Granatfeuer bis an die Front, dann, wenn die Engländer in der deutschen Stellung saßen, angreifen und versuchen, sie hinauszuwerfen, was nie ohne große Verluste geschehen würde. Wir entschlossen uns, im sicheren Stollen zu bleiben, bis das Schießen vorne aufgehört hätte. Gegen Morgen wurde es ruhiger .Ich sah einige Leichtverwundete, die in nervöser Hast auf der Straße rückwärts strebten. Ich lief hin, um mich zu erkundigen, was eigentlich los gewesen sei. Meine Besatzung hatte sich auch hinzugesellt, und wir marschierten mit den Verwundeten zurück. Sie erzählten nun, daß sie plötzlich mit englischen Minen und Granaten überschüttet worden seien. Alles habe sich zur Deckung an den Grabenboden den gelegt .Mit einem Schlag seien die englischen Geschosse weiter rückwärts geflogen; in diesem Moment seien die Englander schon in ihren Graben gesprungen und hatten alles abgemurkst. Sie selbst seien zum Graben hinausgeklettert und auf der Flucht verwundet worden. Sie glaubten nicht, daß im Graben nur ein Mann am Leben geblieben sei. Ich dankte Gott im stillen, daß wir eine halbe Stunde vorher abgelöst worden waren, und bedauerte tief die beiden Besatzungen unserer MG-Kompanie, die im vordersten Graben lagen, denn ich war um ihr Schicksal sehr besorgt. Wir erreichten nun die Schlucht. Der Kompaniefeldwebel Bukies fragte uns, was eigentlich los gewesen sei. Ich erzählte ihm das Gehörte.

Im Laufe des Morgens wurden etwa 20 Schwerverwundete zurückgebracht, die zum Teil schrecklich zugerichtet waren, hauptsächlich Bajonett- und Dolchstiche erhalten hatten oder von Handgranaten verwundet worden waren. Dabei befand sich der Gefreite Reinsch von meiner Kompanie, dem eine Handgranate beide Fersen weggerissen hatte und der noch Splitter in den Waden und Schenkeln stecken hatte. Diese Schwerverwundeten wurden sofort weiter zurücktransportiert. Nun kamen auch 2 Mann meiner Kompanie an, die unverletzt waren. Der eine davon, ein hübscher Rheinländer, zitterte 50, daß er fast kein Wort zu sagen vermochte. Der andere, ebenfalls ein Rheinländer, namens Panhausen, erzählte nun, er sei Ordonnanz beim Zugführer gewesen und habe mit diesem während des stärksten Minenfeuers zum anderen Maschinengewehr gemußt. Plötzlich seien die Minen weiter zurückgeflogen und im selben Moment die Engländer vor ihm in den Graben gesprungen. Der eine hielt ihm das Bajonett an die Brust. Panhausen, der ein guter Katholik war und glaubte, sein letztes Stündlein sei gekommen-. machte schnell das Kreuzzeichen und hielt dann die Hände hoch. Der Engländer deutete Panhausen, nochmals das Kreuzzeichen zu machen, was dieser auch tat. Der hinter dem ersten stehende Engländer wollte nun an diesem vorbei und Panhausen niederstechen. Er traf ihn an der Brust. Das Bajonett durchbohrte den Rock, die Hosenträger, das Hemd und ging etwa 1cm tief in den Korper, Panhausen wäre unbedingt durchbohrt worden, wenn nicht der am nächsten stehende Engländer den Stoß aufgefangen hätte. Die beiden Engländer kamen nun in einen Wortwechsel; der eine wollte Panhausen töten, der andere es nicht zulassen. Diesen Moment benützte Panhausen, um zum Graben hinauszuklettern und rückwärts im Weizen zu verschwinden. Der Zugführer hatte sich sofort aus dem Staube gemacht. Panhausen glaubte auch, daß es viele Tote im Graben gegeben habe, denn er hatte viele Todesschreie gehört. »Ich bin sicher«, schloß er, » daß mir das Kreuzzeichenmachen das Leben gerettet hat. Der andere Rheinländer hatte sich inzwischen soweit erholt, daß auch er uns sein Erlebnis mitteilen konnte. Er habe während des Artillerie- und Minenfeuers in einer im Graben befindlichen kleinen Höhle gelegen, um sich zu decken. Plötzlich seien die Engländer in den Graben gesprungen und hatten 3 Infanteristen, die neben ihm im Graben lagen, niedergestochen, obwohl sich die Infanteristen ergeben wollten. Ihre entsetzlichen Schmerzens- und Todesschreie hatten ihn fast zum Wahnsinn gebracht. Jeden Augenblick glaubte er entdeckt und abgestochen zu werden. »Das waren die furchtbarsten Minuten meines Lebens«, fuhr er fort. »Die Engländer liefen, als sie alle erreichbaren Deutschen getötet hatten, noch eine Weile im Graben hin und her, ohne mich zu entdecken. Schließlich verließen sie den Graben wieder und kehrten in ihre Stellungen zurück.« Da der Angriff so überraschend ausgeführt wurde, wurde deutscherseits fast gar kein Widerstand geleistet, so daß die Engländer fast keine Verluste hatten.

In der folgenden Nacht mußten 3 Wagen von der Bataillonsbagage nach vorne fahren, um die Leichen zu holen. Sie sollten auf dem großen Soldatenfriedhof in Proyart beerdigt werden. Am folgenden Morgen standen nun die mit den Toten beladenen Wagen in der Schlucht. Welch ein Anblick! Hoch aufgeschichtet kreuz und quer, in- und übereinander lagen sie da, die Todesangst teilweise jetzt noch in den Gesichtern. Ich habe mal gelesen: »Unsere Soldaten sterben für ihr Vaterland mit einem Lächeln auf den Lippen.«. Welch dreiste Lüge! Wem wird es wohl ums Lächeln sein, der einen so schrecklichen Tod vor Augen sieht! Alle jene, die solche Sachen erdichten und schreiben, gehörte nur in die vordere Front gesteckt. Dort könnten sie bald an sich selber sowie an den anderen sehen, welche infame Lüge sie in die Öffentlichkeit geschleudert haben.

Am Nachmittag sollte das Begräbnis der Bedauernswerten sein. Etwa 20 Mann meiner Kompanie wurden zum Begräbnis kommandiert. Gruppenweise, zu nur 3 Mann, gingen wir von der Schlucht über das freie Feld nach Proyart. Am Tage vorher war nämlich Proyart von der englischen Artillerie beschossen worden. Deshalb durften wir nur in kleinen Gruppen abmarschieren, um das Feuer der englischen Artillerie nicht auf uns zu lenken. Wir befanden uns auf dem Friedhof, ehe die Wagen mit den Toten da waren. Das Massengrab war bereits gegraben. Viele Soldaten hatten hier fern von der Heimat bereits ihre letzte Ruhe gefunden. Ich ging durch die Gräberreihen und las die auf die Kreuze geschriebenen Namen. Auf dem einen stand: »Reservist Karl Krafft, 5. Kompanie, Infanterieregiment 332.« Diesen Krafft, der aus Berlin stammte und der dort Gastwirt war, kannte ich sehr gut, denn wir waren bei der 5. Kompanie in der gleichen Gruppe. Er war ein angenehmer Kamerad, nur zu überpatriotisch. Er hatte, wie er mir früher erzählte, eine Frau mit vier kleinen Kindern zu Hause. Der arme Krafft sowie seine Familie dauerten mich sehr. Nun kamen in der Reihe, in der Krafft ruhte, mehrere Fliegergräber. Diese waren an den zerbrochenen Propellern erkenntlich, die bei den Kreuzen in die Erde gesteckt waren. Inzwischen waren die Wagen mit den Leichen angekommen. Sie wurden von den Wagen heruntergenommen und dreifach aufeinandergelegt. Vorher wurden ihnen die Stiefel und die Röcke ausgezogen, dann wurden sie mit dem sogenannten Leichenpapier, dünnem, gerüscheltem Papier, zugedeckt. Dann betete der Feldgeistliche, der zugegen war, einige Begräbnisgebete. Ein Offizier hielt eine kurze Rede, die nichts als patriotische Lügen enthielt. Dann wurde das Grab zugeschüttet. Diese armen Soldaten hatten jetzt Ruhe. Aber ihre Eltern, Schwestern, Frauen und Kinder? Es war gut, daß man ihren Schmerz nicht sehen konnte. Wir gingen nun wieder, zerstreut, wie wir gekommen waren, in die Schlucht zur Kompanie zurück.

Am Abend mußten ich wieder in Stellung, die Besatzung des Unteroffiziers Peters ablösen. Das MGNest befand sich nicht im vordersten Graben, sondern etwa 300 m rückwärts an einer vollständig zerschossenen Waldecke, die sich auf einem erhöhten Punkt befand, von dem man die deutsche sowie die englische Stellung gut übersehen konnte. Unteroffizier Peters sagte mir, daß dies nachts der gefährlichste Punkt weit und breit sei, denn jede Nacht prasselten mindestens 5 bis 6 furchtbare Artilleriefeuerüberfälle hier hernieder. Peters verließ im Laufschritt den gefährlichen Platz. Zum Glück für uns war von Pionieren ein etwa 6 m tiefer Stollen in den Kreidefelsen gebaut worden, worin man ziemlich sicher war. Der Stollen ging zuerst grad in die Erde hinein, dann erst in einem Winkel in die Tiefe, um zu verhindern, daß Splitter in den Stollen hinunterflogen. Wir stellten unser MG oben in den Stollen, während wir uns unten auf die Treppe setzten. Ich hatte mehrere Kerzen mitgenommen, damit wir doch nicht ständig im Finstern zu hocken brauchten. Einer der Soldaten mußte sich oben am Eingang gedeckt aufhalten, um besser hören zu können, wenn vorne etwas losgehen sollte. Bis jetzt war, obwohl immer mit der Artillerie beiderseits geschossen wurde, noch kein Geschoß in unsere Nähe gekommen. Aber plötzlich, mit einem Schlag, ging es los. Unaufhörlich donnerte und krachte es über uns und um uns. Durch den Luftdruck der in nächster Nähe platzenden Granaten wurde das vor dem Eingang hängende Zelt weggeweht, so daß unsere Kerze mehrmals erlosch. War das ein Donnern und Dröhnen über uns, als ob der Jüngste Tag angebrochen wäre! Wir hatten mehrere Pickel und Spaten bei uns im Stollen stehen für den Fall, daß der Eingang eingeschlossen und wir verschüttet werden sollten. So plötzlich, wie sie gekommen war, hörte die Schießerei wieder auf. Obwohl wir nicht in direkter Gefahr gewesen waren, atmeten wir doch erleichtert wieder auf.

Noch vier solcher Feuerüberfälle hatten wir in der ersten Nacht zu überstehen. Nun graute der Morgen. Alles wurde ruhig. Wir gingen aus dem Stollen, stellten uns in den Eingangsgraben und überschauten von diesem schönen Aussichtspunkt die Gegend. Rundum Ruinen und Verderben. Etwas rechts von uns das vollständig zu Boden geschossene Dorf Hamel. Diesseits die deutschen, in und jenseits des Dorfes die englischen Stellungen. Von hier aus hatten wir mit unserem Maschinengewehr bei einem etwaigen englischen Angriff furchtbar unter ihnen aufräumen Können. Aber in solchem Falle wäre unsere Position wohl derart unter englischem Artilleriefeuer gelegen, daß keiner es gewagt hätte, den Stollen zu verlassen. Ohne nennenswerten Vorfall vergingen die nächsten 3 Tage. Wir konnten fast jeden Tag größere und kleinere Luftkämpfe beobachten, wobei fast immer einer oder mehrere Flieger abstürzten. Mehrmals sah ich, wie englische Geschwader, die hinter der deutschen Front operiert hatten, auf ihrem Rückweg von kleinen deutschen Flugzeugen eingeholt wurden. Dabei wurde immer der letzte Flieger von seinem Geschwader abgetrennt und hinuntergeschossen. Manchmal wurden bis zu 3 englische Flieger auf diese Art zum Absturz gebracht [..In der dritten Nacht wurden wir abgelöst und kehrten zu unserer Kompagnie in die Schlucht zurück. Unterwegs mußten wir uns oft zu Boden werfen, da die Engländer die Verbindungewege oft beschossen. Als wir uns Mercourt näherten, hörten wir in geringer Höhe über uns einen englischen Flieger surren. Ruhig gingen wir unseren Weg weiter, denn der Fleiger konnte uns nicht sehen. Auf einmal war unsere Umgebung hell erleuchtet. Der Flieger hatte eine an einem Fallschirm hängende Leuchtkugel abgeschossen und uns jedenfalle gesehen, denn mit seinem Maschimengewehr ratterte er los. Viele Kugeln prasselten in unserer Nähe hernieder und einer der Schützen erhielt einen leichten Streifschuß am Arm. Wir sprangen in den Straßengraben, wo wir uns ruhig verhielten.Der Flieger flog nun weiter und wir erreichten endlich die Kompagnie...] Am einem der folgenden Tage wurde unsere Schlucht mit Gasgranaten belegt. Da wir sofort unsere Masken aufsetzten, konnte uns das Gas wenig anhaben. Weiter oben in der Schlucht starben 19 Infanteristen, die schliefen, durch eingeatmetes Gas.

DIE SPANISCHE GRIPPE / DIE REISE NACH METZ - ANFANG JULI 1918

Bereits seit einigen Tagen fühlten sich einige Soldaten unwohl, ohne daß man eigentlich wußte, was ihnen fehlte. Da lasen wir in den Zeitungen von einer neuartigen Krankheit, genannt die Spanische Grippe, weil sie in Spanien ihren Anfang genommen hatte. [..Weltweit starben 1918/1919 an dieser Epidemie 20 Millionen Menschen...] Nun wul3ten wir Bescheid. Immer mehr Soldaten erkrankten und schlurften wie halbtot herum. Obwohl sie sich krank meldeten, kam kaum einer ins Lazarett, denn es hieß, es gebe keine Leichtkranken und Leichtverwundeten mehr, nur noch. Schwerverwundete und Tote. Da die unterernährten, von den Strapazen entkräfteten Körper der Krankheit keinen Widerstand entgegensetzen konnten, war in wenigen Tagen die Hälfte der Mannschaft erkrankt. Von einer Pflege war keine Rede. Wir mußten mit dem elenden Feldküchenfraß vorliebnehmen. Ich selbst war bis jetzt von diesem Übel verschont geblieben.

Eines Tages lief der Feldwebel sämtliche in der Schlucht weilenden Unteroffiziere der Kompanie antreten. Er sagte: »Eben ist vom Bataillon ein Befehl gekommen, daß die MG-Kompanie einen Unteroffizier zu stellen hat, der in Begleitung eines Soldaten der 6. Kompanie nach Metz fahren soll, um im dortigen Gefängnis einen Soldaten der 6. Kompanie, der eigenmächtig die Front verlassen hat und in Metz erwischt wurde, zum Truppenteil zurückzubringen. Wen soll ich nun hinschicken, da ich weiß, daß jeder von euch gerne gehen würde?« Da trat ich vor und sagte: » Herr Feldwebel, da ich seit 4 Jahren nie mehr in meinem Heimatlande war, möchte ich bitten, fahren zu dürfen. « - »Ach so, aber natürlich, Richert, Sie sollen fahren. Es hat doch keiner was dagegen?« fragte er nun die anderen. Die waren natürlich alle einverstanden. Ich freute mich doch, wieder einige Tage von der Front wegzukommen. [..Auch bot die Fahrt jedenfalle Abwechelung, da ich diese Strecke noch nie gefahren war....]

Am folgenden Morgen meldete sich der Infanterist, der mich begleiten sollte, bei der Kompanie, und wir beide walzten los. [...Wir marschierten nach Peronne...] Vorher hatten wir vom Feldwebel die Fahrbescheinigung sowie die Verpflegungsbescheinigung erhalten. ln Péronne bestiegen wir den Zug. Der junge Soldat sagte immer: » Herr Unteroffizier hier, Herr Unteroffizier dort. « Ich meinte, er solle das doch bleibenlassen, denn wir seien nichts weiter als Kameraden. Er erzählte mir nun, daß er aus Metz sei. »So«, sagte ich, »da kannst du schön deine Eltern besuchen. « - »Ich habe keine Eltern mehr. Sie sind gestorben. Nur noch meine verheiratete Schwester lebt in Metz, deren Mann sich in französischer Kriegsgefangenschaft befindet«, antwortete er mir. »Was meinst du, ist er nicht besser dran als wir? « fragte ich. »Oh, sicher«, meinte der Junge, »dort wird er doch nicht totgeschossen und hat jedenfalls besser zu essen als wir.«

Von Cambrai fuhren wir mit einem überfüllten Urlaubszug über Neufchâteau, Rethel, Sedan. Zwischen Rethel und Sedan fühlte ich die ersten Fieberwellen, bald glühend heiß, bald kalte Schauer. Die Grippe hatte mich nun ebenfalls erfaßt. Ich bekam grol3en Durst, und als der Zug im Bahnhof Sedan hielt, stieg ich aus und trank am Bahnhofsbrunnen eine nicht geringe Menge kalten Wassers. Nun ging die Fahrt weiter über Montmédy und bei Fentsch über die lothringische Grenze. [...Num befanden wir uns mitten in der Eisen und Stahlindustrie. Bergwerke, gewaltige Hochöfen, Arbeiterkolonien und Fabriken wechselten in bunter Reihenfolge ab. Welch unermeßlicher Reichtum hier, über und unter der ERDE. Weiter ging es über den Hauptindustriort Hayingen. Überall dasselbe Bild, Hochöfen, von einer Größe, wie ich sie noch nie gesehen habe. Nun erreichten wir Diedenhofen, wo wir 2 Stunden Aufenthalt hatten, ehe wir einen Zug nach Metz nehmen konnten. Wir beide gingen in die Stadt. Neben dem Bahnhof sah man in vielen Häusermauern die Spuren von den Sprengstücken der Fliegerbomben der Fliegerbomben; Diedenhofen erhielt oft nachts den Besuch französischer Fliegeer, dieEier legten. Wir gingen in ein Restaurant, wo wir wieder mal einen vernünftigen Moselwein bekommen konnten. Mir war es jedoch nicht recht wohl, denn immer wieder bekam icg Fieberanfälle. Nun fing es bereits zu dunkeln an, als wir den nach Metz fahrenden Zug bestiegen...] ln Metz angekommen, gingen wir nach der am Bahnhof befindlichen Verpflegungsstation und erhielten nach Vorzeigen unseres Verpflegungsscheines jeder eine Portion Essen. Auf dem Schein wurde der Tag vermerkt, damit man nicht zweimal am Tag Essen holen konnte. Nach dem Essen gingen wir zu der Schwester des Soldaten. Die ganze Stadt war in Dunkel gehüllt, um den französischen Fliegern die Lage der Stadt nicht zu verraten. Die Schwester des Soldaten [..war bereits zu Bett als wir klopften und war nicht wenig erstaunt und erfreut als sie auf: "Wer ist draußen?", die Antwort erhielt: "Nur ich, dein Bruder, und ein Kamerad!" Sofort öffnete die Frau und die beiden lagen sich in den Armen ....] Die Frau kochte noch schwarzen Kaffee. Wir erzählten uns noch eine Weile, warum wir hier seien und so weiter. Nachher gingen wir zu Bett. Gott, wieder einmal in einem Bett ausgezogen zu schlafen. Welch ein Genuß, denn es war nun wieder ein dreiviertel Jahr her, seit ich das letzte Mal ausgezogen in einem richtigen Bett geschlafen hatte. Ich hatte vom Feldwebel 3 Tage zur Reise erhalten: einen Tag hin, einen Tag in Metz und einen Tag zur Rückfahrt. Am 1. Tag in Metz mußte ich mit dem Soldaten dessen Verwandte besuchen gehen. Überall wurden wir freundlich aufgenommen und bekamen von dem wenigen, das die Leute hatten, aufgetischt. Zu Mittag sollte ich bei der Schwester meines Kameraden essen. Da ich wußte, daß sie selbst nicht genug für sich hatte, ging ich nach der Verpflegungsstation am Bahnhof und erhielt nach dem Vorzeigen des für 2 Mann ausgestellten Verpflegungszettels 2 Portionen. Man aß in Baracken. Zwei gefangene Italiener mußten die Schüsseln wegtragen und die Tische anbräunen. Sie sahen beide zum Erbarmen elend aus. Als der eine die Schüsseln hinaustrug, sah ich, daß er mit dem Finger die Schüsseln inwendig abstreifte und den Finger dann ableckte. O je! dachte ich, die armen Leute müssen hier auf der Verpflegungsstation halb verhungern. Ich winkte beide heran und gab ihnen die eine Portion, die sie sofort aßen. Sie nickten mir mit dankbarem Blick zu. [..Am Nachmittag besichtigte und ich die Stadt und ging abends in ein Kino auf der Esplanade. Dann trank ich einige Glas Bier und ging dann wieder zu meinem Kameraden, um die Nacht zu verbringen....] Am folgenden Morgen ging ich in ein Schnellphotographieratelier. Das Bild fiel nicht gut aus, da ich durch die Grippe noch elender als sonst aussah

Endlich am Nachmittag gingen wir beide auf das Gefängnisbüro, wo wir unsere Bescheinigung vorzeigten. Von dem dort befindlichen Feldwebel erhielten wir nun die Bescheinigung zum Abholen des Gefangenen. Ich ließ jedoch das Datum des nächsten Tages aufschreiben, denn ich wollte noch eine Nacht in einem Bett schlafen. Dann ging ich wieder nach der Verpflegungsstelle. Die beiden italienischen Gefangenen erkannten mich sofort wieder und nickten mir freundlich zu. Ich holte wieder 2 Portionen. Da ich infolge der Grippe jede Esslust verloren hatte, nahm ich nur ein Würstchen aus der einen Portion und gab alles andere den beiden Italienern, die das Essen bald verschlungen hatten. Ich ging nun aufs Pissoir. Eben kam auch ein anderer italienischer Gefangener hinein. Sofort bückte er sich. Ich sah hin und war nicht wenig erstaunt. Der Italiener nahm einige Zigarettenstummel, die in der Ablaufrinne im Urin lagen, wahrscheinlich um sie zu trocknen und zu rauchen. Wie tief der Mensch sinken kann! Wahrscheinlich war er früher ein leidenschaftlicher Raucher gewesen, der nun in der Gefangenschaft nie etwas zum Rauchen erhielt. Da ich noch einige Zigaretten in der Tasche hatte, gab ich sie ihm. Wie mir dieser Mensch dankte! Als hatte ich ihm das größte Geschenk gemacht.

Am folgenden Tag nahmen wir Abschied von unserer Quartiersfrau und gingen ins Gefängnis, wo wir den Gefangenen abholten. Er war erst 19 Jahre alt und ebenfalls aus Metz gebürtig. [...Ich fragte ihm, ob er nicht Abschied von seinen Angehörigen nehmen wollte. Er sagte: "Ich habe nur die Mutter hier und zu der geh' ich nicht, denn sie ist ein schlechtes Lumpenmensch." Also schöne Familienangelegenheiten! Wir gingen nun zum Bahnhof....] Unterwegs sah ich Kirschen, schöne, groile schwarze Kirschen, in einem Geschäft zum Kaufen ausgestellt. Sofort ging ich hin und erstand gleich 6 Pfund, die wir 3 dann sofort im luge aßen. Wie diese gute, so lange entbehrte Frucht schmeckte! Es war gerade 4 Jahre her, daß ich das letzte Mal Kirschen gegessen hatte. Wir fuhren nun das Schöne Moseltal abwärts, durch das wir auf der Herfahrt nachts gekommen waren, dann dieselbe Strecke nach Nordfrankreich zurück. Zu meinem nicht geringen Staunen hörte ich auf einer Station vor Cambrai rufen, alles, was zu meiner Division gehöre, solle aussteigen. Ich fragte gleich, was los sei. Unsere Division sei an der Front abgelöst worden und befände sich in der Umgegend in Quartier. Ich ging nun nach dem Auskunftsbüro, wo mir auf meine Frage geantwortet wurde, daß das 2. Bataillon, Infanterieregiment 332 in dem Dorfe Bévillers in Quartier liege. Wir hatten etwa 6 km zu gehen. Auf den Feldern sahen wir Scharen französischer Mädchen, die unter der Aufsicht deutscher Soldaten zwangsweise arbeiten mußten. In Bévillers angekommen, gab ich den Gefangenen beim Bataillonsstab ab und begab mich zu meiner Kompanie.

IM QUARTIER IN BÉVILLERS

Mir wurde ein Quartier angewiesen, in dem schon 3 Unteroffiziere waren. Hier kam ich das erstemal mit französischen Zivilisten in Berührung, denn die Dörfer an der Front waren alle von den Familien verlassen. Die Familie, bei der ich nun in Quartier lag, war sehr freundlich. Vater, Mutter und deren 19jahrige Tochter Lidga, ein hübsches Mädchen, das schon gut Deutsch gelernt hatte.

Ich meldete mich sofort krank, da die Grippe nun starker auftrat und ich ganz heiser wurde. Vor dem Hause, in dem der Arzt die Untersuchung vornahm, standen so gegen 100 Mann, die sich fast alle wegen Grippe krank gemeldet hatten. Wir Unteroffiziere wurden zuerst untersucht. Eine Untersuchung war es eigentlich nicht. Man wurde gefragt, wo es fehlte. Als ich geantwortet hatte, mußte mir der Sanitätsunteroffizier eine etwa pfenniggroße Pfefferrminztablette geben, wobei der Arzt sagte: »Kochen Sie sich Tee! Der nächste!« Also konnte ich gehen. Kochen Sie sich Tee! Das ist ungefähr dasselbe wie: Stirb oder verreck! Ich wurde innerlich 50 wütend, daß ich mir fast nicht zu helfen wußte. Kochen Sie sich Tee! Ich hatte ja nicht einmal ein Stückchen Zucker, gar nichts! Ich ging in mein Quartier und erzählte dem Mädchen das Ergebnis der Untersuchung, worauf sich das Mädchen mit seiner Mutter auf Französisch unterhielt. Obwohl ich nichts verstehen konnte, sah ich doch, daß sie von mir sprachen. Dann kam das Mädchen, führte mich hinauf auf ein Zimmer und sagte, daß ich mich zu Bett legen solle. Dann ging sie hinunter, die Mutter kam und breitete über mich lächelnd ein Federbett; dabei deutete sie freundlich: schwitzen! Nach einer Weile kam sie mit gezuckertem heißem Tee herauf, den ich trinken mußte. Gleich darauf mußte ich noch eine Tasse trinken. Nun kam der Schweiß. So groß ich war, rollten die Schweißtropfen den Körper hinab. Unteroffizier Peters kam nachschauen, was ich machte. Da sagte ich, er solle mir das andere Hemd aus dem Tornister bringen. Peters tat es, und als ich genug geschwitzt hatte, zog ich das frische Hemd an und stand auf. Da eben kam die Frau herauf; schnell wechselte sie die Bettwäsche und nötigte mich, nochmals ins Bett zu gehen. Wie war ich diesen guten Menschen dankbar! Wie wohl das tat, daß es wieder jemand so gut mit mir meinte! Nach einer Weile brachte mir die Frau ein Stückchen gebratenes Fleisch mit Sauce und ein Stückchen gutes Weißbrot dazu, nachher noch eine Tasse Kakao. Dann litt ich es nicht länger im Bett. Ich stand auf und ging hinunter. Abends lud die Familie uns alle zu einer Tasse Kakao ein. Die Einwohner des von den Deutschen besetzten Teils Frankreichs und Belgiens bekamen aus Amerika Lebensmittel zugeschickt, um sie vor dem Verhungern zu schützen. Die Deutschen mußten sich verpflichten, die Lebensmittel zu verteilen und nichts davon wegzunehmen. Daher waren diese Leute im Besitz von Zucker, Kakao, Fleisch, Weißbrot, kurz: allem, was zu einem einigermaßen anständigen Leben erforderlich ist. Wenn wir hier nur längere Zeit bleiben könnten! Das war mein sehnlichster Wunsch. Aber schon kam der Befehl: »Morgen geht es zur Bahn, wo wir verladen werden; wohin, ist unbekannt.. Also mußten wir am folgenden Morgen Abschied nehmen. Ich wollte der guten Frau für ihre Bemühungen 10 Mark geben. Aber sie wies das Geld entschieden zurück. [...Nochmals meinen

Dank aussprechend verabschiedete ich mich, nachdem ich vorher mit der Tochter Lidga die Adressen gewechselt hatte, um uns später gegenseitig mitteilen zu können, wie es uns noch ergangen ist ....]

Da ich mich schwach und elend fühlte, setzte ich mich auf einen MG-Wagen bis zur Bahn. Wir fuhren dieselbe Linie, die ich 2 Tage zuvor gekommen war. Ich hatte schon Hoffnung, vielleicht ins Elsass und dort an die Front zu kommen, denn dort ging es ruhiger her als im Norden. Und zu gerne hätte ich mein Heimatland wiedergesehen. Doch ich hatte mich getauscht. Der Zug hielt in Conflans, unweit der lothringischen Grenze. Wir verließen den Zug und marschierten nach Süden, der Front zu. In Mars-la-Tour blieb ich zurück, denn mein Zustand hatte sich während der Bahnfahrt verschlimmert. Ich ging in das dortige Revier und meldete mich krank. Nach der Untersuchung meinte der Arzt: "Die Grippe hat Sie feste gepackt. - »Das fühle ich wohl«, antwortete ich.» sie bleiben vorläufig hier«, entschied der Arzt. Mir wurde nun eine Baracke angewiesen, in der schon etwa 8 Mann gelangweilt herumhorchten. Als Lager dienten Drahtbetten, auf denen verlauste Strohsäcke lagen. Und die Verpflegung: der reine Jammer für kranke Menschen. Morgens schwarzer Kaffee, natürlich Kaffee-Ersatz ohne Zucker, und eine Schnitte Kommißbrot mit Marmelade darauf. Mittags Dörrgemüsesuppe, die nicht einmal ein Schwein gefressen hätte, und abends das gleiche wie morgens. Mir war es sehr verleidet. um etwas Zerstreuung zu haben, bat ich den Arzt, ausgehen zu dürfen, was er mir auch erlaubte. Am zweiten Nachmittag ging ich nach Mars la-Tour, in ein vom Militär eingerichtetes Kino. Es wurden zwei Schöne Stücke gespielt, nachher noch ein Lehrfilm, so daß ich, trotz meines elenden Zustandes, herzlich mitlachen mußte und für eine Weile alles, Krieg, Soldatsein und Grippe, vergaß. Doch sofort nach Spielschluß war alles wieder grausame Wirklichkeit. Am folgenden Morgen fragte ich den Arzt, ob ich denn nicht einem Lazarett überwiesen werden könne. Da war jedoch nichts zu machen, alles war überfüllt.

[...Am selben Tage ging ich in der Umgebung spazieren und kam zu einem riesigen Denkmal. Ich befand mich auf dem Schlachtfeld von Mars´-la Tour, an der Stelle, an der an der der berühmte der Todesritt der deutschen Kürassiere und Ulanen in der Schlacht bei Mars´-la Tour 1870 von den französischen Kürassieren zum Stehen gebracht und die Reste der deutschen Reiterei in die Flucht geschlagen wurden. Auf einer Seite des mächtigen Denkmals war die in Stein gehauene Szene des Zusammenpralls der deutschen 'und französischen Kürassiers. Auf der anderen

Seite sich befanden sich ebenfalls aus Stein gemeißelt französische Infantrielinien, die im Feuer lagen. An den beiden anderen Seiten befanden sich in goldenen Lettern französische Inschriften, die ich nicht konnte. Unter dem Denkmal befand sich ein 6-Stufen-tiefer Raum ohne Tür, in eine Menge Totenschädel und Menschenknochen lagen, Wahrscheinlich Gebeine, die in den Feldern aufgefunden wurden. Von einer kleinen Anhöhe hatte ich eine. herrliche Aussicht über âie weite, mit Dörfern übersäte Ebene, in der Ferne von einer blauscheinenden Hügelkette nach Süden und Westen umrahmt war...]

Aus weiter Ferne hörte ich das Bum-bum der Artillerie bei Verdun und weiter südlich vor der Festung Toul Da die Verpflegung im Revier nicht besser wurde, meldete ich mich gesund, denn lieber war es mir, bei der Kompanie zu sein, als hierzubleiben. »junge, Junge«, sagte der Arzt, »von gesund ist gar keine Rede. Warum melden Sie sich überhaupt gesund?«-»Weil es mir hier nicht gefällt und die Verpflegung zu schlecht ist. Ich finde, daß es bei der Kompanie besser wäre, Ich könnte dort bei den Fahrzeugen hinter der Front bleiben, bis mir wieder besser wäre. « - »Na, wenn Sie halt wollen! « [..und damit..] schrieb mir den Entlassungsschein. Ich schnallte meinen Tornister mit meinem Hab und Gut auf den Rücken und marschierte los in die Richtung, in die mein Regiment marschiert war. Die Front war noch 30 bis 35 km entfernt. Ich wußte natürlich nicht, wo mein Regiment lag, aber das machte mir wenig Sorgen. Es war ein schöner, nicht zu heißer Sommertag, ungefähr der 10.Juli 1918. Da hörte ich hinter mir Pferdegetrappel und sah einen Trupp abgemagerter Pferde in Begleitung einiger Soldaten daherkommen. Die Pferde kamen aus einem Pferdelazarett und waren auf dem Wege nach der Front. Ich wartete und fragte die Soldaten, ob ich nicht auf einem der Gäule reiten könne, denn ich hatte die Grippe und könne nicht gut laufen. Nur 2 der Pferde trugen Sättel, Ich stieg auf. Das war wieder was Neues. [...Jedenfalls hat sich das Pferd über meine Reitkunst gewundert. Aber nach und nach ging as besser und ich konnte mich in den Bewegungen dem Schritt des Pferdes anpassen. Unterwegs plauderte ich mit den nebenan laufenden Soldaten. Es war jedenfalls ein auffallendes Bild, das ich bot, denn zu Pferd mit Tornister auf dem Rücken habe ich selbst noch nie gesehen...] Ich wurde von einem Major unterwegs angehalten, der mich fragte, was ich eigentlich auf einem Gaul zu suchen hatte. Ich sagte ich sei grippekrank und eben im Begriff, mein Regiment aufzusuchen. Da ich mich schwach fühlte, hätte ich das Pferd bestiegen. Nun konnte ich weiter. [..Alles im Schritt zu traben, wagte ich nicht, denn ich fürchtete, daß ich hunterfliegen könnte. Auch schien der Gaul lieber im

Schritt zu gehen...] Gegen Abend erreichten wir das Dorf Jonville, das Ziel des Pferdetransportes. Ich ging zu Fuß weiter und kam nach dem Städtchen Thiaucourt, wo ich übernachtete. Am folgenden Morgen traf ich einige Soldaten meines Bataillons, die mir sagten, daß das Regiment in Stellung liege. Nach vielem Herumfragen fand ich endlich meine Kompanie, die etwa 3 km vor Thiaucourt in einem Waldlager, bestehend aus Baracken und Unterständen, kampierte. Die Besatzungen befanden sich in Stellung, nur einige Reserveschützen, die Fahrer, die Pferde sowie der Kornpaniefeldwebel, der Schreiber und die Kompaniehandwerker waren da. Ich meldete mich beim Kompaniefeldwebel Bukies, der ein guter Freund von mir war, zurück. »Ja, Richert«, sagte dieser, »du siehst nicht gesund aus.« - »Bin ich auch nicht, aber ich konnte es in diesem elenden Revier, wo ich lag, nicht mehr aushalten«, antwortete ich. »Kleinigkeit,« meinte der Feldwebel, »du bleibst einfach hier, bis du dich erholt hast.« Also blieb ich und richtete mich in einem Unterstand ein, lag auf der faulen Haut, und der Kompaniekoch sorgte dafür, daß ich etwas Besseres zu essen bekam als die übrigen Mannschaften. Vorne am Waldrand wurde eine Straße gebaut, an welcher gefangene Italiener beschäftigt waren. Wie schlecht diese armen Menschen aussahen, gelb, mehr graugelb ihr eingefallenes Gesicht, matt der Blick, kurz: halbverhungert. Es war zum Erbarmen. Ihre Augen hingen immer im Gebüsch, ob nicht eine Beere oder ähnliches zu erhaschen wäre. Wenn einer eine solche sah, schoß er darauf los, um sie zu verzehren. Diese Menschen waren nicht an der Front und hatten trotzdem furchtbar zu leiden. Nachdem ich etwa 6 Tage im Waldlager gewesen war, kam der Feldwebel zu mir und meinte: »Na, Richert, geht's bald wieder? Der Unteroffizier Peters ist an der Reihe, in Urlaub zu fahren. Konntest du ihn vielleicht ersetzen? Ich will dir auch sagen, daß du nächstens zum Vizefeldwebel befördert wirst. Du bist schon eingereicht.« - »Ich will es versuchen« sagte ich, »und hier in der Stellung ist es ja ziemlich ruhig.« Also, am folgenden Morgen schob ich ab. [..Der Feldwebel hatte mir zuerst auf der Karte den Weg angezeigt, den ich gehen mußte...] Auf einer Anhöhe kam ich durch die Ruinen des zerstörten Dorfes Viéville-en-Haye. In den Ruinen der letzten Häuser stand gut versteckt eine deutsche Batterie. Es ekelte mich an, als ich wieder das verfluchte Kriegsspiel sah. Hinter der französischen Front sah ich einige französische Fesselballons baumeln. [...Ich kam an einer Waldecke vorbei, wo zwei Batterien nicht weit voneinander standen, dann kam ich in einen Laufgraben, der im Zickzack in die vordere Stellung führte....] Ich stieß gleich auf ein Maschinengewehr meiner Kompanie. Ich fragte nach dem Unteroffizier Peters; es wurde mir gesagt, daß er etwa 200 m weiter links liege. Ich schaute zur französischen Stellung hinüber, und plötzlich überkam mich eine heiße Sehnsucht. Wenn ich doch nur drüben wäre, dann wäre ich gerettet, hätte Verbindung mit der Heimat und könnte sicher bald meine Angehörigen wiedersehen! In diesem Moment faßte ich den Entschluss, wenn es eine Möglichkeit gäbe, zu desertieren. Ich ging den Graben entlang, der sehr stark ausgebaut war und bombensichere Unterstände hatte. Bald traf ich Peters. »Ich soll dich ablösen, Joseph! Du sollst in Urlaub fahren!« In diesem Moment dachte ich, daß ich Peters, der ein guter, treuer Kamerad von mir war, vielleicht das letzte Mal sah, drückte ihm beim Abschied fester als gewöhnlich die Hand und sah ihm tief in die Augen. »Nicki, paß auf, es ist viel Draht hier. Im Übrigen wünsch ich dir Glück!« Ich war doch etwas betroffen, daß Peters, der ein sehr heller Kopf war, meine Gedanken erraten hatte. Obwohl ich wußte, daß ich ihm unbedingt vertrauen konnte, sagte ich weiter kein Wort von meinen Absichten. »Noch eins, Nicki«, sagte er dann. »Wir haben einen ekligen Lausejungen als Zugführer bekommen. Er hockt unten im Unterstand. Ich hab' ihm schon gehörig die Läuse heruntergemacht. Laß dir von diesem grünen Jungen ja nicht auf die Zehen treten!« Dann drückten wir uns nochmals die Hand. »Auf Wiedersehen und viel Glück!- Dann verschwand Peters um die nächste Schulterwehr Ich war nun gespannt, den neuen Zugführer kennenzulernen, und ging die Treppe hinab, die in den Unterstand führte. 30 Staffeln tief mußte ich hinuntersteigen, ehe ich in den Unterstand kam, der elektrisch beleuchtet war. Jeden Tag brachte der Essenholer eine elektrische Batterie, die 24 Stunden reichte. An einem Tischchen saß der neue Feldwebel, ein noch nicht 20jähriger Bursche. Gemütlich hing ich den Tornister ab, schnallte das Koppelzeug los und sagte dann, ich sei hier, um den Unteroffizier Peters zu ersetzen. Ich sah gleich, daß es dem Jungen nicht paßte, diese Gemütlichkeit. Er hätte lieber gesehen, wenn ich strammgestanden wäre und ihm meine Ankunft vorschriftsmäßig gemeldet hätte, Er fragte mich nach meinem Namen und meinte dann: »Hier scheint wenig Disziplin zu herrschen!« Ich sagte ganz einfach: Ist auch nicht nötig. Man lebt in der Kompanie mit wenigen Ausnahmen so kameradschaftlich wie nur möglich. Es ist meiner Ansicht nach gar nicht nötig, daß man seine Untergebenen seine Machtstellung als Vorgesetzter fühlen läßt.« - »Ich bin dies aber nicht gewohnt«, sagte der Feldwebe! »Als Vorgesetzter mußten man immer respektiert sein!« - - »Mit Ihren Ansichten, Herr Feldwebel, würden Sie bald von Ihren Untergebenen statt respektiert gehaßt werden, und unter Umständen kann Ihr Leben davon abhängen, ob sie geliebt oder gehaßt sind!« - - »Wieso denn das?«

fragte er verwundert. »Angenornmen, Sie würden mal in einer Schlacht schwer verwundet und rnüßten liegenbleiben. Sind Sie beliebt, so werden Ihre Untergebenen Sie kaum im Stich lassen. Sind Sie aber gehaßt, würde sich keiner der Gefahr aussetzen, Sie zu retten, und Sie müßten schließlich elend umkommen! Waren Sie denn noch nicht draußen?« fragte ich. »Nein«, meinte er. »Ich bin Einjähriger und bis jetzt immer in einer Garnison gewesen. Nun soll ich 6 Wochen an der Front sein, dann muß ich wieder zurück, um einen Offizierskurs durchzumachen. Nachher werde ich Leutnant.« - »Sehen Sie, Herr Feldwebel, das ist meiner Ansicht nach die größte Ungerechtigkeit in der deutschen Armee, daß das Einjährige genügt, um Leutnant zu werden, auch wenn der Betreffende von militärischen Dingen fast keine Ahnung hat. Mit anderen Worten: Wenn der Vater Geld hat, seinen Jungen studieren zu lassen, ist ihm der Weg geöffnet, Offizier zu werden, mit nur einjähriger oder noch kürzerer Dienstzeit. Hingegen andere Soldaten, die aktiv dienten und jetzt seit 4 Jahren im Felde stehen, sind Tür und Tor verschlossen, Offizier zu werden; selbst solchen, die 10 bis 12 Dienstjahre in der Kaserne vor dem Kriege hatten und als Feldwebel in den Krieg zogen, die nun seit 4 Jahren im Felde stehen, also 14 Jahre und mehr Dienst haben. Selbst diese können nicht Offizier werden, obwohl sie besser imstande waren, eine Kompanie zu führen als ai le Einjährigen zusammengenommen.« Der junge Feldwebel mußte mir recht geben, doch sah ich, daß er sich beleidigt fühlte. Ich ging dann hinauf zu meiner Besatzung. Die Leute standen rauchend im Graben und ließen sich von der Sonne bescheinen. Alle waren schon früher mal meiner Besatzung zugeteilt worden, und ich kannte sie als gute Kerls. Wir sprachen uns unter uns immer per du an. In demselben Unterstand hauste noch die Besatzung des Unteroffiziers Gustav Beck, der ein Lothringer war. Er war bereits 1916 beim Regiment 44, beim Regiment 260 und jetzt beim Regiment 332 ständig bei mir. Auch wir beide waren gute Freunde. Ich sah nun über die Deckung, um mich in der Gegend umzuschauen. Überall Greuel der Verwüstung. Die Front befand sich hier seit Ende September 1914. Alles durchgegraben, zerlöchert, verwachsen. Disteln, Dornen, altes dürres Gras, dazwischen wieder Grünes. Überall zogen sich verrostete Drahthindernisse hin. Ich zählte zwischen den Linien 10 - 12 Drahtverhaue.

Wirklich, das war nicht so einfach, hier auszureißen! Doch mein Entschluss stand fest, nur wartete ich auf eine günstige Gelegenheit. Vor der Stellung ging das Gelände sanft bergab, um dann scheinbar jäh abzufallen. Aus der Tiefe ragte ein abgeschossener Kirchturm, der Kirchturm von dem Dorfe Regniville. Vom Dorf selbst konnte man von hier aus nichts sehen. Jedoch war dasselbe vollständig in Trümmer geschossen. Ich holte nun beim Feldwebel die Karte, um mich in der Gegend zu orientieren. Weiter nach rechts lagen die Trümmer des Dorfes Lironville, noch weiter rechts die Dörfer Flirey und Essey, wo ich im September 1914 bei dem Regiment 112 schwere Gefechte mitmachen mußte. Ich konnte jedoch nichts mehr erkennen, denn Dörfer, Wälder, kurz: alles war zerschossen und zerstört. Jenseits des Dorfes Régnieville stieg das Gelände sanft an. Dort lagen die gegnerischen Stellungen. Alles war mit Graben und Drahtverhauen durchzogen, so daß man nicht wußte, in welcher Stellung eigentlich der Gegner lag. Die Infanteriehorchposten, die nachts vorne lagen, behaupteten, daß die feindlichen Vorposten in den Ruinen des Dorfes Régnieville standen, denn sie hatten oft einen Feuerschein gesehen, wenn dort eine Zigarette oder eine Pfeife angezündet wurde. Das alles interessierte mich sehr, denn es waren alles Vorteile, die ich wissen mußte, um glücklich hinüberzukommen. Wenn ich nur gewußt hätte, wer uns gegenüberlag! Die einen sagten, die Franzosen, andere, Neger und wieder andere, Amerikaner. Jeden Tag stand ich stundenlang und schaute mit dem Glase hinüber, konnte jedoch weder Franzosen oder Neger noch Amerikaner entdecken; alles schien verlassen und ausgestorben. Nur hie und da hörte man im Walde, der sich im Hintergrund der feindlichen Stellung befand, die Abschüsse der Artillerie. Dann sausten gewöhnlich die Granaten über uns, um in den Wäldern hinter uns, irgendwo bei den deutschen Batterien, zu krepieren. Manchmal, besonders des Nachts, schlugen auch Granaten in unserer Nähe ein. Alles sprang dann in den Unterstand, wo wir vollständig gesichert waren. Immer ging mir der Gedanke im Kopf herum: Wenn ich nur drüben wäre! Aber wie anfangen? Und ganz allein schien mir auch zu gewagt. Zumal ich fast kein Wort Französisch konnte. Am vierten Morgen fiel mir auf, daß an einer Stelle rechts von uns drei französische Fesselballons in der Höhe waren, wo sonst doch nur einer sich befand. Bald wußten wir den Grund. Plötzlich lag dort die deutsche Stellung in einem furchtbaren Granathagel, der fast eine Stunde anhielt. Dann flaute das Feuer ab; es hieß, die Franzosen seien in dem deutschen Graben eingedrungen, hatten Gefangene gemacht und sich dann wieder in ihre Graben zurückgezogen. Am Nachmittag verbreitete sich das Gerücht, daß die Franzosen und die Amerikaner an der Marne eine Offensive unternommen und Fortschritte gemacht hätten. Wir sollten nächstens hier weg und dort hinkommen. Allen Soldaten graute nicht wenig davor, in eine solche Hölle zu kommen. In mir verstärkte sich der Entschluß, bald den Versuch zu machen, zu desertieren.

Am folgenden Mittag, 23.Juli 1918, gab es wieder ein ganz miserables Mittagessen, angebranntes Dörrgemüse.

VORBEREITUNG ZUM ÜBERLAUFEN

Unteroffizier Beck und ich standen allein oben im Graben und löffelten den schlechten Fraß hinunter. Plötzlich, in jäh aufsteigender Wut, nahm Beck sein Kochgeschirr mit Inhalt und schleuderte es an die neben ihm befindliche Schulterwehr. »Gottverflucht! « schimpfte er, »jetzt hab' ich's doch bald satt!« Ich sagte dann, indem ich nach der französischen Front hinüberdeutete: »Was meinst du, Gustav? « Jäh sah er mich an und fragte: »Gingest du Mit? « Worauf ich ja sagte. Gustav Beck erzählte mir nun daß er seit einigen Tagen nichts anderes im Kopf habe, als durchzubrennen. Aber wie, das war eine andere Frage. Kämen wir noch mal nach dem Norden, hatten wir die hübsche Aussicht, zu fallen, kämen. wir hier glücklich hin-über, wären wir gerettet. Fielen wir während des Überlaufens, hätte alles Elend ein Ende. Im selben Moment kam ein Infanteriegefreiter, ein Unterelsässer namens Pfaff, den wir beide gut kannten, an uns vorbei. Er war ein kleiner, energischer Mann, der, trotzdem er oft den Befehl erhielt, sein Napoleonspitzbärtchen zu rasieren, dasselbe immer noch zum Ärger der Offiziere trug. Im Vorbeigehen blieb er plötzlich dicht neben uns stehen und fragte leise: » Gehnrer mit he mischt? (Geht ihr mit heut' nacht?)« - »Wohin? «. fragte ich. » Newer (Rüber) ! « antwortete er kurz und bündig. »Wie willst du's anstellen, Pfaff? « sagte ich. »Ich bin heut' nacht vorn auf Feldwache und muß Horchposten stehen. Da gibt's schon eine Gelegenheit zu verschwinden. « - »Horch, Pfaff, eben haben wir uns beide verabredet, überzulaufen. Wußten nur nicht, wie « - »Wir machen's so«, sagte nun Pfaff. »Sobald die Dunkelheit eintritt, kommt ihr beide auf die Feldwache. Wir wollen dann schon sehen, wie wir loskommen. « Wir versprachen zu kommen. Pfaff ging nun weg. »Horch, Nickel«, sagte nun Beck, »wie machen wir's nun, unauffällig von unserem Maschinengewehr wegzukommen? Wir haben doch Befehl, die Maschinengewehre nicht zu verlassen. Du kennst doch den verrückten, dienstbeflissenen Laffen von Zugführer. «

Ich überlegte eine Weile, nahm dann, nachdem ich mich versichert hatte, daß es niemand sah, mehrere Munitionskästen mit Inhalt und warf sie auf die Deckung ins hohe Gras. »Was machst du denn, Nickel? « fragte mich Beck. Ich sagte: »Gegen Abend melde ich dem Feldwebel, daß uns mehrere Munitionskästen entwendet worden seien, wahrscheinlich von der Infanterie, die die leichten Maschinengewehre haben. Ich will versuchen, uns wieder welche zu beschaffen. «- »Das könnte vielleicht gehen«, meinte Beek. Langsam sank der Abend hernieder. Was wird die Nacht bringen, Leben oder Tod? Als die Sonne am Horizont hinter den fernen Forts der Festung Toul unterging, dachte ich: Wenn ich dich morgen wiedersehe, bin ich gerettet. Wenn nicht, ist halt alles aus.

Ich hatte doch eine äußerst unangenehme Empfindung in der Brust, denn das Unsichere unseres Wagnisses quälte mich.

Ich ging nun in den Unterstand hinunter, steckte unauffällig mein Handtuch und meine Seife in die eine sowie ein Stück Kommißbrot in die andere hintere Rocktasche und meldete dem Feldwebel den »Diebstahl« unserer Munition. »Herrgott!« fuhr er auf. »Was machen wir nun? Eine Meldung an den Kompanieführer schreiben geht auch nicht gut.« Ich sagte: »Herr Feldwebel, ich wüßte schon ein Mittel, damit keine Meldung an den Kompanieführer geschrieben zu werden braucht, Wir klauen einfach bei den leichten Maschinengewehren den uns fehlenden Kasten.« - »Würden Sie das fertigbringen?« meinte nun der Feldwebel. »Ganz einfach, nur muß noch jemand mitkommen. Ich alleine kann nicht 4 Kasten tragen.« - »Gut, nehmen Sie noch einen Mann mit.« Ich sagte: »Am besten wär's, der Unteroffizier Beck würde mitkommen. Dies ist ein schneidiger Kerl.« - »Das geht doch nicht, daß beide Gewehrführer weggehen«, sagte der Feldwebel. Worauf ich antwortete: »Die Gefreiten können ja die Führung des Maschinengewehrs solange übernehmen; zudem ist alles ruhig, und in einer halben Stunde sind wir wieder da.« - »Na, gehen Sie meinetwegen.«

Da man nicht ohne Waffen im Graben herumlaufen durfte, schnallte ich meine Koppel mit Seitengewehr und Mauserpistole, 9 Schuß enthaltend, um. Zwei Ladestreifen zu je 9 Schuß hatte ich schon vorher in die Rocktasche gesteckt, ebenso eine neue Zeitung zusammengefaltet in den Rockämelumschlag geschoben, um etwas Weißes zum Winken zu haben. Dann hing jeder noch 2 Stielhandgranaten an die Koppel, und wir gingen zum Unterstand hinaus. Der erste Schritt zu unserem Wagnis oder zum Weg, der zum Leben und zur Freiheit führte, war getan. Es tat mir doch leid, daß ich meine Leute und alle Kameraden verlassen mußte, ohne von ihnen Abschied nehmen zu können.

ÜBERLAUFEN ZU DEN FRANZOSEN
IN DER NACHT VOM 23. ZUM 24. JULI 1918

Wir liefen nun die Stellung entlang; da es bereits dunkelte, stand alle paar Schritte schon ein Nachtposten. Am Laufgraben angekommen, der vorne zur Feldwache führte, bogen wir in denselben hinein und erreichten bald die Feldwache, die etwa 200 m vor der Hauptstelle lag. Die Feldwache, die aus einer Gruppe Infanteristen (8 Mann) und einem Unteroffizier bestand, bewohnte ebenfalls einen starken Unterstand. Wir unterhielten uns eine Weile mit dem Unteroffizier, dann wollten wir noch die etwa 30 Schritte weiter vorne liegenden Horchpostenstände sehen. Beek und ich gingen da hin. Unauffällig folgte Pfaff, mit dem wir noch kein Wort gewechselt hatten. Die Horchposten waren noch nicht aufgezogen. Die Horchpostenstände waren mit einem wirren Stacheldrahthindernis umgeben. Beck und Pfaff wollten eben die Beine heben, um durch den Draht zu gehen, als ich hinter uns im Graben Schritte hörte. »Pssst«, machte ich leise. Und sagte dann laut: »Hier kommt keiner an die Horchposten ran- und sprang wieder in den Horchpostenstand hinunter. Beck und Pfaff folgten. Wir unterhielten uns mit dem Unteroffizier und gingen zur Feldwache zurück. Nun besetzten 2 Horchposten ihre Plätze. Plötzlich erschien der Oberleutnant der 5. Kompanie, zu der die Feldwache gehörte, um zu revidieren. »Wer ist denn das hier?« fragte er barsch, als er mich und Beek stehen sah. Ich stand still und meldete: » wir sind 2 Unteroffiziere der S. M. G. [der schweren Maschinengewehre] und wollen uns mal die Lage der Feldwache ansehen; im Falle daß der Feind angreifen sollte, wir den Mannschaften der Feldwache nicht in den Rücken schießen. « - »Schon, gut«, sagte nun der Oberleutnant. »Wenn alle Soldaten dasselbe Interesse hatten wie Sie, wäre die Sache schon längst geschmissen! « Ich dachte: Wenn du wüßtest und unsere Absichten kennen würdest!

Beck und ich gingen nun in den Laufgraben, der zur Hauptstellung führte. Wir beide waren überzeugt, daß heute Nacht nichts zu machen wäre. Nun kam Pfaff hinterhergelaufen, raunte: »Alle denn los, «- - und schon war er zum Laufgraben hinaus und in dem hohen Gras verschwunden. Wir beide kletterten nach und fanden Pfaff, der in einem alten Granatloch auf uns wartete. Wir befanden uns zwischen 2 Drahtverhauen. Der hinter uns sich befindende deckte uns gegen die Posten in der Hauptstellung. Wir krochen den vorderen Drahtverhau entlang und fanden endlich eine Bresche, die von zwei hintereinander eingeschlagenen Granaten herrührte. Dort krochen wir durch den Drahtverhau. Schon gab es einige

Risse in den Kleidern. Nun krochen wir auf allen vieren weiter, kamen durch einen tiefen, alten Graben und blieben dann hinter einem Erdhaufen liegen. Hier schworen wir uns leise zu, keiner den anderen zu verlassen, komme, was wolle. Ich erhob einen Moment den Kopf und sah etwa 30 Schritte links von uns die beiden Baumstümpfe, die ich direkt vom Horchpostenloch vor mir gesehen hatte. Also befanden wir uns kaum 30 Schritte rechts von den Horchposten. Ich sagte dies leise zu Pfaff. »Wir müssen näher an die Horchposten ran«, sagte er. »Denn dort befindet sich ein Gang durch den breiten Drahtverhau, wo die oberen Drähte durchgeschnitten sind, damit die Patrouillen durchkönnen.« Herrgott, wie wird das werden! dachte ich. Also krochen wir noch einige Meter nach links, dem Horchposten zu. Richtig, da fanden wir den im Drahtverhau befindlichen Gang. Pfaff richtete sich Auf und ging gebückt durch den Verhau. Als er bald drüben war, hörte ich plötzlich kaum 20 m vor uns die Horchposten sprechen, und päng-päng knallten 2 Schüsse. Wir waren entdeckt! Pfaff war jenseits des Verhaus verschwunden. Nun erhob sich Beck und überwand so schnell wie möglich das Hindernis. Vier Schüsse wurden auf ihn abgegeben. Auch er versehwand jenseits dieses Hindernisses. Nun kroch ich in die Lücke hinein. Da jedoch nur die oberen Drähte durchgeschnitten waren, blieb ich hängen, mußte mich oft mit den Händen losmachen. Als ich etwa die Mitte des Verhaus erreicht hatte, hing ich überall im Draht fest. Sobald ich mich bewegte, knirschte der Draht um mich herum. Was tun? Durchkriechen ging nicht. Stand ich auf, lief ich Gefahr, erschossen zu werden, da die Horchposten bereits auf die Stelle aufmerksam geworden waren. Ich wurde ziemlich aufgeregt, loste mich vom Draht los, so gut ich konnte, sprang mit einem Ruck auf. Krack, gab's Löcher in Hosen und Rock. Kaum daß ich mich erhoben hatte, knallten 2 Schüsse. So schnell ich konnte, bewegte ich mich vorwärts, und in dem Moment, als ich mich jenseits des Verhaus zu Boden warf, knallte noch ein Schuß. Auf allen vieren lief ich, so schnell ich konnte, den niedergetretenen Grasspuren nach, hielt einen Moment an und rief leise: »Beck l Pfaff!« Einige Schritte vor mir hielten sie den Arm mit Mütze in die Höhe. So schnell wie möglich kroch ich zu ihnen. Schnell erkundigten wir uns gegenseitig, ob keiner verletzt worden sei. Alle waren noch heil, außer einigen Rissen, die jeder vom Draht bekommen hatte. Pfaff sagte: »Wir müssen so schnell wie möglich machen, daß wir wegkommen! Denn jedenfalls nimmt der Oberleutnant jetzt die Feldwache, um uns wieder einzufangen.« Gefangennehmen hatten wir uns aufkeimen Fall lassen, denn sonst wären wir sowieso standrechtlich erschossen worden. In diesem Falle hatten wir uns gegen unsere Soldaten auf Leben und Tod wehren müssen. Wir kletterten noch durch 3 breite Drahthindernisse, die Uniformen waren schon elend zerrissen. Auch brannten die durch den rostigen Stacheldraht verursachten Hautrisse. Nun kamen wir in einen alten Graben, der in Richtung der Franzosen lief. Dieser wurde immer tiefer und hörte plötzlich ganz auf; wir befanden uns wie in einem Sack. Schnell stellte ich mich mit dem Rücken an die Wand, Pfaff stellte sich auf meine zusammengefalteten Hände, dann auf meine Schultern, hielt sich oben am Grase fest und kletterte hinaus. Nun folgte Beck. Ich streckte nun meine Hände in die Höhe. Die beiden, die auf dem Bauche lagen, faßten zu und zogen mich in die Hohe, während ich mit den Beinen nachhalf. Sofort ging es wieder weiter. Wir überkletterten noch zwei weitere schmale Drahthindernisse und sahen dann unter uns das zusammengeschossene Dorf Régniville liegen. Bis zum Dorfbefand sich kein Hindernis mehr. Die Gefahr von rückwärts hatten wir nun überstanden; nun kam die Gefahr von vorne.

Da Beck und Pfaff französisch sprachen, riet ich ihnen, die in den Ruinen stehenden französischen Vorposten anzurufen. »Das geht nicht, sonst hart der uns verfolgende Oberleutnant, wo wir sind!« Also liefen wir den Abhang hinunter, den Ruinen zu. Jeden Augenblick befürchtete ich, daß es in den Ruinen aufblitzen würde und wir getroffen würden. Nichts von all dem geschah. Wir kamen in die Ruinen; alles totenstill, nichts regte sieh. Wir horchten noch eine Weile; nichts, gar nichts. Pfaff sprang nun in einen alten Laufgraben, der um die Kirche herumführte. Er sprang auf ein im Graben liegendes Stück Wellblech, was einen Heidenlärm verursachte. Wieder horchten wir; alles still. Da fing die französische Artillerie zu scheßen an. In hohem Bogen flogen die Geschosse über uns hinweg, um dann hinter den deutschen Stellungen einzuschlagen. Vor Aufregung und vom Laufen waren wir alle naßgeschwitzt, denn es war eine laue, helle Sommernacht, und der Mond beleuchtete nun alles fast taghell. Vorsichtig gingen wir den Laufgraben entlang, der in Richtung der französischen Stellung führte und langsam bergan stieg. Immer wieder blieben wir stehen und horchten. Nichts war zu hören als einige Infanterieschüsse oder das Rattern eines Maschinengewehrs irgendwo oder hie und da in der Nähe oder Ferne einzelne Kanonenschüsse. Es war sehr unangenehm, daß wir nicht wußten, wer vor uns lag oder wo sie lagen. Also gingen wir vorsichtig weiter, immer wieder stehenbleibend, um zu höheren. Wir kamen an alten Stollen und Unterständen vorbei, die uns finster entgegengähnten. Nun kamen wir zu einer Stellung, die sich mit dem Laufgraben kreuzte. An einem Pfahl war eine Tafel angebracht, doch war es nicht hell genug, um das Daraufgeschriebene lesen zu können. Ich leuchtete mit meiner Taschenlampe in den Graben. Da sahen wir an den vielen Fußspuren, daß der Graben oft passiert wurde. Wir gingen wieder weiter und kamen nochmals an einer Stellung vorbei, die ähnlich der vorigen den Laufgraben kreuzte. Pfaff meinte: »Ich glaube bestimmt, daß wir durch die französischen Infanteriestellungen durch sind und daß hier kein Posten gestanden hat.« - »Glaub das nur nicht!«- antwortete ich leise. Ich bat die beiden, nun doch die Franzosen, oder wer sich sonst in der Stellung befinde, anzurufen. Immer noch getrauten sie sich nicht zu rufen aus Furcht vor den uns verfolgenden Deutschen. Die Pistole schussfertig in der Hand, gingen wir vorsichtig weiter. Nun kamen wir zu einem im Graben liegenden spanischen Reiter. So wurden die um ein hölzernes Gestell gezogenen transportablen Drahthindernisse genannt. Nun war ich überzeugt, daß wir dicht bei den Franzosen sein müßten. Wir arbeiteten uns an dem Hindernis vorbei. Einige Schritte weiter lag im Graben ein röhrenartiges Gestell, mit glattem Draht umwunden. Wir krochen auf allen vieren, einer nach dem anderen, hindurch. Dabei streiften unsere Rücken oben am Draht hängende, leere Konservenbüchsen, die dann gegeneinanderschlugen und ein klingendes Geräusch verursachten. Das war sicher das Alarmsignal für die französischen Posten. Ich sagte nochmals leise zu meinen Kameraden, sie sollten um Himmels willen die Franzosen anrufen. Noch immer wollten sie nicht und gingen weiter, stellten sich hinter die nächste Schulterwehr und horchten. Ich befand mich noch einige Schritte hinter ihnen und sah plötzlich oben links neben dem Graben einen Franzosen aufspringen, jenseits der Schulterwehr über den Graben setzen und zurücklaufen. Sofort dachte ich: Das war der Horchposten, der nun die Feldwache alarmieren geht. Ich sprang zu den beiden und rief halblaut: »Ruft jetzt, ich habe einen Franzosen zurücklaufen sehen!« Wir drei waren sehr aufgeregt in diesem Moment. Eben wollten die beiden rufen, als Schüsse kurz vor uns knallten und die Kugeln hinter uns in den Graben schlugen. Nun schrien die Franzosen etwas, indem sie immerfort knallten. »Wir sind drei Elsasser«, schrien nun Beck und Pfaff auf Französisch, »die zu euch wollen! Vive la France!- Aber in dem nun einsetzenden tollen Geschieße konnten die Franzosen ihre Worte nicht verstehen. Pfaff, der eine unglaubliche Courage hatte, ging nun um die Schulterwehr herum und den Franzosen entgegen. Beek wollte folgen. Im selben Moment hörte ich einen kleinen Knaaks. Dieser Knaaks rührte von der Feder her, die beim Verlassen einer Handgranate aus der Hand aufspringt. »Beck!-« rief ich. »Bleib stehen! Sie haben eine Handgranate geworfen!« Und riß ihn hinter die

Schulterwehr in Deckung. Bums, krächte die Handgranate jenseits der Schulterwehr. lm selben Moment noch einmal. Burns. Eine zweite Handgranate war geplatzt. Da hörten wir einen Aufschrei von Pfaff. Jedenfalls war er getroffen. Der Rauch der Handgranaten kam nun um die Schulterwehr herumgezogen und hüllte uns vollständig ein. Als ich mich umsah, war Beck versehwunden. Jedenfalls war er um die Schulterwehr gegangen. Eben wollte ich auch um die Schulterwehr gehen, als ich von oben auf Französisch angerufen wurde. Ich sah hinauf. Da stand ein Franzose mit drohend erhobener Handgranate. Sofort lief ich meine Pistole fallen, riß die Zeitung aus dem Armel und streckte beide Arme in die Höhe, indem ich rief: »Alsacien, Deserteur! « Der Franzose rief: »Combien? « Das Wort verstand ich: Wieviel? Ich glaubte, »drei- hieße »treize «, und schrie »Treize! « statt » trois «. Der Franzose beugte sich nun nieder und suchte anscheinend die 13 zu entdecken. Als er jedoch außer mir niemanden im Graben sah, schrie er nochmals: »Combien? «, worauf ich ihm 3 Finger vor Augen hielt. Nun streckte er mir die Hand hinunter; schnell schnallte ich mein Koppel ab, lief es zu Boden fallen, reichte ihm die Hand hinauf, er zog, und ich kletterte zum Graben hinaus. Gott sei Dank! dachte ich. Jetzt ist's überstanden. Und nahm die Arme herunter. Der Franzose, der mir nicht recht zu trauen schien, sprang einige Schritte zurück und erhob wieder drohend die Handgranate. Wieder erhob ich beide Arme und wiederholte: »Alsacien, Deserteur! « Nun gab mir der Franzose freundlich die Hand und klopfte mir auf die Schulter. Wie glücklich ich in diesem Moment war, lässt sich nicht beschreiben. Ich dachte nun sofort an Pfaff, den ich leise stöhnen hörte. Ich sagte zum Franzosen: »Kamerad blessé- und deutete auf mich und in den Graben. Der Franzose deutete mir, nur zu gehen. Ich sprang an derselben Stelle, an der ich hinaufgeklettert war, wieder in den Graben und wollte rasch um die Schulterwehr herum zu Pfaff. Dort wimmelte es von Franzosen, die lebhaft durcheinandersprachen. Wie der Blitz hielt mir einer davon die Pistole vor die Stirn, so daß ich die kalte Mündung spürte. Ebenso schnell setzte mir ein anderer das Bajonett auf die Brust. Wie der Wind gingen meine Arme wieder in die Höhe, und ich sagte mein Sprüchlein her: indem ich rief »Alsacien, Deserteur! « Sofort ließen sie von mir ab, und ich hörte sagen: »C'est le troisième.. Beck hatte ihnen nämlich schon gesagt, daß sich noch ein dritter im Graben befinde. Dies alles dauerte seit dem ersten Sehuß keine 3 Minuten. Sofort ging ich zu Pfaff, der bewußtlos am Boden im Graben lag und mit jedem Atemzug leise stöhnte. Ich drückte die Franzosen, die sich um ihn bemühten, zur Seite, befühlte überall seine Uniform, denn an die Grabensohle konnte der Mond nicht scheinen. SA war nicht zu sehen, wo Pfaff verwundet war. Als ich am linken Oberschenkel fühlte, spürte ich naß und im selben Moment warmes Blut, das mir stoßweise an die Hand spritzte. Oberschenkelschuß, Schlagader getroffen, schoß es mir durch den Kopf. Das beste Mittel war, den Schenkel sofort abzubinden, um das Verbluten zu verhindern. Ich löste schnell den Gürtel, der die Hosen hielt, öffnete die Hosen und Unterhosen. Beek half mir, den Körper etwas aufzuheben. Dann streiften wir die Hosen herunter. Ich riß meine Halsbinde herunter und wollte damit das Bein abbinden. Krack, war das alte, verwaschene Ding entzweigerissen. Sofort gab mir einer der Franzosen, die rundherum zuschauten, ein Stück starke Schnur, die ich dann oberhalb der Wunde locker um den Schenkel band. Dann brach ich ein etwa 30 cm langes, fingerdickes Holz aus der Grabenverschalung, steckte dasselbe außerhalb des Schenkels zwischen Schnur und Bein und drehte das Holz. Dadurch wurde die Schnur derart angezogen, daß sie ins Fleisch des Schenkels einschnitt und die Schlagader zudrückte. Sofort hörte das Bluten auf. Die Franzosen klopften mir auf die Schulter und sagten auf Französisch, daß ich es gut gemacht hätte. Pfaff war immer noch ohnmächtig. Da wollte ihm Beck ein Stückchen Zukker in den Mund geben. Einer der Franzosen nahm ihm das Stückchen Zucker aus der Hand, goß aus einem kleinen Fläschchen eine stark nach Alkohol riechende Flüssigkeit darauf und schob es dann Pfaff in den Mund. Sofort war dieser bei Besinnung. Die ersten Worte, die er sagte, waren: »Moi, mourir pour la France!«, was ich nicht verstand, Beck mir aber übersetzte. [...»Ich, sterben für Frankreich!«..] Ich sagte dann Pfaff, daß er nicht so schwer verwundet sei und sein Bein abgebunden sei. Die Franzosen waren uns gegenüber sehr freundlich. Alle wollten uns die Hand drücken. Die einen gaben uns Zigaretten, andere ein Stückchen Schokolade oder wollten uns die Feldflasche mit Wein geben. Ich trank einige Schluck, da ich von der Aufregung sehr Durst bekommen hatte. Dieses Getränk kam mir ganz fremd vor, denn bei den Preußen gab es weiter nichts als den schlechten, aus Kaffee-Ersatz bereiteten, schalen Kaffee zu trinken. Dann zündete mir einer der Franzosen eine Zigarette an, die ich jedoch fast nicht zu rauchen vermochte, da sie mir zu stark war.

Wir wurden nun von 2 Soldaten und einem jungen Offizier durch die französische Stellung zurückgeführt. Da die ganze Grabenbesatzung alarmiert war, standen sie Mann an Mann in Schießstellung. Alle sagten uns im Vorbeigehen freundliche Worte, die ich natürlich nicht verstand. Als wir durch den nach hinten führenden Laufgraben zurückgingen, ka-

men schon 2 Sanitäter mit einer Tragbahre an uns vorbei, um Pfaff abzuholen. Beek plauderte mit dem vor ihm gehenden Soldaten. Plötzlich sagte der hinter mir gehende junge Offizier in einem mit starkem französischem Akzent gesprochenen Elsässerditsch: »Wü bisch dü har? (Wo bist du her)? « Ich antwortete unüberlegterweise in hochdeutsch. »Dü büsch a Schwob, dü resch net Dialekt.. [..»Schwob.« bedeutet im Elsässerdeutsch nicht »Schwabe«, sondern »Deutscher«.] Worauf ich antwortete: » Nei, ich bi vo St. Üalri bei Dammerkirch (Nein, ich bin von St. Ulrich bei Dammerkirch). « - »So, vo dort bisch «, meinte nun der Offizier. »Sag, wer isch denn Maire in Dannemarie [.französischer Name Dammerkirchs..]? « Das wußte ich beim besten Willen nicht. Ich sagte, ich wisse es nicht, sei bereits seit 5 Jahren von zu Hause weg und hätte dies alles vergessen. »E bien, wer wohnt denn an Krizstroß für a Buchbinder? « fragte er weiter. » Friahjer ist der Hartmann dort
    gewohnt«, gab ich zur Antwort. »'s stimmt«, sagte nun der Leutnant. »I bi scho mangmol z' St. Ulrich durch, wenn mer als uff Seppois-le-Bas [..Niedersept..] marschiert sin. « Ich fragte ihn nun, ob St. Ulrich auch zerschossen sei. Er glaubte es nicht, konnte sich aber nicht mehr genau erinnern. Wir plauderten noch allerlei, bis wir hinten im Waidlager ankamen. Er sagte mir unter anderem, daß er aus Rosheim im Elsaß stamme. Im Waldlager kamen von allen Seiten Soldaten aus den Unterständen, die uns sehen wollten. Beck konnte nicht fertig werden, auf alle an ihn gerichteten Fragen zu antworten. Mich ließen sie ziemlich in Ruhe, da sie sahen, daß ich nichts verstand. Mir fiel am meisten die Lebhaftigkeit dieser Soldaten auf sowie die dicken roten Gesichter. Ganz andere Menschen als die halbverhungerten, hageren Deutschen mit ihrer fast durchweg gelblichen Gesichtsfarbe. Beck mußte mm zum Kompanieführer in den Unterstand, wo er verhört wurde. Mir wurde meine Gasmaske abgenommen. Mehrere Soldaten brachten mir Wein und Zigaretten. Ich trank 2 Becher, sollte noch mehr trinken, wollte aber nicht, denn ich fühlte schon einen dummen Kopf. Ich war doch das Weintrinken gar nicht mehr gewohnt. Auch war mir kalt auf dem Rücken, da ich vom Schwitzen ein waschnasses Hemd hatte. Mehrere brachten mir Weißbrot und Käse. Ich langte dann in die Rocktasche und gab ihnen mein Kommißbrot. Sie rochen daran und machten: »Brrr. « Als sei es gar nicht möglich, so etwas zu essen, während wir die letzten 2 Jahre nie genug davon bekommen konnten. Sofort fing ich an, von dem Weißbrot zu essen, strich mir über den Bauch, um ihnen zu zeigen, wie gut es mir schmeckte. Alle lachten, und obwohl wir uns mit keinem Wort verständigen konnten, waren wir doch die besten Freunde. Da kam ein Franzose

und fragte mich auf Deutsch: »Was sagen die Leute von Hinden bürg und Lüdendorfr? « Ich antwortete ihm, daß Hindenburg geliebt und Ludendorf gehaßt sei. Er fragte weiter, ob wir es gewußt hatten, daß die Deutschen am 19./20.juli an der Marne zurückgeschlagen worden seien und die große französisch-englisch-amerikanische Offensive begonnen habe. Ich gab ihm nun die neue deutsche Zeitung, die ich noch bei mir hatte, wofür er sich sehr bedankte. Inzwischen war das Verhör von Beek beendet, und wir wurden von 2 Soldaten zurückgeführt. Als wir im Wald eine Straße erreichten, die sich bei einer Eisenbahnbrücke mit einer anderen Straße kreuzte, deuteten uns die Franzosen, mit ihnen im Laufschritt durchzulaufen. Dann erzählten sie Beek, daß diese Stelle nachts oft von den Deutschen bombardiert werde. Natürlich liefen wir, so schnell wir konnten, denn wir wollten hier nicht noch was abkriegen.

Dann erzählten uns die beiden Franzosen, daß jetzt keine Gefahr mehr sei.

GERETTET, IMMER WEITER VON DER FRONT

[…..…….Wie glücklich ich war, nun mein Leben in Sicherheit zu wissen,und das Hundeleben an der Front sowie das Hungern hinter mir zu haben , kann ich niemanden beschreiben. es kann mir Leben das angenehmste, was es überhaupt gibt passieren, so glücklich, ein solches innerliches Glücksbefinden werde ich nie mehr verspüren.

Und wenn ich an meine Eltern , besonders an meine Mutter denke, wie froh und glücklich sie sein werden, wenn sie Nachricht bekommen, daß ich nun in nun in Sicherheit bin und nun Postverkehr mit ihnen haben werde. Ich dachte, so bald wie möglich ihnen Nachricht zukommen zu lassen. Auf einmal meinte Beck:Unser Zugführer, die Rotznase kamm auf die Munitionskasten warten.

Er wird jedenfalls auch zu hören was bekommen, weil seine beiden Unteroffiziere durchgebrannt sind." Wir mußten beiden lachen, wenn wir uns sein Gesicht vorstellten bei der Entdeckung, daß wir auf Nimmerwiedersehen verschwunden sind.

Wir marschierten nun einer Straße entlang, die auf der einen Seite der Front an einem Walde entlanglief. Dort standen eine Menge schwerer Batterien eingebaut. Weiter vorne arbeiteten hunderte Soldaten, um noch mehr Kanonenstände zu bauen. "Paß, auf Gustav." sagte ich zu Beck, "Es geht nicht lange. rappelt's hier." Wir wurden dann im Wald zu einer große? Baracke geführt, in der der Regimentsstab wohnte. Es war ungefähr um 3 Uhr morgens und noch dunkel. Zuerst mußte Beck hinein, nachher ich. Es war nur ein Schreiber da, der sehr gut Deutsch sprach. "Ach", empfing er mich, Sie haben wohl genug. Schwarzbrot gegessen und wollen es mit dem Weißbrot versuchen." "Das stimmt im ersten Teil nicht", sagte ich lachend. "denn Schwarzbrot hab' ich die letzten 2 Jahre fast nie genug gegessen, weil ich's nicht erhielt." Nun lachte auch der Schreiber und sagte dann freundlich: "Sind Sie doch so gut und legen-Sie alles, was Sie in den Taschen haben, auf den Tisch." Nun fing ich an auszukramen und mein ganzes Hab und. Gut auf den Tisch zu legen. Brieftasche, Bleistift, Taschenmesser, Taschentuch. Uhr, Taschenspiegel, Kamm, Seife, Handtuch, Taschenlampe und Kompaß. Der Schreiber nahm nun meine, Brieftasche, gab mir mein Geld daraus 30 Mark-zurück. Die Brieftasche und den Kompaß behielt er. Alles andere konnte ich wieder an mich nehmen, und konnte wieder gehen. Zwei Soldaten. die Fahrräder mit sich nahmen, führten uns weiter zurück. Bei Tagesgraue en kamen wir durch ein Dorf, alle Scheunentore standen offen und in jeder Scheune stand ein Tank. Als es bereits hell war, kamen wir in ein anderes Dorf, in dem der Brigadestab lag. Da die Herrschaften noch schliefen, mußten. wir eine Stunde warten. Eben kam ein Regiment Marok-kaner ins Dorf marschiert, in strammer Marschordnung. Ich dachte, "So gemütlich scheint es bei den- Franzosen doch nicht zu sein, daß in aller Frühe schon derartig marschiert wird. Die Marokkaner verteilten sich in den Scheunen. Ein Offizier schimpfte mit ihnen wie ein Rohrspatz und als zwei der Marokkaner mit einem Kessel zum Brunnen kamen, ring auf den einen zu und gab ihm. 2 heftige Fußtritte. Ich war ganz baff. $o etwas habe ich bei den Deutschen nur einmal feschen. Viele der Marokkanern kamen dann zu uns, auch einige Franzosen, die zum marokkanischen Regiment gehörten. Sie waren alle sehr freundlich und gaben. uns Zigaretten, Einer der Franzosen zupfte mich am Ärmel und sagte im unverfälschten Milhüser Elsässer-Ditsch: "Sak, kum laus a weni. Was isch han sa no ebis z'picka dert ana?" "S' geht knapp har", antwortete ich. „Meinsch, wie lang halta no üs?" fragte er weiter. „Nimma lang. D'Soldata wann boll nemma und dis dheim o net", gab ich zur Antwort. Er sagte dann, er sei aus Mülhausen, hätte bald auch genug, denn die Marokkaner seien immer da wo es rappelt. Sie kämen von Villers-Bretonneux vor Amiens und hätten dort an 24. und 25. April und seither Schreckliches mitmachen müssen. Also standen wir uns bei VillersBrettonaux am 24. und 25. April gegenüber, welch Zufall. Auf einmal kam der wütende Offizier daher gerannt und, schnauzte uns auf Französisch an. Ich stand still, was er satte verstand ich nicht. Da sagte ein Marokkaner zu ihm, daß wir Elsässer seien. Er schaute uns an und sagte etwas, von dem ich nur das Wort "Boches" verstand. Beck erklärte mir nachher, daß er gesagt hätte, wenn wir auch Elsässer seien, so seien wir genau dieselben Boches wie die Deutschen. Wenn dieser Mensch dahingekommen wäre, wohin ich in wünschte! 0 las, Beck wurde nun verhörte Ich brauchte nicht hinein, Dann ging es wieder weiter. Diesmal begleiteten uns zwei alte Soldaten. Unterwega lagen mehrere Marokkaner auf den Straßenrändern, die schlapp gemacht hatten. Wir erreichten nun wieder ein. Ortschaft wo der Divisionsstab lag. Es war hier wie bei den Deutschen. Je größer das Gehalt, je weiter zurück, je größer die Sicherheit, Das Bürc des Divisionsgenerals befand sich in einer großen Baracke. Zuerst-mußte Beck hinein. Es dauerte mindestens eine halbe Stunde, bis er wieder herauskam. Dann kam ich an die Reihe, Ich ging in die Baracke hinein und stand still vor dem Divisions General. Er winkte mir, mich gleich zu nähern und fragte in gebrochenem Deutsch; "Warum sind Sie gekommen jetzt zu uns?" Die Frage war etwas verfänglich. Ich antwortete; „weil mir früher der Mut oder die Gelegenheit; fehlte und weil ich hungern mußte, nicht auf die Franzosen schießen wollte und überhaupt am Kriege genug hatte.» "Warum wollten Sie nicht auf die Franzosen schießen?" fragte er nur." Weil sie mir lieber waren, als die Deutschen und meine Eltern, die in dem von n Franzosen besetzten Teil des Elsasses wohnen, mir nur Gutes von ihnen zu berichten wußten", gab ich zur Antwort "Schön gut, nun kommen Sie mal her", sagte der General und führte mich vor eine Karte, die die ganze Länge einer Barackenwand einnahm und den Abschnitt, seiner Division darstellte. Diene Karte erfüllte mich mit grenzenlosem Staunens So was hab ich noch nie gesehen Jede Kleinigkeit, jeder Unterstand, jede Batterie, jeder Fußpfad, kurz alles war aufgezeichnet. Nun fragte mich der Divisionsgeneral, wo ich herübergekommen sei. Ich sagte, daß ich direkt auf die Kirche des, Dorfes Regnieville gestoßen sei."Sie waren bei der Maschinenrewehrkompagnie?" Was ich mit"Ja" beantwortete. "Hat Ihr Unterstand zwei Ausgänge?" Als ich wieder mit "Ja" antwortete, zeigte er mir den, Unterstand in der deutschen Stellung, wo ich gewohnt habe, und es stimmte ohne je-den Zweifel. Er sagte nun, ich solle ihm er erzählen, was ich von der deutschen Stellun weiß, wo die Batterien stehen, wo die Fahrzeuge der Maschinengewehrkompagnie meien usw.Da ich nur übergelaufen war um mein Leben zu retten und nicht um meine früheren Kameraden zu verraten, sagte ich, ich sei gegen Abend aus dem Revier, in dem ich wegen Grippe krank gelegen hatte, zur Kompagnie gekommen, die irgendwo hinter der deutschem Front in einem Walde lag und mußte noch in derselben Nacht In die Stellung, wohin ich von einem Führer gebracht wurde. In der Dunkelheit hätte ich nichts sehen können. In der Stellung hatten fast alle Gewehrführer den Befehl ihr Maschinengewehr nicht zu verlassen, also wußte ich beim besten Willen . nichts. Nun schaute mich der General prüfend an. "Sie wollen Ihre früheren Kameraden nicht verraten," sagte er." Vir wiesen ohnehin alles." Er neigte mir nun alle Batterien, die ich, als ich in Stellung ging, gesehen hatte, wo der Bataillonskemmandeur liegt, wo die Bataillonskantine ist, der Pfad, den die Essenholer gehen kurz alles . Ich stand da wie vom Himmel gefallen. Ich dachte, "Warum schießen denn die Franzosen nicht alles. kutz und klein, wenn sie doch alles so gut wissenß" Der General sah meine Gedanken und sagte mir direkt, was ich gedacht hatte und fügte hinzu: "Warten Sie mal ab!"

Nun konnte ich gehen. er wurden nun in eine Küche geführt und bekamen Kaffee, Weißbrot, gekochten Schinken und Butter. Wie gut dieser Kaffee schmeckte, das war doch wieder mal Kaffee, stark und süß, ein solches Getränk hatte ich schon lange Jahre nicht mehr Getrunken. Dann kam ein Auto vor die 'Küche gefahren. Wir mußten einsteigen und heidi, los ging's. Reck und ich. waren die glücklichsten Menschen der Welt. Die schöne Autofahrt an diesem herrlichen Sommermorgen, irrer weiter von der Front, ein Stück Weißbrot sowie ein Stück gekochten Schinken in den Händen! Herz, was wills du noch mehr? So kamen wir bald in der Festung Toul an. Auf. der Straße vor einem großen Gebäude wurde Halt gemacht. Beck wurde hineingeführt, Ich mußte draußen unter Aufsicht eines Soldate warten. neugierige Zivilisten kamen herbei um mich anzustaunen. Ich war aber auch ein herrliches Bild! Rock und Hosen an allen Ecken und Enden zerrissen. Von dem einen Wickelgamaschen hingen rundum die Fetzen den anderen hatte ich ganz verloren; wahrscheinlich war er von einem Draht entzweirissen worden und hatte sich dann im Laufen aufgerollt und war hinuntergefallen, ohne daß ich es merkte. Dazu hatte ich ein schlechtes Aussehen, besonders noch durch die eben überstandene Grippe. Auch fing mich der Schlaf an zu quäler. Aber trotzdem war mir wohl, wie der Vogel im Hanfsamen! Der Soldat sagte nun, daß ich Elsässer und desertiert sei. Sofort waren alle Mienen der Zuschauer verändert. Teils gaben sie mir die Hand und sagten etwas dabei, was ich nicht verstand. Mehrere gaben mir Zigaretten. Sie mußten auflachen, weil ich mein Stück Weißbrot wie einen Schatz in den Händen hielt. Nun mußte ich allein ins Auto steigen. Bei der Abfahrt winkte ich den Leuten mit der Hand zum Abschied, was sie alle erwiderten.

Nun ging es dem Thal der Maas entlang, nach der Ortschaft Flavgni. Dort lag das Armeeoberkommando. ich wurde in eine große Scheune geführt, An dem Tor stand ein Gendarm Wache, Ich mußte die Stiege hinauf, auf die leere Heu Bühne. Dort waren schon einige deutsche Gefangene. Auf einer Seite Elsässer und Polen. Auf der anderen Seite Deutsche, welche wie in einen Käfig aus Draht eingesperrt waren. Die Elsässer wollten mich allerlei fragen jedoch der schlaf übermannte mich, ich legte auf eines der Drahtbetten und schlief sofort ein. Gleich wurde ich wieder geweckt. Ich erwachte und wußte im ersten Moment nicht, wo ich mich befand. Ein Koch hatte mir das Mittatessen gebracht. Herrgott, wie staunte ich, eine Kamelle Fleischsuppe mit Brot, eine Kamelle mit Kartoffeln Sauce, 1 Kotelett obendrauf, auf dem Deckel Salat, dazu 1/4 Laib Weiß brot und 1/4 wein. Mir war, als hätte sich das Paradies aufgetan. Bei den Deutschen gab´s Fischsuppe mit Brot, nie Kartoffeln mit Sauce, nie Gebratenes, nie Salat, noch viel weniger Weißbrot und Wein. Obwohl ich gar keinen Hunger hatte, machte ich mich über die Herrlichkeiten her und vertilgte den größten Teil. Ein normal lebender Mensch kann sich nicht in die Ure hineindenken, in der ich war. Man war wie ein herrenloser ausgehungerter Hund, der alles eß- und freßbare, was er antrifft meint verschlingen zu müssen. Als ich übersatt war, gab ich dem Koch der lächelnd zugesehen hatte, das Geochirr zurück, legte mich wieder auf Drahbett und schlief sofort ein. Bald wurde ich wieder geweckt; ein Gendarm winkte mir, mit ihm zu kommen. Ich erhob mich und ging mit. Er führte mich in ein Schloß, wo ich von einem sehr gut Deutsch sprechenden Offizier in einem Zimmer verhört wurde. Er sprach mich per „du" an. Sofort dachte ich hatte mir vorgenommen, absolut nichts aus der Stellung zu verraten, denn ich wollte nicht, dachte ich bei mir, "mit dem 'du „ fängst du mich nicht, denn ich hatte mir vorgenommen, absolut nichts aus der Stellung zu verraten, denn ich wollte nicht, daß meine früheren Kameraden durch meine Schuld einen Nachteil haben sollten, Auf seine Fragen antwortete ich ihm genau wie em Divisionsgeneral, Er fragte, wie lange ich Soldat sei. Ich sagte, seit 16. Oktober 1913. „So, Sie sind noch aktiv, Mit welchem Regiment rückten Sie ins Feld?" Ich sagte, mit dem Infantrieregimet 112,-1. Kompagnie. Sofort fragte er: „ Waren Sie auch am 26. August 1914 dabei?" „ ja, gab ich zur Antwort. Ich sollte ihm nun erzählen, was ich von jenem 26, August 1914 weiß. Ich erzählte nun , daß an jenem Tage der Brigadegeneral Stenger den Befehl gegeben hatte, keine Gefangenen zu machen, und alle Franzosen, die in unsere Hünde fallen , verwundete und unverwundete zu töten , und daß ich mit eigenen,Augen gesehen hätte, wie mehrere am Boden liegende Verwundete wie die Schweine erschossen und abgestochen wurden. Ich selbst hätte dabei einen Franzosen beschützt und ihm das Leben gerettet. "Können Sie beschwören, war Sie ausgesagt haben?" "jawohl", sagte ich. Der Offizier fragte mich dann alles aus, wo ich seit Anfang des Krieges überall an der Front gelegen habe und was ich erlebt hätte. Nach etwa 2 Stunden wurde ich wieder in die Scheune zurückgeführt, Ich zeigte nun dem Gendarm die Risse in der Haut, die ich beim überlaufen durch den Stacheldraht erhalten hatte, und deutete, daß sie mir weh täten Da führte mich der Gendarm in die Infirmerie, wo mir ein Sanitätssoldat sämtliche Risse mit Jod bepinselte, um die Wunden zu desinfizieren und eine Eiterung zu verhüten. Das Jod biß mich eine Weile gewaltig, ließ aber bald nach.

DAS LEBEN IN FLAVIGNIN,
24. JULI BIS 3. AUGUST 1918 DQS

Zu meiner nicht geringen Preuda traf ich bei meiner Rückkehr in Scheune Gustav Beck, der während meiner Abwesenheit angekommen war. Am folgenden. Morgen wurden wir in eine Entlausungsanstalt geführt und unsere Kleider wurden, während wir uns Im Bade von dem Frontstaub reinigten, entlaust. Man war nun neugeboren. Eine Nacht ganz durchgeschlafen, gebadet, entlaust und sattgegessen, das war für uns beide was ganz Neues. Beck bekam nun sofort etwa 10 deulsche Gefangene, die unter seiner Führung die Straßen der Ortschaft reinigen mußten. Ich kam in die Kompagnieküche um dort etwas mitzuhelfen, Wie war ich erstaunt, als ich hier- die vielen und guten Lebensmittel sah. Es die Küche der Wachkompagnie, die beim Armeoberkommando Wachen au stellen hatte. Die 3 Köche waren alle über 40 Jahre alt, hatten von dem an guten Essen und Trinken zum Platzen rote Köpfe und waren sp übermütig wie Conscrits! Gegen mich waren sie alle sehr freundlich, deuteten auf meine mageren Backen, bliesen dann ihre Wangen voll und deuteten mir, daß ich bei ihnen solche dicken Wangen pflanzen soll. "Nicht schlecht", dachte Zum Frühstück gaben sie mir etwa 1/2 Pfund gekochten Schinken, Käse, Konfitüre, Brot, dazu kennte ich Kaffee oder Weir trinken, was ich eben wollte. Vormittag mußte ich Brot in Schüsseln für Schüsseln für die Kompagnie schneiden. Nachher wurde, die Fleischbrühe hineingeschüttet. Furz ehe die kompagnie das Essen holte, winkte mir der Überkoch zum Kessel, nahm einen Suppenteller, schöpfte Ihn halbvoll mit Fleischbrühe, dann schüttete erein Glas Rotwein hinein. Das mußte ich nun trinken. Wie das schmeckt Die Köche kochten immer für sich etwas Besseres. Ich mußte immer mit ihnen essen, doch liebten sie es, wenn alles sehr stark gewürzt war. Ich war dies nicht gewohnt, und ich meinte manchmal das scharfe Zeug reiße. mir Mund und Hals auf. Nach dem Essen spülten wir das gesamte Geschirr der Kompagnie. In der Zwischenzeit bis zum Abendessen mußte ich Zwiebeln und Knoblauch reinigen, auch Salat reinigen und waschen. Meine ganze Tagesarbeit hätte ich ruhig in 4 Stunden machen können, Einer der Soldaten hatte nichts weiter zu tun, als Holz zu sägen und zu spalten für die Küche. Diesem half ich manchmal, obwohl ich es nicht brauchte. De nahm er mich in die Küche, wo täglich ein neues Fäßchen Wein eintraf, weelches auf einem niedrigen Sägebock aufgestellt wurde. Dort nahm Soldat einen Trinkbecher, gab ihn mir in die Hand, ich mußt ihm unter den Hahn des Weinfasses halten und voll Wein laufen lassen, dann trinken Er deutete dann, wenn ich Durst hätte, soll ich nur ruhig nehmen Dabei bewegte er die Hand drehend vor der Stirn und drohte lachend mit dem Finger; damit wollte er sagen, daß ich mich nicht betrinken solle.

Einige Tage nach meiner dortigen Ankunft, kam auch der junge Soldat, der mich vor etwa 3 Wochen nach Netz begleitete, und bei dessen

Schwester wir in Metz drei Nächte geschlafen haben. "Mist du auch durchgebrannt?" fragte ich. „Natürlich. Ich dachte, wenn der Kichert los ist, dann geh ich auch! „ sagte er. In jener Ortschaft waren vorübergehend französische Infantrie einquartiert. Durch-Zufall traf er seinen Bruder der sich bei den Franzosen engagiert hatte. Sofort engagierte er sich auch und blieb bei seinem Bruder. Mir erzählte er dann noch, daß kein Elsässer unserer Division mehr im vorderen Graben gelassen wurde, denn es sei keinem zu trauen, und es wurde ein Divisionsbefehl verlesen, wonach Richert, Beck und Pfaff wegen Desertion vom Divisionskriegsgericht zum Tode verurteilt wurden. schön, es ist eben alles verkehrt im Kriege. Deshalb, weil wir nicht töten wollten und auch nicht getötet werden wollten, wurden wir ganz einfach zum Tode verurteilt.' Aber die Nürnberger hängen keinen, bevor sie ihn haben, „heißt ein altes Sprichwort. Und ich ließ es mir, wenn auch als zum Tode Verurteilter, ganz gut gehen. Und doch wurde Ich wütend, wenn ich darüber nachdachte, daß so ein paar bezahlte höhere Offiziere, die vielleicht roch nie im Feuer gewesen waren das Recht haben, über arme Soldaten, die fast 4 Jahre dieses Kriegeelend durchgekostet hatten, und nur weil sie ihr bißchen Leben ir Sicherheit bringen wollten, die Macht haben, das Todesurteil zu fällen. Hätten in Wirklichkeit solche Menschen, die die armer Soldaten zum Aushalten an der Front und zu den oft sehr verlustreichen Angriffen trieben und von denen jeder eine gewisse Zahl Soldaten auf dem Gewissen hat, nicht tausendmal eher den Tod verdient? Die immer nur vom hei geliebten Vaterland sprechen sich l.och obendrein für ihr faules Leben bezahlen lassen, die Brust voll nicht verdienter Auszeichnungen hängen und die armen Soldaten für nichts und wiedernichte totschießen lassen, Aber Hauptsache war, daß sie mir nichts anhaben konnten.

In Flavigni bekam ich alle möglichen Völkerarten zu sehen. Viele amerikanische Truppen passierten die Ortschaft, Neger, Araber, Marekkaner, Indo-Chinesene Italiener; ich wurde gar nicht fertig mit lauter Schauen. In der Scheune, in der ich schlief, waren auch einige Franzosen, mehrere, Marokkaner, 2 Neger, sowie 4 chinesische Arbeiter, die wegen verschiedenen Verbrechen auf ihre Aburteilung warteten, eingesperrt. Auf beiden Seiten der Tenne waren kleine Zellen eingebaute darin waren sie alle eingesperrt. Keiner durfte ein Messer oder Hosenträger haben und des Nachts mußten sie ihre Schuhe vor die Türe stellen. Die 4 Chinesen, waren in Verdacht ein junges Mädchen vergewaltigt und ermordet zu haben.

Wenn sie in der Tenne aßen, ließen sie sich alle um den Eßtopf herum in die Knie und blieben in dieser Stellung, bis sie gegessen hatten, und nach fühlte ich meine Kräfte zurückkehren. Ich hatte nur den Wunech lange hier bleiben zu können. Aber nach 9 Tagen hieß ."Morgen früh geht's weiter!". Ich verabschiedete mich andern morgens von den Köchen früh geht's weiter!". Ich verabschiedete mich andern morgens von den Köchen die mir noch Fleisch und Brot mitgaben, und wir wurden 15 Mann, halb Elsässer halb Polen, nach dem nächsten Bahnhof geführt. Wir bestiegen den Zug und fuhren nach der Stadt Neuf-Chateau. Wo man hinschaute, wimmelte dort alles von amerikanischen Soldaten, alles junge lebensfrohe Burschen, denen der Krieg noch keine Spuren in die Gesichter und Augen gezeichnet hatte, Wir wurden außerhalb der Stadt auf einen hohen Hügel geführt, Ganz plötzlich standen wir dem Eingang zu einem Fort. Uber dem Tor stand der Name Port Barglemont.

DAS LEBEN IM FORT BURGLEMONT

Wir marschierten nun über den Wallgraben über die Zugbrücke und wurden im Innern des Forts vor ein Büro geführt. Einer nach dem enderen mußte hinein. Ich kam als letzter an die Reihe. Ein elsässischer Offizien allem Anschein nach ein Jude, fragte nach Regiment, Heimat usw. Dann mußte ich. ihm mein Geld geben. Er sagte ich bekäme es wieder zurück be??. meiner Ankunft im Elsässer-Lager St. Rambert. Dann konnte ich gehen. Wir wurden nun in einer Kasematte des Forts untergebracht. Linke und rechts von uns wöhnte die Besatzung des Forts, alles über 40 Jahre alte gebracht. Viele deutsche Gefangene waren in einem anderen Teile untergebracht. Wir Elsässer und Polen hatten die nämliche Verpflegung wie die französischen Soldaten, während die Deutschen, sich mit einer schlechten Kost begnügen mußten. Nun begann ein faules, langweiliges Leben. In den 4 Wochen meines dortigen Aufenthaltes machte ich weiter nichts, als 4 Camions voll Brot zu 8 Mann abzuladen, und zweimal ringen wir in der wald um Reisig zu holen. Man vertrieb sich die Zeit mit Turnen, Ringen und allem Möglichen. Da wurde eines Tages gefragt, ob einer von uns den im Fort gefangenen Offizieren das Essen bringen wolle, Beck meldete sich. Jeden Tag kam er mit dem Essen in unsere Bude, wurde dort wurde das Fett von der Fleischsuppe der Offiziere geschöpft und in unsers Suppe getan. Ihre schönsten Fleischportionen, gegen unsere schlechtesten ausgetauscht. Die Hälfte von ihrem Wein in unseren Krug geleert und mit Wasser gefüllt. "So", sagten wir „ lange genug haben die uns den Beste weggefressen. Jetzt machen wir's einfach umgekehrt. Wettspielen keine Sünde." Die deutschen Offiziere hatten die nämliche Verpflegung wie wir und die französischen

Soldaten. Nach 4 Wochen Aufenthalt ging es wieder weiter. Wir fuhren mit der Bahn über Langres nach Dijon, Dort marschierten wir durch die schöne Stadt nach einem etwa 1/2 Stunde außerhalb der Stadt liegenden Fort. Eine Unmenge deutscher Gefangener war dort untergebracht. Sie waren fast alle seit Kriegsanfang in Gefangenschaft und stacken in vordringlichen farbigen Uniformen, die ihnen aus Deutschland über die Schweiz zugeschickt wurden. Alle möglichen Uniformen waren hier vertreten: Infantriejäger, Ulanen, Husaren, Dragoner, Artillerie, kurz fast sämtliche Uniformen, die vor dem Kriege in der deutschen Armee getragen wurden. Es waren auch viele Gefangene da, die von schwerer Verwundung geheilt, nächstens über die Schweiz heimgeschickt werden sollten.

Am 2. Tage meines dortigen Aufenthalts wurde eine Bekanntmachung deutscher Sprache aufgehängt; Darauf stand, daß keine deutschen Gefangenen mehr ausgetauscht und heimbefördert werden, weil den Franzosen bekannt sei, daß viele dieser Ausgetauschten dazu verwendet würden, in Rumänien als Besatzung zu dienen, damit die Deutschen dort die kampf-fähige Besatzung wegnehmen und zu ihrer Offensive auf Armiere verwenden könnten. Diene Austauschgefangenen, die in Gedanken schon in der Heimat weilten, ließen natürlich bei dieser Nachricht den Kopf hängen. In diesem Port bekamen wir die Verpflegung wie die deutschen Gefangenen. Morgens Reis, mittags Reis und abends Reis, am folgenden Tage dasselbe, ebenso am dritten und vierten Tag. Wohl konnte man sich sattessen, aber immer dasselbe, das war allerhand. Der Reis war ziemlich dick gekocht und oben drüber war etwas ausgelassener amerikanischer Speck geschüttet Das Brot war kohlschwarz, alt und schimmelig. Die Deutschen erzählten Uns, daß en 14 Tage nichts als Reis, wieder 14 Tage nichts als Bohnen, dann wieder 14 Tage Erbsen oder Zinsen gäbe, sonst nie die geringste Abwechslung. Wir waren froh, als es am fünften Tage weiterging.

Wir marschierten wieder zum Bahnhof Dijon, stiegen ein und fuhren weiter immer nach Süden.. Wir fuhren nun durch das herrliche Saone-Tal, in dem eine Menge Reben zu sehen waren. Wunderschöne Trauben hingen daran, die bereits anfingen sich blau zu neben. Die Gegend gefiel mir sehr. Abends mußten wir den Zug verlassen und wurden in der Stadt Macon die Wacht über in .einem. Keller eingesperrt. Das paßte uns nicht recht. Es war bereits Stockdunkel, als wir in den Keller kamen. Mißmutig eiste sich jeder auf eins Aden Wänden entlang laufende Pritsche. Da hörte ich auf der anderen Seite sprechen, ebenfalls elsässischdeutsch. Eine Stimme sprach genau den Dialekt meiner Heimat. Ich stand auf, ging hinüber und fragte, ob einer von ihnen aus der Umgebung von Dammerkirch sei. "Ja", sagte einer, "ich bin von Füllern." Schnell zündete ich ein Streichholz an und erkannte ihn sofort. Es war der Schachrer Emil von Füllern! Mich selbst konnte er nicht erkennen, obwohl ich mit mehreren Streichhölzern mein Gesicht beleuchtete. Ich sagte ihm nun, wer ich sei. Worauf er lange meinte, daß ich mich sehr verändert hätte. Wir erzählten uns lange von der Heimat, bis wir endlich einschliefen. Am folgenden Morgen froh, als es weiterging und wir das dunkle, feuchte Loch verlassen konnten. Es gab weder morgens noch den ganzen Tag über etwas zu essen. An einem Bahnhof mußten wir umsteigen. Neben dem Perron lagen große Stücke feines, amerikanischen Brot, welches amerikanische Soldaten wahrscheinlich zum Zuge hinausgeworfen hatten. Schnell wollte ich eines der schönten Stücke aufheben. Da schlug es mir mir ein uns begleitender Gendarm aus der Hard. Ich selle ihn um Permission bitten, wem ich das Brot aufheben wolle! Ich bekam, eine nicht geringe Wut und lieber wäre ich verhungert, als diesen Halunken die Ehre anzutun, ihn um Erlaubnis zu fragen. Endlich konnten wir wieder einsteigen. Neben uns hielt ein Urlauberzug. Beck hörte wie die Soldaten sagten: "Die haben's besser als wir, werden doch nicht mehr totgeschossen!" Eine, davon, der einige Worte Deutsch konnte, wollte mit uns ein Gespräch anknüpfen. Da gab ihm Beck auf Französisch Artwort. Beck erzählte Ihm nun, daß wir heute noch nichts zum Beißen erhalten hätten. Da gab uns der Soldat ein großes Stück Brot und mehrere Soldaten reichten uns ihre mit Wein gefüllten Feldflaschen. Das waren eben Frontschdaten, die waren alle freundlicher als die faulen Etappenshweinel: Nun ging es wieder weiter. Nach einigen Stunden Fahrt kamen wir nach Lyon. Diese Stadt liegt in einer herrlichen Lage, an der Stelle wo Rhöne und Saone zusammenfließen. Auf beiden Seiten des Flusses sind die Hügel schon weit vor der herrlichen Stadt mit wunderschöner Anblick. Im Hauptbahnhof Lyon hatten wir längeren Aufent halt. Zu Essen gab es immer noch nichts. Yor Hunger tranken wir Wässer am Bahnhofsbrunnen. Mehrere Züge mit Frontsoldaten, die wahrscheinlich von der italienischen Front kamen, passierten den Bahnhof. Alle hatten ein gutes Aussehen. .Beck hörte wie 2 junge Mädchen, die an uns vorbei hin- und herspazierten, zueinander sagten: "Diese da sehen gar nicht aus wie Boches und dieser da (damit meinte die eine Beck, der ein hübscher Kerl war), würde mir ganz gut als Mann gefallen." Beck konnte sich eines Lächelns und sagte zu ihr auf Französisch daß sie ihm auch recht gut gefalle. Wie das Mädchen rot wurde! Deck bat sie um ihre Adresse, welche sie auf ein Blättchen Papier schrieb und ihm überreichte. Dann fuhr unser Zug ein und wir mußten weiter,

Es war schon. Nacht, als der Zug in den Bahnhof der Stadt St.Etienne einlief. Wir mußten aussteigen lind wurden in eine Kaserne geführt Unterwegs kamen wir an vielen Restaurants vorbei, wo die Gäste massenweise auf den auf den Trottoirs stehenden Stühlen saßen und sich bei Bier oder Wein es sich gut sein ließen. Bei ihrem Anblick erfaßte mich großes Verlangen nach Freiheit. Wir hofften, in der Kaserne doch was zum Beißen zu-erhalten, vergebens! Wir wurden einfach im Arrestlokal eingesperrt. Wir waren einfach wütend, und das Gute, das wir bereite von den 'Franzosen erhalten hatten, war schon. vergessen. Die Sympathie für Frankreich, die Via. allen vorher se hoch war, war weit unter Null gesunken und man konnte alles andere hören, nur kein "Vive la France" Unsere Vorgänger müssen noch viel wütender als wir gewesen seine denn die im Arrestlokal-sich befindlichen Pritschen waren vollständig zerschlagen und die Bretter lagen in der Bude herum. Dazu lag noch überall in den Ecken Menschenkot. Dazu war's noch dunkel wie in einer Kuh. Mit Hilfe der Streichhölzer fand ich endlich eine-Stelle, wo Deck, Schachrer und ich sich hinsetzen konnten. Am nächsten Morgen ging es wieder weiter, ohne das Geringste gegessen oder getrunken zu haben. Endlich waren wir auf unserer Endstation St. Just angekommen: Von dort hatten wir noch etwa 20 Minuten zu laufen bis zum Elsässerlager St. Rambert. Die Straße führte über eine Hängebrücke, die über die Loire ging. Endlich kamen wir-im Lager St. Rambert an.

Im Elsässer-Lager St. Rambert sur Loire

Das Elsässer-Lager befand sich in einem früheren Kloster das neben der Ortschaft St. Rambert auf einem niedrigen Hügel liegt. Auf der einen Seite befindet sich ein Fraßes Gebäude, ähnlich einer Kaserne. Der Straße zu ist das Kloster durch-eine hohe Mauer von der Welt abgeschnitten. Auf der anderen Seite befinden sich Stallungen und Ökonomiegebäude. Neben dem großen Klostergebäude befindet sich die Klosterkirche eingebaut. Am Tor stand immer ein-französischer Soldat Posten, jedoch ohne Waffen. Ohne Erlaubnis durfte man nicht ausgehen. In den Gebäuden sowie im Hof, wimmelte alles voll Elsässern, von denen viele gefangen worden waren, jedoch die meisten desertiert waren. Wir wurden im früheren Stall untergebracht, in dem sich Tische, Bänke und Draht betten befanden Man hörte gleich, daß man sich unter Elsässern befand. an der schrecklichen Unsitte des Fluchens. Im dachte, welch Unterschied hier gegen früher! Hier stiegen einmal die Gebete der Mönche zum Himmel empor und jetzt diese schrecklichen Flüche!

Sofort nach unserer Ankunft bekamen wir Essen, Reis mit Rindfleisch, Dazu ein großes Stück Brot und 1/4 1 Wein. Da wir neue Ankömmlinge ausgehungert waren, war das Essen bald mit Stumpf und Stiel vertilgt. Gern hätte ich nach Hause geschrieben, aber ich hatte keine Centimes in der Tasche um Briefpapier zu kaufen. Ich ging durch den großen Hof und traf zufällig einen Bekannten aus der Heimat; den aus Manspach stemmenden Hoog. Nach der Begrüßung sagte ich: "Horch Hoog ich muß nun etwas machen, das ich in meinem Leben noch nie getan habe. lch muß dich anpumpen. Lachend sagte er: "Es rentiert sich nicht, denn ich besitze ganze 5 Sous." Ich erzählte ihm nun, daß ich gerne nach Hause schreiben würdet jedoch kein Geld für Briefpapier habe. Da gab er mir 3 sous. Was zum Kauf von Briefpapier reichte. Sofort schrieb ich nach Hause, und bat um Geld. Obwohl ich schon mehr als 20 Male heimgeschrieben hatte, war ich immer noch ohne Nachricht von dort und mußte annehmen, daß keiner meiner Briefe angekommen ist. Am Nachmittag mußten wir zu einem Offizier zum Verhör. Wir standen im Korridor und warteten. Da erschien er und fragte, ob vielleicht einer von uns auf der Gegend von Dammerkirch stamme. Emil Schachrer und ich sagten nun, daß der eine aus Füllern der andere aus St. Ulrich stamme. Der Offizier meinte nun ich solle nachmittags um 2 Uhr zu ihm auf sein Büro kommen. Ich ging bin, Der Barsche mußte gleich eine Flasche Wein bringen. Nun sagte der Offizier, er kenne meine Eltern gut und fragte mich, als ich ihn verwundert ansah, bei wem wir denn früher die Lederschuhe eingekauft hätten. Ich sagte:" Beim Klötzen In Dammerkirch!" Nun sagte er: "Ich bin der Sohn vom Klötzlen, beiße hier aber Tuchart." Wir erzählten uns nun von der Heimat, und als ich ihm mitteilte, daß ich mit dem Regiment 112 in den Krieg gezogen sei, fragte er mich auch über die Ereignisse am 26 August 1914 aus, besonders über den Befehl des Generals Stenger, der die Soldaten aufgefordert hatte, alle uns in die Hände fallenden Prall- tosen. umzubringen. Ich wiederholte, was ich schon bei den früheren Verhören ausgesagt hatte. Zum. Schluß sagte Klötzlen; wenn ich gerne Gen-darm werden würde, würde er bestimmt dafür sorgen, daß ich sofort ins Gendarmdepot nach Lüre komme. Ich dankte für diese Zuvorkommenheit, wollte aber nichts davon wissen, da ich die farbigen Kleider schon viel zu lange getragen hätte. Ich bat ihn, doch an meine Angehörigen zu, schreiben, da ich glaube, daß von mir noch nichts zu Hause angekommen sei. Er versprach mir, daß ich spätestens in 7 Tagen Antwort aus der Heimat haben werde. Ich verabschiedete mich von ihm und ging in den Stall. Dieses Leben gefiel mir nicht. Das Untätigsein war zu langweilig.

An die 2 Tage wurden wir anders eingekleidet und Franzosen aus uns gemacht. Ich erhielt rote Hosen, blaue Wickelgamaschen, eine kurze dunkelblaue Jacke, auf den Kopf eine große dunkelblaue Mütze mit weit nach vorne und hinten hochstehenden hörnerähnlichen Spitzen. Als ich mich im Spiegel betrachtete, mußte ich über mein Bild lachen. Ich dachte 'in diesem Aufzug paßt du nicht übel oben auf einen Affenwagen' Am 6. Tage stand ich eben mit Schachrer, Beck und einigen anderen , Kamraden vor dem Stall, und wir ließen uns von der Sonne bescheinen, - kam der Schreiber und sagte, er brauche 6 Mann, die in der Landwirtschaft arbeiten können. Sofort sprang ich als erster vor. Deck und Schachrer als zweiter und dritter. Sofort war eine ganze Reihe angetreten. Alle wollten sie zum Lager hinaus."1, 2 3, 4, 5, 6"zählte nun de Schreiber. Wir 6 ersten sollten unsere Sachen packen. Man war gleich fertig mit dem Packen. ich hatte nichts als was ich am Leibe hatte und eine Decke. Ein Breack kam hergefahren. Wir 6 saßen auf und verließen Las Kloster. Wir fuhren etwa 5 Stunden weit in die Berge hinauf Der Mann der uns abholte, war ein lothringischer Kriegsgefangener, namens Barbier, der Chef eines Detachements, bestehend aus etwa 35 Elsässern, die in und um das Städtchen St. Heand meist bei Landwirtel,. arbeiteten. Barbier erzählte uns, daß er das schönste Leben habe, in Hotel Thevenon in St. Heand wohne und nur für die Elsässer die Löhnung Kleidung, Schuhe im Lager zu holen habe. Wenn einem sein Platz nicht gefiel, sorgte er für eine andere Stelle. Oben in den Bergen hielten wir an. Barbier sagtet "Diese Ferme will 3 Mann, wer will hingehen?' Ich war gleich einverstanden. Deck und Schachrer wollten lieber einzeln auf eine Ferme gehen, als zu dritt. Also ring ich, Maier Joseph aus Obersaasheim und ein Alfons, bei Erstin zu Hause, auf die Ferme. Es waren bereits 3 Elsässer dort, welche uns freundlich empfingen. Sie sagten, daß wir es hier gut getroffen hätten und es Uris gut gefallen wird. Die Ferme mit Namen Poizat gehörte dem Maire von St. Heand der etwa 1/2-Stunde von hier auf dem jenseitigen Hügel in einem Schloss wohnte und mehrfacher Millionär war. Auf der Ferme Polzat befand sich nur der Verwalter und dessen Frau, er etwa 48, sie vielleicht 4o Jahr alt. Beide begrüßten uns freundlich und sagten dabei einige Worte, denen keiner von uns eine Silbe verstand.

AUF DER FERME POIZAT BEI ST HEAND (LOIRE)

Die 3 Elsässer befanden sich bereits 1 1/2 Jahre auf der Ferme und sprachen, so kam es mir wenigstens vor, ein gutes Französisch. Ihnen gefiel es hier sehr gut, und alle wollten hier bleiben bis sie nach Hau-se entlassen würden. Die Verpflegung war sehr gut und das war für uns die Hauptsache. Wir kamen Samstag Nachmittag auf der Ferme an. Am Somtag lagen wir drei fast den ganzen Tag im Grasgarten, von wo man eine herrliche Aussicht hatte, hinunter ins schöne Loire-Tel. Die Loire schien ein breites silbernes Band. Alles, die ganze Talbreite war mit Dörfern und Städtchen übersät, und im Hintergrund erhoben sich hohe Berge, das Nassif Central. Mit dem bloßen Auge konnte man hunderte in de den Bergen sich befindliche Fermen erkennen, die aussahen wie Würfel. Nach links hinüber lag in einem Talkessel etwa in 7-km-Entfernung die große Industriestadt St. Etienne. Dort sah man überall Kohlenbergwerke. Besonders des Nachts war es schön, wenn man nach St. Etienne hinunter-Sah, wenn die tausenden elektrischen Lichter brannten. Gegen Abend kam unser Patron von seinem Schloß herüber, um uns 3 neue Ankömmlinge kennenzulernen. Er fragte uns, wie es mit dem-Geld bei uns stehe. Wir sagten, daß, wir alle 3 zusammen keinen-Centime besäßen? was einer verdolmetschte. Sofort griff der Herr in die Tasche und gab jedem von uns 20 France. "Das geht", dachte ich, "ehe man einen Streich gearbeitet hat." Dann fragte er uns, wie es mit den. Kleidern stehen. Wir sagten, daß dies, was wir am Leibe hätten, unsere ganze Garderobe sei. Noch am gleichen Abend brachte uns ein Elsässer, der im Schlösse arbeitete, Kleider, und so konnten wir die schlecht sitzende Uniform in eine Ecke werfen. Nun waren Wir endlich in Zivil. Die folgenden Tage mußten wir, unser Grummet oder Ohmt, mähen, das auf den Wiesen in den Schluchten stand. Das war was anderes. Aber man war die Arbeit nicht mehr gewöhnt und schwitzte anfangs fürchterlich..

Bald aber ging es flott von statten» Unser Patron war mit unserer Leistung sehr zufrieden. Nun bekam ich endlich Nachricht von meinen Angehörigen. Sie waren sehr beglückt, daß ich nicht mehr an der Front war und schickten mir gleich Geld; Sobald sie den "Laiser-passer" (Fahrschein) bekommen können, werden sie zu mir kommen und mir meine Kleider bringen. Ich freute mich sehr auf das Widersehen. Nun bekam ich auch mein Geld wieder, das ich im Fort bei Neuf-Chateau abgeben mußte.

Ich bekam für meine 3o Mare etwas zu 19 Francs, nach dem damaligen Kurs. Nachdem wir das Ohmt drinnen hatten, mußte ich einige Tage mit meinem Kameraden Joseph Meyer auf der Nachbarferme bei einer Familie Basson Kartoffeln aushacken, da die ganze Familie außer dem Vater Basson an Grippe erkrankt war und im Bett lag. Nachher mußten wir noch einige Tage auf der Ferme bei dem Schlosse Kartoffeln aushacken helfen. Es gefiel mir dort auch recht gut. Der dortige Verwalter hatte im Kriege auch ein nein verlorene Dort lernte ich sogar melken. Dann ging es wieder nach der Ferme Poizat zurück. Meine 5 Kameraden mußten min. im Wale Wellen machen. Während ich auf der Ferme blieb und ein wenig Ordnung machte. Auch hatte ich viel Im großen Gemüsegarten zu arbeiten. Der Verwalter und seine Frau konnten mich sehr gut leiden und dadurch hatte ich manche Vorteile. Wenn ich so im Garten arbeitete, rief mich die Verwaltersfrau oft in die Küche, wo ich gewöhnlich ein Glas Wein, oder wenn es frisches, kaltes Wetter war, süßen Kaffee mit Cognak erhielt, dazu gewöhnlich noch ein Stück Kuchen. Auch bekam ich oft Schokolade. Es gefiel mir immer besser, und wenn ich heimatlos gewesen wäre, wäre ich sicher dort geblieben. Als die Arbeit im Garten und auf der Ferme fertig war, mußte ich mit den anderen in dem Wald Welle machen. Jeder machte 60 Stück pro Tag. Verwalter und Patron waren mit unserer Leistung sehr zufrieden. Nach dem ersten Monat bekam jeder 100 Francs Lohnt obwohl unser Patron nur verpflichtet war, uns 40 France pro Monat zu zahlen. Dabei bekam ich noch 8 France Löhnung, weil ich Unteroffizier gewesen war. Die Beköstigung war, wie schon gesagt, sehr gut. Morgens gab es zuerst, sofort nach dem Aufstehen, eine Tasse starken schwarzen Kaffee und jeder ein Stück Kuchen. Dann ging jeder sein Bett machen die Schlafstube wurde gereinigt, Dann wurde zu Morgen gegessen. Specksuppe, Speck, Konfitür und Käse , Brot und Wein. Jeden Mittag gab es zwei Gänge, nachher stets Käse und Konfitüre als Nachtisch, oft auch ein Stück Schokolade. rechte gewöhnlich Suppe, Kartoffeln Fleisch oder Wurst. Nachher wieder Käse und Konfitüre. Wir hatten bei unserer Ferme 52 Nußbäume, auch eine Menge Edelkastanienbäume. Jeder von uns hatte einen Sack mit Nüssen und Kastanien neben seinem Bett stehen. Kurz, wir labten wie die Vögel im Hanfsamen!

Ende September kamen mein Vater und meine Schwester zu mir. Ich war eben beschäftigt, eine lebendige Hecke zu stutzen. Als mir meine Kameraden ihre Ankunft meldeten. Groß war die Wiedersehensfreude. Doch sah Ich gleich, daß Vater und Schwester gealtert waren. Nun 4 1/2 Jahre ist schon eine Spanne Zeit. Sie fanden auch, daß ich mich sehr verändert hatte. Wir blieben nun etwa 1 Stunde in der Ferme, und gingen dann nach St. Heand ins Hotel Thevenon wo wir die nächsten drei Tage aßen und wohnten. Dies waren drei schöne Tage. Wir hatten meine Kameraden und Emil Schacherer eingeladen,- die Abende bei uns zu verbringen. Was sie auch gerne taten. Vater und Schwester hatten mir meine Kleider 711itgebracht, und das Fehlende wurde in den Geschäften eingekauft. Nun fühlte ich mich wieder als Mensch. Nur zu schnell ringen die drei Tage vorbei ,und Vater und Schwester kehrten in die Heimat: zurück. Obschon es mir sehr gut ging, wäre ich doch gerne mitgefahren. Ich konnte, es nun schon aushalten, denn Vater hatte mein Portefeuille gut gspickt. Nun ging es jeden Sonntag nach St. Heand, wo wir fast den ganzen Tag in den Restaurants und Cafes zubrachten. Fast jeden Sonntag hatten die 35 Elsässer des Detachements im Hotel Thevenon Zusammenkunft, und da ging es oft hoch her.

Da, anfangs November hieß es, daß der Friede nahe sei. Am 10, November munkelte man, daß es nur noch 2 - 3 Tage bis zum Waffenstillstand dauern werde. Am 11. November waren wir eben im Walde mit Wellenmachen beschäftigt. Als wir plötzlich in dem unter uns liegenden Städtchen La Fujus Trompetengeschmetter hörte, von St. Etienne her tönten Kanonenschüsse. Hier und dort hörten wir Glockengeläute und Schüsse. Nun, in La Fujus ein Geschrei, daß man nicht unterscheiden konntet ob gelacht oder geweint wurde, 'Das ist der Friede", sagten wir uns, und allen stand plötzlich das Wasser in den Augen, dann wir bildeten uno eine in den nächsten Tagen schon heimfahren zu können. Wir stellten uns zusammen und schrien dreimal „Vive la France!", daß das Echo in den Bergen laut widerhallte. , 'Heut ' wird nicht mehr gearbeitet!" hieß es, und wir schlugen den Weg nach der Ferme ein. Wir waren alle sehr froh, daß Franzosen dem Krieg gewonnen hatten, denn wenn die Deutschen gesiegt hätten, wäre das Elsaß deutsch geblieben und wir hätten als Deserteure nie mehr nach Hause zurückkehren können wir in der Ferme ankamen, gab uns der Verwalter und dessen Frau jedem zwei Küsse und sagten, wir seien Franzosen setzt wie Sie. Die Frau kochte zur, Feier des Tages ein sehr gutes Mittagessen, und alle waren in der freudigsten Stimmung Am Nachmittag gingen wir alle nach St. Heand. Dort wurde getrunken, gejubelt und getanzt, die ganze Nacht hindurch bis in den hellen Morgen. Mit schwerem Kopfe ging es nun nach der Ferme, wo wir den ganzen Tag frei hatten und aueschlafen konnten. Wir erfuhren nun, daß der Kaiser nach Holland durchgebrannt war. Sobald ein bißchen Gefahr für so einen Halunken vorhanden ist, läßt, er alles im Stich und, brennt durch. Während unsereines vier Jahre in Not und Tod zugebracht hatte für nichts und wieder nichts. Und wenn man sein bißchen Leben in Sicherheit bringt wird man zum Tode verurteilt. Und so einem Halunken, der doch zweifellos Mitschuldiger an dem gräßlichen Morden war, schickt man noch einen Haufen Geld nach. Ja, " die Kleinen hängt man und die Großen läßt man laufen!" sagt ein altes Sprichwort.

Nun gingen wir alle Sonntage nach St. Heand. Hie und da gingen wir morgens in die Kirche. Wir hatten Geld zusammengesteuert zum Kauf einer Ziehharmonika, welche unser Kamerad Michel Strub, der ein Gastwirtssohn aus Obermodern, Unterelsaß, war, meisterhaft zu spielen verstand, Nun zogen wir von Wirtschaft zu Wirtschaft, und es wurde getanzt daß die Fetzen flogen. Viele junge Mädchen von St. Heand, die sehr garne tanzten, liefen uns nach, von Wirtschaft zu Wirtschaft. Selten gingen wir vor morgens 2 Uhr nach Hause. Nur mit der Sprache, da happerte es gewaltig, und manchmal brachte man Dinge heraus, die direkt zumm totlachen waren. Doch die Bevölkerung, war so anständig uns nie ins Gesicht zu lachen, wenn wir auch verkehrteszen Sachen sagten. Die ulkigsten Dinge kamen oft ver. Einmal wollte die Verwaltersfrau Nudeln machen. Da fehlten ihr 4 Eier. Da sagte sie zu meinem Kameraden Alfons "Alfons va vite chercher quatre oeufs à l'autre ferme. J'en ais besoin pour faire le diner. (Alfons geh' schnell 4 Eier auf der anderen Ferme holen, ich brauche sie zum Mittagessenbereiten)!" Der gute Alfons glaubte richtig verstanden zu brauche sagte: "Oui Madame!" und schob ab. Lange ging es. Alfons kam noch immer nicht. Endlich gab mir die Frau zu verstehen, daß ich nachsehen soll, wo der Alfons so lange bleibe. Ich ging, und als ich auf dein steil abfallenden Fahrweg die Schlucht hinunterwollte, kam zu meinem nicht geringen Staunen, Alfons mit 4 gejochten Ochsen daher. Da sie ihn nicht gewohnt waren, wollten sie nicht gehen und schwitsend stach und hieb er mit einem langen Stecken, in dessen spitze sich ein Nagel befand, auf sie ein. Natürlich mußte ich lachen und winkte der Verwaltersfrau, die auf der Treppe vor der Haustür stand, herbei. Sie kam, und als sie den aufgeregten Älfons mit seinen 4 Ochsen sah, ließ sie sich vor Lachen auf den Boden fallen.Sie lachte, daß ihr die Tränen die Waren herunterliefen. Alfons bekam nun zwei Glas Wein zu trinken und mußte seine Ochsen wieder zurückbringen. Er hatte die Prau eben falsch verstanden. Er verstand nur vite chercher quatre' und statt"oeufs - oeufs' 'diner' und reimte sie den Satz so zusammen: "Alfons hol schnell 4 Ochsen drüben auf der Ferme und mach, daß du zum Essen da bist!" Alfons bekam vice diese Geschichte noch oft zu hören. Ein andermal wollte er eine Schere holen. "Madame, six sous!" Die Madame gab ihm 6 Sous, doch die wollte Alfons nicht. "Pas comme ça, pour couper!" Nun verstand die Frau und gab ihm die Schere. Jeden Tag kamen ähnliche Sachen vor zu d man kam aus dem Lachen nicht raus. Jeder von uns hatte ein Wörterbuch gekauft und nun ging es eifrig ans Französischlernen. Nach und nach kam man so weit, daß man sich gebrochen verständigen konnte.

Mancher der Elßässer, der gut Französisch konnte, hatte sich bereits einen Schatz angeschafft. Das war hier ohne große Mühe mögliche denn von 17 bis 45 Jahren war kein männlicher Einwohner mehr da, und viele Mädchen wollten eben einen Schatz haben. Oft fuhren Schachrer Emil und ich mit der Kleinbahn nach St. Etienne hinunter, wo wir une mit Koegler roter und Huber Joseph aus Füllern trafen und gemütliche Sonntagnachmittage verlebten. In St. Etienne waren alle möglichen Völker vertreten. Hauptsächlich Chinesen und Araber, die in den Fabriken arbeiteten. Auch Neger und Amerikaner liefen genug herum. Als gegen Neujahr noch immer kein Befehl zur Heimfahrt kam, glaubten wir, wenn wir nicht nach dem Lager St. Rambert gehen, könnten wir noch lange auf unsere Heimkehr warten. Also entschlossen wir uns, unsere Ferme zu verlassen und nach dem Lager zu gehen. Zum Abschied kochte die Frau des Verwalters noch ein gutes Mittagessen, dann nahmen meine Kameraden Abschied. Ich ließ sie hinausgehen, bedankte mich nochmals bei dem Verwalterehepaar und als ich ihnen zum letzten Mal die Hand reichte gen beide an zu weinen, denn sie mochten mich sehr gut leiden. Wir gingen nun nach St. Heand, luden unsere Koffer und Kisten auf den bestellten Wagen und nahmen von unseren Bekannten Abschied. Dort schien es Mode zu sein, daß sich alles beim Abschie0 küßte, und so gab es eine Küsserei ohne Ende, die mir jedoch bald zu dumm wurde-. Singend verne-ßen wir nun den uns lieb gewordenen Ort. Die ganze Bevölkerung war auf die Straße gsilt, um uns noch zu winken. Außerhalb des Städtchens schrien wir alle, die Mützen schwenkend, dreimal: „Vive St. Heand!" Dann ging's los nach St. Rambert.

Wir wurden dort nicht freundlich empfangen, da wir ohne Befehl ins Lager kamen. Doch konnten wir dableiben. Das Lager war aber überfüllt. Alles war vollbelegt. Die Korridore, oben unter dem Dach, alle Zimmer und säle, der Stal 1, Schuppen, kurz alles war belegt mit Elsaß-Loth ringern. Die Verpflegung war nicht glänzend, noch wir hatten alle Geld und so konnte man sich, schon behelfen. Jede Woche durften wir zwei Nachmittage ausgehen. Da ging es hoch her in den Wirtschaften. Jene die Geld hatten, kauften sich dann noch Lebensmittel, um sie sie mit ins Lager zu nehmen. Wir hatten noch Glückt denn uns wurde ein Saal angewiesen, er durch die Zentralheizung stets gut erwärmt war. Zu arbeiten brauchten wir gar nichts, als jede Woche einige Stunden Kartoffel schälen Wir vertrieben uns die Zeit Tanzen, Ringen, Erzählen und allem mögliche

Ulk. Ich traf viele Bekannte aus der Heimat, mehr als 20, die alle den Tag kaum erwarten konnten, an dem es heimwärts ging. Eines Tages traf ich den Dietsch Albert von Merzen, der eben aus Saloniki kam und vollständig blank in der Tasche war. Ich lieh ihm zur Aushilfe 20 Francs. Eines Tages wurde bekanntgegeben, daß am Abend in der Klosterkapelle eine Rosenkranzandacht sei, zu der alle Katholiken höflichst eingeladen seien. Ich ging hin, und zu meinem nicht geringen Staunen, wohnten kaum 2o Mann der Andacht bei; von all den Tausenden, die im Lager waren. So hatte der Krieg die Menschen "gebessert". Am 25. Januar 1919 wurden wir, etwa 1200 Mann, neu in französische Uniform eingekleidet. „Morgen" hieß es„ geht ein Transport der Heimat zu." Alle freuten sich, nun endlich die Heimat und ihre Angehörigen wiederzusehen. Also ging es an 26. Januar morgens nach St Just zur Bahn. Alle waren in freudigster 5timmung. Voran wurden 3 große französische Fahnen getragen. Singend zogen wir hinterher. Den Schluß des Zuges bildeten einige Wagen, auf denen die Kisten und Koffer zur Bahn gefahren wurden. Wir wurden nun Coupe-weise eingeteilt, stiegen ein und los ging es. Diesmal, Gott sei Dank, heimwärts. Die Reise ging über Lyon, Dijon, Lüre, Epinal. Bei unserer Ankunft in Epinal war es Nacht geworden. Weiter ging es über Lüneville. Zwischen Luneville und der lothringischen Grenze sah ich zum Fenster hinaus. Wir fuhren gerade durch die Front. Es schauerte mich, als ich die verlassenen, verschneiten Gräben, den Drahtverhau und die Unterstände Ball Ich konnte es fast nicht begreifen, daß ich jahrelang mein Leben so zugebracht hatte. Bei Arricourt erreichten wir endlich unser Heimatland, dann ging es weiter über Laarburg, wo ich vor 4 1/2 Jahren die große Schlacht mitmachen mußte, über Zabern, Straßburg, Colmar. In Colmar kamen wir früh morgens an. Wir wurden in Baracken geführt, die neben einer Infantriekaserne standen und mußten auf unsere Entlassungspapiere warten Endlich gegen 10 Uhr morgens war ich frei. Da es kalt war mit Schachrer Emil in eine Wirtschaft, wo wir es schmecken war es gar nicht mehr gewohnt, die Sprache der Heimat vor Mädchen und Frauen zu hören. wir gingen dann wieder zur Bahn, wo wir unser päck abfertigten. Den einen Zug verpaßten wir mußten bis Abend warten, ehe wir in Richtung Mülhausen abfahren konnten. Dort fuhr Zug mehr in Richtung Altkirch weiter und wir mußten im Wartesaal – nachten. Am folgenden Morgen fuhren wir mit dem ersten Zug, nach D-- nerkirch. Ich war ganz erstaunt, als ich das fast gar nicht -zerst das doch so nahe an der Front lag und mit den leich Feldgeschützen hätte bombardiert werden können. Und ich dachte be hir " Hier war kein Krieg" In Carspach sah es schon anders aus, jedoch standen noch die meisten

Häuser. Nun fuhren wir durch die Gräben Granatlöcher, Drahtverhaue, zerschossene Bäume. Bei DammerKirch fahren wir mit der Umgehungsbahn an den teilweisen zerstörten Viadukt (Barawogbrücke) vorbei. Endlich hielten wir in Dammerkircher fort ging es über das Mittelfeld der Heimat zu. Bei der Schwarzen Scheune trennte ich mich von Schachrer Emil. Oben auf der Höhe im denacher Walde erblicke ich endlich mein Heimatdorf, das ich im sober 1913, also vor bald 5 -1/2 Jahren verlassen hatte. Ganz plötzlich stiegen mir die Tränen in die Augen. Ich ging nun so schnell konnte um nach Hause zu kommen. Wie erstaunt war ich, als ich die -geren Leute im Dorfe sah; wie die herangewachsen waren. Das Wiede sehen mit meiner Mutter kann ich nicht näher beschreiben; keines te vor Freude ein Wort heraus. Nun war ich endlich. wieder zu Haus Der einzige Wunsch, den ich während des Krieges hatte und an dess Erfüllung Ich so oft gezweifelt hatte, war nun. Erreicht……......]

Ende der erwählung!

Table des matières

Vollständiges Manuskript 2

Dominik Richert 3

Die Kriegsbücher von Dominik Richert, ... 3

Bauer, 1914-1918 3

> *Meine Erlebnisse im Kriege 1914 1918* 7
> DIE SCHLACHT BEI MÜLHAUSEN 11
> 19. AUGUST 1914 - SCHLACHT BEI SAARBURG 16
> 20. AUGUST 1914 20
> 21.AUCUST 1914-GEFECHT BEI LÖRCHINGEN 21
> 22./ 23. / 24. AUGUST 1914 22
> 25 AUGUST 1914- ÜBERGAG ÜBER DIE MEURTHE 23
> 26. AUGUST 1914- WALDGEFECHT BEI THIAVILLE 25
> 27. AUGUST 1914 29
> DER ANGRIFF AUF MÉNIL UND ANGLEMONT 31
> DIE REISE NACH NORDFRANKREICH 43
> 22.OKTOBER 19I4-DER ANGRIFF AUF DAS DORF VIOLAINES 47
> 22. NOVEMBER 1914 - FURCHTBARES 56
> NACHTGEFECHT MIT INDIERN 56
> KÄMPFE UND STRAPAZEN IN DEN KARPATEN 76
> 9. APRIL 1915 - DIE EROBERUNG DES BERGES ZWININ . 80
> BEGINN DER GROSSEN OFFENSIVE IM MAI 1915 85
> 26.MAI 1915 93
> 27. MAI 1915 97
> ÜBERGANG UND KÄMPFE AM DNJESTR 102
> DER ZWEITE ÜBERGANG ÜBER DEN DNJESTR~ 108
> MITTE JUNI 1915 108

DER WEITERE VERLAUF DER OFFENSIVE 112
DIE KÄMPFE AN DER ZLOTA LIPA- ½ JULI 1915 118
Der 2 ANGRIFF AN DER ZLOTA LIPA. 2 . JULI 1915 122
DER MARSCH NACH RUSSISCH-POLEN 129
KÄMPFE IN RUSSISCH-POLEN ENDEJULI 1915 133
DER ANGRIFF BEI GRUBESCHOW 30.JULI 1915 135
GEFECHT BEI CHELM (RUSSISCH-POLEN) 138
ANFANG AUGUST 1915 138
GEFECHT BEI WOLODAWA ANFANG AUGUST 1915 141
IM KRIEGSLAZARETT IN LEMBERG 148
REISE NACH DEUTSCHLAND 148
Im Erholungsheim in Fraustadt 153
Ende September u.Oktober 1915 153
IM ERSATZBATAILLON DES INFANTERIEREGIMENTS 155
41 IN SPEYERSDORF UND MEMEL 155
BEI DER ERSATZMASCHINENGEWEHRKOMPANIE 160
DES 1. ARMEEKORPS IN PILLAU 160
DIE REISE NACH DER NORDRUSSISCHEN FRONT 164
– MITTE JANUAR 1916 164
BEI DER MG-KOMPANIE, INFANTERIEREGIMENT 44 ... 165
MEIN ERSTER URLAUB ENDE OKTOBER 1916 176
WIEDER AN DER FRONT 181
BEIM RESERVEINFANTERIEREGIMENT 260 OSTFRONT 186
2 JANUAR BIS 14.APRIL 1917 RUSSISCHE NORD 186
EIN HANDSTREICH GEGEN DIE RUSSISCHE 191
STELLUNG-JANUAR 1917 191
38 GRAD KÄLTE- JANUAR 1917 193
WIEDER IN DIE STELLUNG – ENDE JANUAR 1917 194
IN STELLUNG BEIM REGIMENT 332 200

HUNGER	201
TRUPPENVERSCHIEBUNG NACH DER RIGA-FRONT	212
DIE RIGA-OFFENSIVE, DÜNAÜBERGANG	215
BEI ÜXKÜLL- 2. SEPTEMBER 1917	215
MEIN ZWEITER URLAUB	222
WAFFENSTILLSTAND MIT RUSSLAND!	229
DAS LEBEN IN RIGA	230
Die Offensive gegen die Bolschewisten-Besetzung	242
der baltischen Provinzen Livland und Estland	242
DIE REISE VON RUSSLAND NACH FRANKREICH	255
24. APRIL 1918, GROSSKAMPFTAG –	263
DER ANGRIFF BEI VILLERS-BRETONNEUX	263
25. APRIL 1918	272
DAS DIVISIONSSPORTFEST - 8. MAI 1918	283
WIEDER AN DIE FRONT	287
IM MASCHINENGEWEHRNEST EULE MAI 1918	289
ENDLICH WIEDER IN RUHE	298
WIEDER IN RUHE - ANFANG JUNI 1918	302
DIE SPANISCHE GRIPPE / DIE REISE NACH METZ	310
- ANFANG JULI 1918	310
IM QUARTIER IN BÉVILLERS	313
VORBEREITUNG ZUM ÜBERLAUFEN	322
ÜBERLAUFEN ZU DEN FRANZOSEN	324
IN DER NACHT YOM 23. ZUM 24.JULI 1918	324
GERETTET, IMMER WEITER VON DER FRONT	332
DAS LEBEN IN FLAVIGNIN,	336
24. JULI BIS 3. AUGUST 1918 DQS	336
DAS LEBEN IM FORT BURGLEMONT	339
Im Elsässer-Lager St. Rambert sur Loire	342

AUF DER FERME POIZAT BEI ST HEAND (LOIRE) 345
Ende der erwählung! 351
VORSCHLÄGE 356
EIN MENSCH IM KRIEG 356

VORSCHLÄGE

Von Angelika Tramitz und Ulrich Berndt
hergestellt für die Knesebeck & Schuler 1989 Ausgabe

EIN MENSCH IM KRIEG

Wen kümmern die frühen achtziger Jahre heute? Erst in Zukunft, wenn die Gegenwart zur Vergangenheit und somit fremd geworden ist, werden Neugierige auch in Archiven nach Überresten dieser Jahre suchen. Was unzerstört bewahrt und aufgehoben werden kann, wird nur selten neu entdeckt. Zwischen dem, was alle außer Experten langweilt, bleibt Aufregendes lange unbemerkt.

Bernd Ulrich, Doktorand der neueren Geschichte, sucht in Archiven nach Feldpostbriefen aus dem Ersten Weltkrieg. Er hofft aus ihnen zu erfahren, wie die Soldaten damals den Frontalltag erlebt haben. Mitte Mai 1987 macht er im Freiburger Bundesarchiv/Militärarchiv eine außergewöhnliche Entdeckung: Unter den umfangreichen Beständen findet er ein Manuskript von mehr als 300 Schreibmaschinenseiten, das ebenso anschaulich wie genau den Kriegsalltag schildert. Begeistert erzählt mir Bernd Ulrich von einem ungewöhnlichen und packenden Bericht über eine ganz alltägliche Kriegserfahrung, die nahezu zehn Millionen Männer nicht überlebten und die für die nicht Überlebenden zur prägenden Geschichte ihres Lebens wurde.

Wie wertvoll diese Quelle ist, läßt sich unmittelbar nach dem Fund noch nicht erkennen. Zwar ist auf dem Deckblatt angegeben, wer den Bericht geschrieben hat: »Dominik Richert, Bauer aus St. Ulrich / Elsaß". Es gibt jedoch keinen Begleitbrief, und jegliche Angaben über die Herkunft des Textes fehlen. Das Manko ist in diesem Fall besonders bedauerlich, da im Archiv nicht das Original verwahrt wird. Ein Unbekannter scheint den Text abgeschrieben und kopiert zu haben. Wann und warum er sich diese Arbeit gemacht und ob er dabei etwas verändert hat, ist vorläufig unklar.

Neugierig geworden durch Bernd Ulrichs Erzählungen, leihe ich mir seinen Fund sofort aus, als ihm Ende Juli die angeforderten Kopien zugeschickt werden - ein Stapel von vier Zentimeter. Höhe. Die anfängliche Skepsis beim Lesen weicht zusehends einer starken Faszination; der lakonische Bericht wirkt auf mich starken als jeder Antikriegsroman. Er unterscheidet sich zugleich von allem, was ich bis jetzt mit »Kriegserinnerungen« verbunden habe: zumeist formelhaft erstarrten Anekdoten, die den Nachgeborenen kaum einen Eindruck davon vermitteln, wie die Männer der » verlorenen Generation « an der Front vegetieren mußten. Die meisten Berichte über » den « Krieg wirkten unstimmig, ermüdend, abstoßend und unglaubhaft, egal, ob die Generation der Großvater über den Ersten Weltkrieg oder ob die der Väter über den Zweiten Weltkrieg erzählte. Unbeabsichtigt wurde da Vergangenes gerechtfertigt: einzig weil es nun einmal geschehen und der jeweilige Erzähler daran beteiligt gewesen war. Wie sollte man sonst mit den Erinnerungen leben?

Dominik Richert dagegen verzichtet völlig darauf, dem als sinnlos erlebten Kampf und der Entbehrung nachträglich einen heroisierenden Sinn zu verleihen. Seit Kriegsbeginn alles andere als begeistert, verwirklicht er nach vier Jahren seinen lange gehegten und vorher nie zu verwirklichenden Plan, die Front zu verlassen. Im Juli 1918, wenige Monate vor Kriegsende, desertiert er. Seine begründete Ablehnung des Krieges ist umso beachtlicher, als es zu seiner Zeit noch lange nicht »modern« war, Pazifist zu sein. Auch nach den beiden Weltkriegen dachte niemand daran, unbekannten Deserteuren ein Denkmal zu setzen (wie es 1986, begleitet von starken Protesten, in Bremen geschah).

Während viele Soldaten sich der – sinnstiftenden - Illusion hingeben konnten, die eigene Heimat vor jenen Verwüstungen zu bewahren, die sie im fernen Land anrichteten, war das für den Elsässer Dominik Richert kaum möglich. Seine Heimat, in Friedenszeiten politisches und geografisches Randgebiet des Deutschen Reiches, war im Krieg zugleich Frontgebiet, und das vom ersten Kriegstag an. Für die meisten Deutschen waren Front und Heimat im Ersten Weltkrieg zwei getrennte Welten. Anders für die Menschen im ober elsässischen Sundgau. Nicht der »heldenhafte Kampf« des Musketiers Richert, sondern einzig das Ende der Kämpfe konnte helfen, seine Gemeinde und damit die eigene Familie vor dem Krieg zu bewahren.

Der Bericht » Meine Erlebnisse im Kriege 1914-1918 « - so die schlichte Überschrift des Originals - ist viel zu schade, um einzig als Quelle für eine wissenschaftliche Arbeit zeilenweise zitiert zu werden. Er sollte eine größere Leserschaft erreichen. Auch und gerade Menschen, in deren Leben Krieg und Militär noch keine unmittelbare Rolle gespielt haben, könnten Dominik Richerts Aufzeichnungen für sich entdecken. Für alle, die mehr über vergangene Kriege oder, allgemeiner, über historische Lebensbedingungen erfahren wollen, ist der Bericht ohnehin lesenswert, macht er doch aufs anschaulichste klar, was es bedeutet, im Krieg »nicht leben zu können, wie es einem Menschen zusteht«.

Und all jene, für die der Krieg nicht ein interessantes Thema, sondern »nur« Bedrohung ist? Wider Erwarten ist es ermutigend, Richerts Schilderungen zu lesen. lm Angesicht massenhaften, sinnlosen Kriegstodes, von Verstümmelung, Hunger und tagtäglicher Demütigung schildert Dominik Richert Menschen in einer zutiefst unmenschlichen Situation, in der sie, so könnte man meinen, notwendigerweise verrohen müssen. Doch der Berichterstatter erweist sich als einer, den die Macht der Verhältnisse nicht bezwingt, der weiter beobachtet und handelt. So läßt er längst verloren geglaubte Hoffnungen wiederfinden: daß ein Mensch bestehen kann - mit- leidig und hilfsbereit - in einer Zeit, in der alles seine Menschlichkeit in Frage stellt; daß er sich selbst nicht fremd wird und, ebenso wichtig; später einfache, klare Worte findet für das, was andere hat verstummen lassen. Um ihre Sprache gebracht, mußten diese anderen es schließlich vor sich selbst leugnen, daß das »Opfer- vergeblich war, das Leben im Krieg unmenschlich, egal, ob das jeweilige Vaterland nun zu den Siegern oder ob es zu den Verlierern zählte.

Nachdem wir diesen ungewöhnlichen Kriegsbericht gelesen haben, möchten wir unbedingt erkunden, wer der Autor, wer der Mensch Dominik Richert gewesen ist. Teilweise ist diese Neugierde durch das nicht völlig ausgelöschte Mißtrauen begründet, der Bericht sei vielleicht doch »zu gut«, um wahr' zu sein. Denn alles ist offensichtlich erst nach dem Krieg geschrieben worden. Andererseits sind die Orts-, Zeit- und Namensangaben bemerkenswert genau. An wie viele »Heldentode- kann sich ein Mensch noch nach Jahren erinnern, ohne sie zu verwechseln? Auch handelt es sich nicht um einen Bericht in Tagebuchform, bei dem zeitliche Vorgriffe nicht zu erwarten wären. Dennoch beschreibt der Autor in einer auffällig disziplinierten Erzählweise das Jahr 1914 wie einer, der zu diesem Zeitpunkt noch nicht weiß, was vor ihm Liegt, was die kommenden vier Kriegsjahre für ihn bereithalten. Wer über die eigene Lebensgeschichte berichtet, erklärt für gewöhnlich das ehedem Zukünftige durch später gemachte Erfahrungen. (»Wie sich zwei Jahre danach bestätigen sollte ... «) Dominik Richert verzichtet darauf. Wer war das, der einen in seiner Einfachheit schon wieder kunstvoll anmutenden Bericht schreiben konnte? Hat der Erzähler wirklich gelebt oder ist er vielleicht eine literarische Figur, glaubwürdig gemacht durch Namen, Orte, Daten?

Den Autor, sei er nun ein phantasievoller Fabulierer, sei er ein um Exaktheit bemühter Berichterstatter, noch lebend anzutreffen erscheint angesichts seines - aus den Angaben im Text zu errechnenden - Geburtsjahres 1893 wenig wahrscheinlich. Der Wunsch, mehr über den unfreiwilligen Kampfer zu erfahren, steigert sich noch, als die erste Spur ins Leere führt: Der auf dem Deckblatt des Manuskripts angegebene Absender ist ein gewisser Jean-Claude Faffa aus Paris. 1987 lebt niemand dieses Namens dort.

Von den Orten, in denen sich vielleicht noch jemand an den elsässischen Soldaten Richert erinnert, liegt ein einziger auf bundesdeutschem Gebiet. In einem kleinen Dorf an der Sieg verbrachte er den ersten Fronturlaub bei seinem gerade aus dem Lazarett entlassenen Freund. In seinen »Erlebnissen im Kriege 1914-1918« ist nicht nur die Bahnstation genannt, an welcher der Urlauber ausstieg, sondern sogar die Dauer seines Fußweges bis zum Ziel. Das Dorf ist, längst eingemeindet, auf neuen Karten nicht zu finden. Doch mit dem Zirkel ist unschwer zu ermitteln, welche Orte nicht weiter als eine halbe Stunde, zu Fuß also etwa sechs Kilometer, von der Bahnstation entfernt sind. Das Weitere klärt sich durch hartnäckiges Suchen in Telefonbüchern; als Straßenname ist der Dorfname nach wie vor erhalten. So gelingt es, die Spur aufzunehmen. Ein Anwohner gibt uns die Auskunft, Dominik Richerts Freund habe zwei Söhne gehabt; sogar die Stadt kann er uns nennen, in der die Nachfahren wohnen. Zu ihnen geht der nächste Brief. Der Sohn des Kriegskameraden erinnert sich genau: in der Jugend, bei früheren Urlaubsfahrten mit dem Vater, habe man immer auch den Bauern Dominik Richert im Elsaß besucht; der habe übrigens ebenfalls zwei Söhne gehabt.

Viele Orte im Sundgau tragen mittlerweile französische Namen; dennoch läßt sich Richerts Rückweg in die Heimat auf Landkarten nachvollziehen. Die Stationen des Weges hat Richert übergenau beschrieben. So läßt sich das kleine Dorf leicht ausfindig machen, in dem er fast sein ganzes Leben verbracht hat. Zwei Familien in dem nur zweihundert Einwohner zählenden Ort tragen, wie wir von der Fernauskunft erfahren, den - in dieser Gegend nicht allzu seltenen - Namen des Gesuchten. Es handelt sich tatsächlich um die Familien der Söhne Dominik Richerts. Ob Ulrich und Marcel Richert die Muttersprachen ihres Vaters sprechen können und sprechen wollen, essen sind wir uns nicht sicher. Sie leben in einer Region, über deren Identität sowohl die Franzosen als auch die Deutschen immer wieder zu entscheiden versuchten. Elsaß-Lothringen gehörte vor dem Deutsch-Französischen Krieg von 1870/1871 zu Frankreich, danach bis zum Ende des nächsten Kriegs, des Ersten Weltkriegs, zum Deutschen Reich, ab 1918 wieder zu Frankreich. Von 1940 bis gegen Ende des zweiten Weltkriegs schließlich war es vom nationalsozialistischen Deutschland besetzt.

Wir lassen unseren Brief übersetzen, schicken ihn ab, warten, bekommen endlich eine ausführliche Antwort. Abermals verblüfft es uns, wie bereitwillig die Gefragten uns, ihnen völlig Unbekannten, Auskünfte geben über Lebensdaten, Beruf, Wohnort. Nachdem sich herausgestellt hat, daß wir uns ohne Übersetzer verständigen können, entspinnt sich ein lebhafter Briefwechsel.

Wie wir vermutet haben, lebt Dominik Richert nicht mehr. 1977 ist er 84-jährig verstorben, nachdem er bis ins hohe Alter auf dem Land gearbeitet hat. 1893 geboren, wurde er um die Jahrhundertwende eingeschult, mußte aber obwohl, anerkanntermaßen intelligent, die Schule bereits nach sieben Jahren verlassen, weil seine Arbeitskraft auf dem elterlichen Hof gebraucht wurde. Bis er im Oktober 1913 zum Militär eingezogen wurde, arbeitete er in den Wäldern und an den in der Gegend sehr zahlreichen Fischteichen. All dies vernehmen wir aus den Briefen der Söhne. Außerdem erfahren wir, daß Dominik Richerts Pazifismus alles andere als bloßes Gerede war. Das bewies sich im zweiten Weltkrieg, als Ulrich und Marcel zur Wehrmacht zwangseingezogen werden sollten. (Davon ist im Nachwort, das auch eine historische Einordnung des Textes vornimmt, ausführlicher die Rede.) Alte Fotos und die handschriftlichen Aufzeichnungen ihres Vaters, also das gesuchte Original, befinden sich im Besitz der Söhne. Die Kriegserinnerungen sind in den Wintermonaten der dem Ersten Weltkrieg folgenden Jahre entstanden. Wie die Abschrift Jean-Claude Faffa ins Archiv geraten ist, erfahren wir gleichfalls aus den Briefen von Ulrich und Marcel Richert. Text wie Bilder möchten wir gern sehen, schon deshalb, um letzte Zweifel an der Authentizität der Aufzeichnungen fallenlassen zu können. Diese Zweifel sind jedoch überflüssig, denn es finden sich immer mehr Hinweise darauf, daß Dominik Richert tatsächlich Geschichte erzählt hat und nicht etwa frei erfundene Geschichten: in der 1927 verfassten , Regimentschronik des 112. Badischen Infanterieregiments - einer der über tausend Erinnerungsblätter, die nach dem Krieg entstanden sind - wird mit der Vorgabe, über eine schöne , große Zeit zu schreiben, von den Ereignissen berichtet, die auch Richert schildert. Ferner lassen sich auf Karten mit großen Maßstab die von ihm genannten Orte samt ihrer geographischen Lage - auf einem Hügel, an einem Fluß - ausfindig machen. Je deutlicher es wird, daß der Autor das seltene Talent hatte, nüchtern, doch andere alles als langweilig »wahre- Lebensgeschichte wiederzugeben, desto wichtiger erscheint es uns, daß dieser Text Leser findet.

Mittlerweile bringen wir in Erfahrung, daß sich im Badischen Generallandesarchiv in Karlsruhe die Stammrolle des »112.Badischen Infanterieregiments Prinz Wilhelm befindet, des ersten der insgesamt fünf Regimenter, in denen Dominik Richert dienen mußte. (Ein großer Teil der Militärakten des Ersten Weltkriegs, darunter die der preußischen Regimenter, denen Dominik Richert im weiteren Kriegsverlauf angehörte, lagerte im Heeresarchiv Potsdam und wurde bei der Bombardierung der Stadt in den letzten Monaten des zweiten Weltkriegs vernichtet.) Fast alle Soldaten, deren Namen Richert auf den ersten achtzig Seiten seines Berichtes erwähnt, sind in dieser glücklicherweise erhaltenen Stammrolle verzeichnet. So läßt sich das, was die offiziellen Akten über das Schicksal der Soldaten verraten, mit den Geschichten vergleichen, die Richert zu berichten weiß. In Einzelfällen wird sich der Autor und Protagonist, wie jeder Zeuge, in seinen Erinnerungen getäuscht haben. Vorhandene Abweichungen von den Angaben in offiziellen Quellen gehen aber nicht unbedingt zu seinen Lasten. Besonders in den ersten Monaten, während des unerwartet verlustreichen Bewegungskriegs, hat es in vielen Fällen lange gedauert, bis die »Heldentode« registriert werden konnten; häufig wurden sie aufgezeichnet von Schreibern, die keinen der Gefallenen jemals gekannt hatten, und von Vorgesetzten bestätigt, die nicht Zeugen der Todesfälle gewesen waren.

Der fremde Autor ist uns längst zur vertrauten Person geworden, als wir ein knappes halbes Jahr nach dem Fund die Söhne Dominik Richerts in ihrem elsässischen Heimatort nahe der Schweizer Grenze besuchen. Gastfreundlich werden wir in Saint-Ulrich aufgenommen, wir können es kaum erwarten, daß uns die Bilder und die Hefte gezeigt werden. Acht ausgeblichene Quarthefte, eng in Sütterlinschrift beschrieben, enthalten die Essenz von Dominik Richerts Kriegserfahrung. Es handelt sich eindeutig nicht um das oft und oft überarbeitete Manuskript eines um Formulierungen ringenden Schriftstellers. Viele der oft wiederkehrenden militärischen Begriffe sind abgekürzt. Kaum jemals ist ein Wort eingefügt oder durchgestrichen; nur einzelne Kapitelüberschriften sind nachträglich ergänzt worden. Es ist die Niederschrift einer genau bekannten Geschichte; Dominik Richert wußte auswendig, was er zu berichten hatte.

Ulrich und Marcel Richert begrüßen unseren Plan, die Aufzeichnungen als Buch herauszugeben. Sehr viel Verehrung und Liebe sind spürbar, wenn sie von ihrem vor zehn Jahren verstorbenen Vater sprechen, der nach seiner Desertion weiter gegen den Krieg gelebt hat. (Auch davon wird im Nachwort zu sprechen sein.) So soll nun Dominik Richert mit seinem Bericht zu Wort kommen, der uns, so intensiv wir uns bei der Vorbereitung dieses Buches mit ihm Beschäftigten, auch nach wiederholtem Lesen immer wieder aufschlussreich und wichtig erscheint. Man kann Richerts Aufzeichnungen nicht lesen, ohne eine tiefe Sympathie für diesen Unbekannten zu entwickeln.

Angelika Tramitz et Ulrich Berndt

Bemerkung:
Dieses Zeugnis ist ein Rätsel.

Der Leser wird sicherlich überrascht sein von Dominik Richerts literarischer und Gedächtnisleistung, wenn er die Geschichte seines Krieges für einen Bauern erzählt, der im Alter von 14 Jahren die Schule verließ, um die große Verzweiflung seines Lehrers zu überwinden.

Wie diese beiden Schriftsteller-Soldaten Ernst Jünger und Maurice Genevoix, die sich vor Ort Notizen machten, wichtige Details notierten und aufzeichneten, nahm auch Dominik Richert, ein Bauernsoldat, auf, machte aber keine Notizen. Er hinterfragt, untersucht und erinnert sich an alles. Nach seiner Rückkehr füllte er 9 Schulhefte mit einem einzigen Strich, mit einer feinen, sehr eleganten, sehr dichten Schrift, ohne jegliche Auslöschung.

Dominik Richert hat auswendig gelernt und ohne Notizen geschrieben.

Daniel Lautie

Das aus den 9 Notizbüchern bestehende Originalmanuskript wird in der Gedenkstätte der Hohen ALSAZE des Memorandums des Ersten Weltkriegs in der 43 Rue de Bâle in Dannemarie 68210 Frankreich der Öffentlichkeit zugänglich gemacht.

Familie Richert

Die Route im Detail auf Google Maps
http://goo.gl/maps/hZFAF

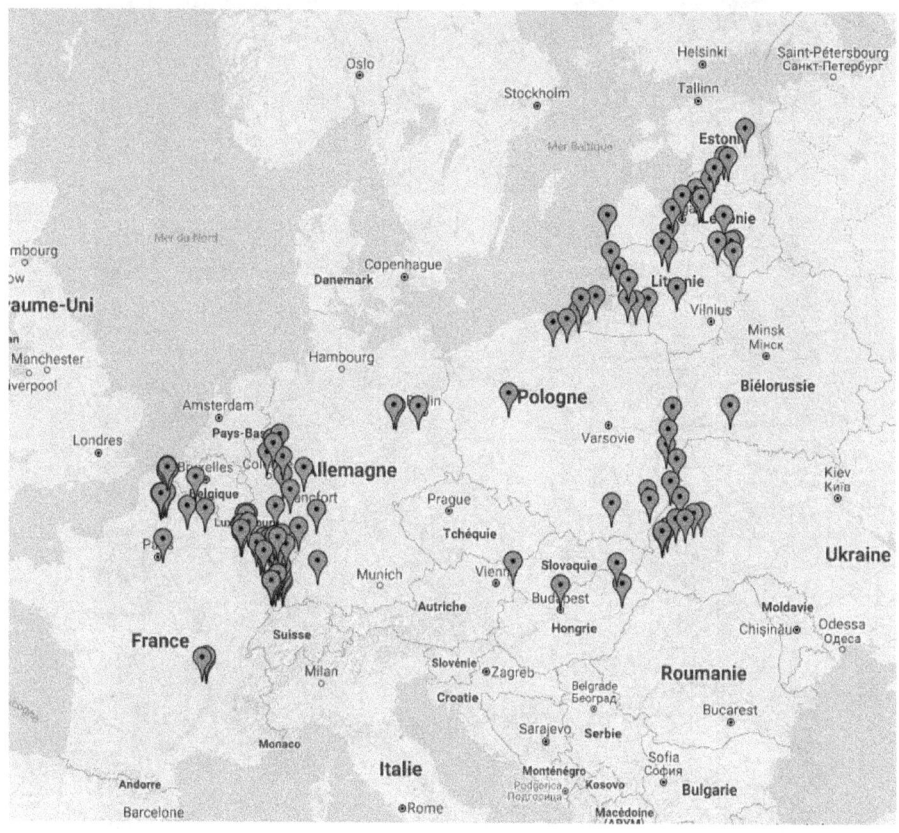

Dominik Richert with his son and great grandson January 1970